놀 라 운

리얼 종이접기

물속을 헤엄치는 생물편

4

RIARU ORIGAMI MIZU NO NAKA O OYOGU IKIMONO-HEN
by FUKUI Hisao

Originally published in Japan by KAWADE SHOBO SHINSHA Ltd. Publishers, Tokyo.
Korean translation rights arranged with
KAWADE SHOBO SHINSHA Ltd. Publishers, Japan through
THE SAKAI AGENCY and BC AGENCY.

* 에밀은 도서출판 더숲의 임프린트입니다.

놀라운

리얼 종이접기 4

물속을 헤엄치는 생물편

후쿠이 히사오 지음 | 민성원 옮김 | 오경란 감수

e미일
E-MEAL

수록 작품 소개 ① 물가의 조류 · 포유류

펭귄 ▶ 18쪽
난이도 ★⯪☆☆☆

돌고래 ▶ 22쪽
난이도 ★★☆☆☆

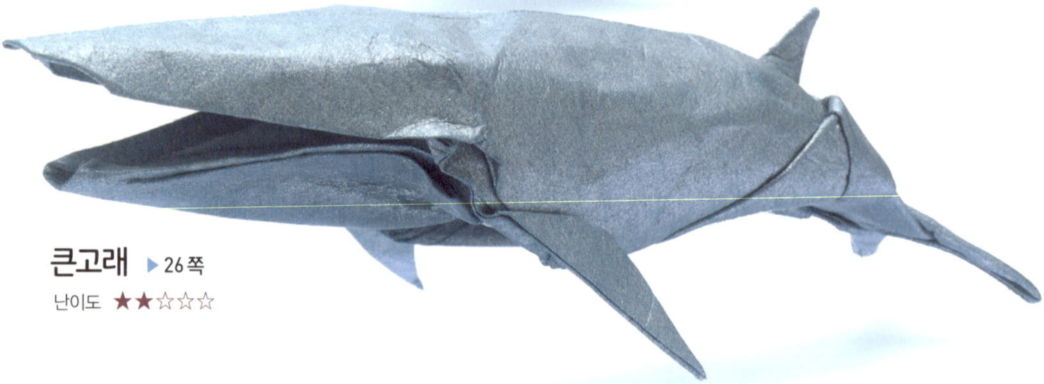

큰고래 ▶ 26쪽
난이도 ★★☆☆☆

듀공 ▶ 30쪽
난이도 ★★⯪☆☆

시작하기 전에

북극곰 ▶ 35쪽

난이도 ★★½☆☆

바다코끼리 ▶ 40쪽

난이도 ★★★½☆

수록 작품 소개 ② 바다어류

쥐가오리 ▶ 46쪽

난이도 ★½☆☆☆

상어 ▶ 50쪽

난이도 ★★☆☆☆

해마 ▶ 54쪽

난이도 ★★★☆☆

수록 작품 소개 ③ 강의 생물

금붕어 ▶ 58쪽

난이도 ★★☆☆☆

악어 ▶ 62쪽

난이도 ★★★★⯪

수록 작품 소개 ④ 공룡 · 갑각류

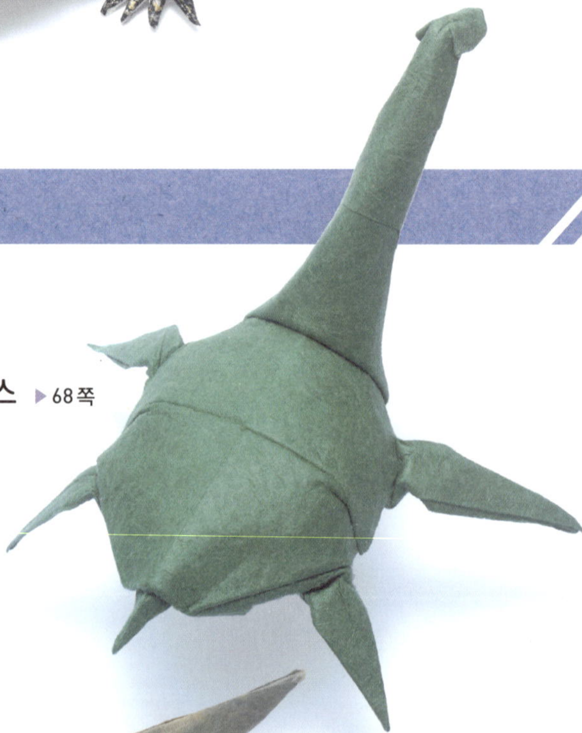

엘라스모사우루스 ▶ 68쪽

난이도 ★★★⯪☆

스피노사우루스 ▶ 74쪽

난이도 ★★★★☆

이크티오사우루스 ▶ 80쪽

난이도 ★★★★☆

게 ▶ 86쪽

난이도 ★★★★☆

심해등각류 ▶ 92쪽

난이도 ★★★★⯪

수록 작품 소개 ⑤ 연체동물

오징어 ▶ 98쪽

난이도 ★★⯪☆☆

문어 ▶ 102쪽

난이도 ★★⯪☆☆

대왕오징어 ▶ 105쪽

난이도 ★★★☆☆

해파리 ▶ 111쪽

난이도 ★★★★★

머리말

이 책『놀라운 리얼 종이접기 4 : 물속을 헤엄치는 생물편』은 독자 여러분의 요청을 받아 출판하게 되었습니다. 앞서 출판한〈놀라운 리얼 종이접기〉시리즈 세 권이 기대 이상의 반응을 얻어 감사함을 마음 깊이 느끼는 한편, 많은 사람이 리얼 종이접기에 커다란 관심을 갖고 있다는 사실을 다시 한번 실감했습니다. 이 책은 물 즉 '바다와 강'에 관계 있는 생물 가운데 비교적 간단한 것부터 난이도가 높은 것까지 폭넓은 작품으로 구성되었습니다. 이미 출간한『놀라운 리얼 종이접기 2 : 하늘을 나는 생물편』과『놀라운 리얼 종이접기 3 : 땅을 걷는 생물편』을 잇는 시리즈입니다.

리얼 종이접기는 동물, 공룡, 곤충 등을 소재로 실제 모습에 최대한 가깝게 접는 창작 종이접기입니다. 언뜻 어려워 보이기는 하지만 각 작품에는 '기초접기'* 단계가 있어 우선 그것을 접고 나면 점차 실감나고 복잡한 형태로 나아갈 수 있습니다. 기초접기 자체의 과정이 긴 것도 있으나 그다지 어렵지 않으므로 몇 번 도전하다 보면 어린이부터 노인까지 누구나 접을 수 있습니다.

또한 과정이 까다로운 부분에는 사진을 이용한 설명을 삽입했습니다. 과정 그림을 보면서 접기란 결코 쉬운 일이 아니어서 어떻게 접어야 할지 잘 모를 때가 있기 마련입니다. 그때에는 다음 순서의 그림에서 힌트를 얻는 경우가 종종 있으니, 항상 다음 순서의 그림과 설명을 미리 보아 두는 습관을 들이면 좋습니다.

기초접기를 완성하고 나면 그다음은 반드시 순서를 지키며 접지 않아도 됩니다. 예를 들어 펭

Memo

*** 기초접기**

리얼 종이접기의 작품에는 '기초접기'라는 단계가 있는데, 이것은 '설명 그림대로 접으면 누가 접어도 똑같은 형태가 되는 단계'를 의미한다. 기초접기까지만 정확하게 접으면 그 후는 접는 사람의 개성에 따라 접는 위치와 각도를 다소 응용해도 된다. 완성 작품의 모양은 미묘하게 달라지지만, 그것이 바로 리얼 종이접기의 매력이다.

권을 접을 때, 날개를 펼치거나 머리를 수그리는 등 자세를 잡으면 다양하게 완성할 수 있습니다. 이 책에는 등지느러미를 가진 생물이 여럿 등장하는데, 등지느러미를 접는 방법에 각각 변화를 주고 있으므로 재미있는 시도를 해보기 바랍니다.

리얼 종이접기의 특징은 완성품이 입체적이고 곡선 부분이 많다는 점입니다. 그래서 마지막 설명 그림과 완성품 사이의 "모양을 정리하여 완성한다"라는 단계에서 시간이 많이 소요되는 경우가 있어, 때로는 며칠씩 걸려 형태를 잡아 가기도 합니다. 이 부분은 지면상의 설명으로 표현하기에는 한계가 있어 참으로 안타깝지만 책에 실린 완성품 사진이 참고가 될 것입니다.

리얼하고 입체적인 형태를 오래 유지하려면 아무래도 '풀먹이기'가 필요합니다. 풀먹이기에 관해서는 이 책에 사진을 넣어 설명(16쪽)해 두고 있으므로 중급 이상의 솜씨를 가졌다면 꼭 도전해 보기 바랍니다.

하지만 처음부터 풀먹이기를 하려면 용기가 필요할 수 있으니 먼저 풀먹이기를 하지 말고 완성까지 접어 보도록 합니다. 일단 끝까지 접은 작품을 "풀먹이기 시작"이 표시된 시점까지 되돌린 다음 풀을 먹이는 겁니다. 풀먹이기를 하지 않고 접는다면 반드시 화지가 적합하다고는 할 수 없습니다. 시중에서 판매하는 종이접기용 종이가 오히려 알맞을 수 있는데, 물론 작품에 따라 다르겠지만 가능한 한 얇은 종이를 선택하는 편이 좋습니다.

그럼 이제부터 리얼 종이접기의 세계를 마음껏 즐겨 보십시오.

후쿠이 히사오

감수자의 말

기다려 왔던 『놀라운 리얼 종이접기4 : 물속을 헤엄치는 생물편』의 감수를 의뢰받아 원고를 살펴본 순간, 독자들의 반응이 기대되었다. 서점에 있는 종이접기 책들은 대부분 동물 · 공룡 · 곤충 등의 생물이 많지만, 강이나 바다에 사는 생물만 모아 놓은 책은 찾기 어렵기 때문이다. 나에게 종이접기는 일이 아닌 취미라 즐겁고 행복한 마음으로 물에서 사는 생물들을 접기 시작했다.

앞서 감수한 『놀라운 리얼 종이접기』 책들에서도 언급했듯이, 알아보기 쉬운 상세한 도면과 곳곳에 배치되어 있는 사진 설명은 종이접기 독자들에게 많은 도움을 줄 뿐만 아니라, 쉬운 작품부터 난도가 높은 작품까지 다양하게 수록되어 있어 커다란 흥미를 주리라 믿는다. 작품을 접기 시작할 때마다 POINT를 읽고 시작하면 쉽게 접어 나갈 수 있고, 중간중간 이해가 안 되는 부분이 있으면 머리말에서 작가가 설명했듯이 다음 단계, 그다음 단계의 그림을 참고하면 된다.

〈놀라운 리얼 종이접기〉 시리즈를 처음 접한 독자라면 쉬운 작품에서 어려운 작품 순으로 접고, 다리의 개수가 적은 작품에서 다리가 많은 작품 순으로 접기를 권한다. 기초접기까지의 과정은 매우 중요하므로 반드시 기초접기에 맞추어 작품을 여러 번 반복해서 접어 보고, 자신감이 생겼을 때 작가가 제시한 방법인 풀먹이기를 하기 바란다. 풀먹이기는 생물의 지느러미, 다리(촉수), 발 등을 더 가늘고 실물에 가깝게 마무리하기 때문에 완성도 높은 생물을 만들 수 있게 해준다. 기초접기 이후의 과정에서 지느러미, 다리(촉수), 발 등을 접을 때 각도를 조금씩 다르게 하여 자유롭게 변형한다면 훨씬 재미있고 생동감 있는 자신만의 작품을 만들 수 있을 것이다.

이 책의 모든 작품을 접어 보고 나서 작가가 추구하는 작품세계를 조금 더 파악할 수 있었고, 종이접기를 좋아하는 사람들이 더 쉽게 다가갈 수 있도록 작가가 얼마나 큰 노력을 기울였는지 알 수 있었다. 한 작품이 탄생하기까지 얼마나 많은 땀과 시간이 필요한지 감수자 또한 잘 알고 있기에 이와 같은 훌륭한 작품들을 만나게 해준 작가에게 감사함을 전한다.

또한 많은 종이접기 독자가 이 책의 생생한 작품들을 감상하면서 종이 한 장으로 만드는 경이로운 세상에 또 한 번 흠뻑 빠져 보기를 권한다.

오경란

종이접기 방법의 기호

골짜기접기선(골짜기접기)

접은 선이 안쪽이 된다.
본문 그림에서는 '골짜기접기'라고 표시하기도 한다.

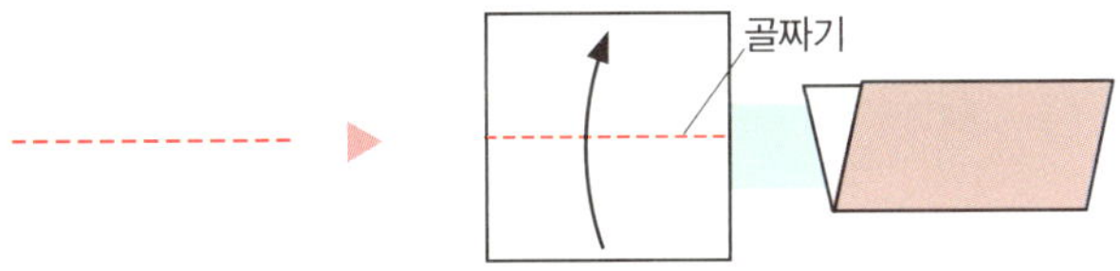

산접기선(산접기)

접은 선이 바깥이 된다.
혹은 뒤집어 골짜기접기로 접어도 된다.
본문 그림에서는 '산접기'라고 표시하기도 한다.

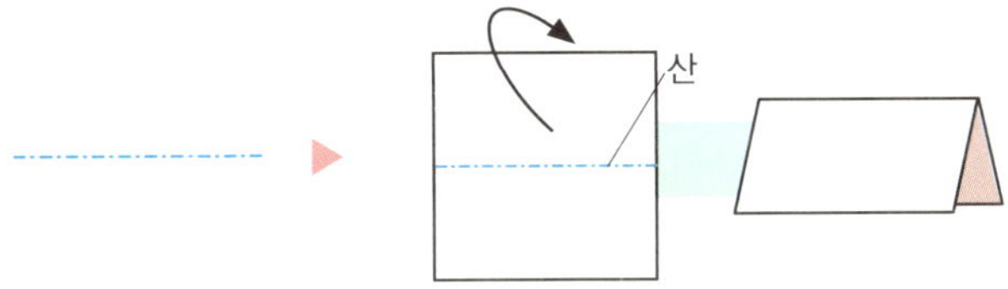

숨은 골짜기접기선(숨은 골짜기접기)

종이 아래에 숨겨져 있는 골짜기접기선.
가는 골짜기접기선으로 표시한다.
본문 그림에서는 '숨은 골짜기접기'라고 표시하기도 한다.

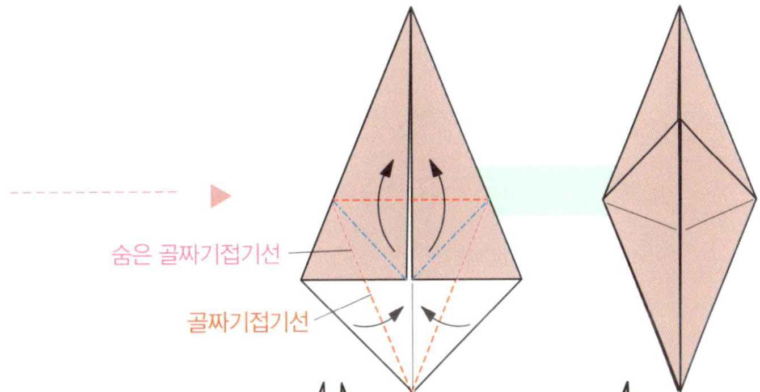

숨은 산접기선(숨은 산접기)

종이 아래 숨겨져 있는 산접기.
가는 산접기선으로 표시한다.
본문 그림에서는 '숨은 산접기'라고 표시하기도 한다.

숨은 외형선

종이 아래 숨겨져 있는, 접어 올리는 선(외형선)을 필요에 따라 표시한다.

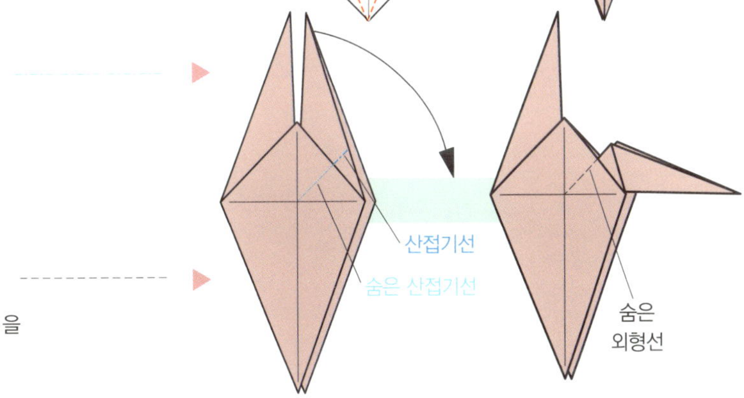

접었다 편다

접고 나서 다시 펴 보조선을 만든다.

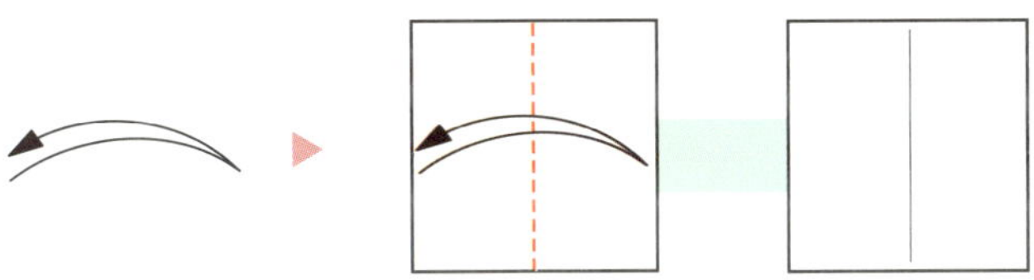

사이를 펼친다

(화살표) 부분을 펼쳐 눌러접는다.

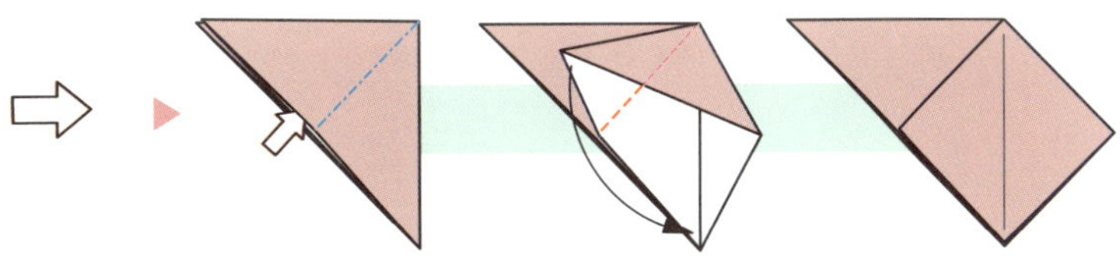

종이를 꺼낸다

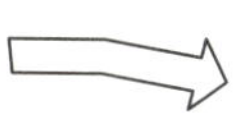

종이를 잡아뺀다

똑같이 나누어 접는다

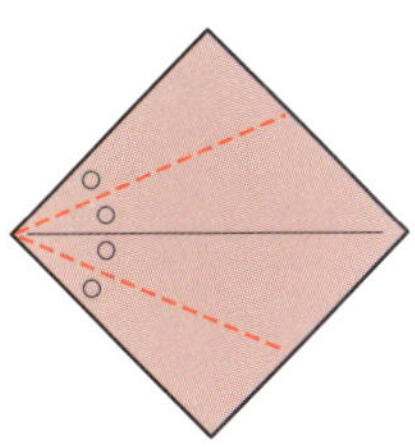

종이를 뒤집는다

그림을 확대한다

부분 접기의 종류

안쪽으로 접기

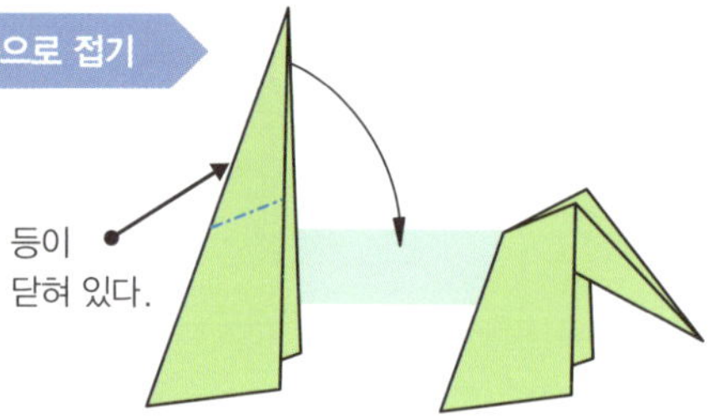

밖으로 뒤집어접기

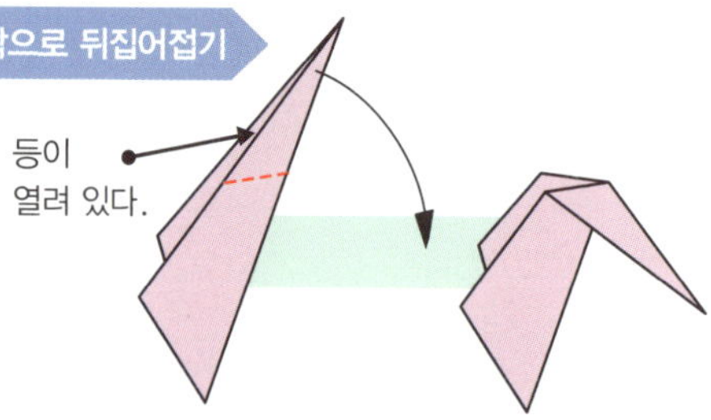

씌워접기

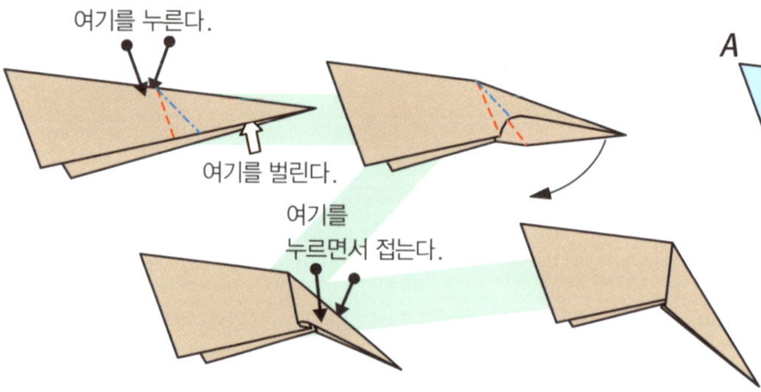

입체적인 숙여접기

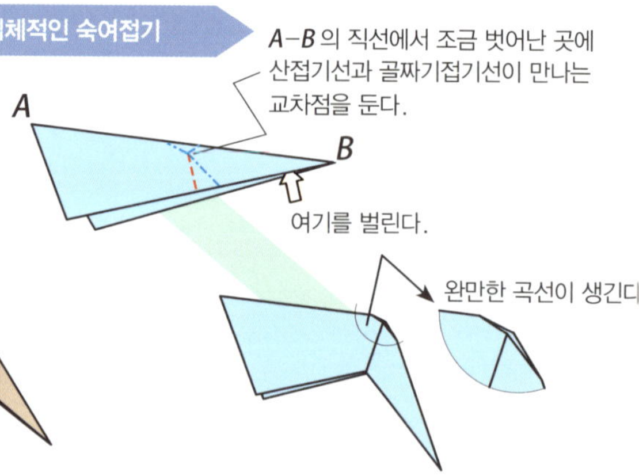

발접기

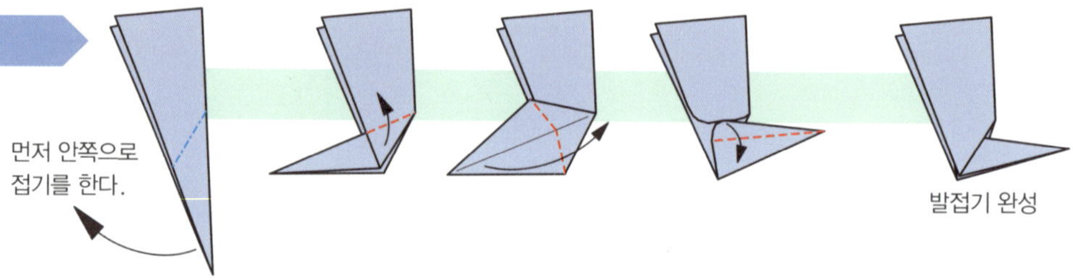

가늘게 접기 · 가늘게 씌워접기

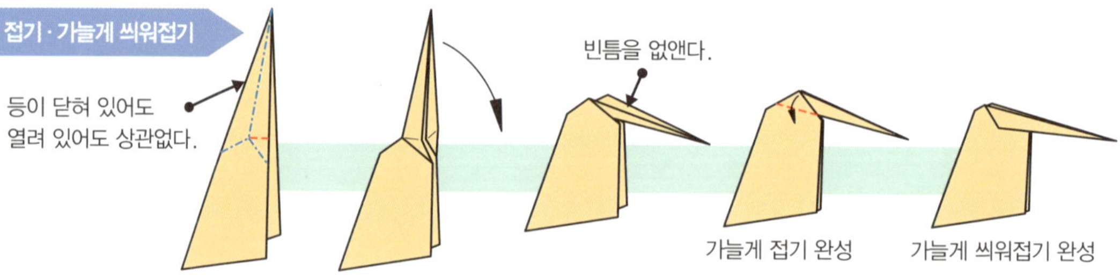

당겨접기

보조선의 차이로 모양이 달라지지만 모두 당겨접기라고 한다.

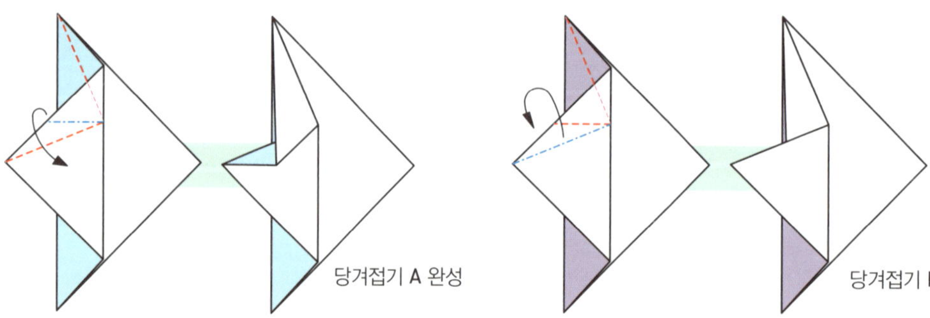

함몰접기

* 개구리 기본형(14쪽)
에서의 예

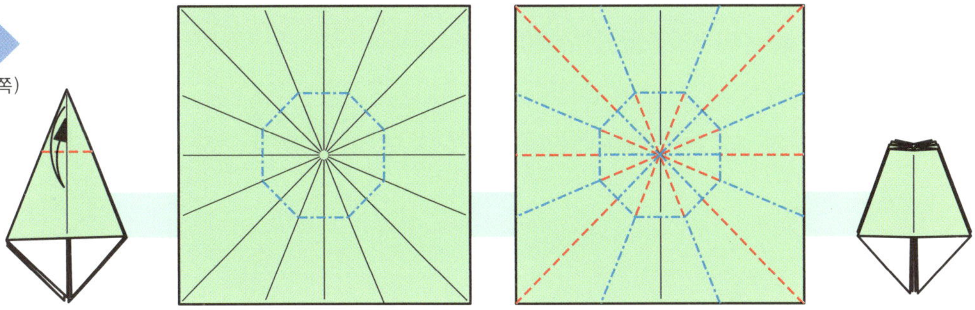

개구리 기본형의 순서 ❹에서 보조선을 만든 다음 펼친다.

만들어진 보조선을 모두 산접기선으로 만든다.

가운데 만들어진 정팔각형을 밀어넣듯이 하며 표시선처럼 접는다.

함몰접기 완성

손잡이접기

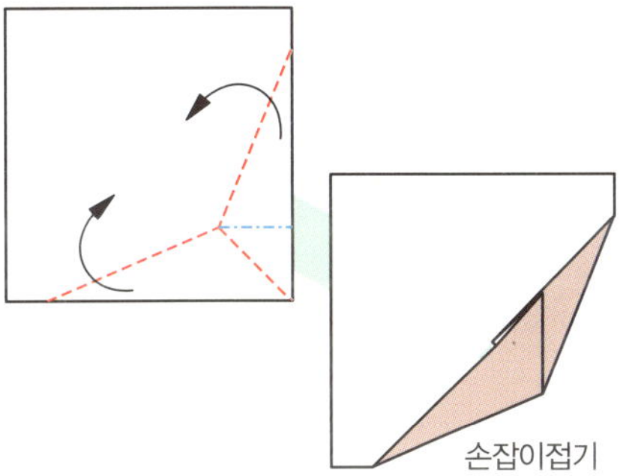

손잡이접기 완성

계단접기

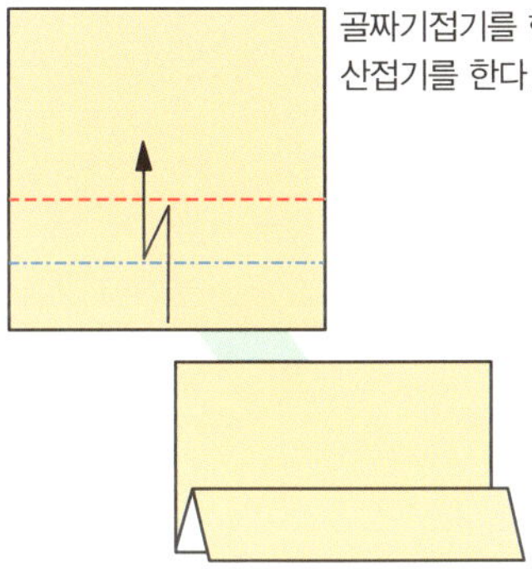

골짜기접기를 한 다음 산접기를 한다.

계단접기 완성

접는 순서

보조선에 번호가 매겨져 있으면 그 순서에 따라 접는다.

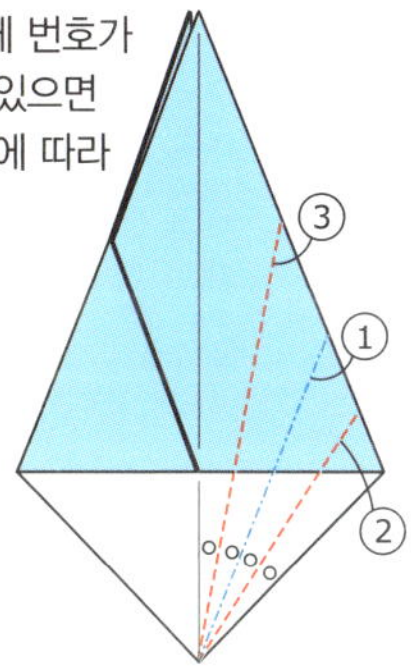

빼내어접기

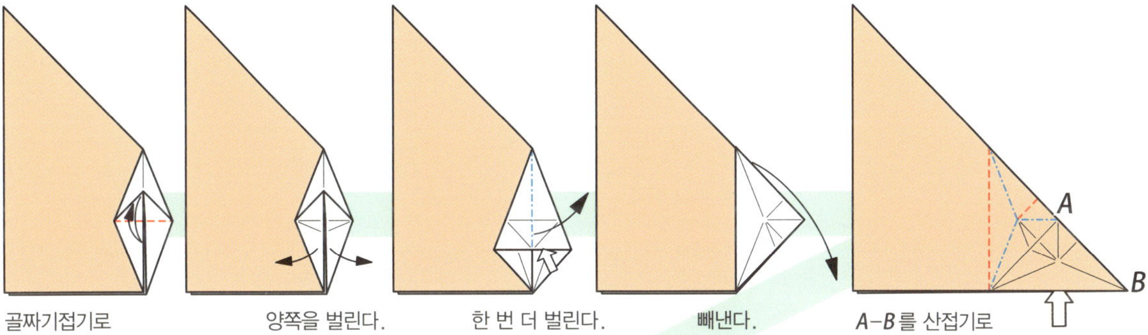

골짜기접기로 보조선을 만든다.

양쪽을 벌린다.

한 번 더 벌린다.

빼낸다.

A–B를 산접기로 만들면서 다시 접는다.

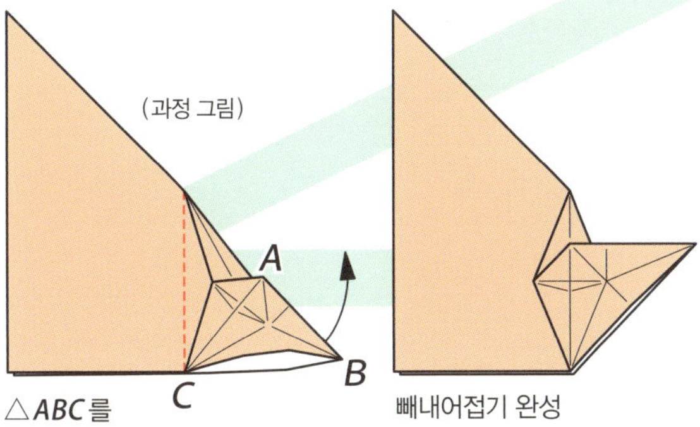

△ABC를 오른쪽으로 넘긴다.

빼내어접기 완성

※ 본문에서 빼내어접기는 이렇게 표시한다.

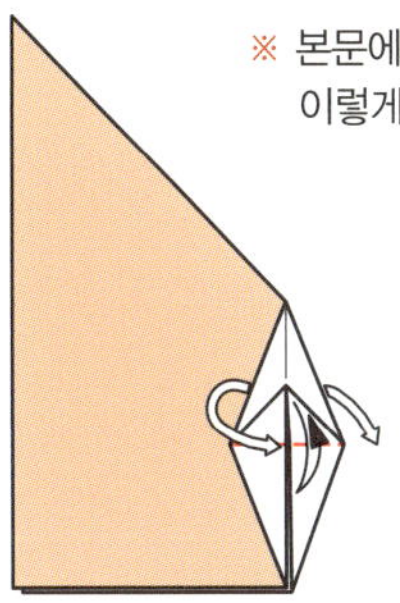

기본형의 종류

사각주머니

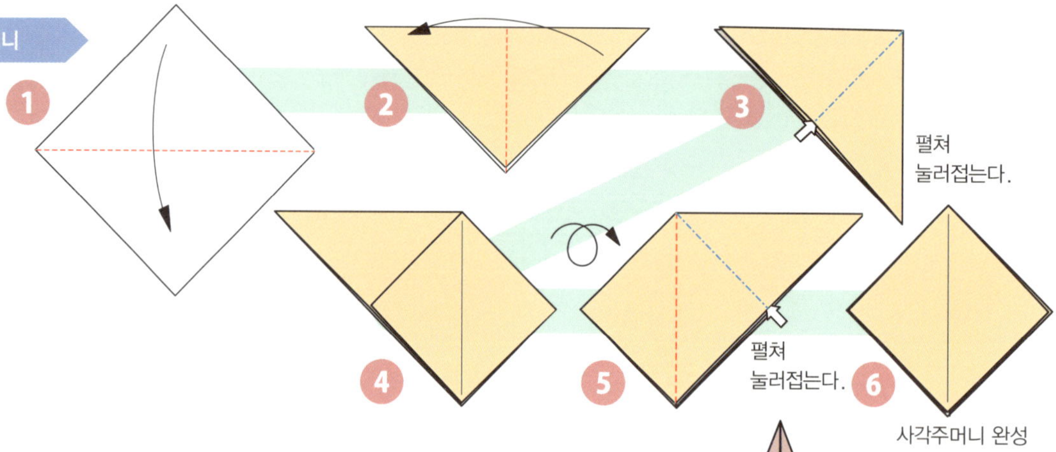

학마름모접기

학접기 기본형

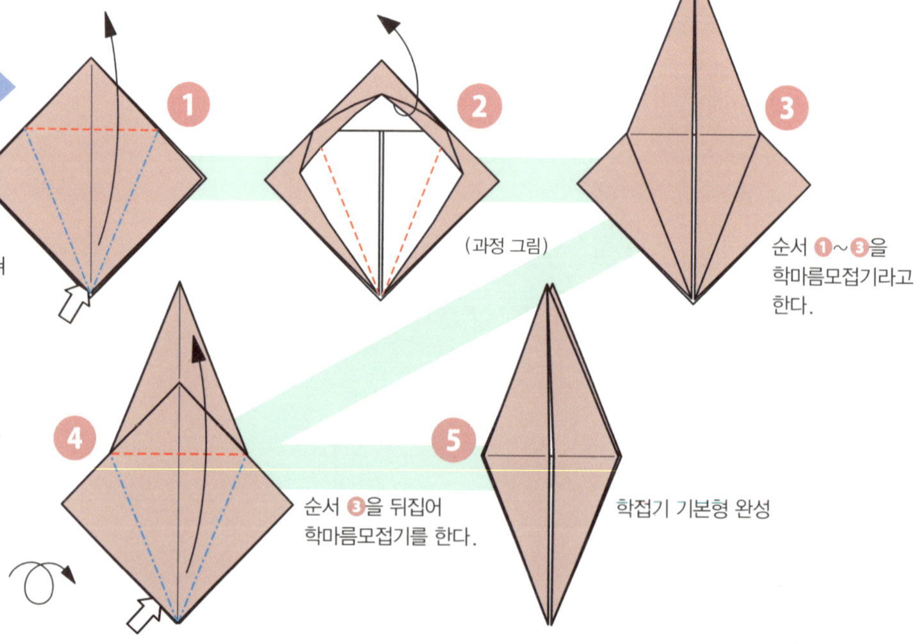

개구리 기본형

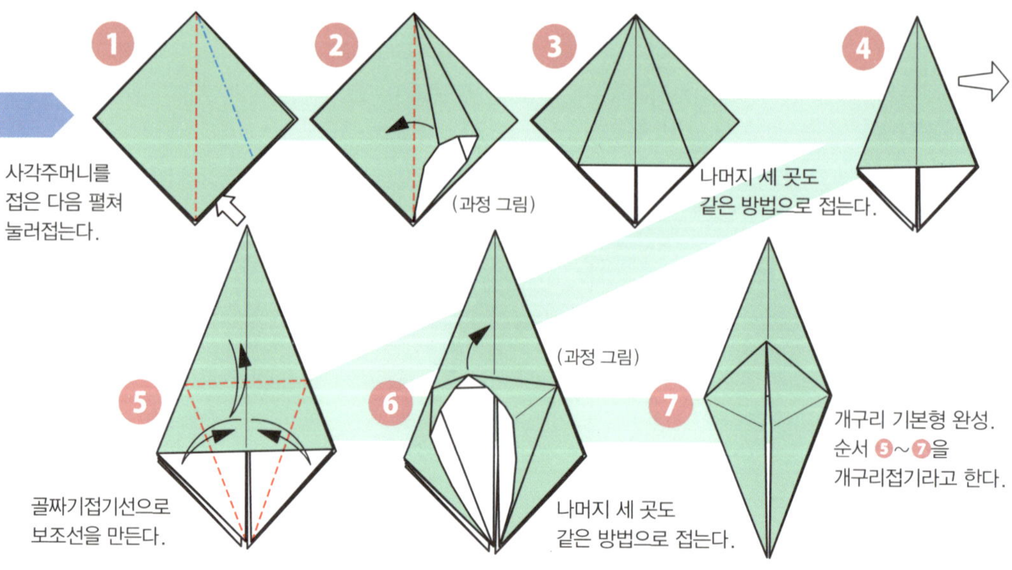

붓꽃 기본형

개구리 기본형의 순서 ❹에서 한 장만 왼쪽으로 넘겨 접고 뒤쪽도 같은 방법으로 접는다.

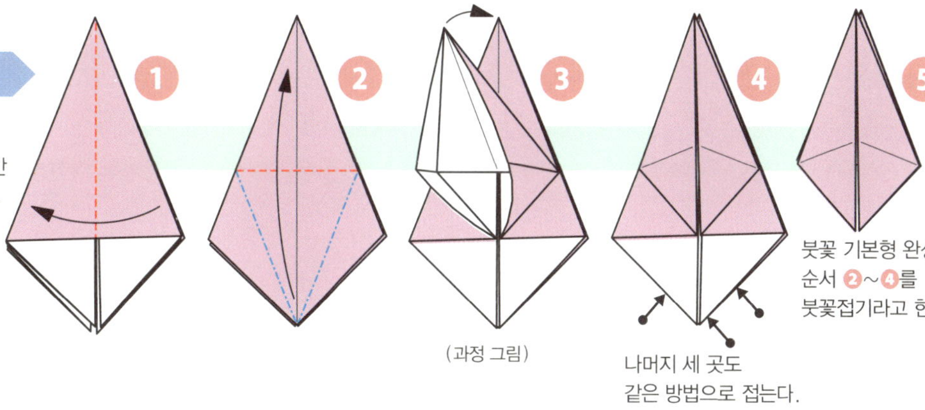

붓꽃 기본형 완성.
순서 ❷~❹를 붓꽃접기라고 한다.

풍선 기본형

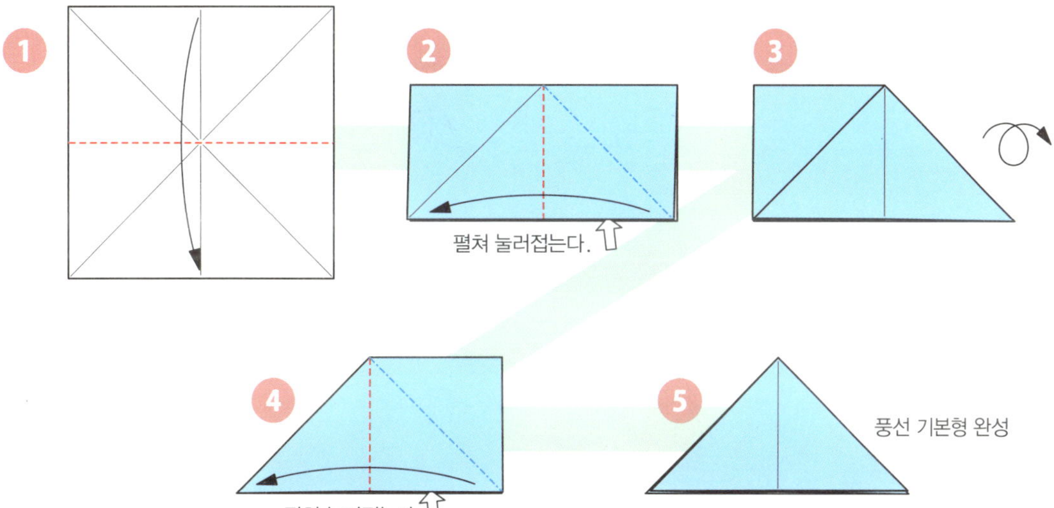

공룡 기본형

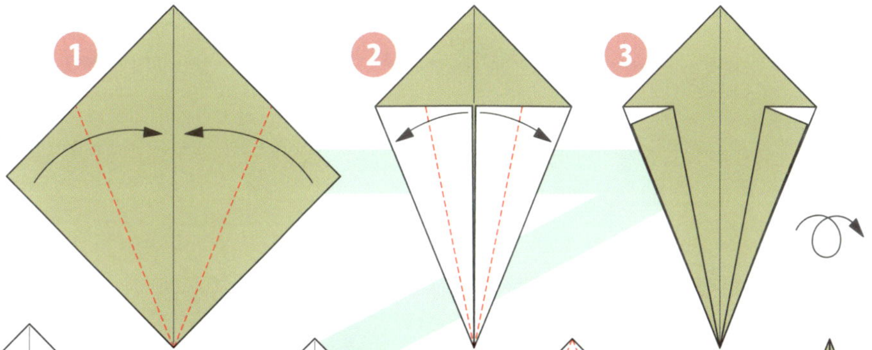

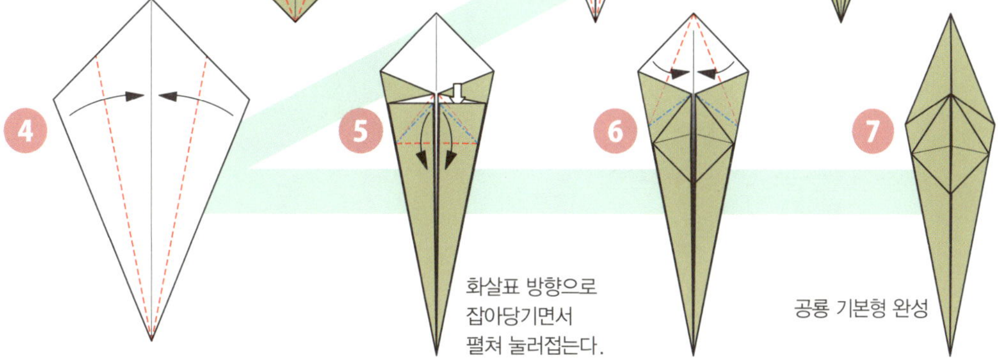

풀먹이기에 대하여

풀먹이기 방법

리얼 종이접기의 큰 특징인 풀먹이기는 과정을 정확하게 파악하고 있어야 제대로 할 수 있습니다. 풀먹이기를 하면 완성 모양이 한층 리얼해질 뿐 아니라 강도와 내구성이 좋아지므로 중급자 이상은 반드시 시도해 보기 바랍니다. 풀먹이기는 기초접기가 완성된 시점 전후에 하는데(본문에 '풀먹이기 시작'이라고 표기), 종이 뒷면의 필요한 부분에 풀(오른쪽 사진)을 칠합니다. 기초접기 완성 후에는 접는 과정마다 그리고 앞면의 빈틈에도 가능한 한 풀먹이기를 합니다. 다만 기초접기 후 함몰접기를 하거나 주저앉히는 순서가 있으면 그 과정을 끝내고 풀을 먹이거나 그 부분을 남기고 풀을 먹이므로 주의해야 합니다.

원치 않는 부분에 실수로 풀을 칠했을 때에는 바로 지우고 말리거나 닦아 내면 됩니다. 설사 말라 버렸더라도 물을 묻힌 붓으로 그 부분을 적셔 1~2분 후 닦아 내면 됩니다.

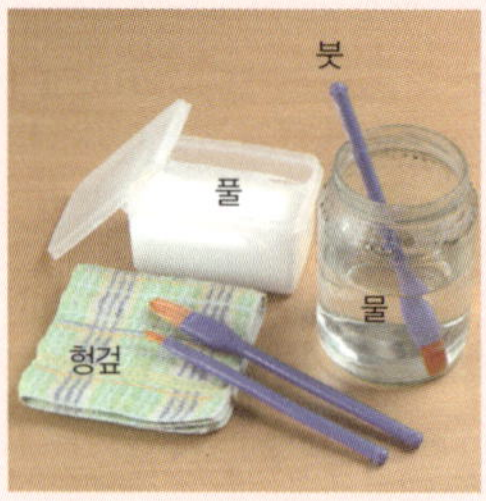

◀ 목공용 본드를 물로 조금 희석한 풀을 준비한다. 털끝의 폭이 1cm 정도인 붓이 풀을 바르기에 편하며, 붓을 씻을 물과 붓을 닦을 헝겊을 준비한다.

각 작품의 '풀먹이기 시작' 표시까지 접어 나간다. 사진의 예는 문어(102쪽)이다.

접은 것을 다시 펼친다.

보조선에 주의하면서 종이 뒷면의 필요한 부분에 풀을 칠한다.

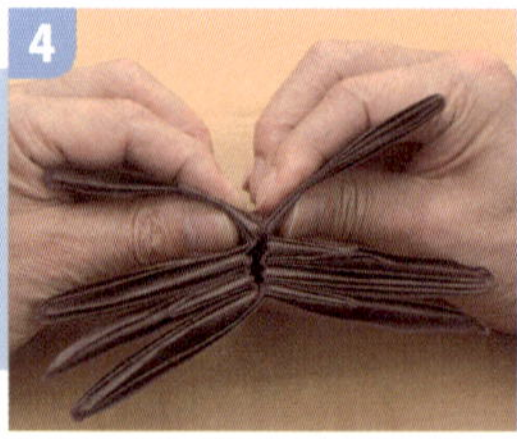

풀먹이기를 하면서 원래의 기초접기 모양으로 다시 접어 나간다.

겉면에도 풀먹이기가 필요한 부분이 있으면

접기과정을 생각하며 필요한 부분에만 풀을 칠한다.

다리의 틈새에도 풀먹이기를 한다.

다리를 가늘게 접으면서 모양을 잡아 나간다.

머리 사이 등 세밀한 부분에도 가능한 한 풀먹이기를 한다.

접기를 마치면 손가락으로 눌러 곡선을 만드는 등 실감나는 형태로 정리하며 모양을 잡는다.

▼ 풀먹이기를 한 작품

◀ 풀먹이기를 하지 않은 작품

Memo

풀먹이기가 리얼 종이접기의 중요한 요소이기는 하지만 하지 않아도 된다.

종이에 대하여

준비할 종이의 크기와 종류

이 책에서는 사용할 종이의 크기를 적어 두었으므로 참고하면 좋을 것입니다. 여기에서는 모두 화지(오른쪽 사진)를 사용했는데, 가능한 한 얇은 것이 적합합니다. 또한 한층 실감나고 볼품 있게 완성하려면 알맞은 탄력과 강도가 있는 화지가 좋습니다. 특히 풀먹이기를 하려면 일반적인 종이접기용 종이로는 어려울 뿐 아니라 완성 후에 고급스러운 느낌이 나지 않기 때문입니다.

물론 초보자는 일반적인 종이접기용 종이를 이용해도 되지만, 18cm×18cm 이상의 큰 종이가 좋습니다.

준비

필자는 약 90cm×60cm 정도의 종이를 직접 잘라 사용하는데, 여기에서 그 방법을 소개하겠습니다. 여유가 있을 때 사각주머니(14쪽)를 접어 보관해 두면 종이접기를 하고 싶을 때 언제든지 시작할 수 있어서 편리합니다.

1

큰 종이를 여섯 개로 접는다.

2

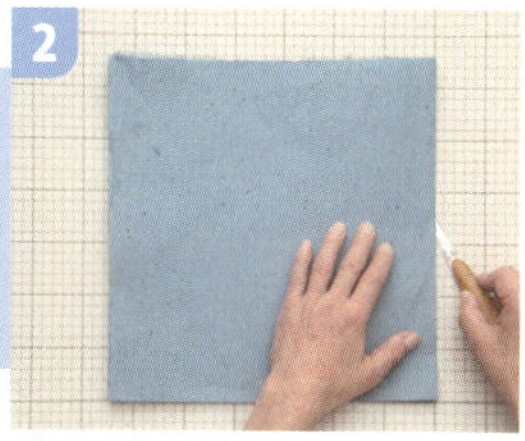

칼로 접은 선을 따라 자른다.

3

여섯 장으로 자른 모습

4

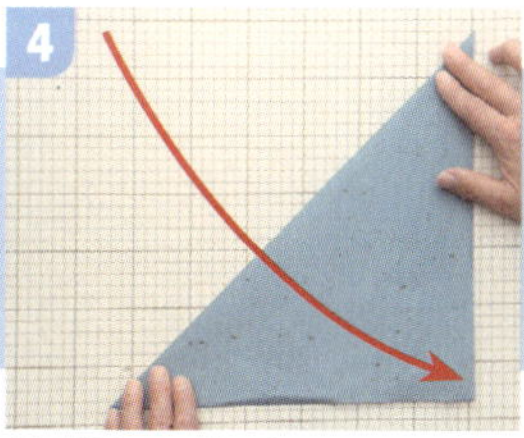

삼각형으로 접는다.

5

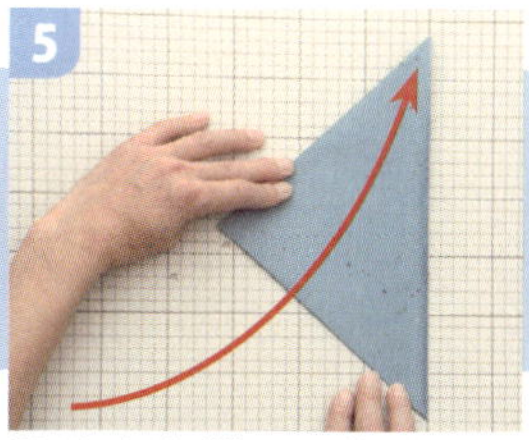

한 번 더 삼각형으로 접는다.

6

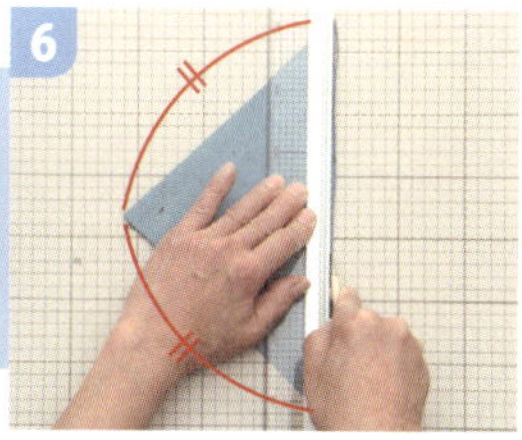

이등변삼각형이 되도록 긴 변을 칼로 잘라낸다.

7

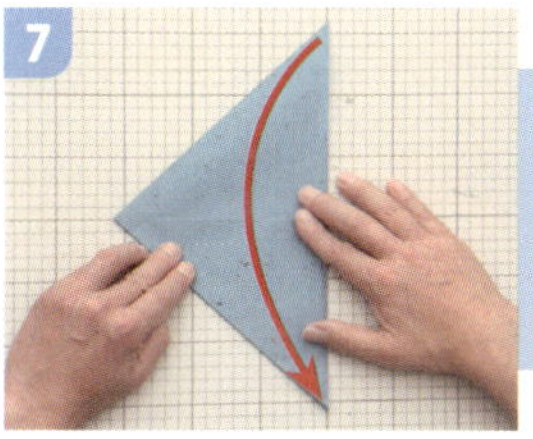

위의 한 장만 삼각형으로 접는다. 이 단계에서 모서리가 딱 맞으면 제대로 된 것이다.

8

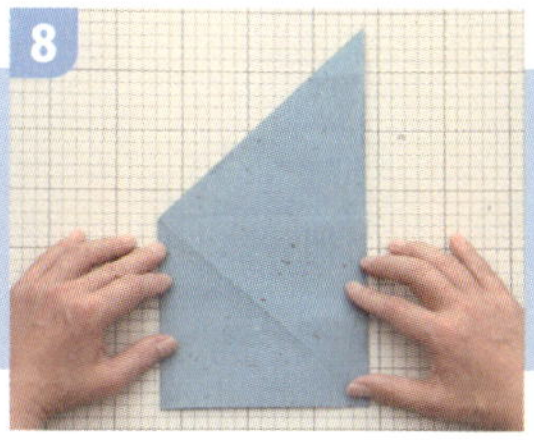

사각주머니(14쪽)를 접는다.

9

완성. 햇볕에 노출되면 바래므로 주의하여 보관한다.

앞뒤의 색이 다른 종이를 이용하고 싶으면 덧대기*를 하고 나서 자른다.

종이를 보강하는 방법

종이가 너무 얇을 때에는 CMC(오른쪽 사진 ① 카복시 메틸 셀루로스)를 바른 후 사용합니다. 필자는 가죽공예용 분말 CMC 20g을 물 500cc에 녹여 사용하는데 특히 얇은 종이에 바릅니다(오른쪽 사진 ②). 마른 다음 자르면 강도에 신경쓰지 않고 종이접기에 사용할 수 있습니다.

①

②

* 덧대기 : 시중에서 판매하는 도배용 풀을 약 2배의 물로 희석하여 붓으로 바르고 다른 종이와 마주 붙인다.

REAL ORIGAMI

물가의 조류 · 포유류

펭귄

▶ 난이도 ★½☆☆☆

★ 사용한 종이

26cm×26cm 1장(검은색 종이에 흰색 종이 덧대기)

POINT

이 작품은 종이접기교실에서 날개를 펼 수 있는 펭귄을 접고 싶다는 요청이 있어 만들어 본 것이다. 학접기 기본형부터 시작하는 비교적 단순한 작품이다.

종이는 흰색과 검은색의 얇은 화지를 덧대기했는데, 접기 과정이 쉬운 작품이므로 시중에서 구할 수 있는 종이접기용 종이로도 충분히 접을 수 있다. 일반 종이접기용 종이도 풀먹이기를 하면 완성했을 때 안정감이 있고 오래 두고 볼 수 있는 작품이 된다. 다만 종이의 크기는 20센티미터 이상이어야 좋다.

날개를 펼친 포즈나 머리를 수그리고 주둥이로 먹이를 들어올리는 포즈 등 얼마든지 완성된 모양에 변화를 줄 수 있으므로 꼭 시도해 보자.

모양을 정리하는 단계에서 몸통의 산접기선(뒷면의 흰색 부분)을 누르듯이 하며 몸통을 부풀리면 두 다리 사이에 간격이 생겨 안정되게 세울 수 있다.

★★☆☆☆

1

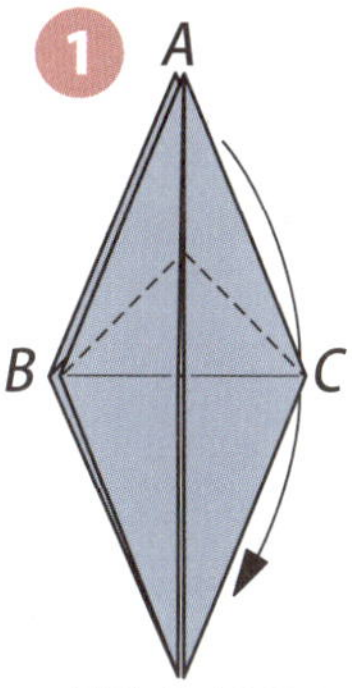

뒤의 △ABC를
아래로 내린다.

여기까지
기초접기

2

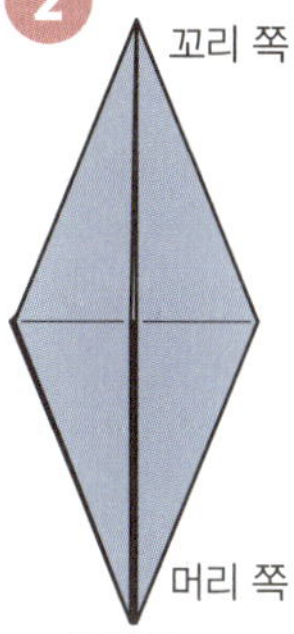

방향을
바꾼다.

3

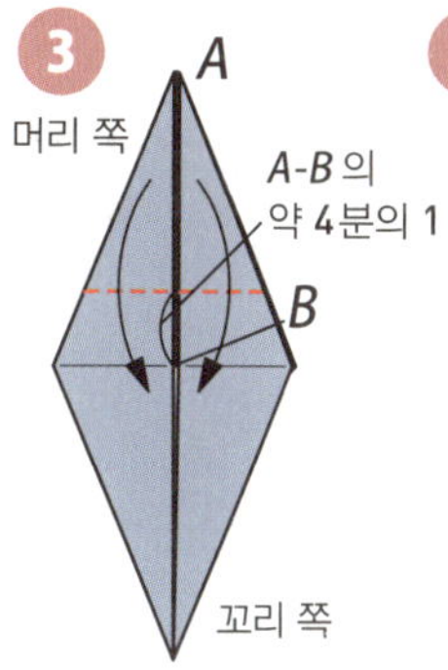

4

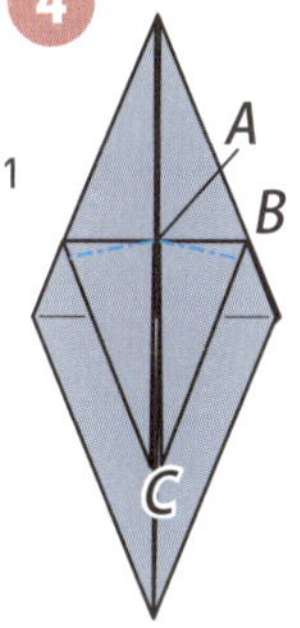

A를 중심으로
변 B-C를 중심선과
평행이 되도록 접는다.
반대쪽도 같은 방법으로
접는다.

5

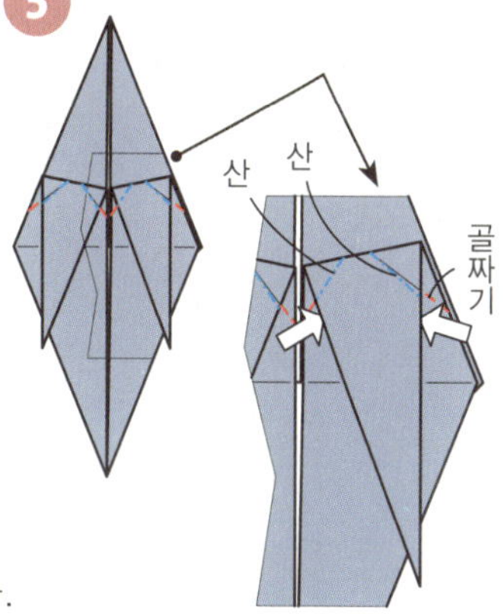

안쪽으로 접기를 하고
반대쪽도 같은
방법으로 접는다.

6

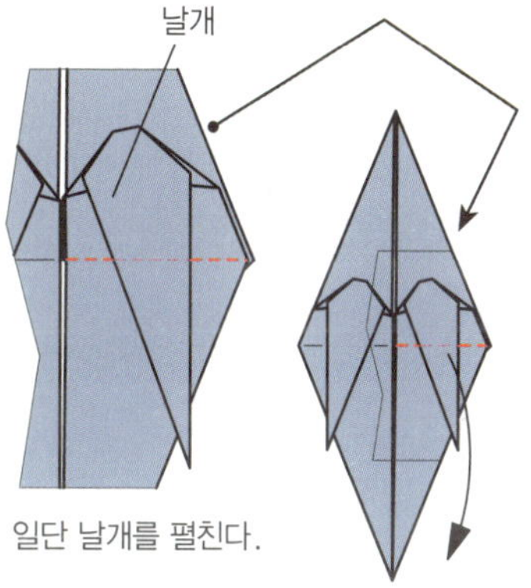

일단 날개를 펼친다.

7

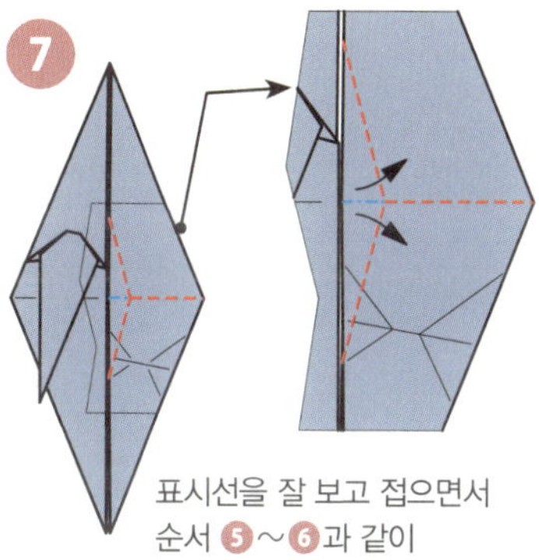

표시선을 잘 보고 접으면서
순서 5~6과 같이
다시 접는다.

8

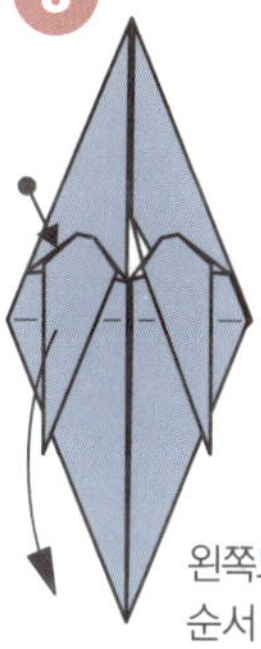

왼쪽도
순서 6~7과
같은 방법으로 접는다.

9

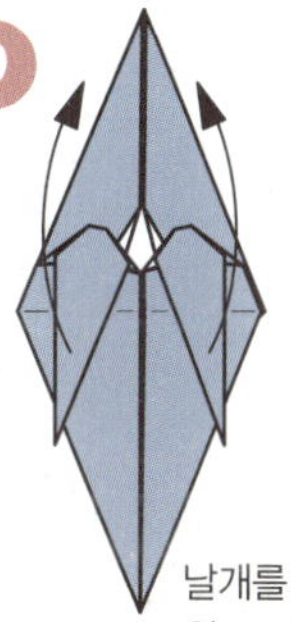

날개를
위로 펼친다.

10

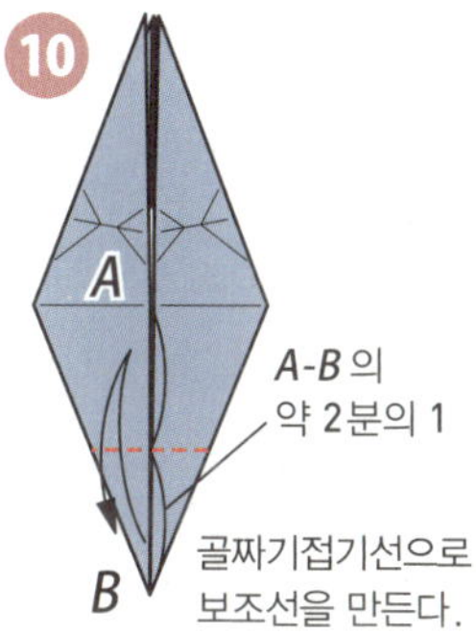

골짜기접기선으로
보조선을 만든다.

11

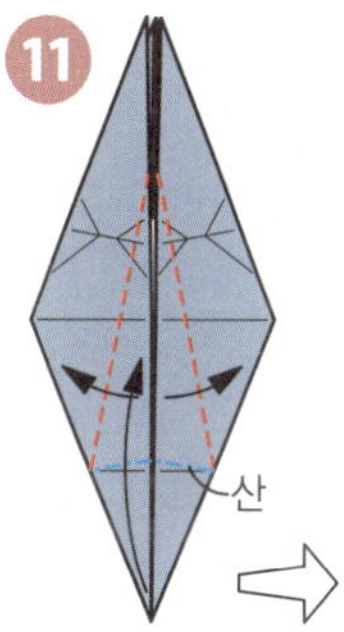

12

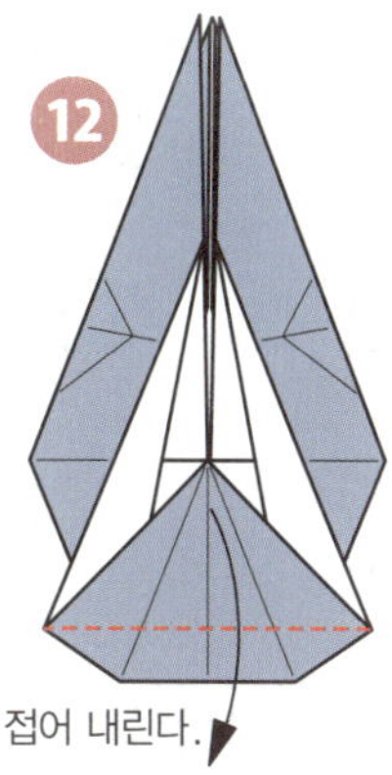

접어 내린다.

13

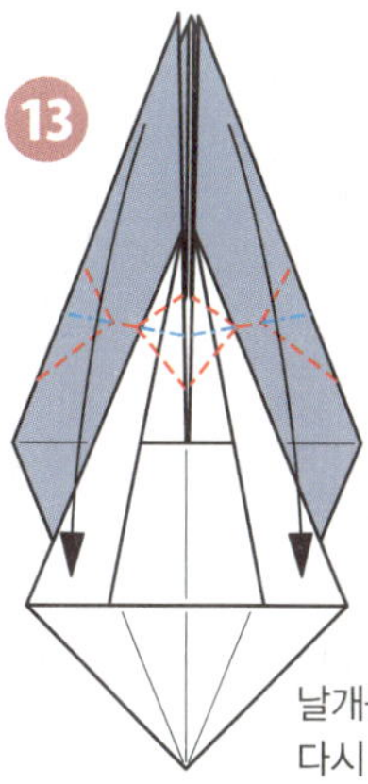

날개를
다시 접는다.

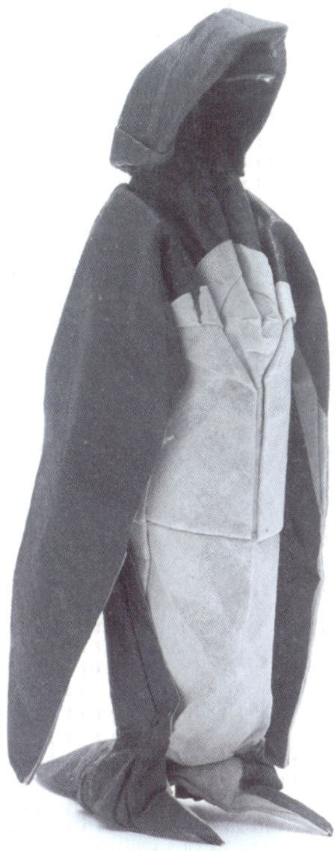

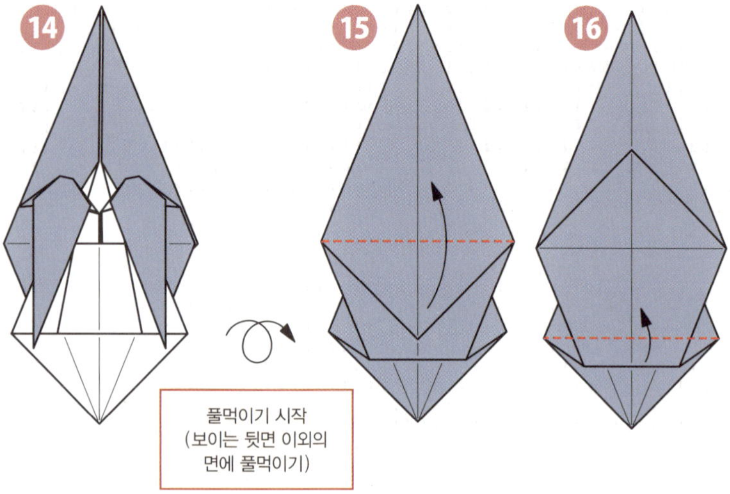

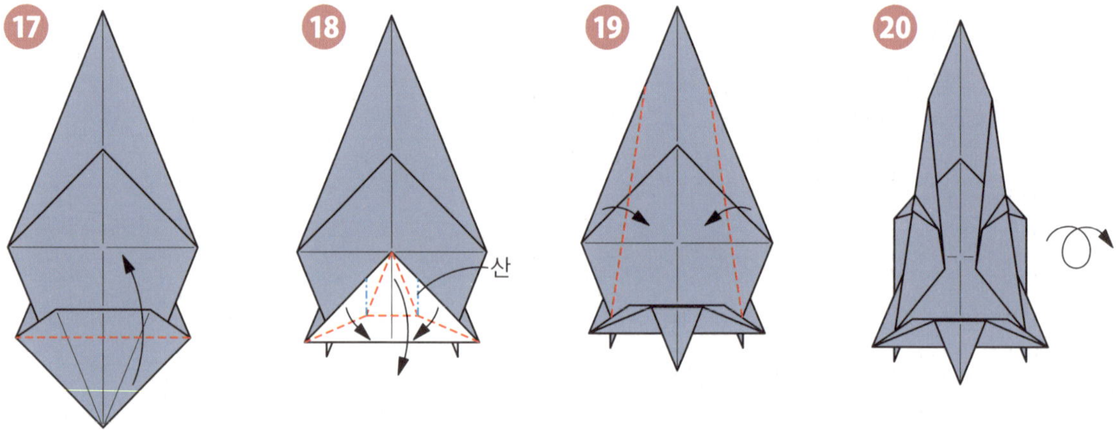

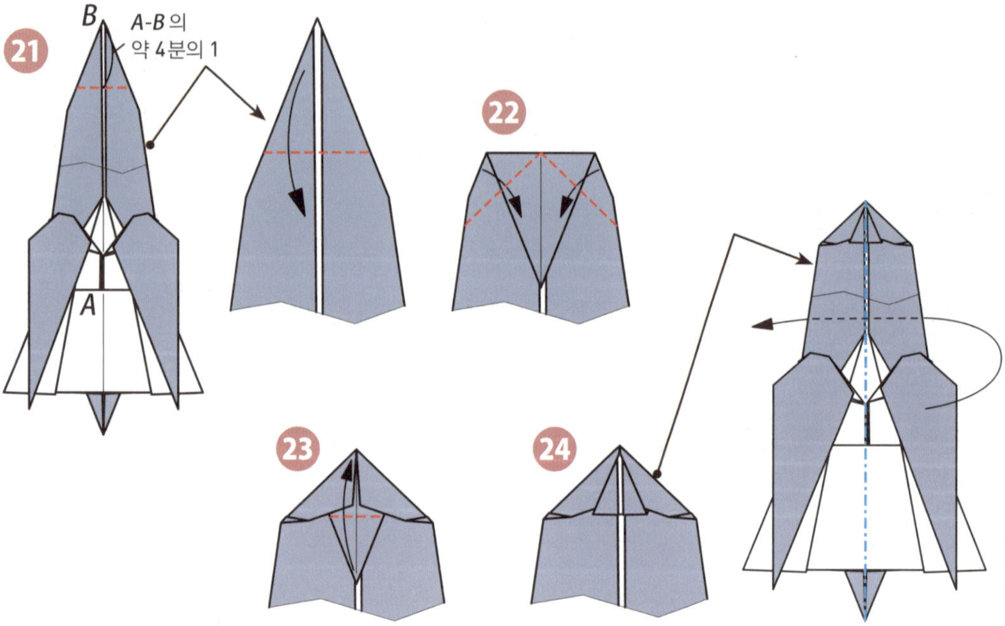

가운데의
중심선으로
반을 접는다.

25

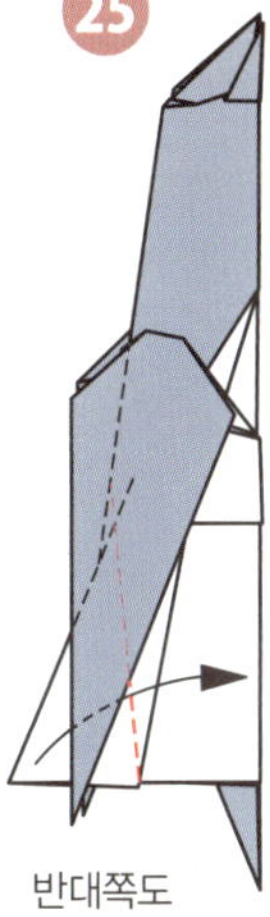

반대쪽도
같은 방법으로
접는다.

26

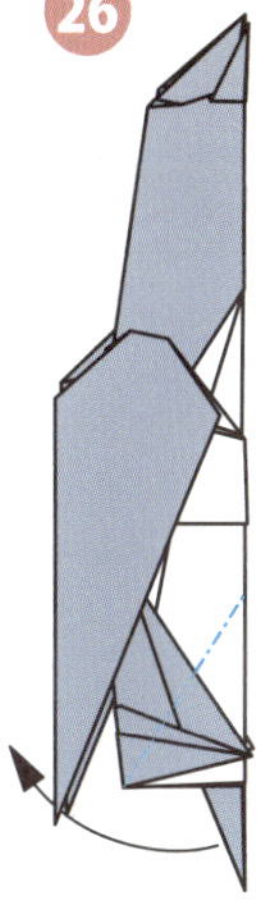

안쪽으로 접기

27

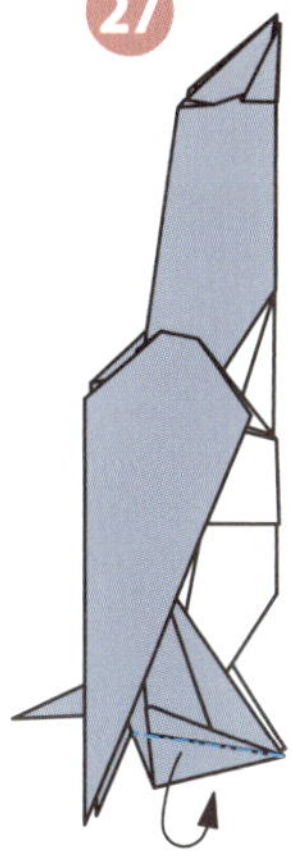

안으로 숨기고 반대쪽도
같은 방법으로 접는다.

28

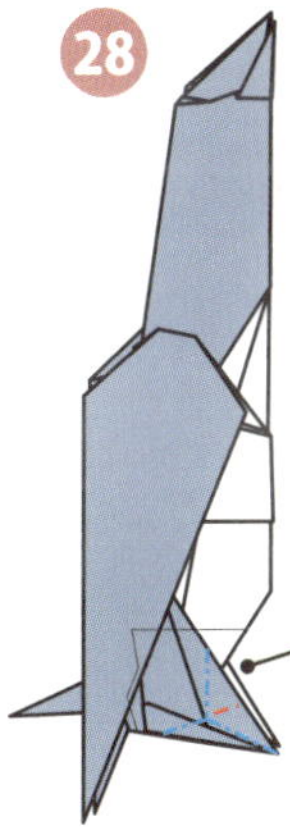

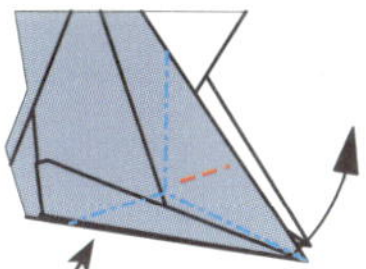

가늘게 접기를 하고
반대쪽도
같은 방법으로
접는다.

29

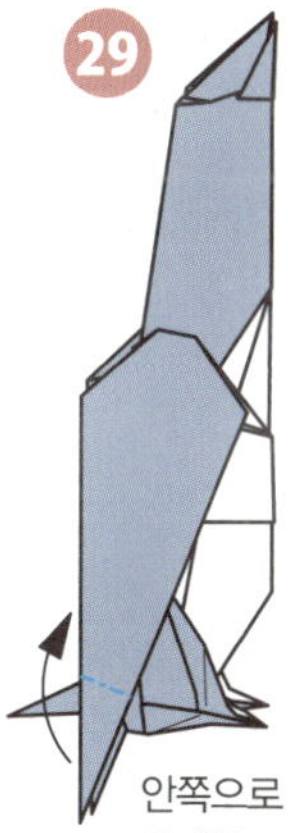

안쪽으로 접고
반대쪽도
같은 방법으로 접는다.

30

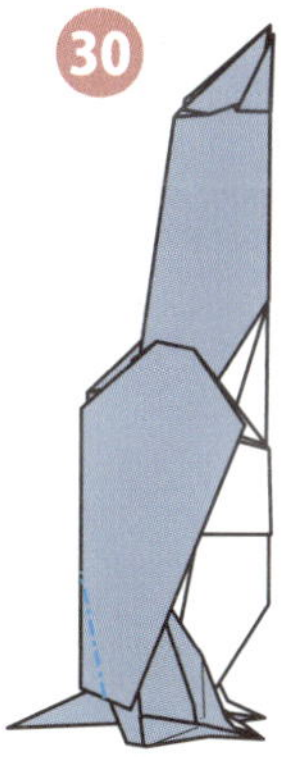

앞뒤, 안으로
접어넣고
다른 한쪽도
같은 방법으로
접는다.

31

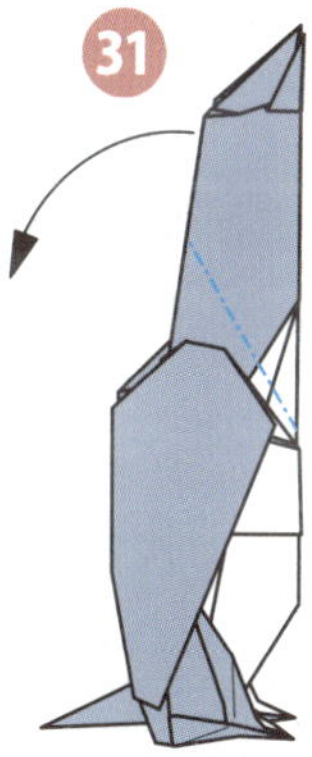

안쪽으로 접기

32

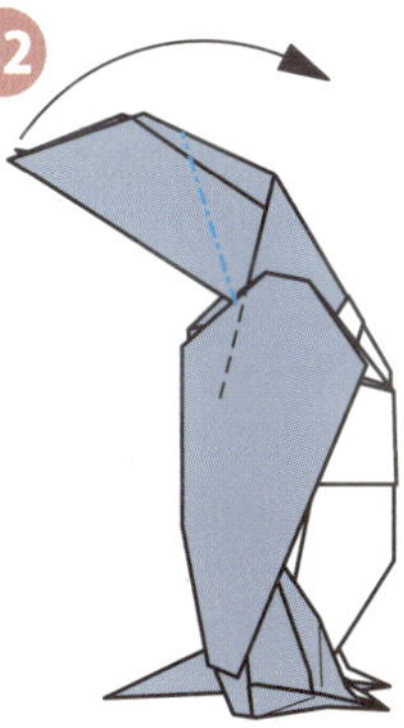

안쪽으로 접기

33

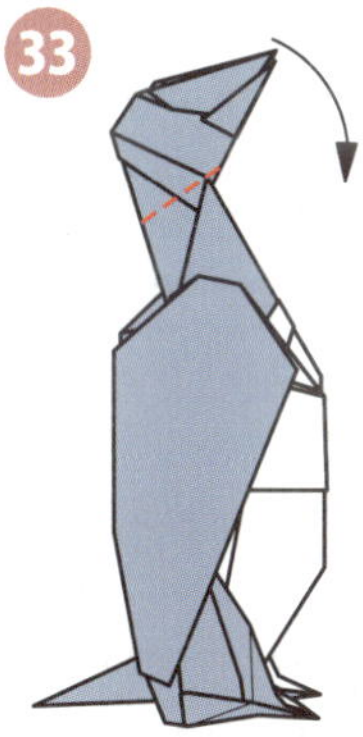

밖으로 뒤집어접기

34

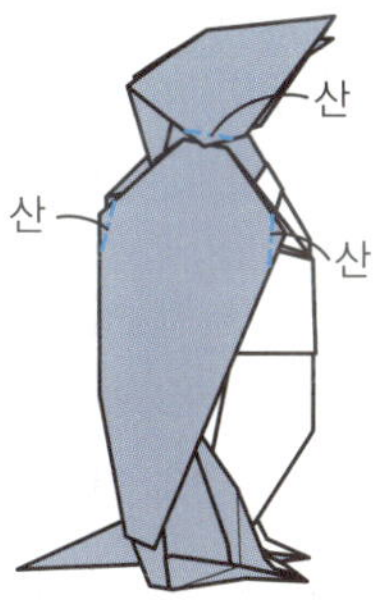

35

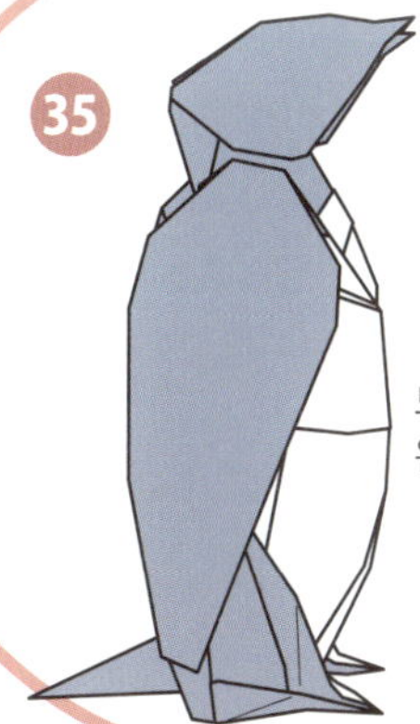

모양을 정리하여
완성한다.

REAL ORIGAMI

물가의 조류 · 포유류

돌고래

★ 사용한 종이

23cm×23cm 1장

▶ 난이도 ★★☆☆☆

POINT

공룡 기본형을 토대로 접어 나간다. 순서 16에서 만들어지는 산접기선은 자연스럽게 정해지지만, 약간 복잡한 선이 된다. 순서 12의 과정을 접음으로써 순서 16의 선들이 만들어지기 때문에 그것을 잘 보며 접으면 문제없다.

돌고래, 고래, 듀공 같은 해양성 포유류는 육상 포유류에 비해 생김새가 단순하므로 마무리 단계에서 몸통을 부풀려 입체적으로 만들어야 형태를 잡기가 한결 수월하다. 이를 위해서도 풀먹이기를 하여 입체적인 모양을 유지하는 것이 좋다.

순서 20을 접는 과정에서 가운데에 꼭짓점이 생기므로 이 꼭짓점을 머리에서 조금 어긋하게 하여 아래턱을 만들면 훨씬 보기 좋아지며, 순서 26에서 아래턱을 꺼내면 된다.

공룡 기본형(15쪽) 순서 6부터

1

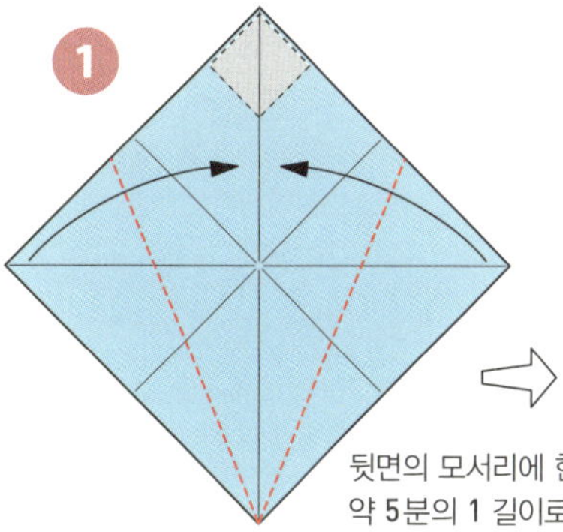

뒷면의 모서리에 한 변의
약 5분의 1 길이로 자른
종이를 덧댄다
(35쪽 북극곰의 순서 1 참고).

2

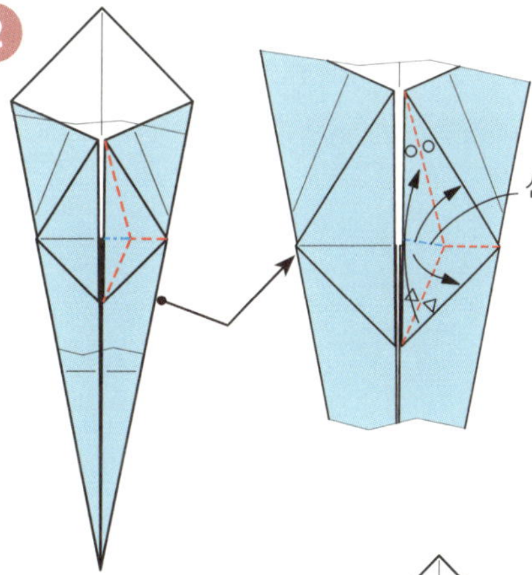

3

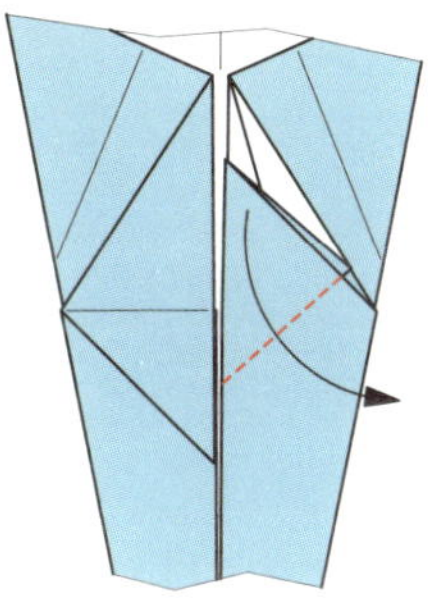

4

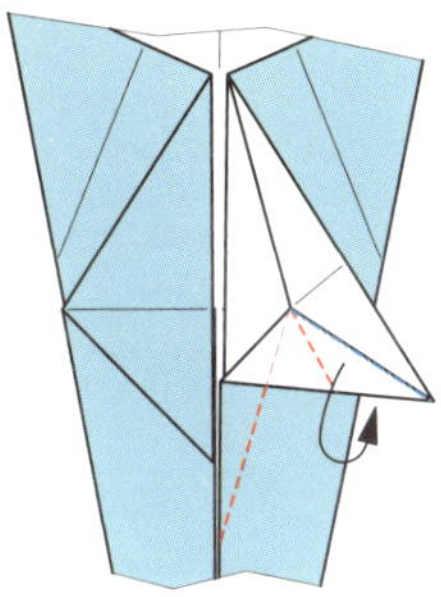

당겨접기

5

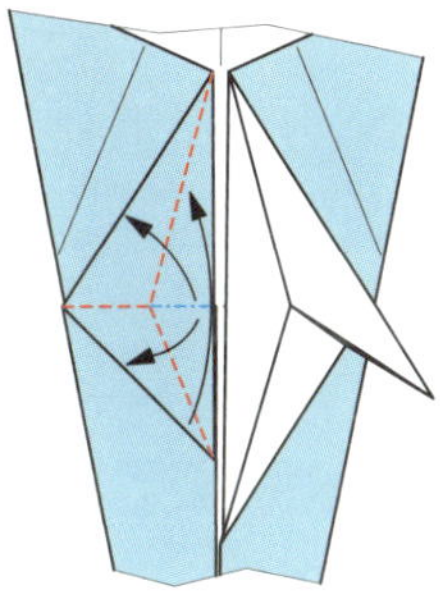

왼쪽도 순서 2~4와
같은 방법으로 접는다.

6

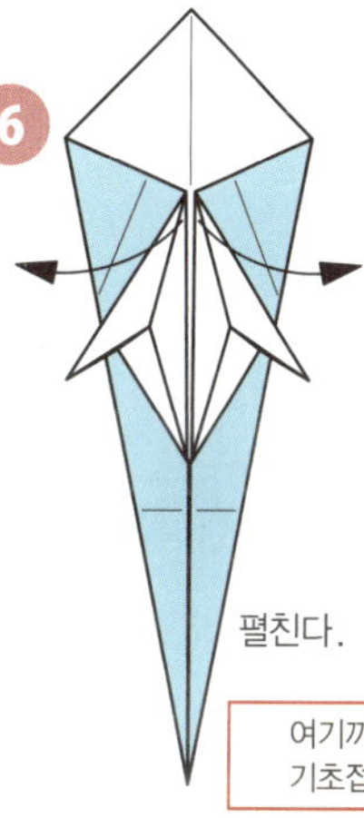

펼친다.

여기까지
기초접기

7

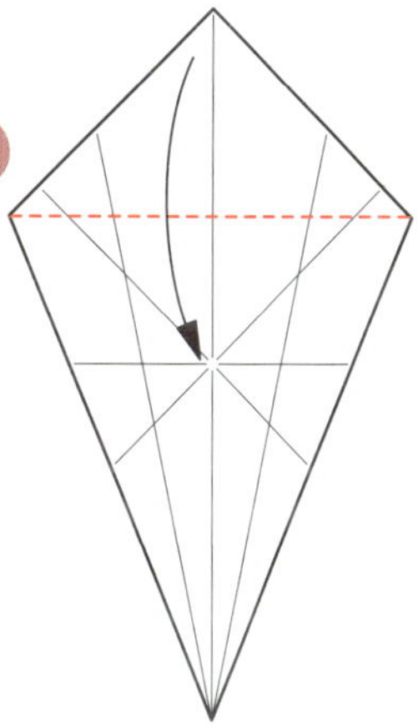

8

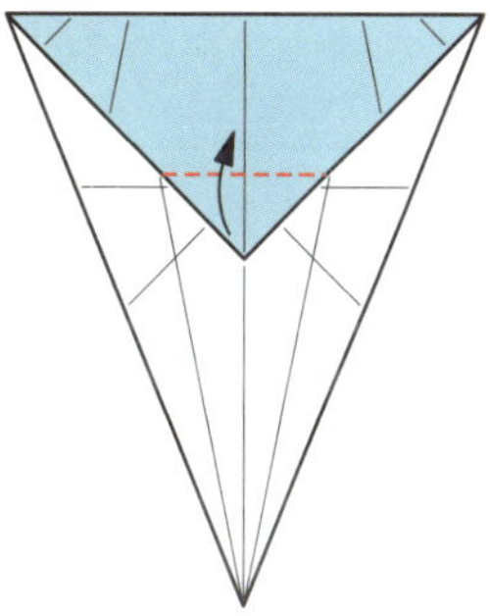

9

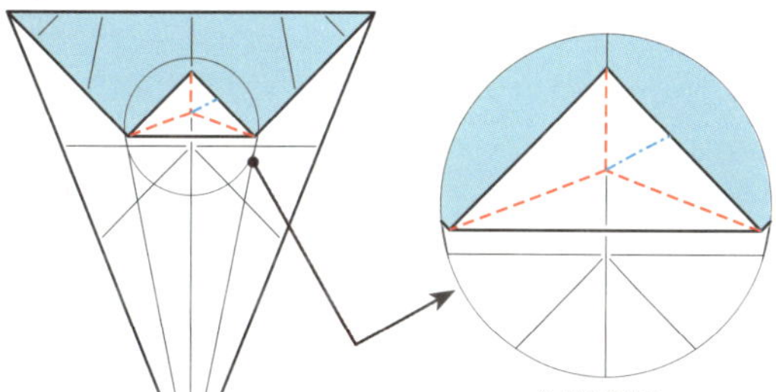

손잡이접기

10

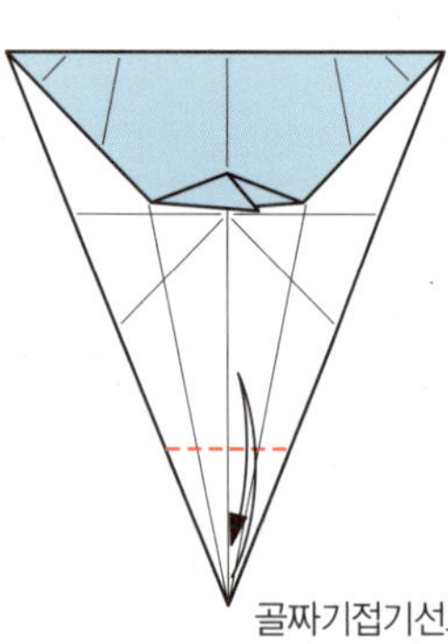

골짜기접기선으로
보조선을 만든다.

11

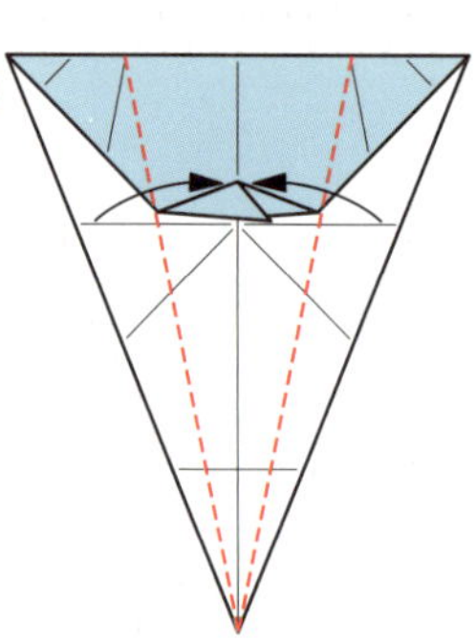

12

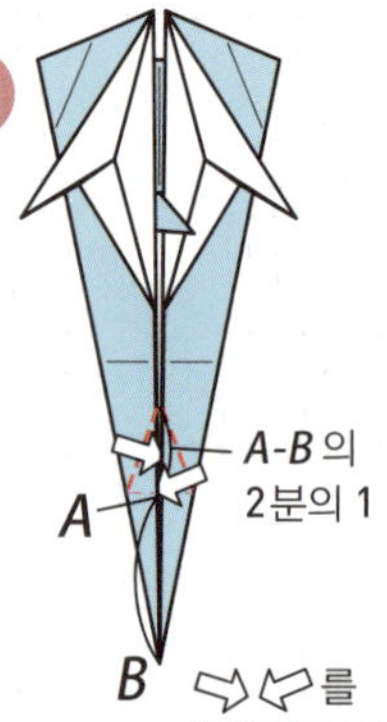

⇨⇦를
벌려 접는다.

13

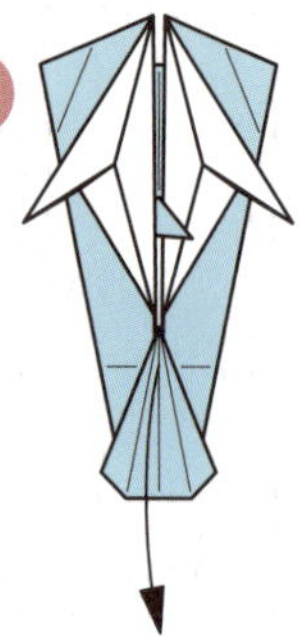

순서 11로
되돌린다.

14

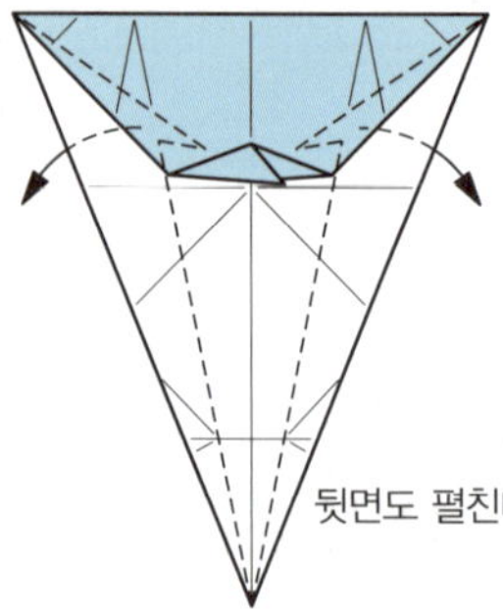

뒷면도 펼친다.

15

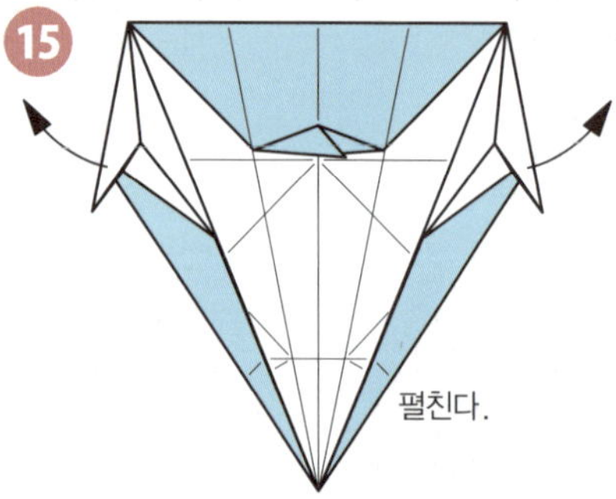

펼친다.

16

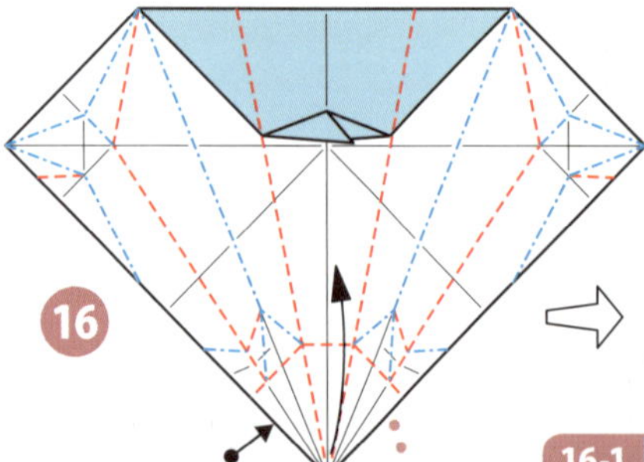

꼬리 부분

꼬리 부분을 접으면서
순서 13까지
다시 접는다.

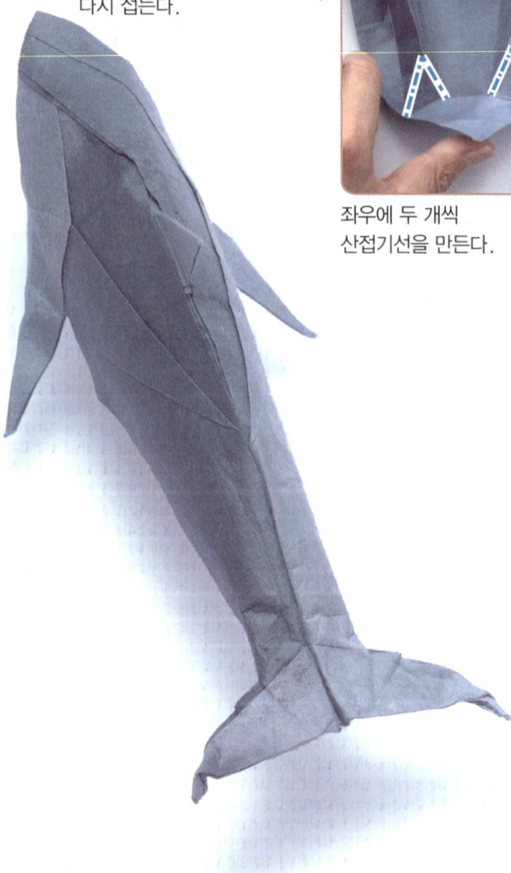

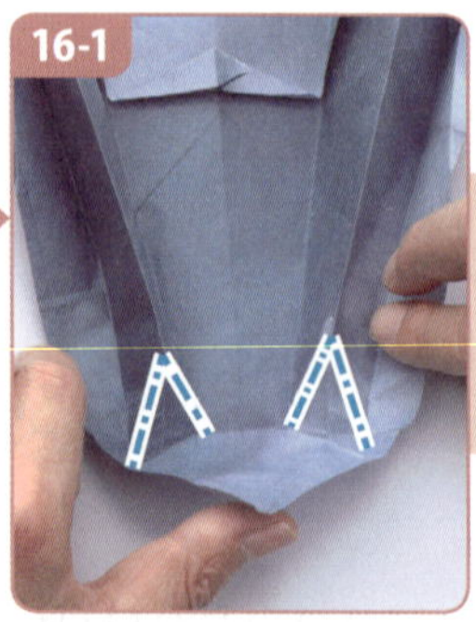

16-1

좌우에 두 개씩
산접기선을 만든다.

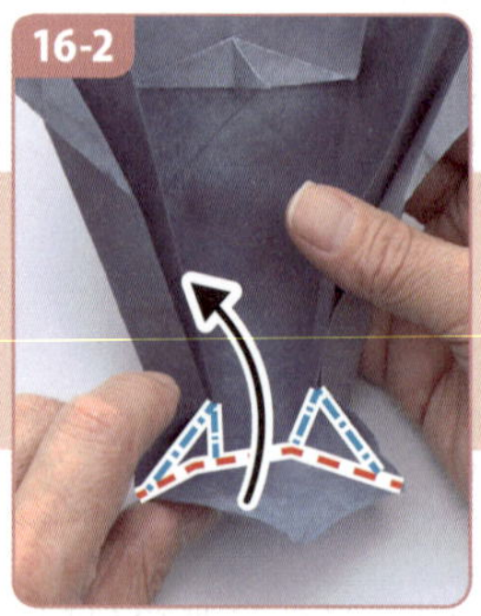

16-2

산접기선을 만든 다음
골짜기접기선으로 접는다.

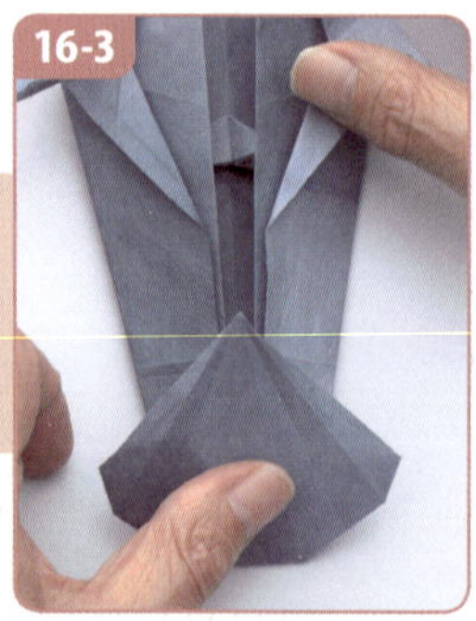

16-3

접은 모습

17

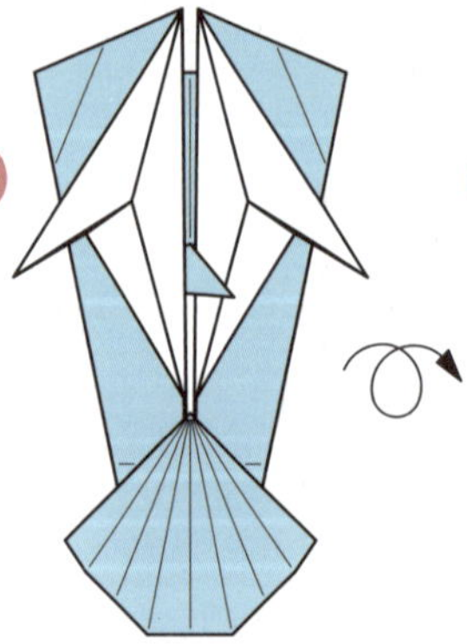

풀먹이기 시작
(꼬리가 되는 오각형의 뒷면과
보이는 뒷면 이외의 면에
풀먹이기)

18

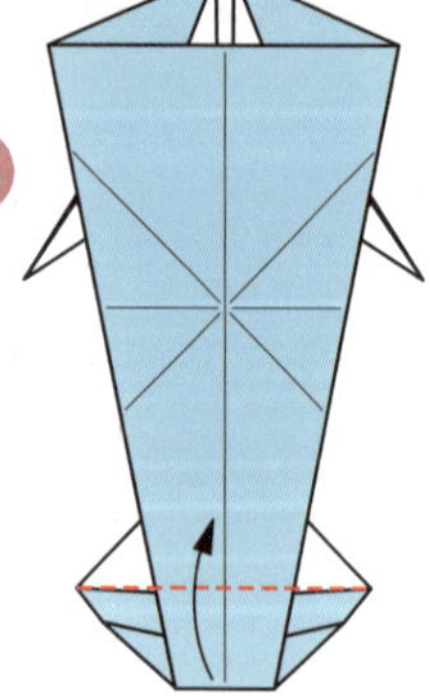

19

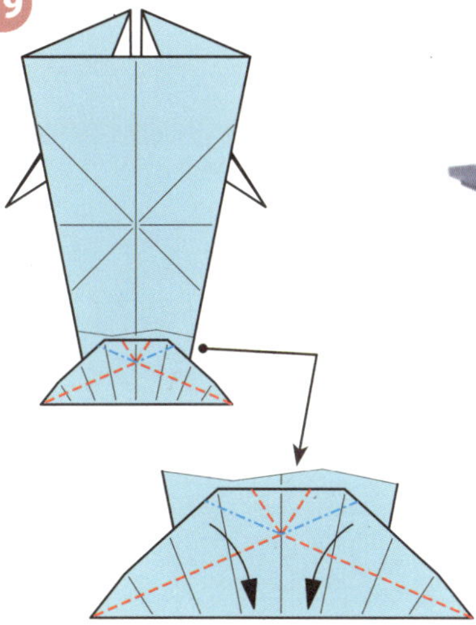

20

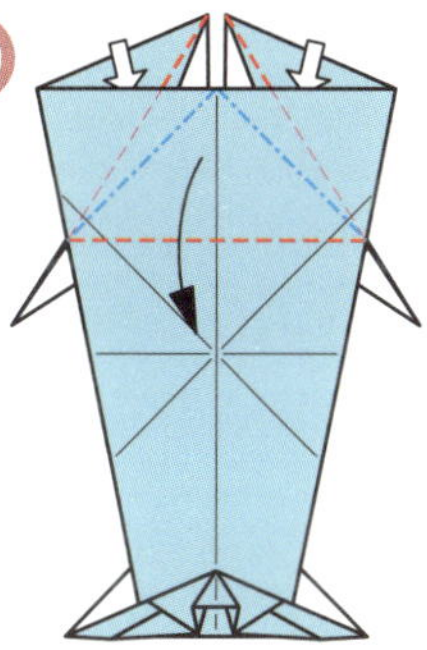

21

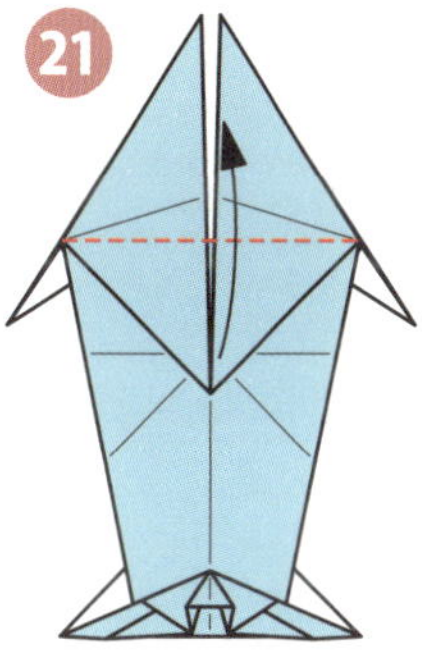

22

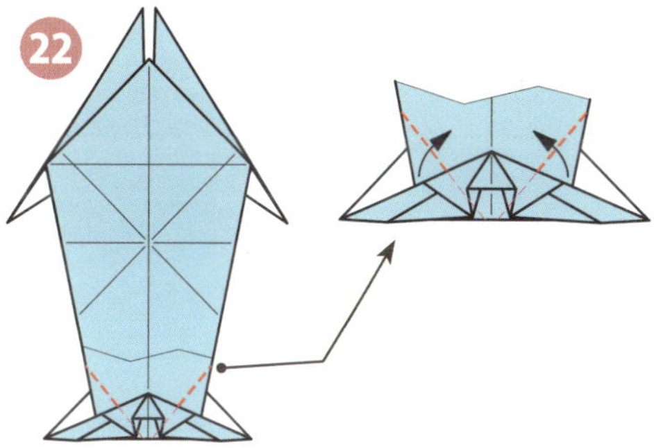

23

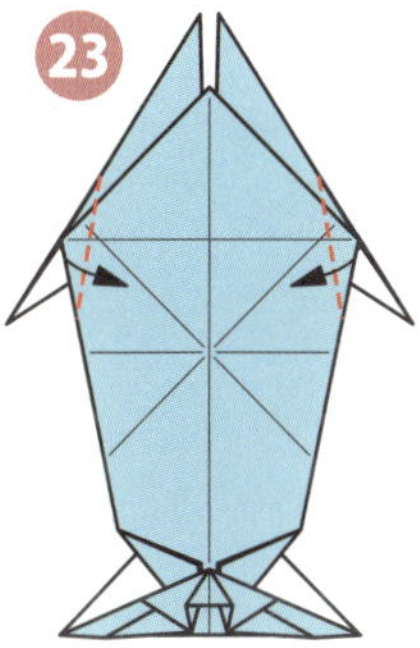

24

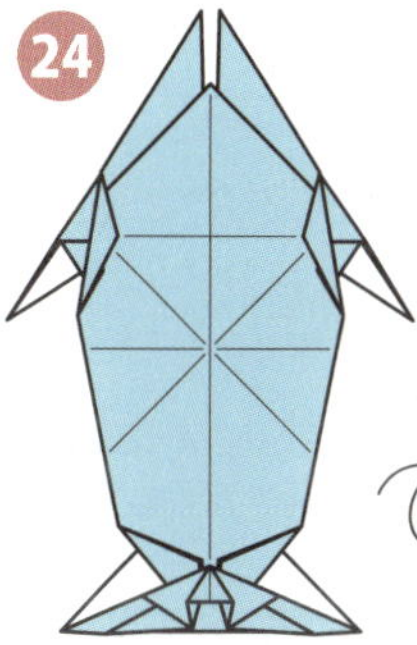

25

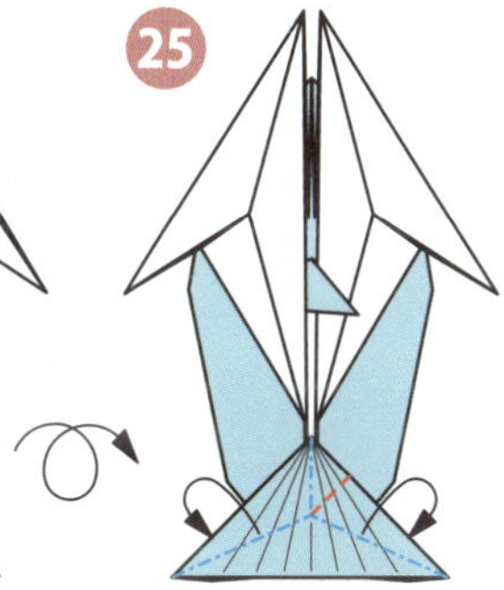

손잡이접기를 하여
안으로 접어넣는다.

26

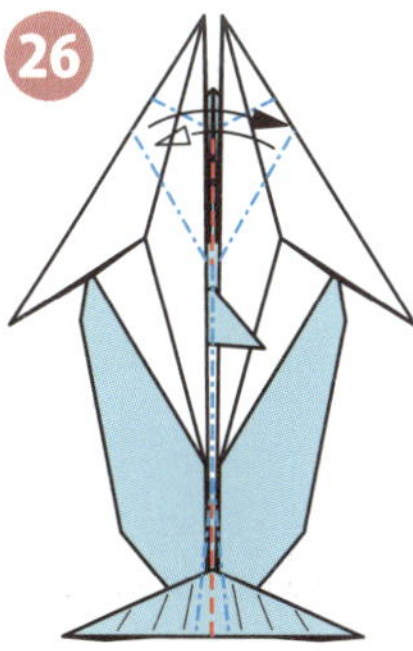

머리 부분을 겹쳐
입체가 되게 한다.

27

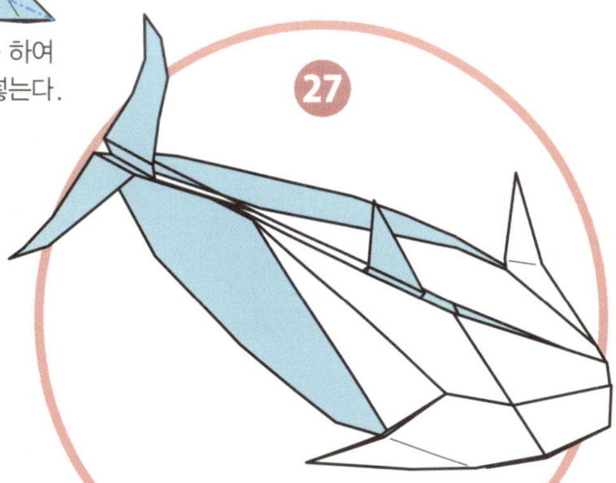

모양을 정리하여 완성한다.

REAL ORIGAMI

물가의 조류 · 포유류

큰고래

▶ 난이도 ★★☆☆☆

★ 사용한 종이

31cm × 31cm 1장

POINT

학접기 기본형부터 시작한다. 순서 ②와 ③에서 두 번 연속해서 누르기를 하는데, 이 부분에서 등지느러미가 만들어진다. 이 점은 쥐가오리(46쪽)도 마찬가지다. 누른 부분은 종이가 두꺼워지므로 이 작품은 가능한 한 얇은 종이를 사용하는 것이 좋다.

두 번 연속해서 펼쳐 눌러접기를 한 안쪽은 접어 가면서 풀먹이기를 하기가 어려우므로 순서 ④의 형태가 완성되었을 때 첫 번째 풀먹이기를 한다.

마무리 단계에서는 몸통을 부풀려서 입체감을 살리면 훨씬 리얼해진다. 입체적인 모양을 안정시키기 위해서는 역시 풀먹이기를 하는 편이 좋다.

아래턱을 너무 크게 벌리면 긴장감이 떨어지므로 주의하도록 한다. 이 책에서는 그림으로 제시하지 않았지만, 아래턱이 되는 부분에 덧대기(사용하는 종이의 5분의 1 길이)를 해도 된다 (35쪽 북극곰의 순서 ① 참고).

학접기 기본형(14쪽)부터

1

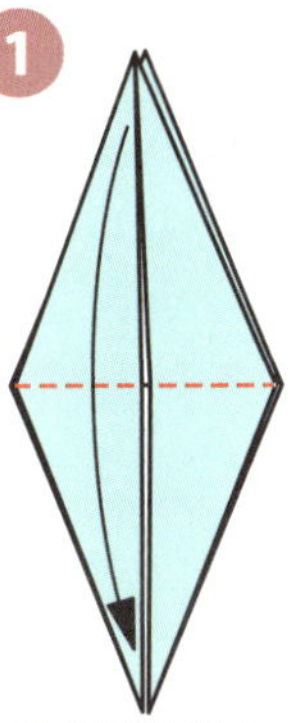

한 장만 아래로 내린다.

2

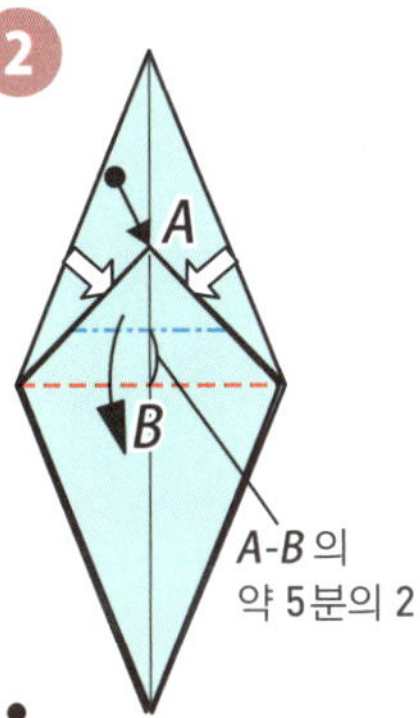

를 펼쳐 눌러접는다.

3

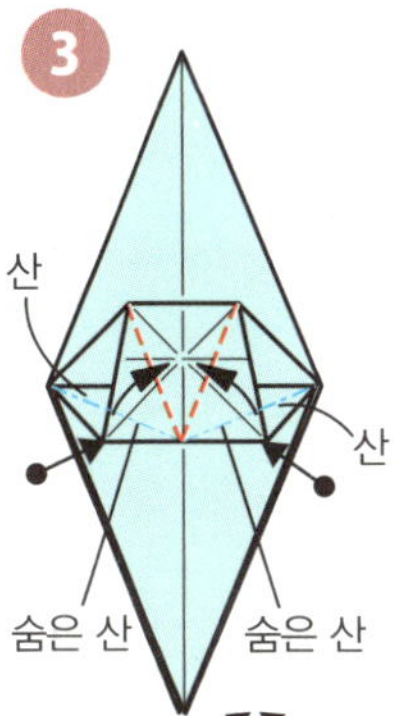

를 누르면서 접는다.

4

여기까지 기초접기

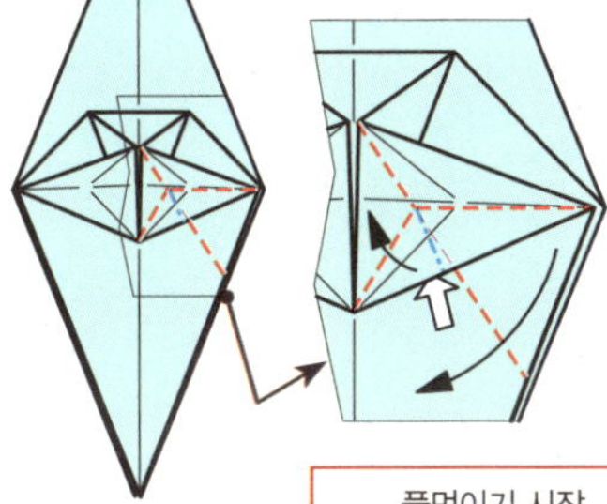

풀먹이기 시작 (순서 2와 3에서 눌러접기한 부분의 뒤쪽에 풀먹이기)

5

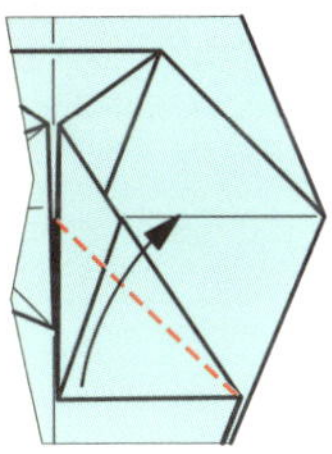

6

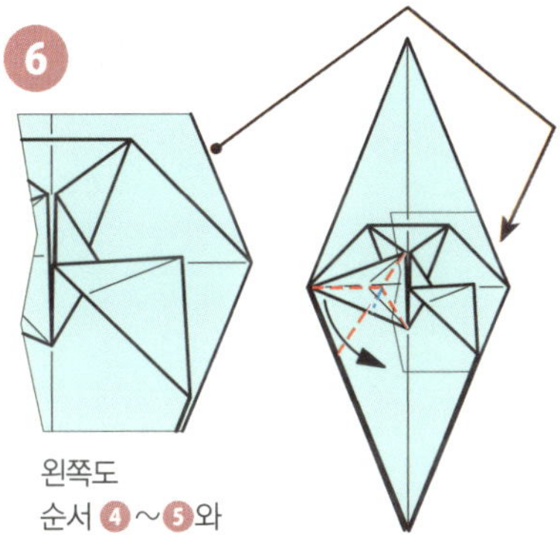

왼쪽도 순서 4~5와 같은 방법으로 접는다.

7

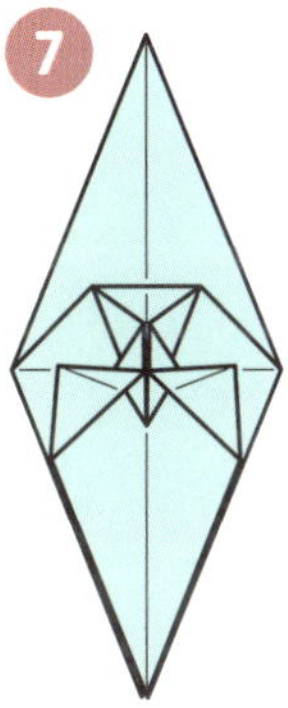

8

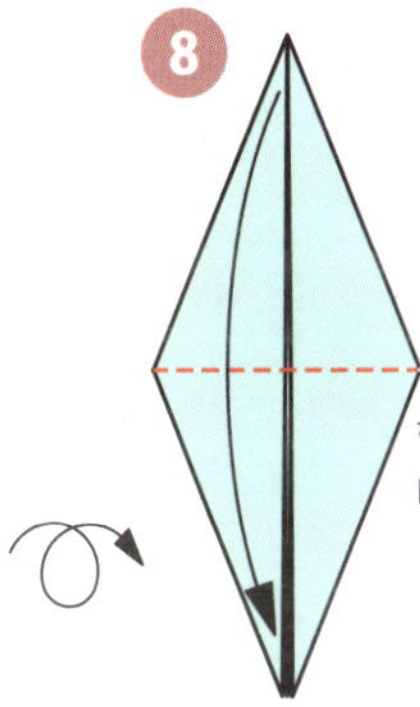

한 장만 아래로 내린다.

9

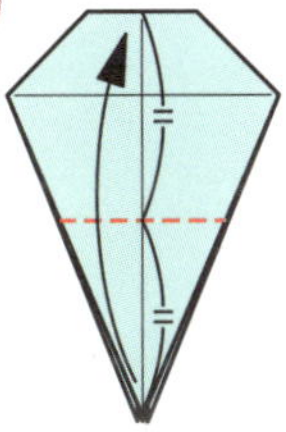

한 장만 위로 넘긴다.

10

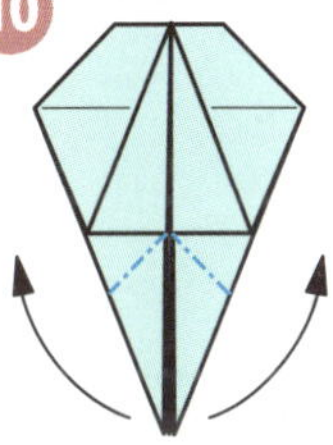

안쪽으로 접기

11

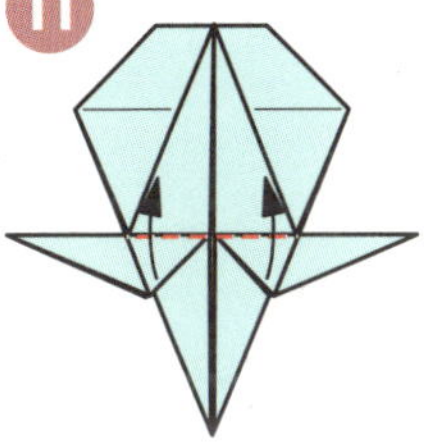

12

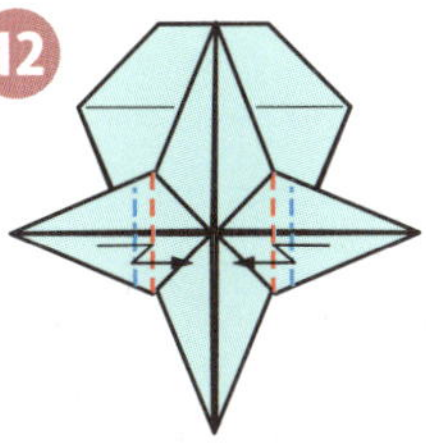

계단접기를 하고 왼쪽도 같은 방법으로 접는다.

13

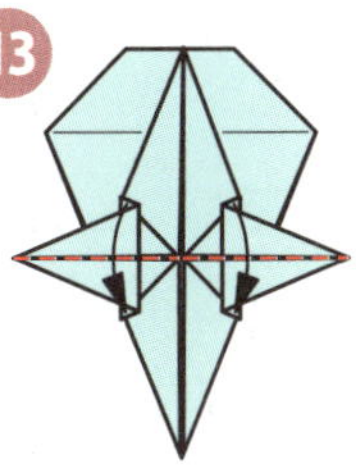

14

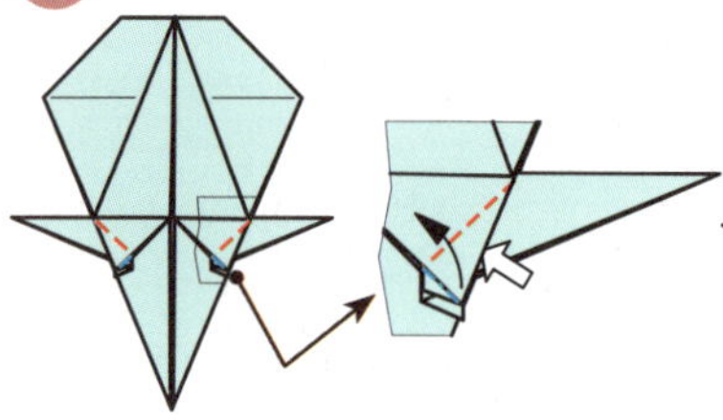

양쪽 모두 같은 방법으로 접는다.

15

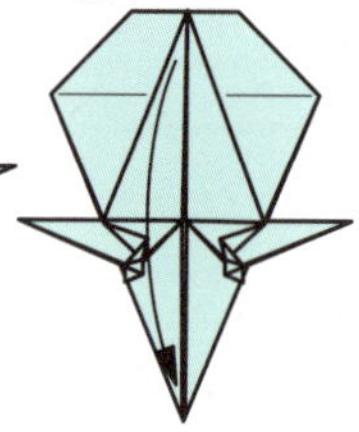

접어내린다.

16

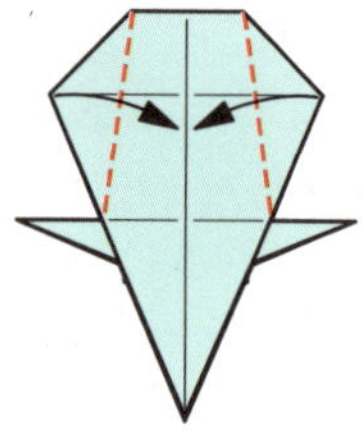

17

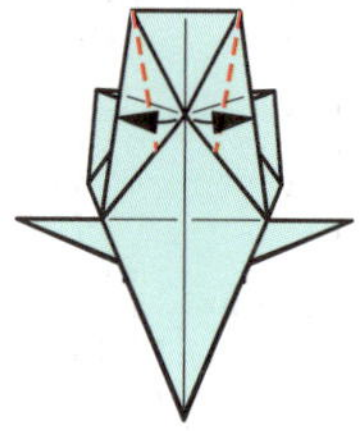

18

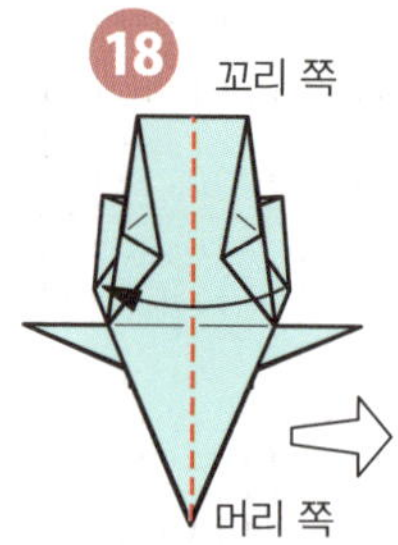

가운데의 중심선으로
반을 접고
방향을 바꾼다.

19

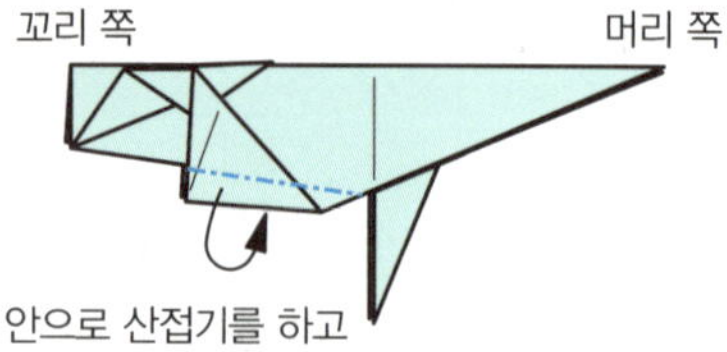

안으로 산접기를 하고
뒤쪽도 같은 방법으로 접는다.

20

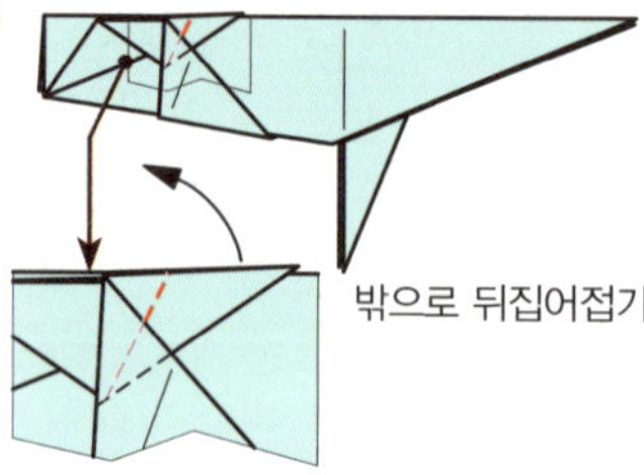

밖으로 뒤집어접기

21

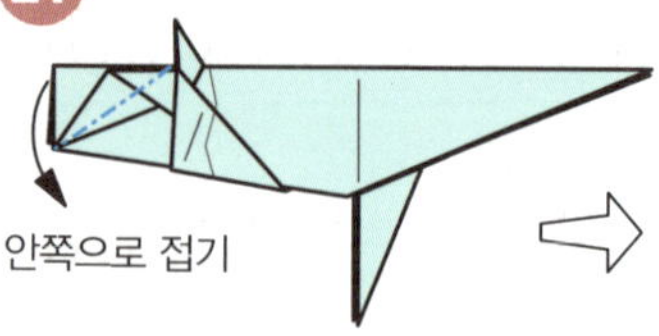

안쪽으로 접기

22

안쪽으로 접기

23

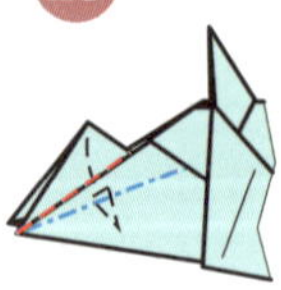

안쪽으로 접기

24

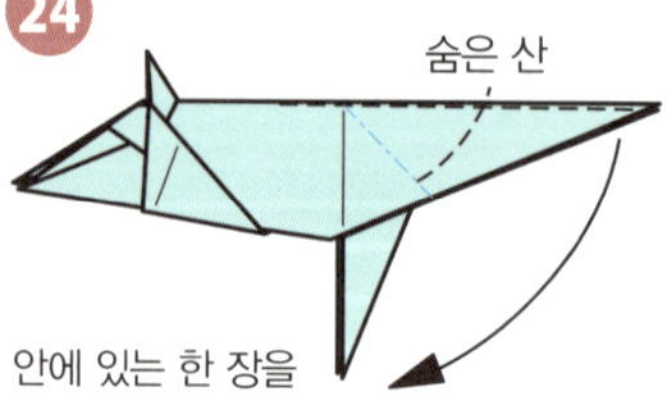

안에 있는 한 장을
안쪽으로 접는다.

풀먹이기 시작
(두 번째. 아래턱이 되는
부분의 뒤쪽은 제외)

25

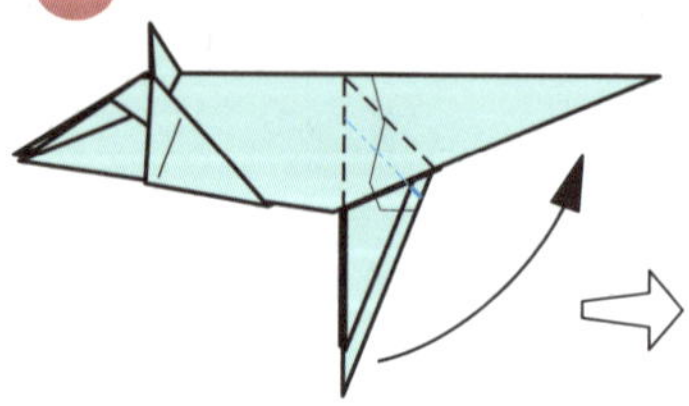

안에 있는 한 장을
안쪽으로 접기를 한다.

26
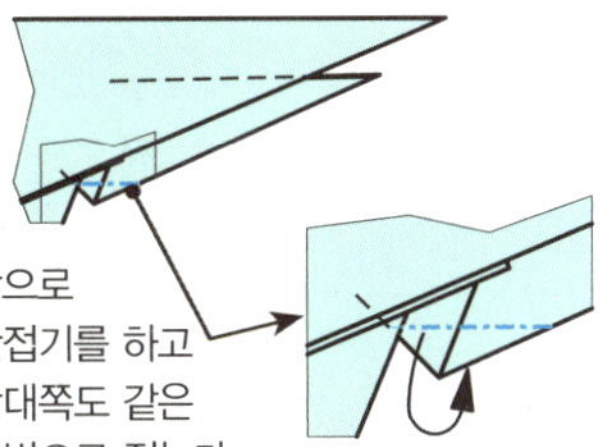
안으로
산접기를 하고
반대쪽도 같은
방법으로 접는다.

27
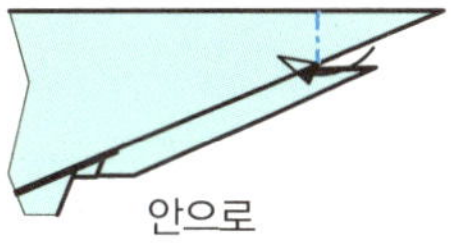
안으로
산접기를 한다.

28
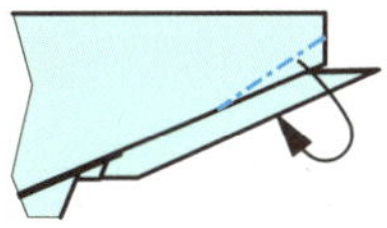

29
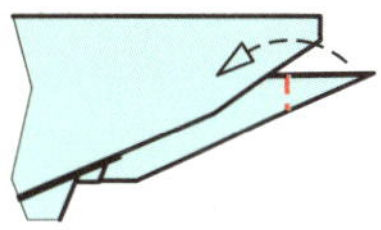

30
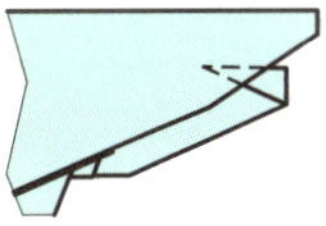
순서 29에서 접은 △을
함몰접기하듯이
안으로 넣는다.

31
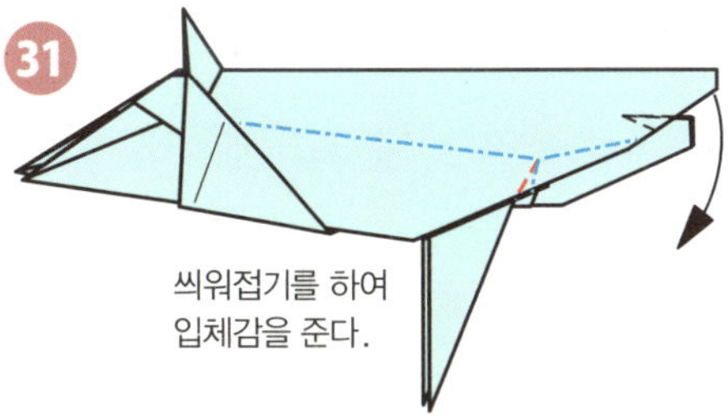
씌워접기를 하여
입체감을 준다.

32
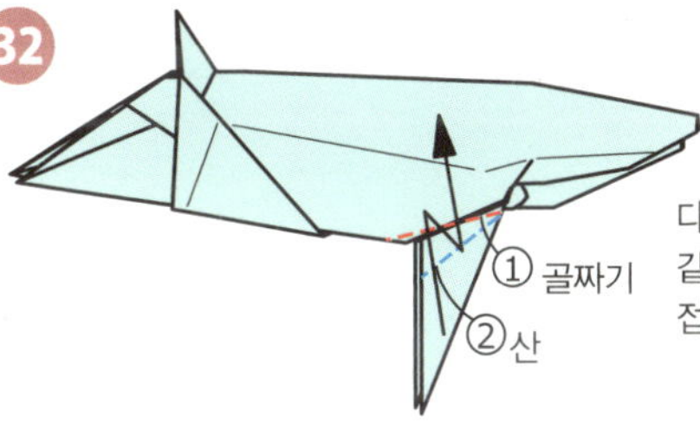

다른 한쪽도
같은 방법으로
접는다.

33
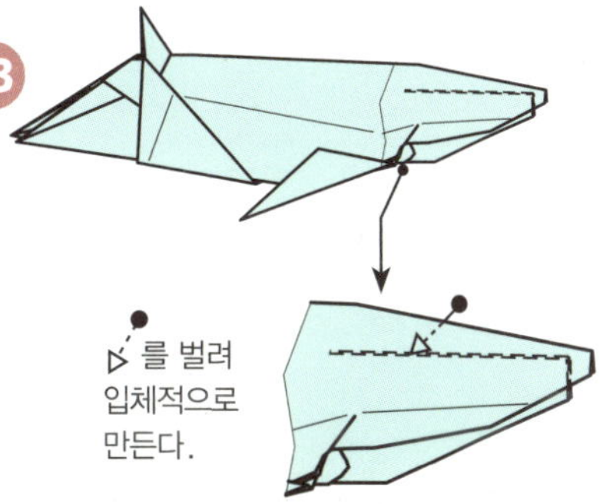
●
▷ 를 벌려
입체적으로
만든다.

34
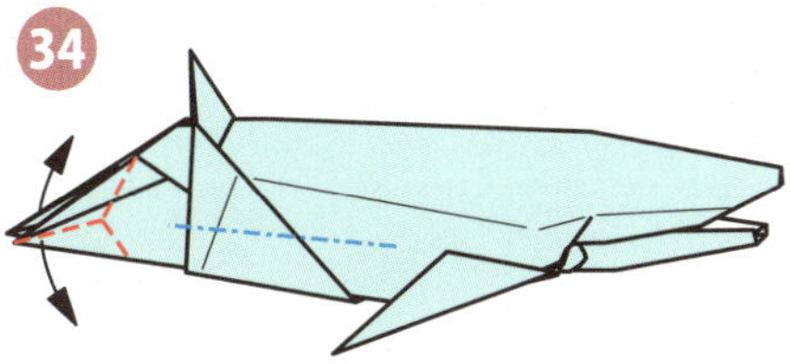
꼬리를 표시선처럼 접고 다른 한쪽도
같은 방법으로 접는다.
몸통은 산접기선으로 입체감을 준다.

35

모양을 정리하여 완성한다.

물가의 조류 · 포유류

듀공

▶ 난이도 ★★☆☆☆

★ 사용한 종이

23cm×23cm 1장

POINT

이 작품도 종이접기교실 수강생들의 요청으로 만들어 본 것이다. 듀공과 매너티처럼 몸집이 크고 묵직한 동물은 특징을 표현하기가 까다로운데, 이 작품은 독특한 꼬리지느러미를 접는 방법과 약간 긴 듯한 앞다리, 무게감 있는 머리의 느낌으로 특징을 잡아냈다.

꼬리지느러미를 접는 방법은 다른 해양생물에도 응용할 수 있으므로 의욕을 갖고 도전해 보자. 순서 40과 41에서 계단접기를 하여 눈을 만들 때 너무 커지지 않도록 주의한다.

앞지느러미를 접어 모양을 정리할 때 몸통의 일부도 함께 접으면 더욱 리얼해진다. 돌고래(22쪽)나 큰고래(26쪽)와 마찬가지로 입체적인 형태를 유지하기 위해 풀먹이기를 하면 한층 볼품 있게 완성된다.

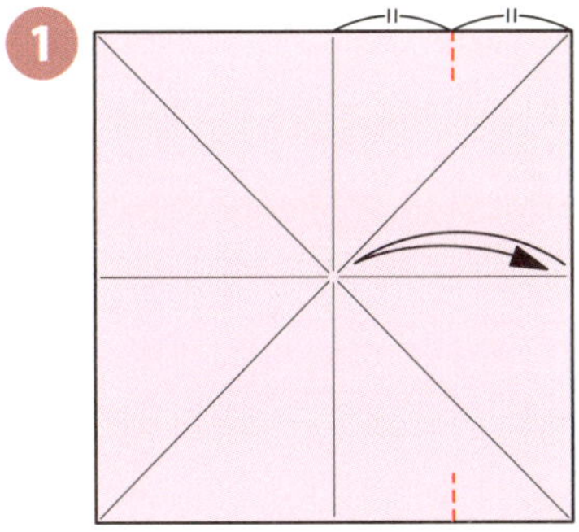

골짜기접기선으로 보조선을 만든다.

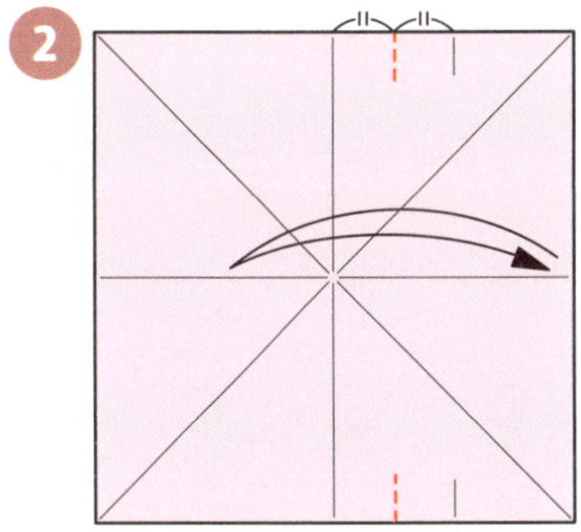

골짜기접기선으로 보조선을 만든다.

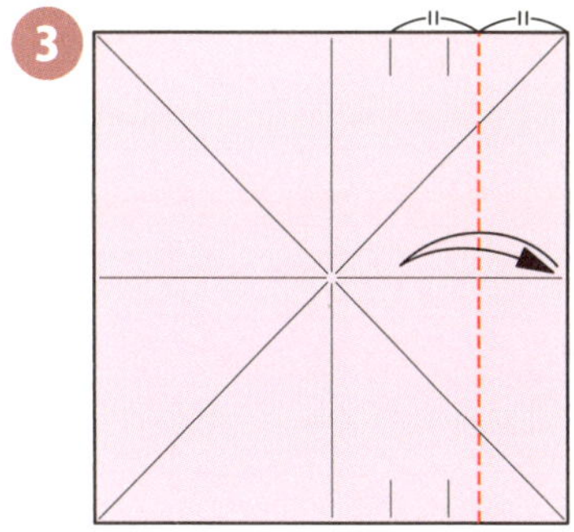

골짜기접기선으로 보조선을 만든다.

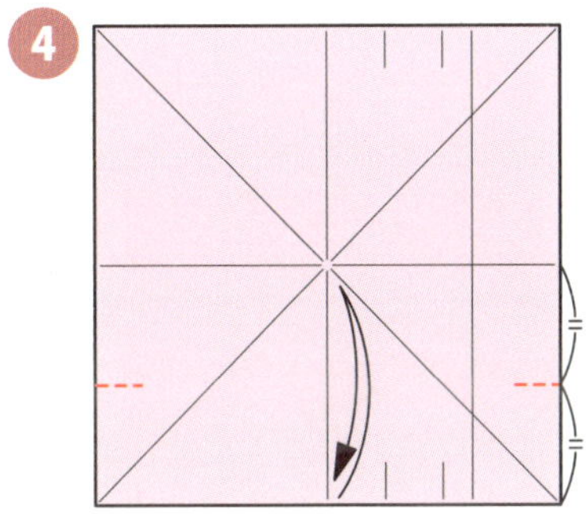

가로 방향으로도 순서 ❶~❸과 같은 방법으로 접는다.

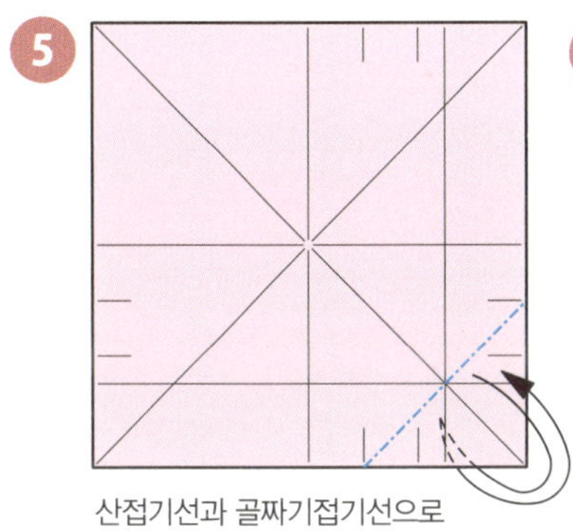

산접기선과 골짜기접기선으로 보조선을 만든다.

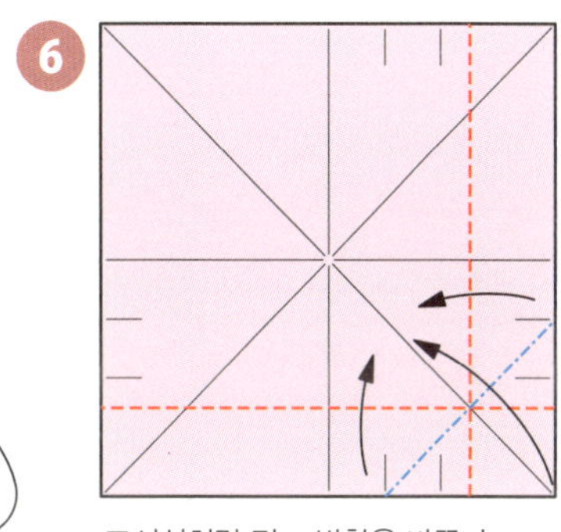

표시선처럼 접고 방향을 바꾼다.

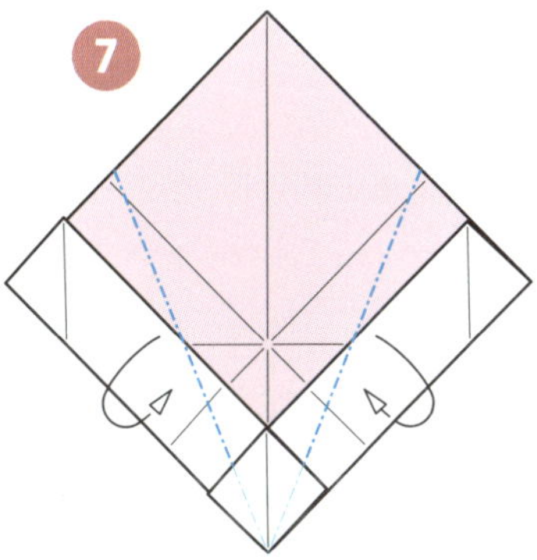

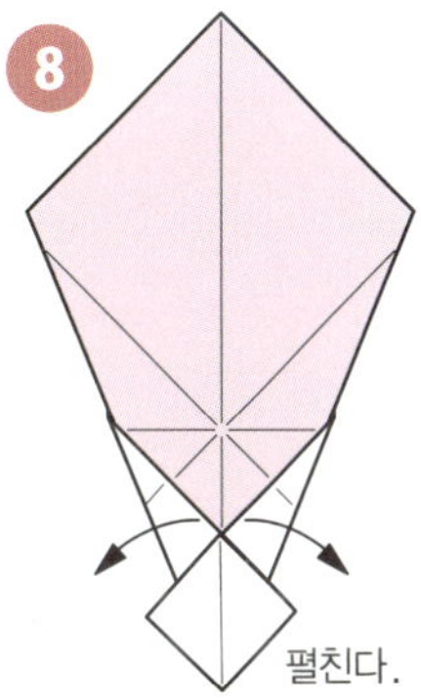

펼친다.

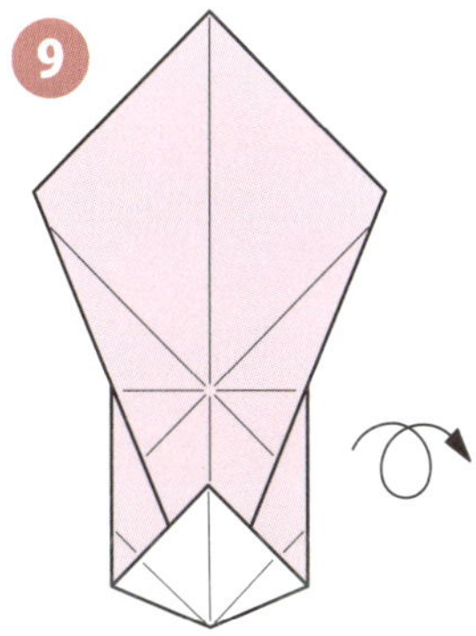

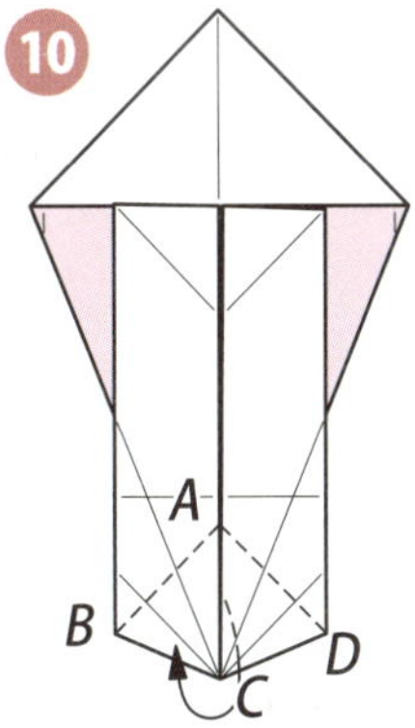

뒤쪽의 *ABCD*를 뒤집는다.

11

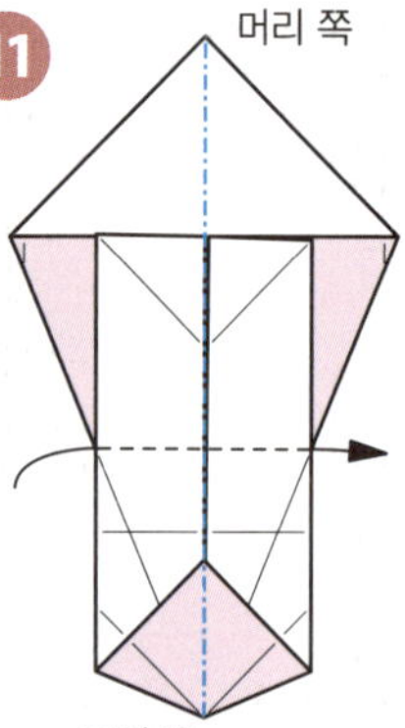

가운데의 중심선으로
반을 접고
방향을 바꾼다.

12

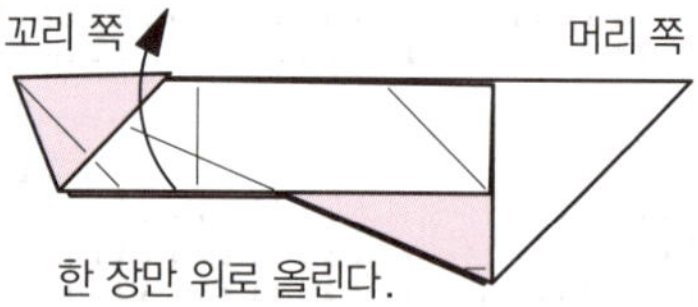

한 장만 위로 올린다.

13

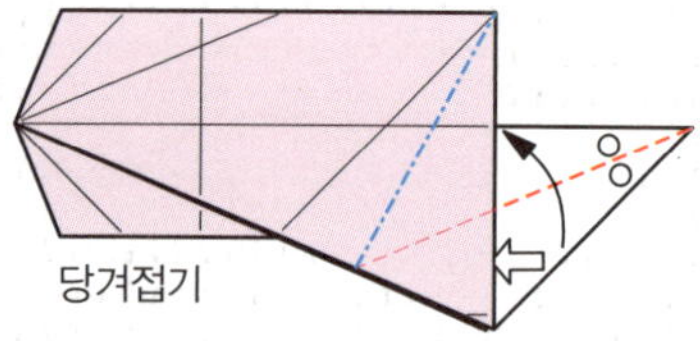

14

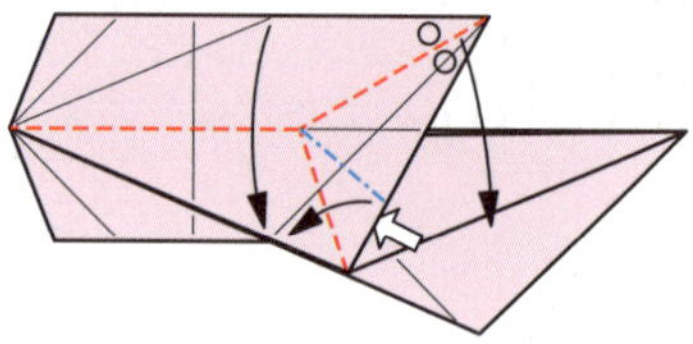

15

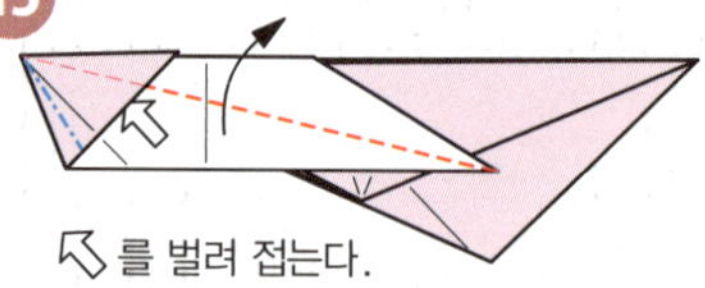

⇖를 벌려 접는다.

16

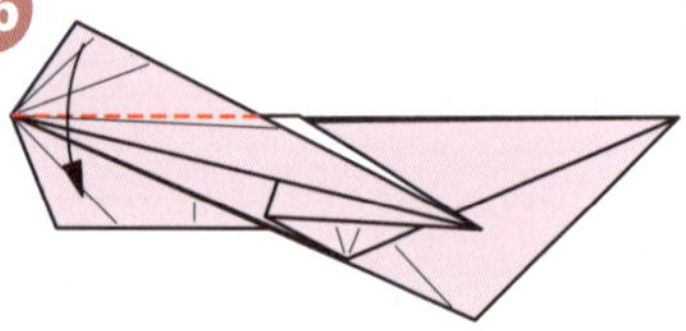

17

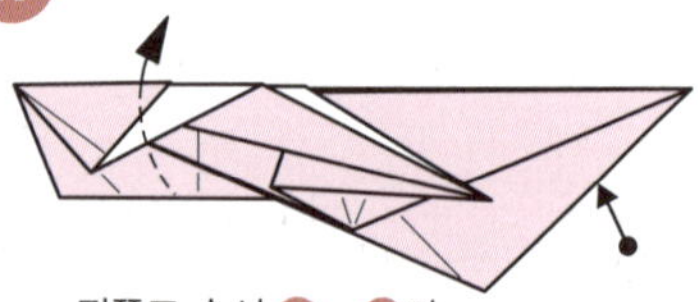

뒤쪽도 순서 12~16과
같은 방법으로 접는다.

18

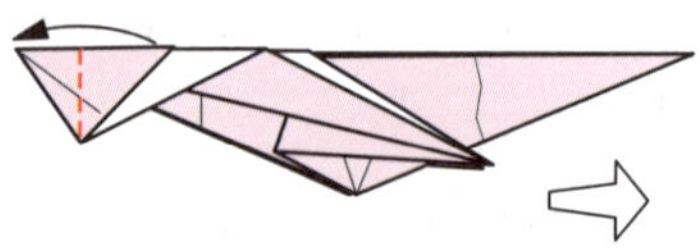

19

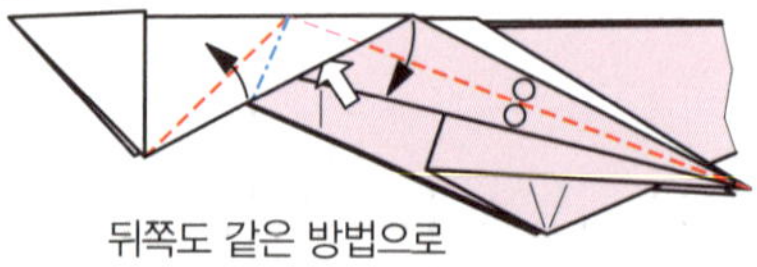

뒤쪽도 같은 방법으로
접는다.

20

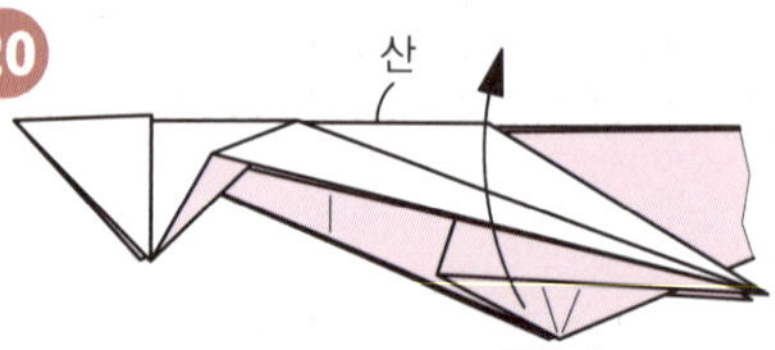

여기까지
기초접기

풀먹이기 시작
(보이는 뒷면 이외의
면에 풀먹이기)

21

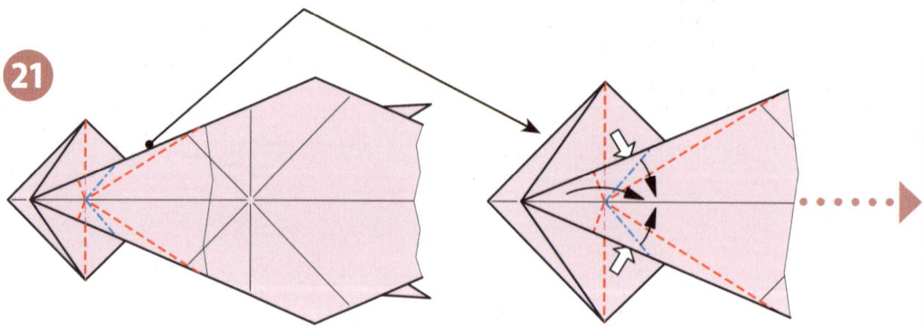

21-1

두 장을 같이 접는다.

22

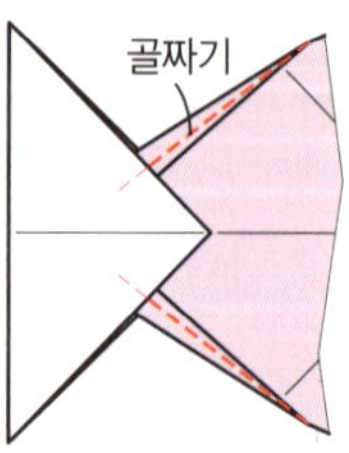

23

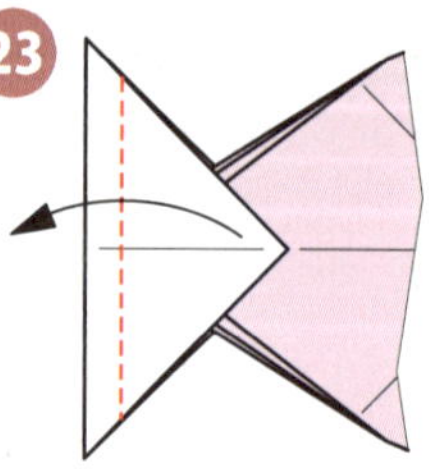

24

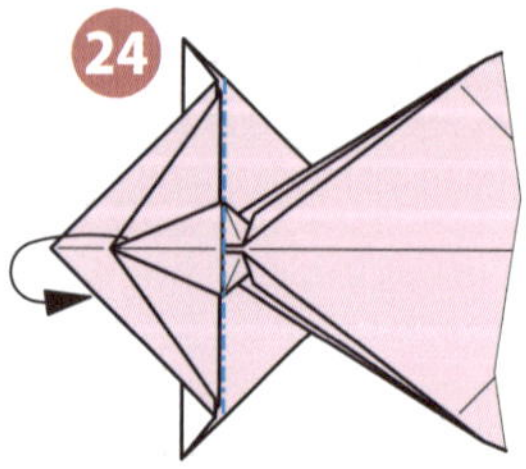

25

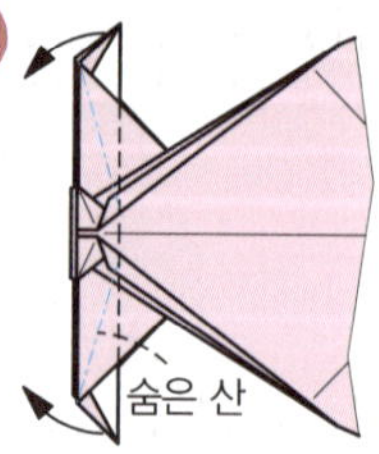

안쪽으로 접기

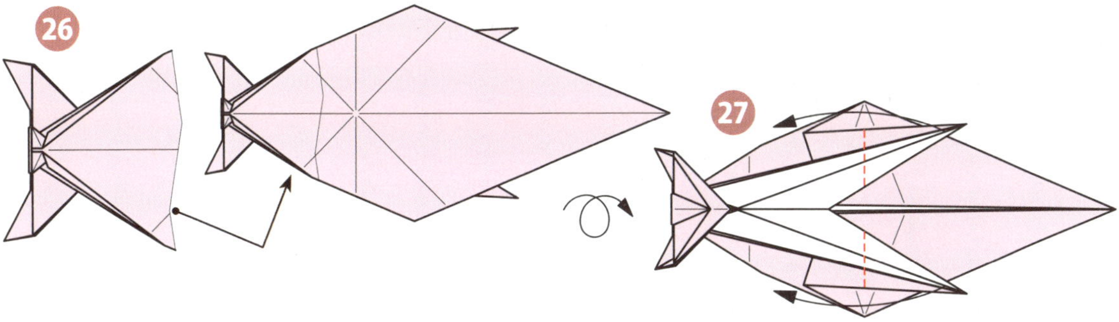

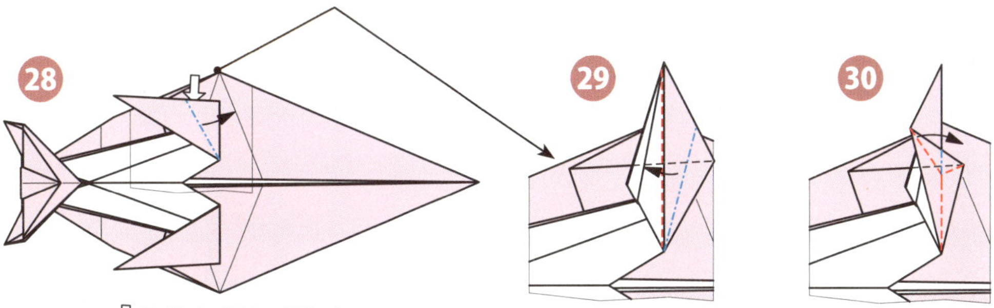

⇩를 벌려 펼쳐 눌러접는다.

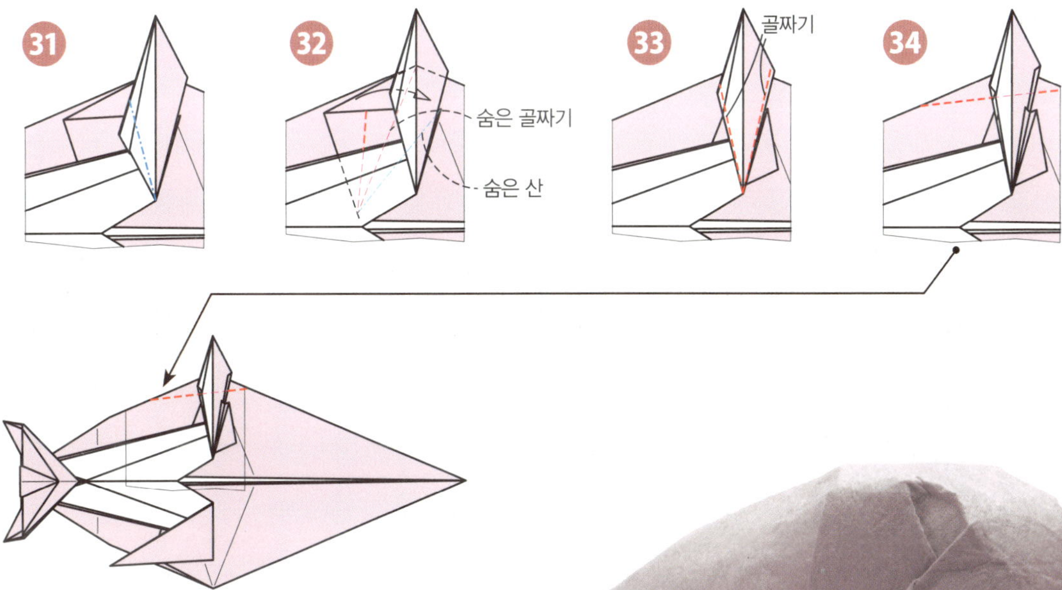

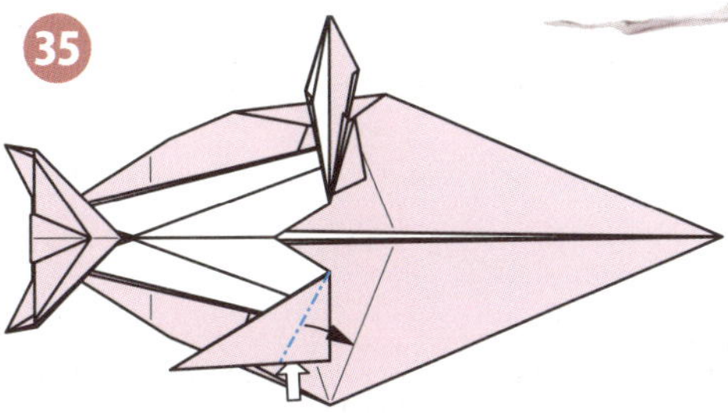

아래쪽도 순서 28~34와
같은 방법으로 접는다.

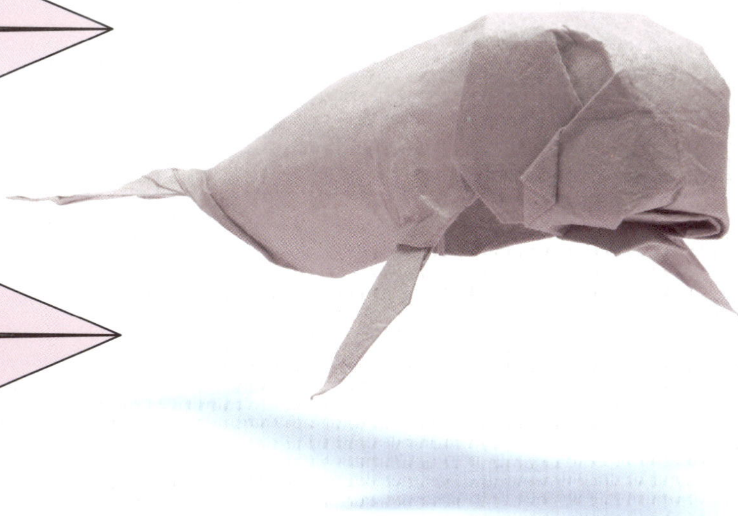

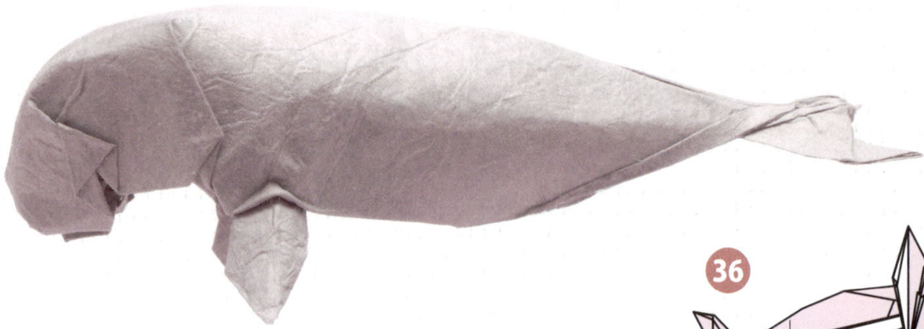

36

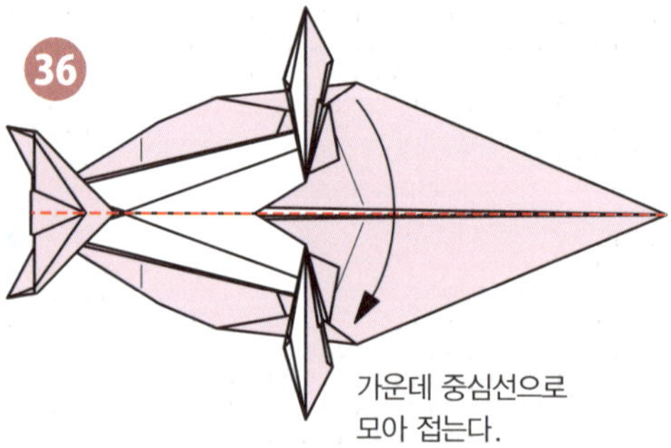

가운데 중심선으로
모아 접는다.

37

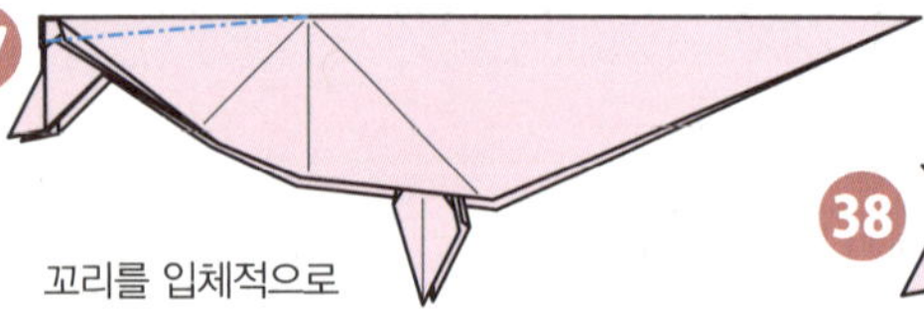

꼬리를 입체적으로
만든다(안쪽으로 접기가 된다).

38

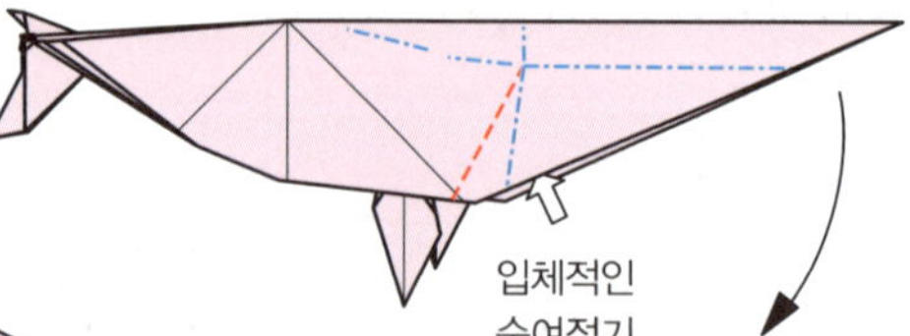

입체적인
숙여접기

39

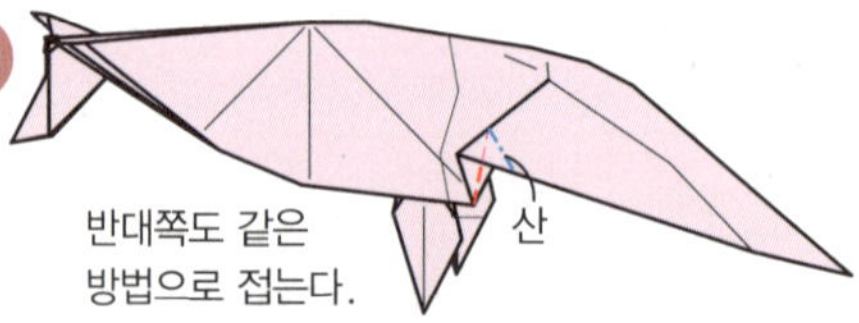

반대쪽도 같은
방법으로 접는다.

40

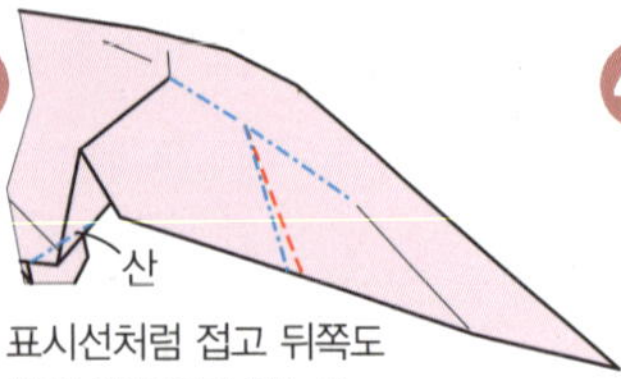

표시선처럼 접고 뒤쪽도
같은 방법으로 접는다.

41

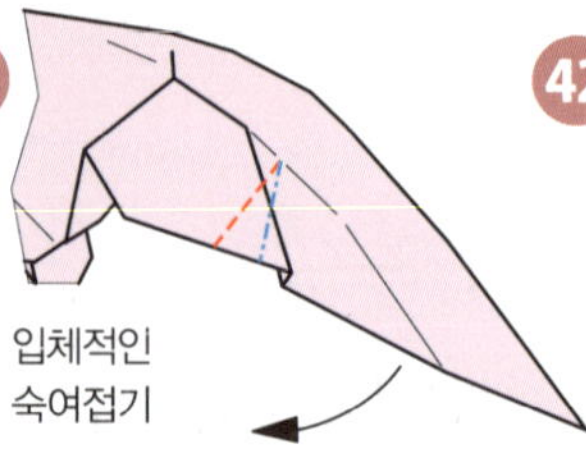

입체적인
숙여접기

42

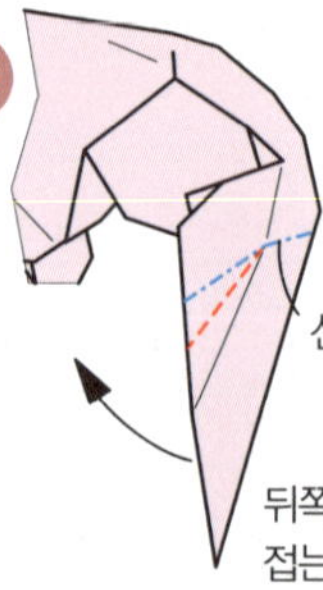

뒤쪽도 같은 방법으로
접는다(앞뒤를 동시에 접는다).

43

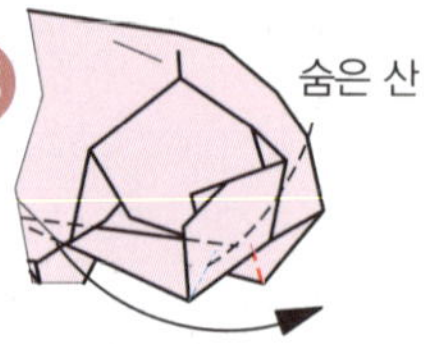

44

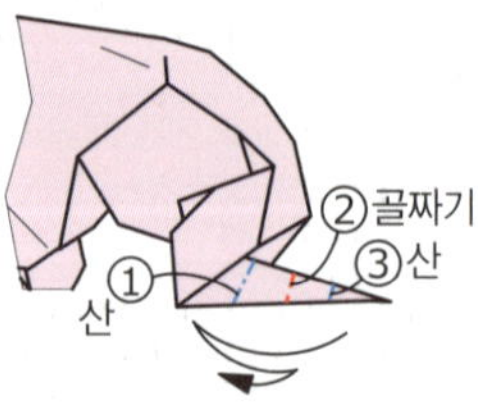

45

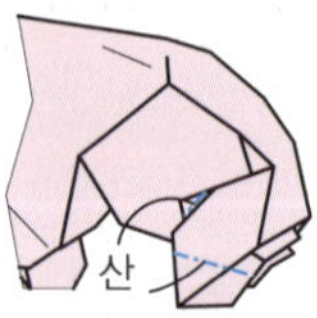

표시선처럼 접고 반대쪽도
같은 방법으로 접는다.

46

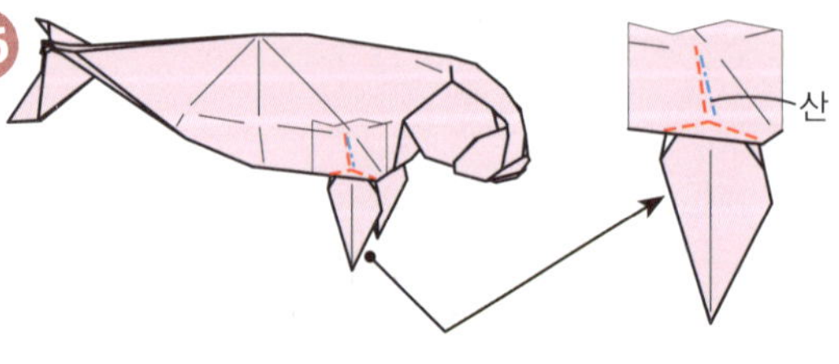

47

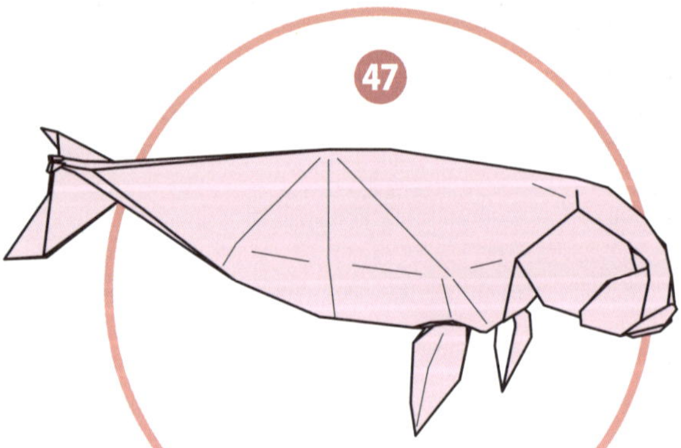

모양을 정리하여 완성한다.

▶ 난이도 ★★☆☆☆

물가의 조류 · 포유류

북극곰

★ 사용한 종이

32cm × 32cm 1장

POINT

북극곰 접기를 시작하기에 앞서 앞다리가 되는 두 모서리에 종이를 덧대는 것이 좋다. 종이를 덧대는 방법은 사진으로 자세하게 설명하고 있으므로 참고하기 바란다. 풀먹이기를 하기 전에 위치를 정하고 일부를 고정한 다음 종이접기를 할 큰 종이의 덧댈 부분에 풀을 발라 덧대는 종이를 붙인다. 덧대는 종이에 풀칠을 하면 종이가 부드러워져 위치를 맞추기가 어려워지기 때문이다. 겉에 보이는 부분이 아니므로 풀이 종이에서 배어 나와도 말리면 아무 상관없다. 다른 작품에서도 종이를 덧대는 방법은 같으므로 여기에서 익혀 두면 도움이 된다.

이 작품은 이전에 나온 책 『놀라운 리얼 종이접기』의 사자(28쪽), 『놀라운 리얼 종이접기 3 : 땅을 걷는 생물편』의 하마(22쪽) 등에서 이용한 포유류의 기초접기처럼 접는다. 북극곰은 다른 곰에 비해 목이 길기 때문에 이렇게 접으면 특징을 살릴 수 있는데 그만큼 귀는 작아진다. 뒷다리의 앞면에 주름을 잡고 몸통을 조금 잘록하게 만들면 한층 입체적이고 정교해진다.

1

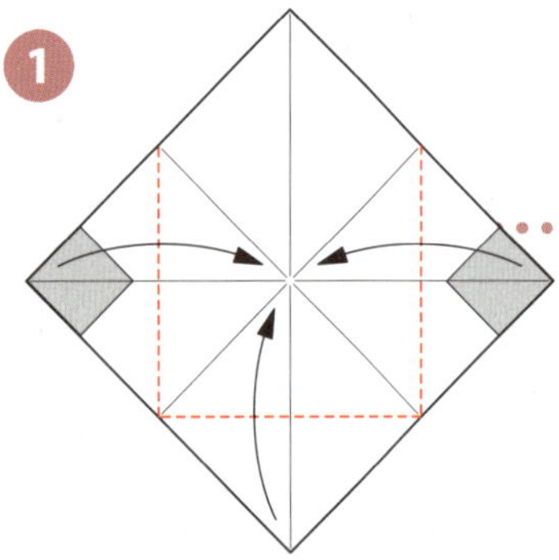

뒷면의 두 모서리에 한 변의
약 5분의 1 길이로 자른
종이를 덧댄다.

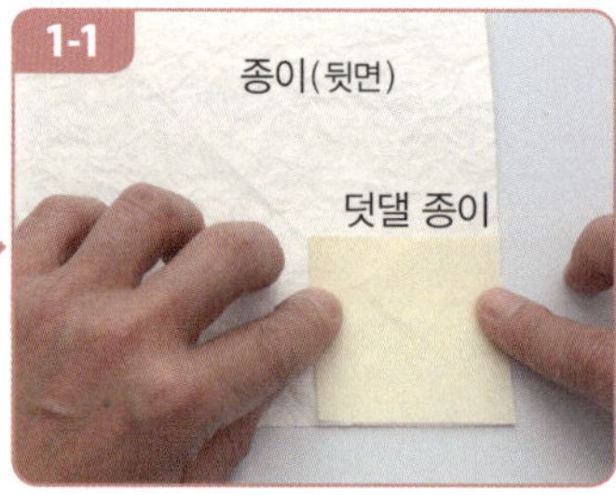

종이의 뒷면 모서리에
덧댈 종이를 맞춘다.

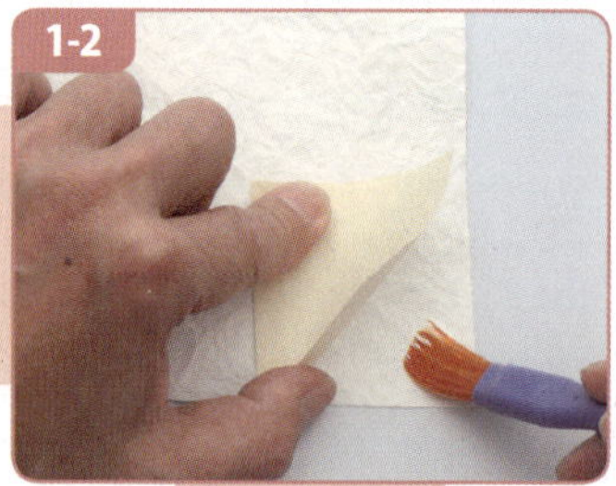

덧댈 종이를 반쯤 들어 접기를 하는
종이에 풀을 바른다.

덧댈 종이의 다른 쪽 반을 들어
접기를 하는 종이에 풀을 바른다.

덧댈 종이 전체를 꾹꾹 눌러 붙인다.

2

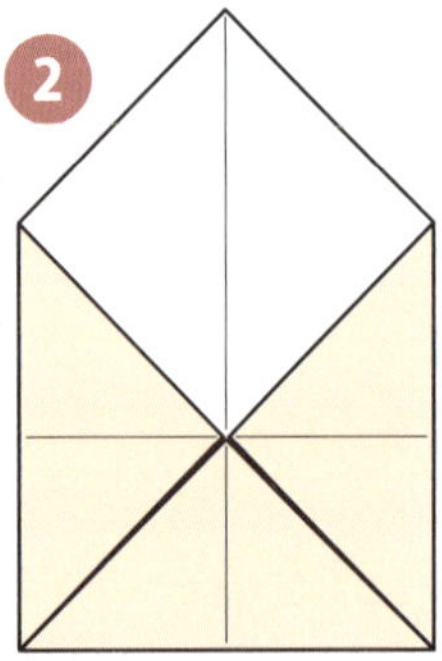

3

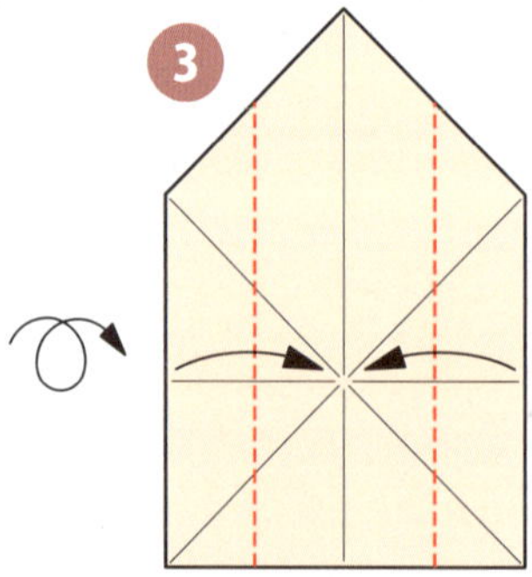

뒷면의 △은 펼치면서
접는다.

4

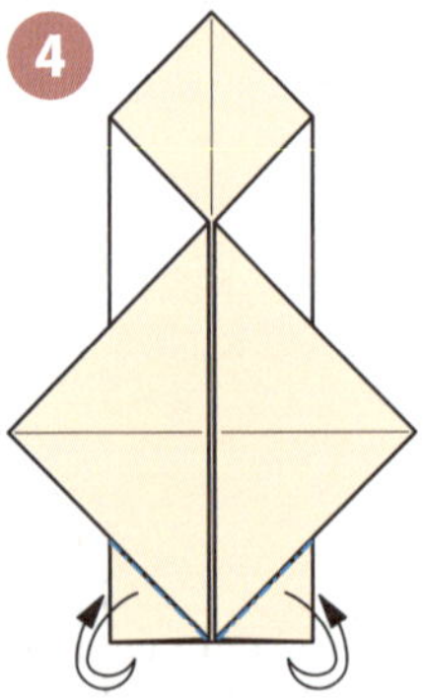

산접기선으로
보조선을 만든다.

5

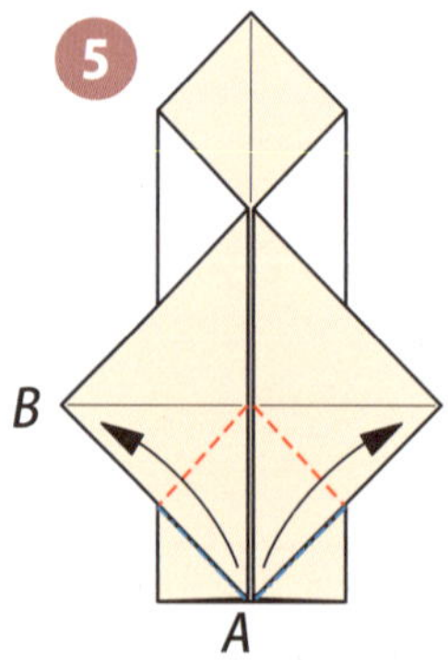

꼭짓점 *A*와 꼭짓점 *B*가
만나도록 하여 보조선을
만들고 오른쪽도
같은 방법으로 접는다.

6

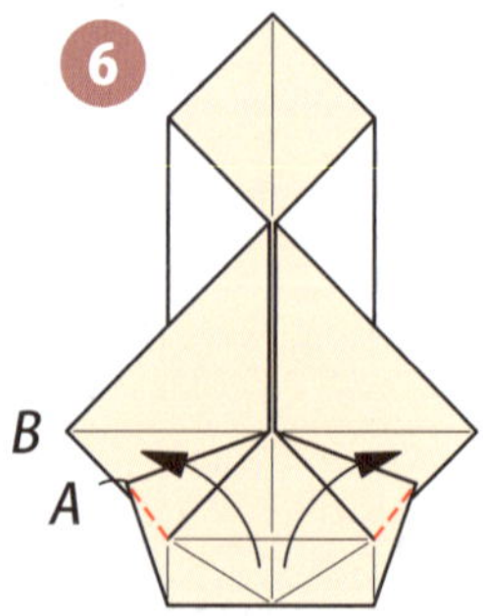

(과정 그림)

뒷면의 △은
펼치면서 접는다.

7

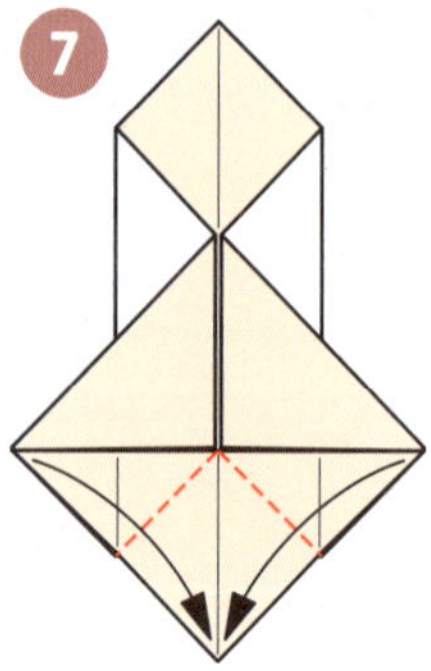

8

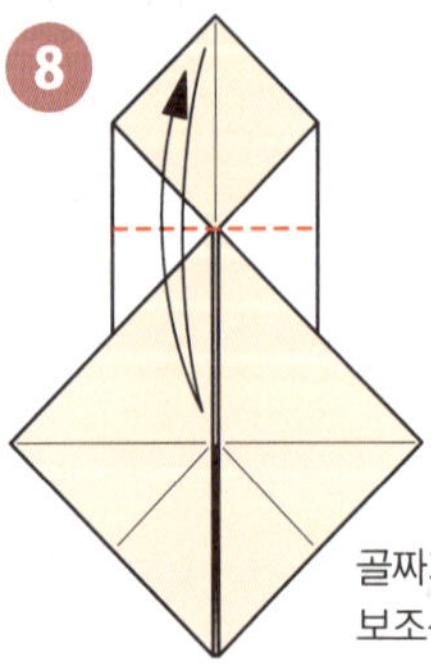

골짜기접기선으로
보조선을 만든다.

9

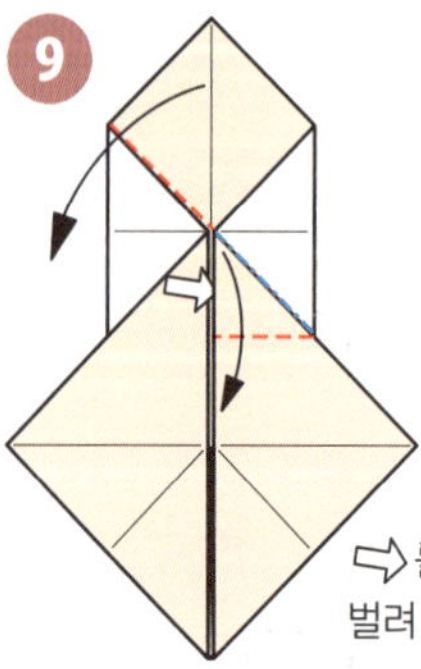

⇨를
벌려 접는다.

10

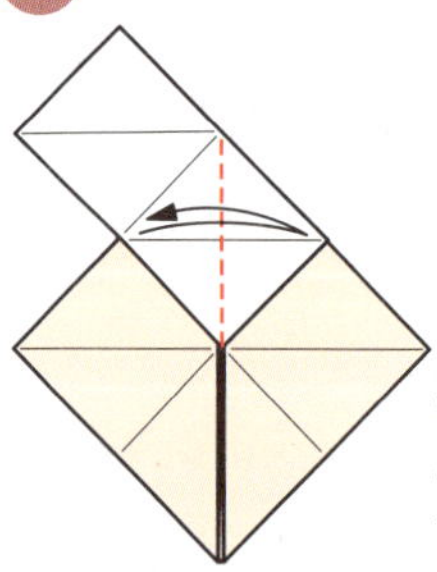

골짜기접기선으로
보조선을 만든 다음
순서 9로 되돌린다.

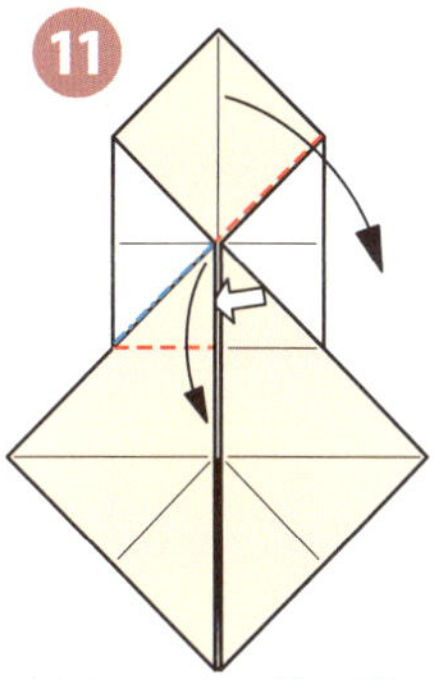

반대쪽도 순서 9~10과 같은 방법으로 접은 다음 좌우 대칭이 되도록 한다.

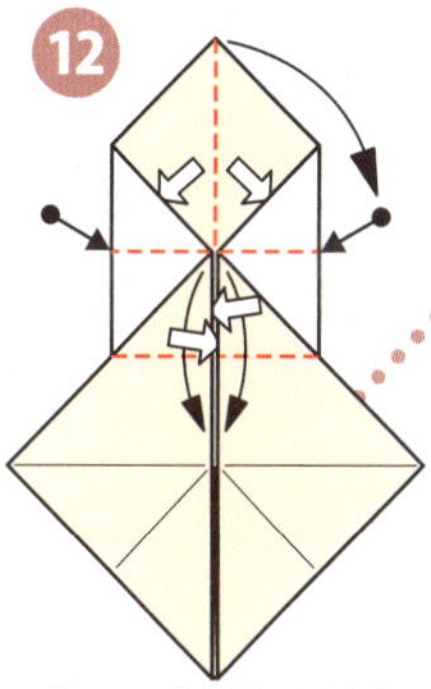

를 누르면서 를 펼쳐 눌러접는다.

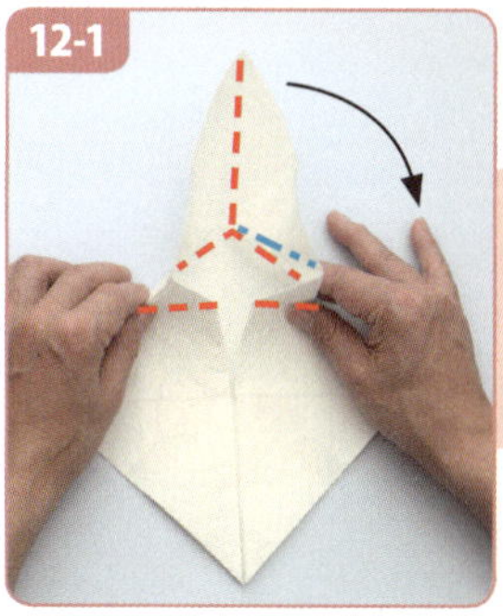

벌어져 있는 부분을 닫고 오른쪽으로 넘긴다.

넘기는 모습

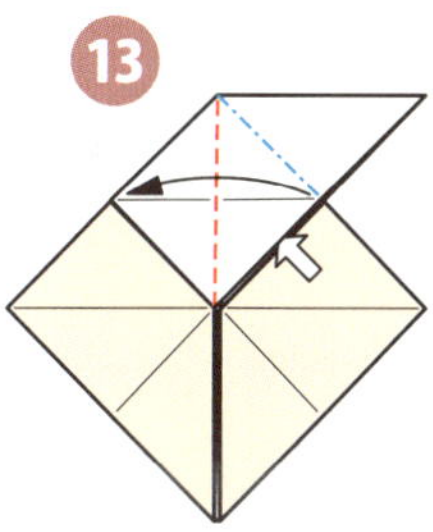

를 벌려 펼쳐 눌러접는다.

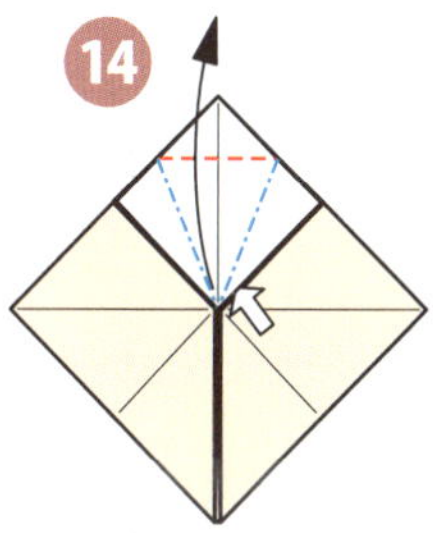

학마름모접기(14쪽)

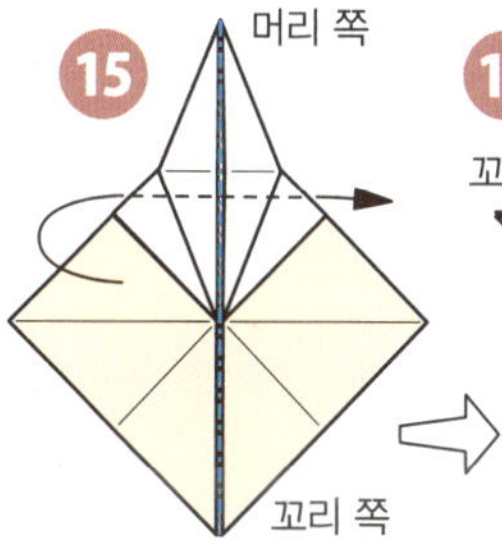

가운데의 중심선으로 반을 접고 방향을 바꾼다.

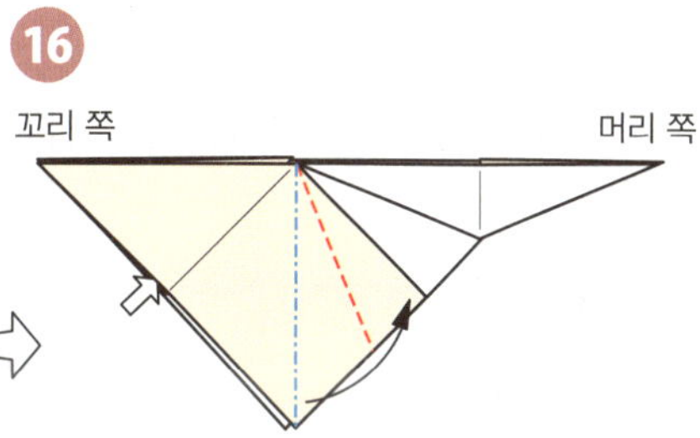

뒤쪽도 같은 방법으로 접는다.

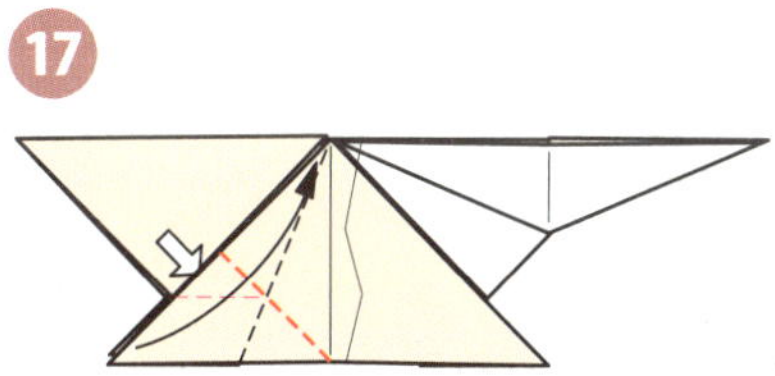

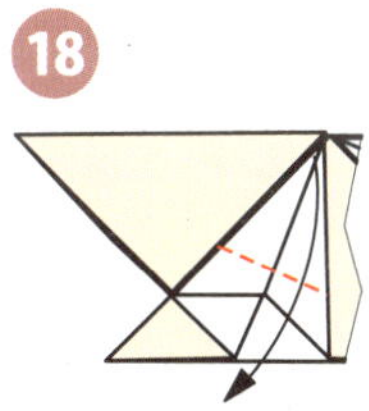

당겨접기

다른 한쪽도 순서 17~19와 같은 방법으로 접는다.

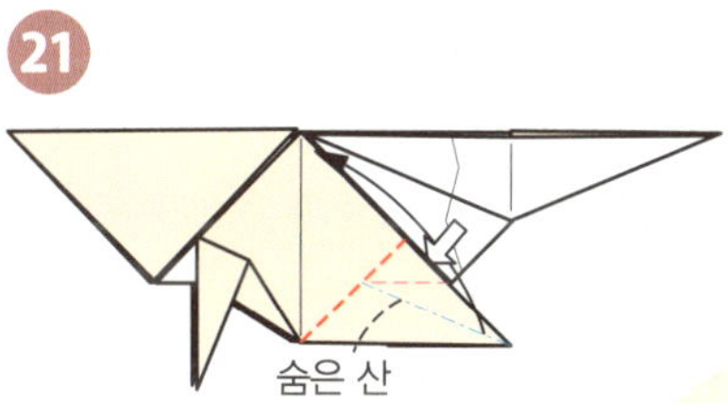

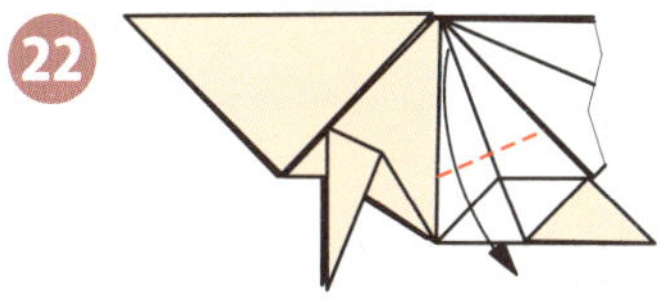

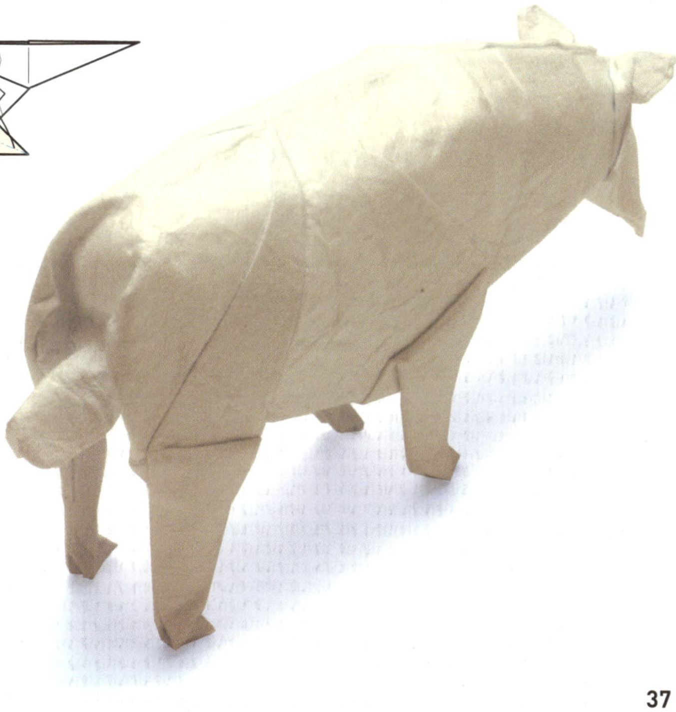

23

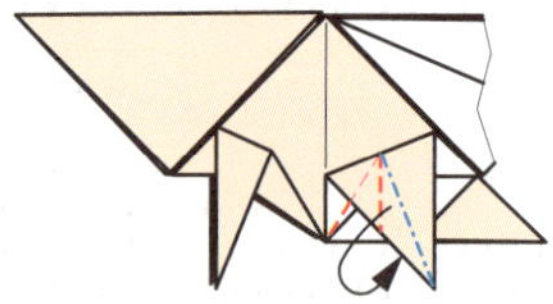

당겨접기

24

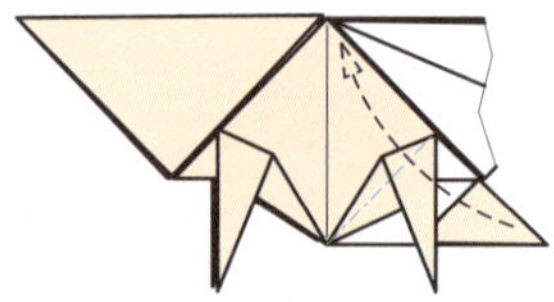

다른 한쪽도
순서 21~23과
같은 방법으로 접는다.

25

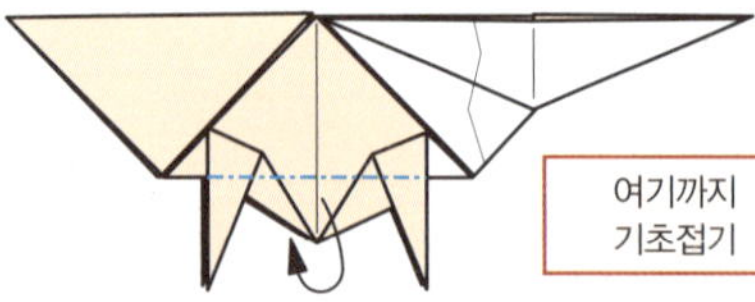

안으로 산접기를 하고
반대쪽도 같은 방법으로
접는다.

여기까지
기초접기

26

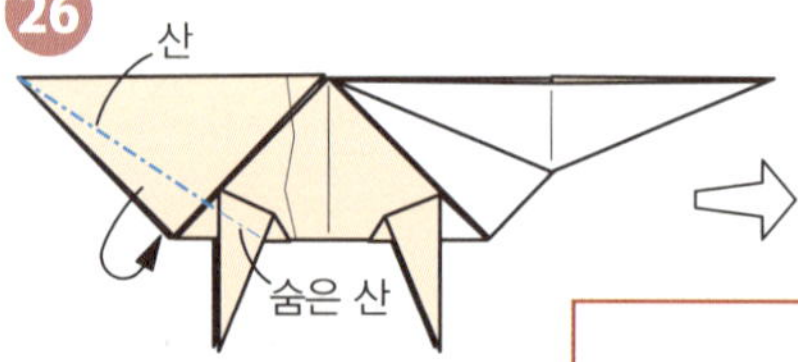

안으로 산접기를 하고
반대쪽도 같은 방법으로
접는다.

풀먹이기 시작
(보이는 뒷면 이외의 면에 풀먹이기.
귀와 머리가 되는 부분의 겉에도 풀먹이기)

27

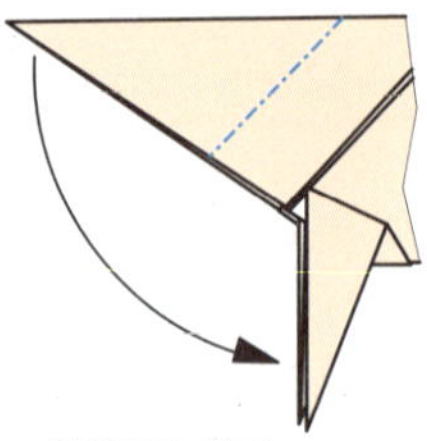

안쪽으로 접기

28

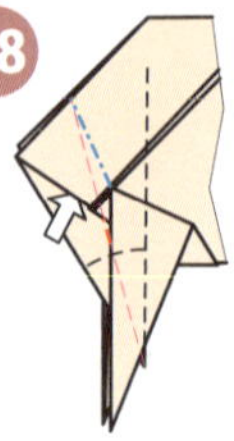

29

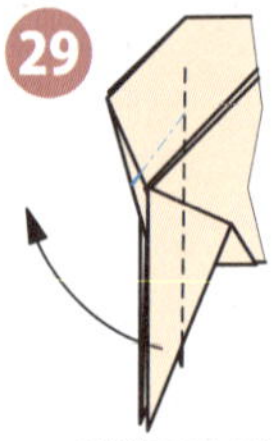

안쪽으로 접기

30

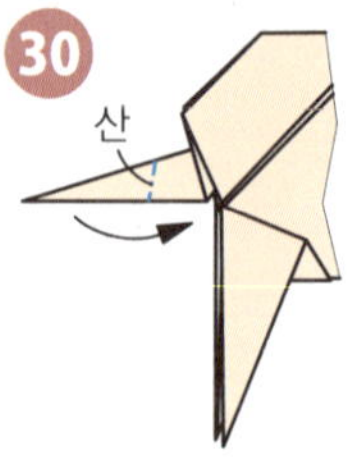

31

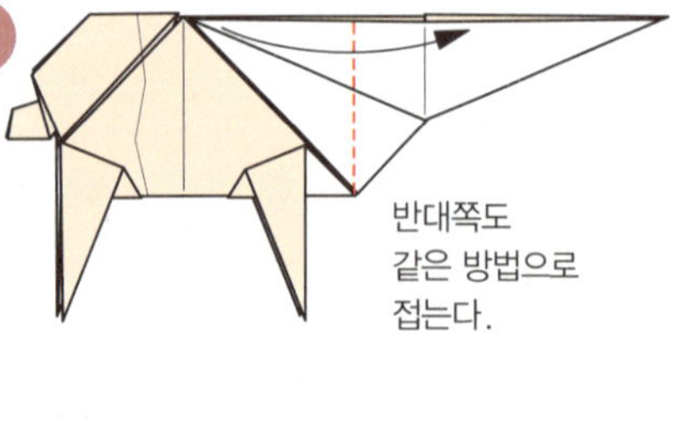

반대쪽도
같은 방법으로
접는다.

32

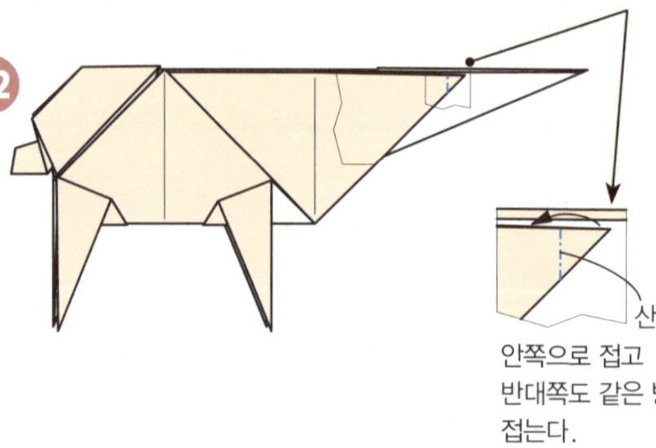

안쪽으로 접고
반대쪽도 같은 방법으로
접는다.

33

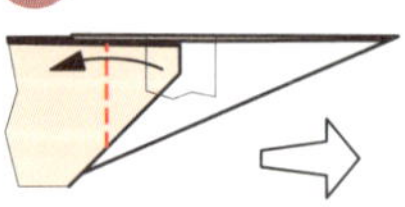

34

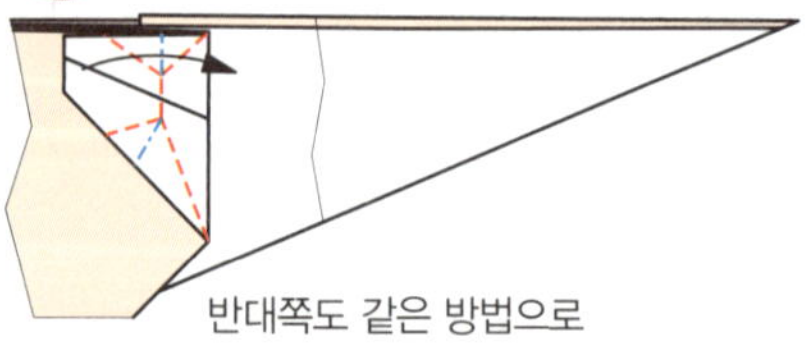

반대쪽도 같은 방법으로
접는다.

35

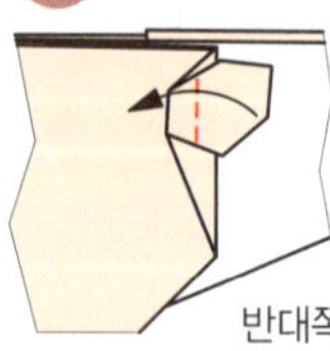

반대쪽도 같은 방법으로
접는다.

36

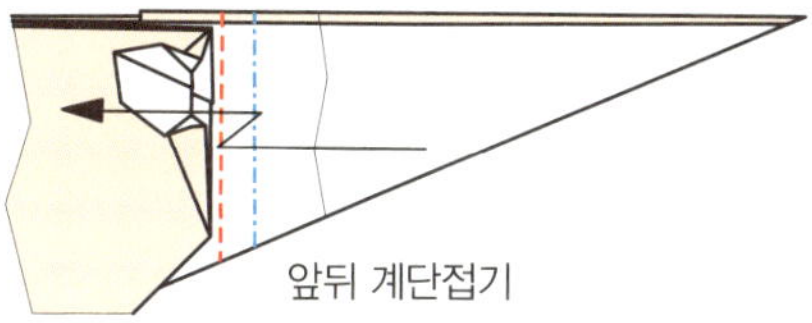

앞뒤 계단접기

37

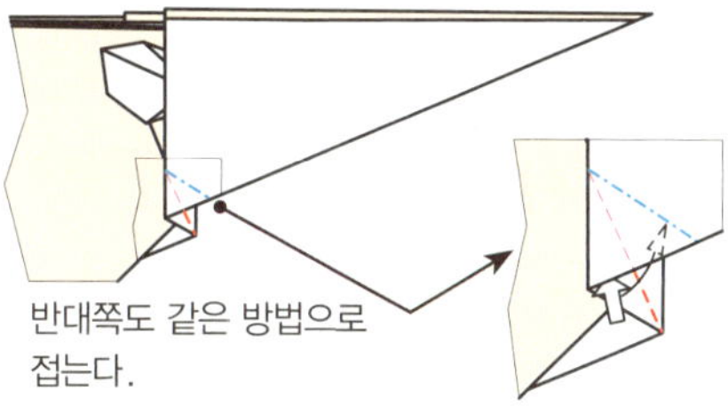

반대쪽도 같은 방법으로 접는다.

38

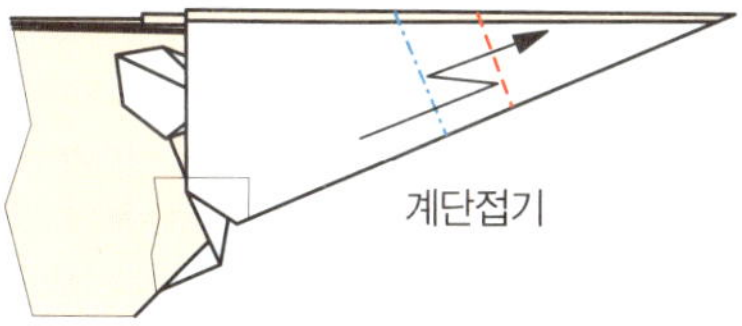

계단접기

39

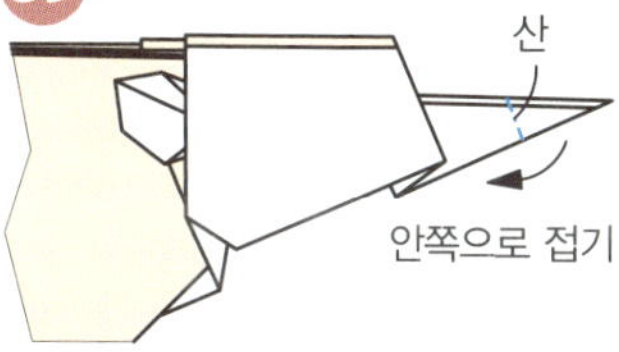

안쪽으로 접기

40

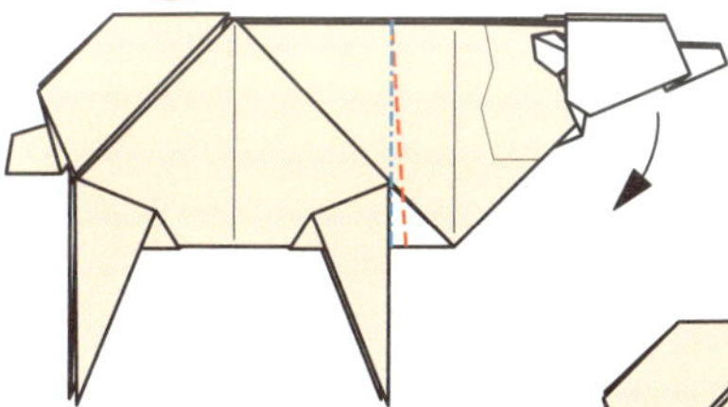

41

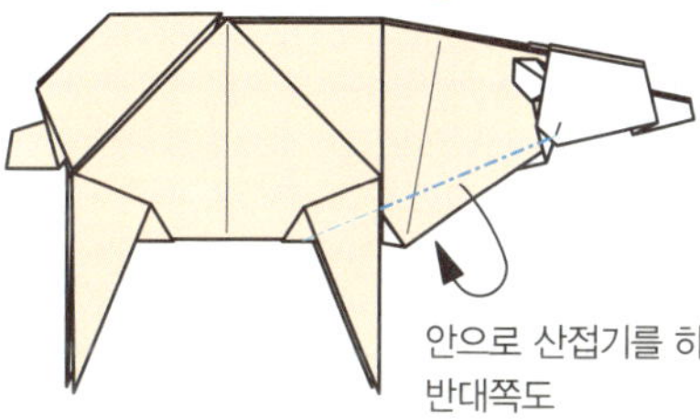

안으로 산접기를 하고
반대쪽도
같은 방법으로 접는다.

42

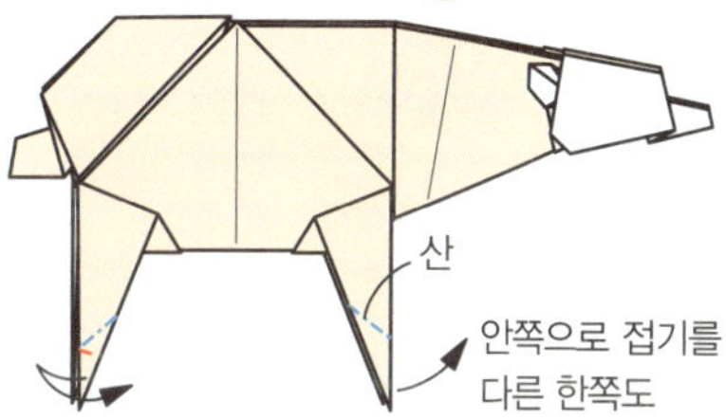

발접기를 하고
다른 한쪽도
같은 방법으로 접는다.

안쪽으로 접기를 하고
다른 한쪽도
같은 방법으로 접는다.

43

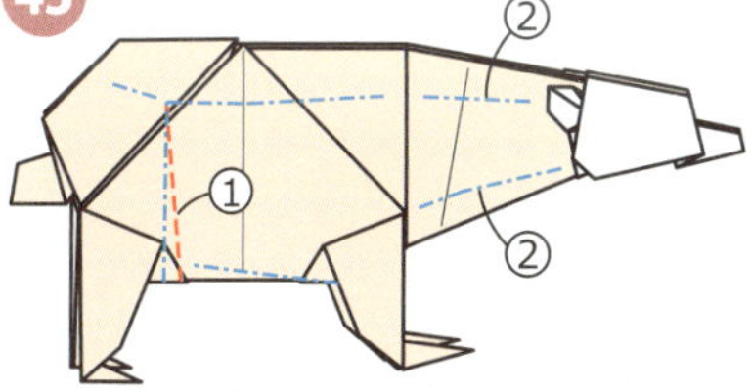

앞뒤를 ① 표시선처럼 접고
② 산접기선으로 몸통을
입체적으로 만든다.

44

모양을 정리하여 완성한다.

REAL ORIGAMI

물가의 조류 · 포유류

바다코끼리

▶ 난이도 ★★★☆☆

★ 사용한 종이

31cm×31cm 1장

POINT

앞다리가 되는 모서리 두 곳에 종이를 덧대면 한결 세우기가 쉬워진다. 『놀라운 리얼 종이접기 3 : 땅을 걷는 생물편』에 수록된 파피용(68쪽)과 같은 기초접기부터 시작한다.

순서 ⑩~⑬에서는 뒤에 나오는 악어(62쪽)의 발톱을 접는 과정과 같은 방법을 한 번만 접는다. 악어보다도 꽤 큰 발톱이 되는 데다 발톱을 접기 전에 순서 ①과 ②에서 방석접기를 하므로 미처 모를 수 있지만, 이 과정을 접음으로써 특유의 긴 엄니(크고 날카로운 포유류의 이)를 만들 수 있다. 순서 ㉕의 ◇*ABCD*로 학접기 기본형을 접는 과정은 사진 설명에도 있듯이 우선 사각주머니를 접고 나서 학마름모접기를 하여 접으면 된다. 순서 ㉟의 함몰접기 과정은 13쪽을 참고하도록 하자. 뒤에 있는 악어의 경우에도 순서는 다르지만 동일한 형태로 되어 있다(악어의 순서 ⑳ 참고). 순서 ㊸의 입체적인 숙여접기로 눈의 모양이 만들어지면 실감 나는 바다코끼리가 완성된다.

1

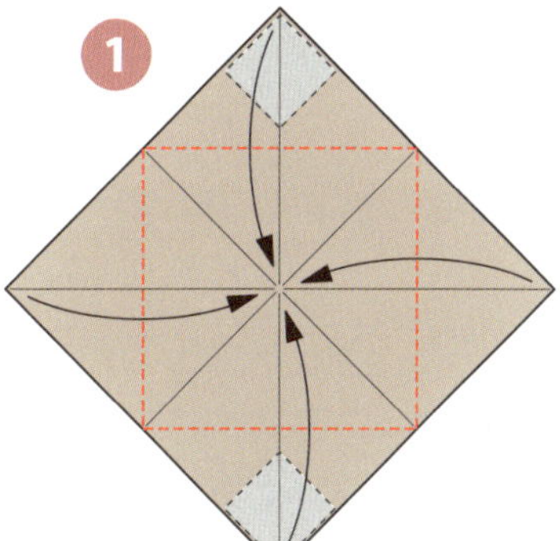

뒷면의 모서리 두 곳에 한 변의
약 5분의 1 길이로 자른
종이를 덧댄다
(35쪽 북극곰의 순서 1 참고).

2

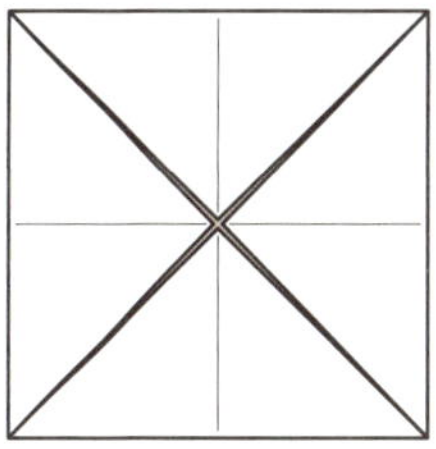

순서 1~2를
방석접기라고 한다.

3

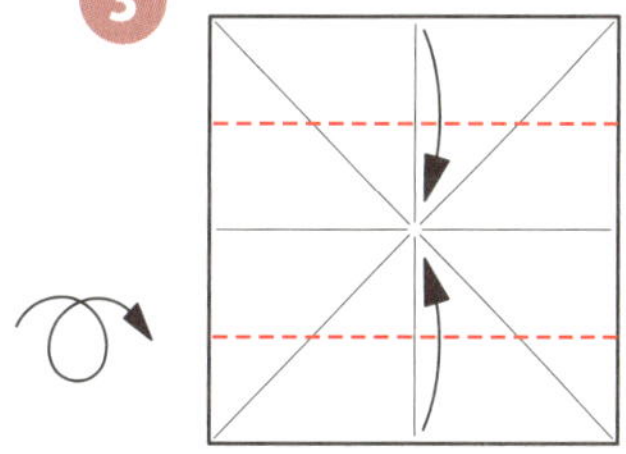

뒷면의 △은 펼치면서
접는다.

4

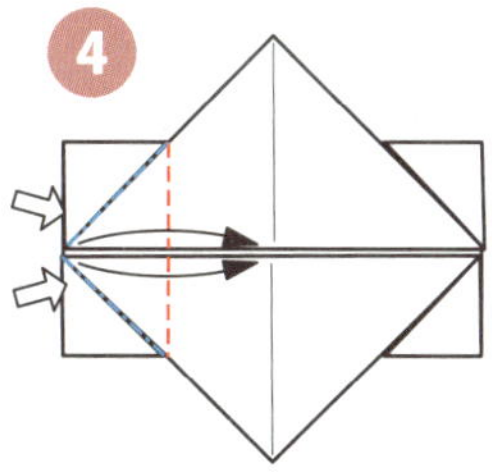

⇨를 벌려 펼쳐 눌러접는다.

5

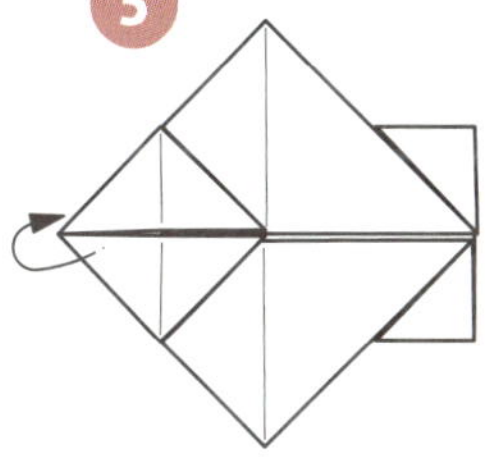

씌워져 있는
한 장을 뒤집는다.

6

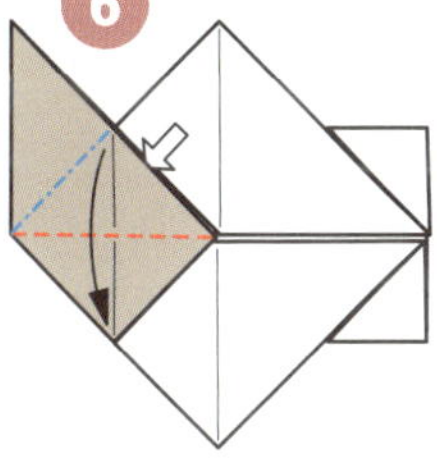

7

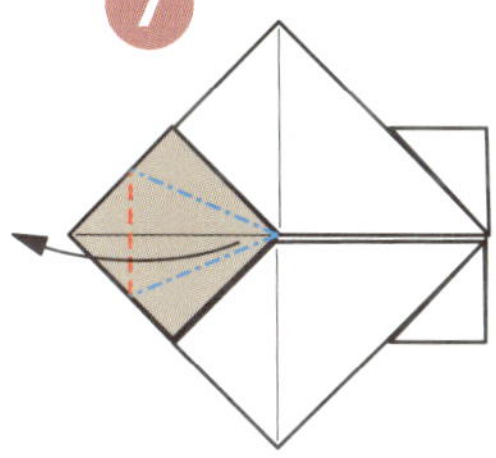

8

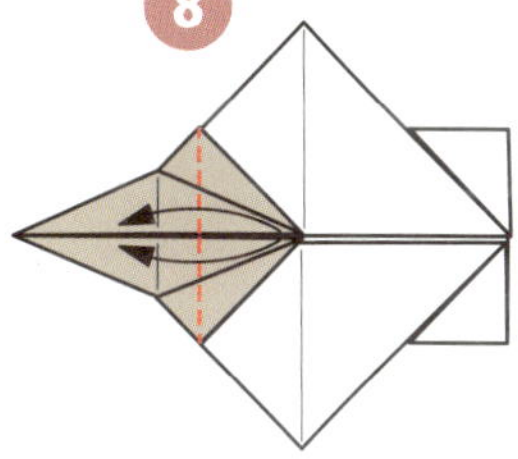

학마름모접기(14쪽)

9

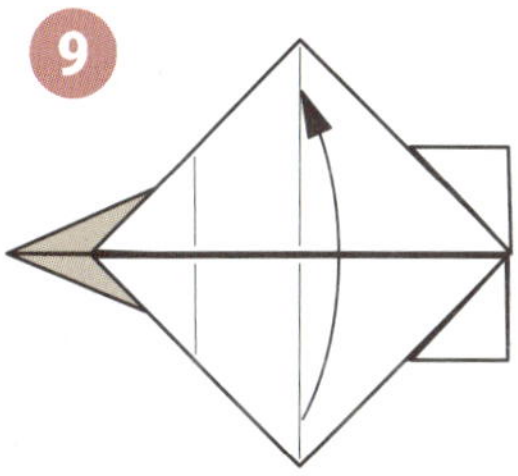

한 장만 위로 넘긴다.

10

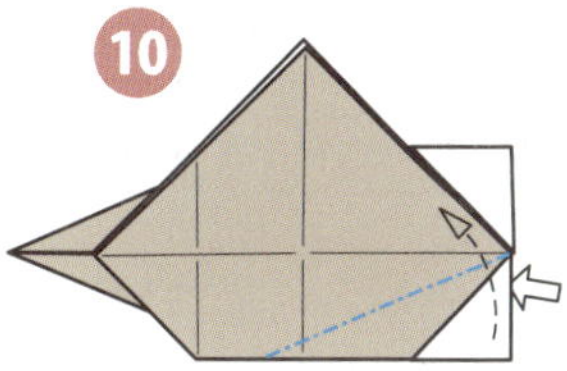

안쪽으로 접는다.

11

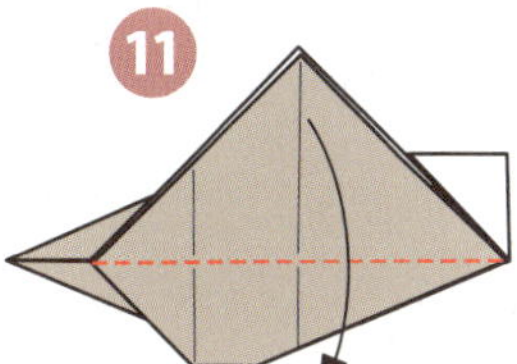

한 장만 아래로 내린다.

12

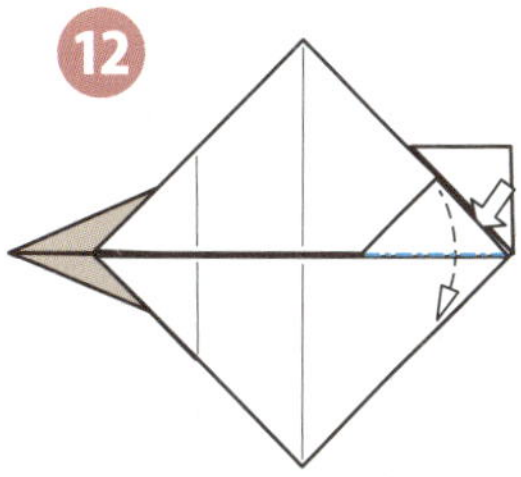

안쪽으로 접기

13

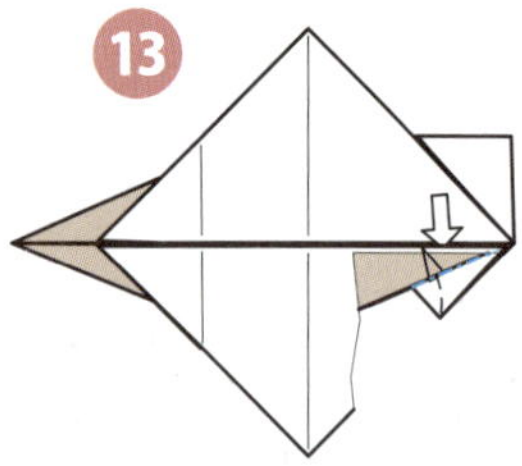

(순서 13~14는 종이 일부를 삭제하여 표시) 안쪽으로 접기

14

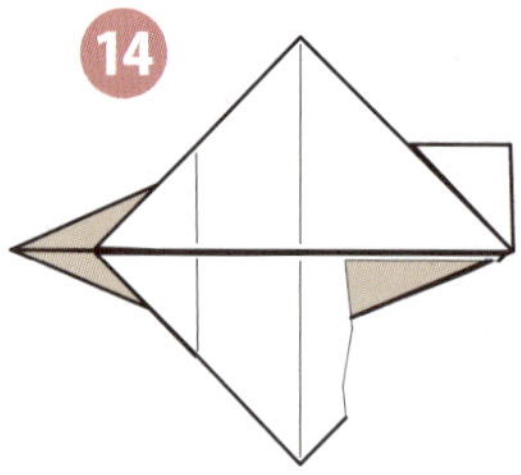

15

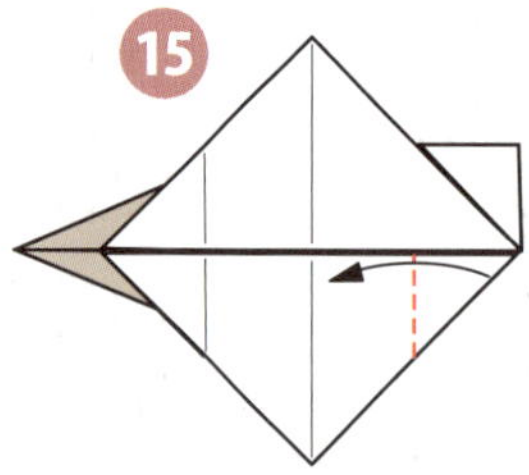

16

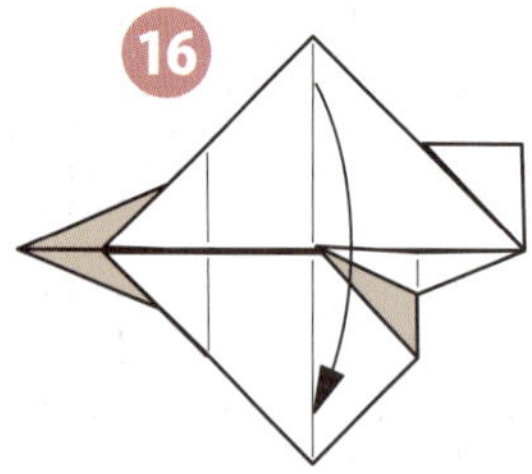

위쪽도 순서 9~15와 같은 방법으로 접고 위아래가 대칭이 되도록 한다.

17

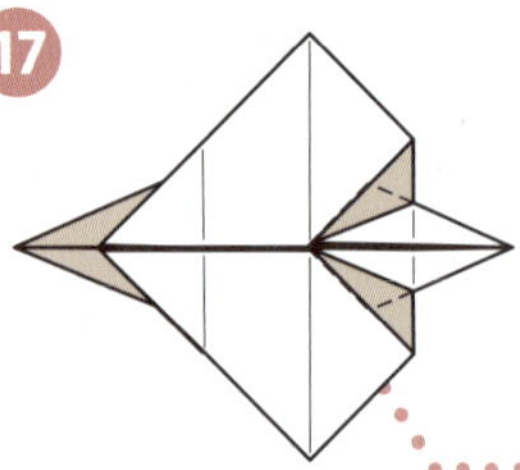

씌워져 있는 한 장을 뒤집는다.

17-1

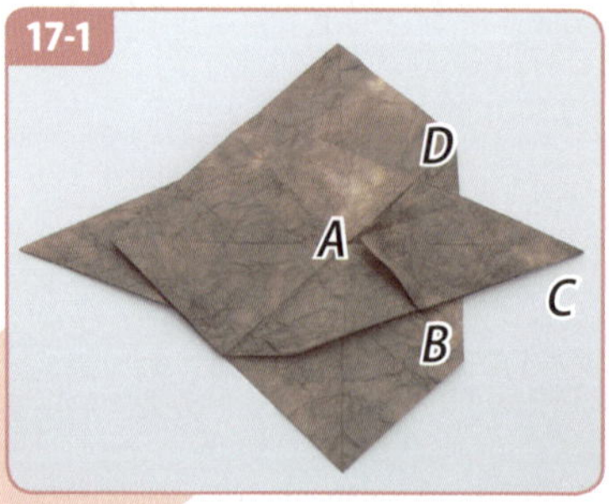

순서 17을 뒤에서 본 모습. 씌워져 있는 *ABCD*를 벗기면서 넘긴다.

17-2

넘기는 모습.
꼭짓점 C가 쏙 들어간다.

17-3

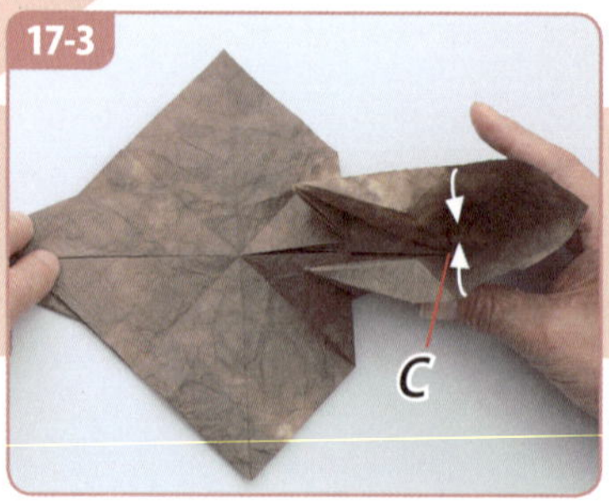

넘긴 모습. 양옆이 만나도록 접는다.

17-4

아래로 넘긴다.

18

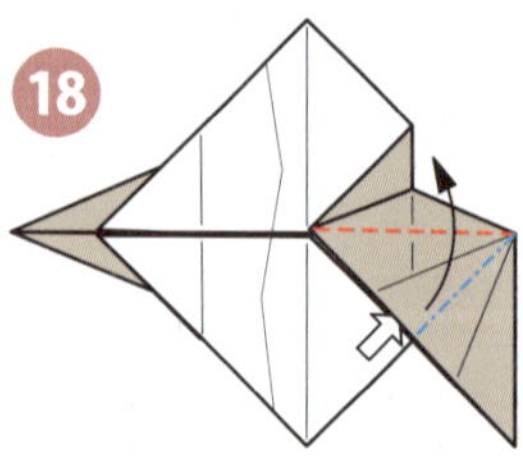

⇗를 벌려 펼쳐 눌러접는다.

19

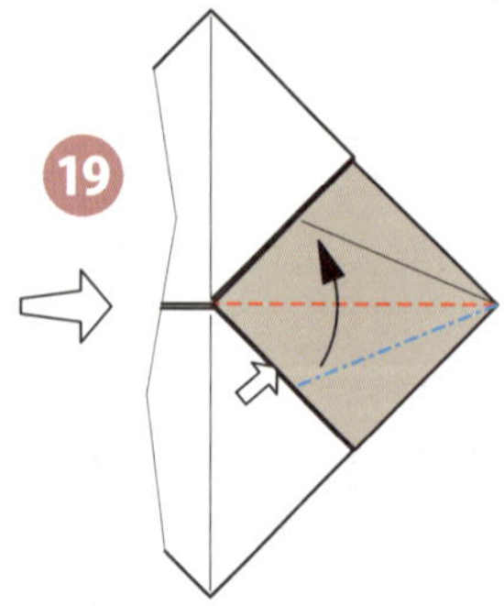

⇗를 벌려 펼쳐 눌러접는다.

20

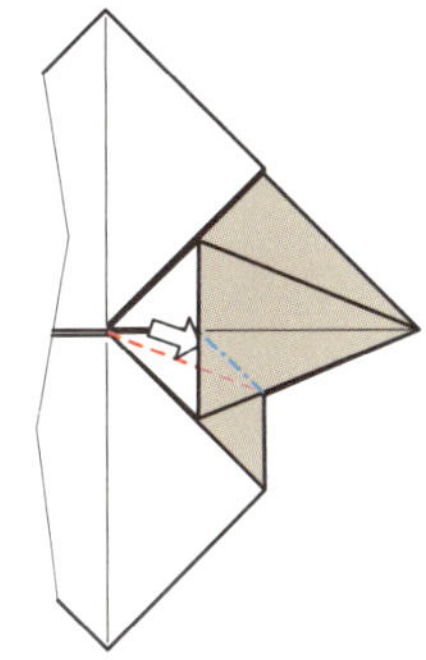

21

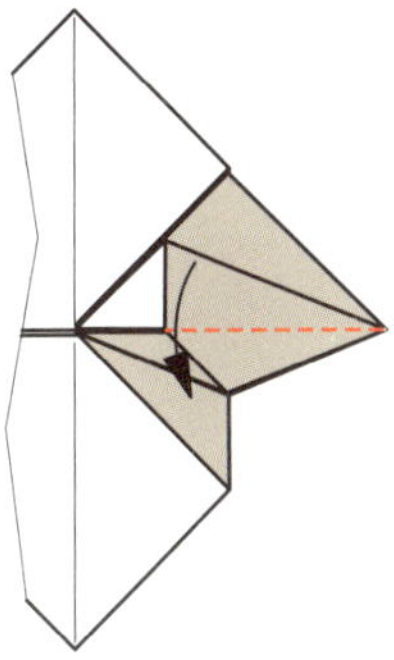

22

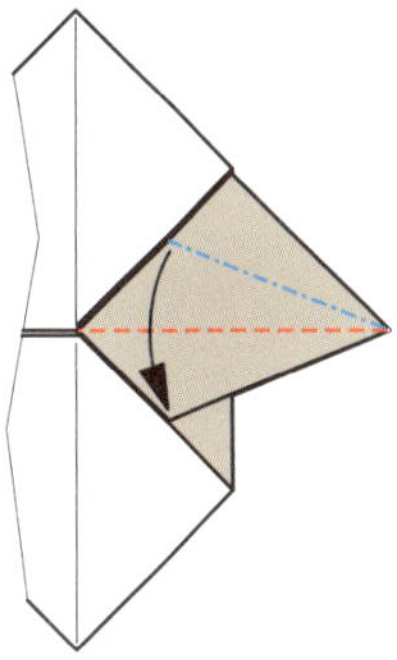

위쪽도 순서 ⑲~㉑과
같은 방법으로 접은 다음
위아래가
대칭이 되도록 한다.

23

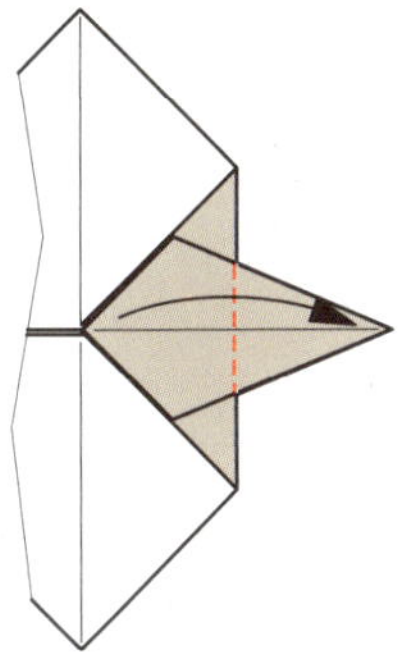

한 장을 오른쪽으로
넘긴다.

24

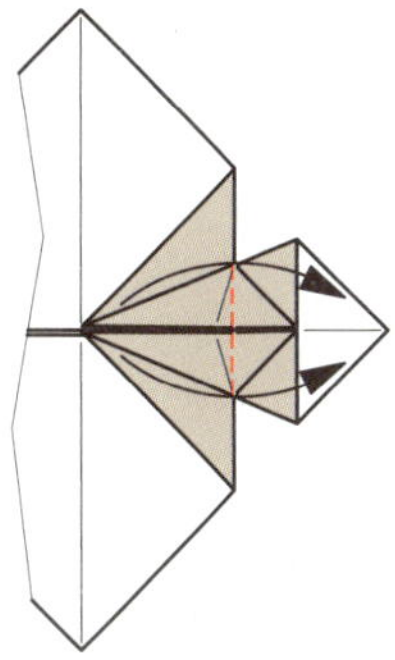

위아래 한 장씩을
다시 오른쪽으로
넘긴다.

25

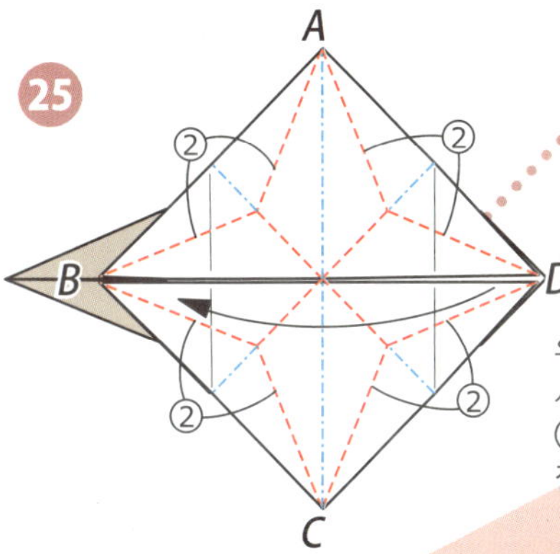

우선 ◇*ABCD* 가 안쪽이 되는
사각주머니를 접고
②의 골짜기접기선을
접는다.

25-1

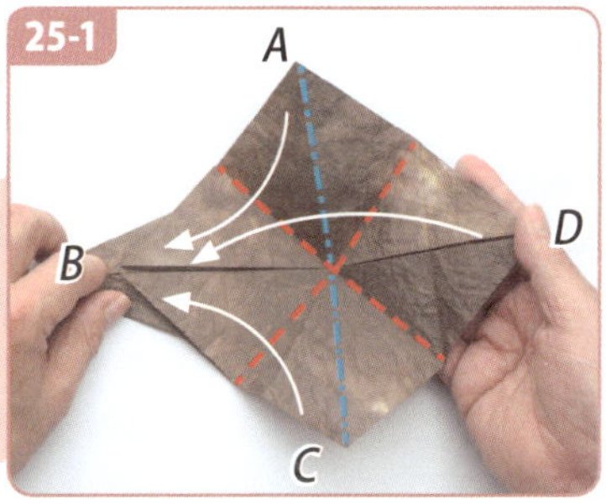

골짜기접기선과 산접기선을 만들어
사각주머니를 접는다.

25-2

접은 모습.
⇘와 ⇗를 벌린다.

25-3

학마름모접기

25-4

접는다.

25-5

25-2 의 한 장 아래를 벌린다.

25-6

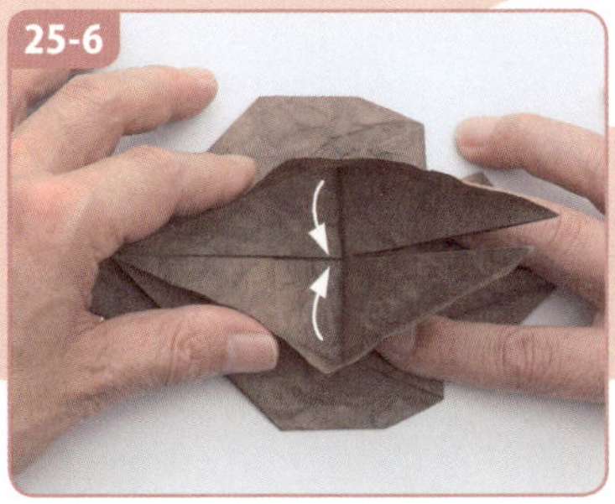

학마름모접기

25-7

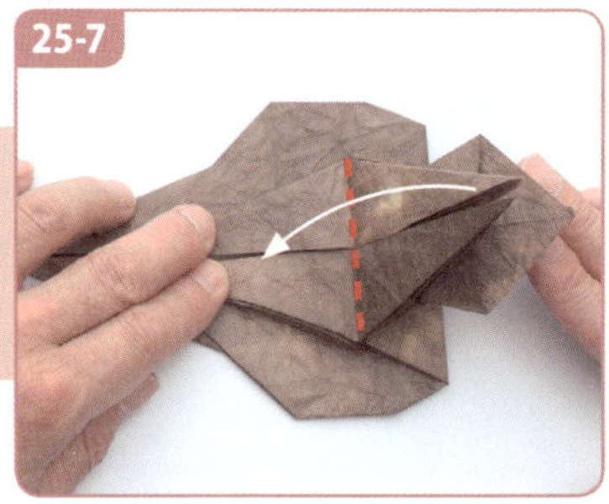

접는다.

26

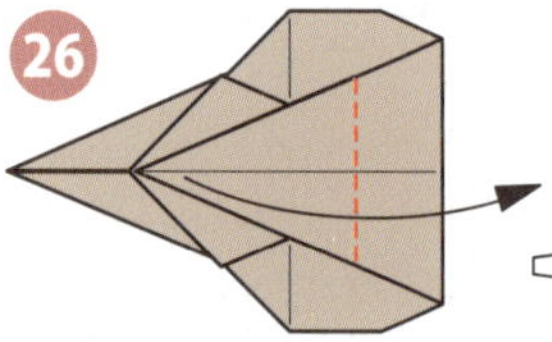

27

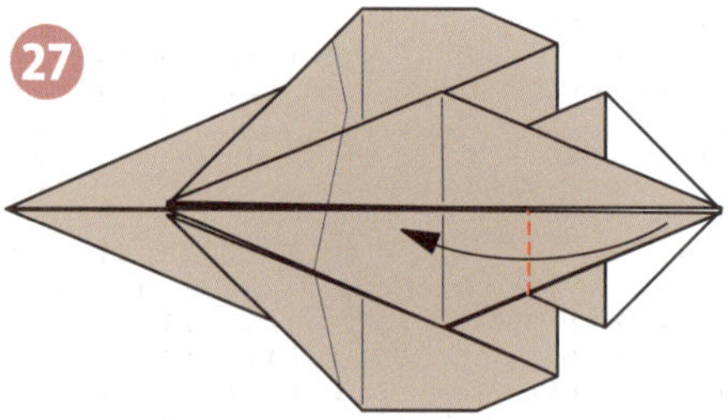

여기까지
기초접기

풀먹이기 시작
(보이는 뒷면 이외의
면에 풀먹이기)

28

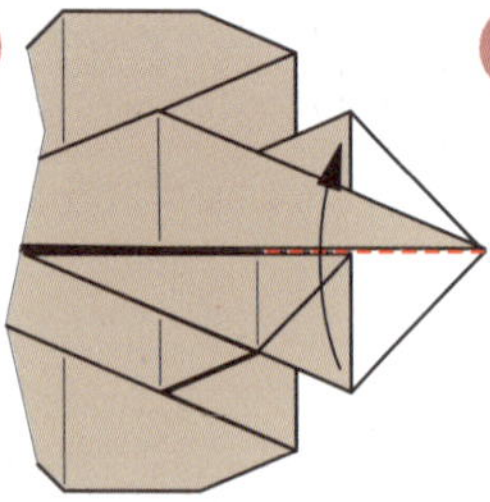

29

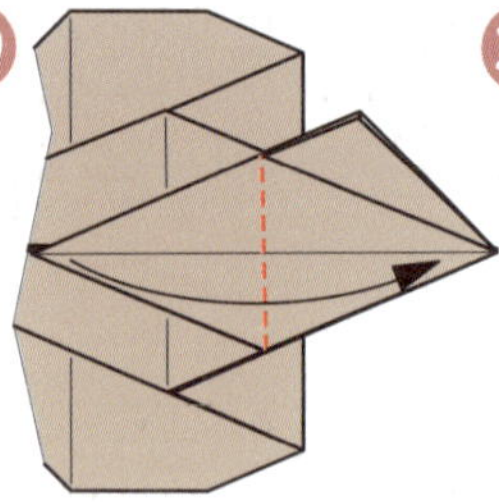

30

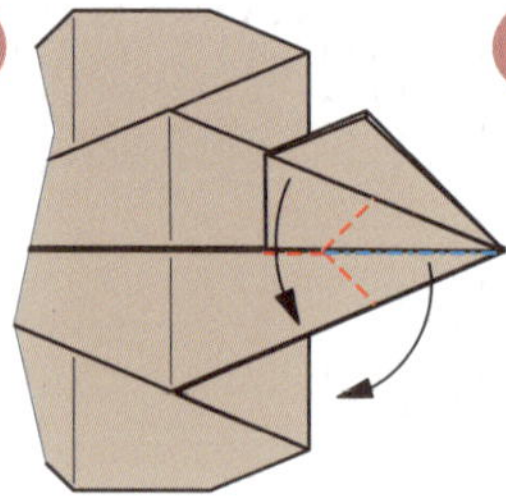

31

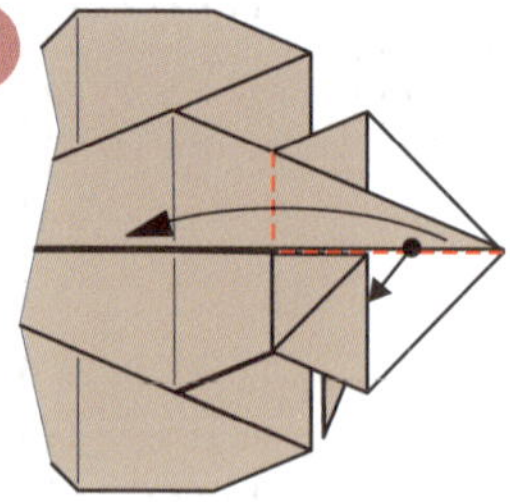

위쪽도 순서 27~30과
같은 방법으로 접고 위아래가
대칭이 되도록 한다.

32

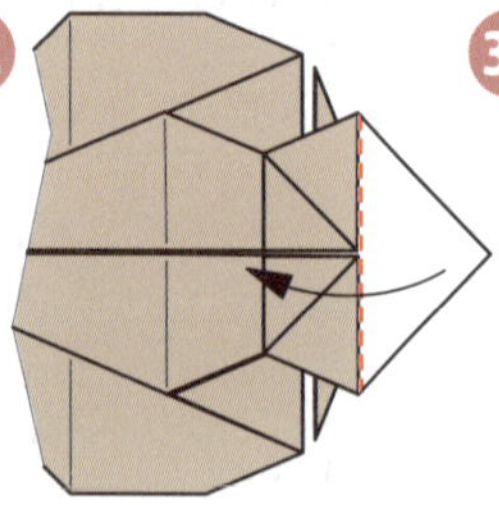

33

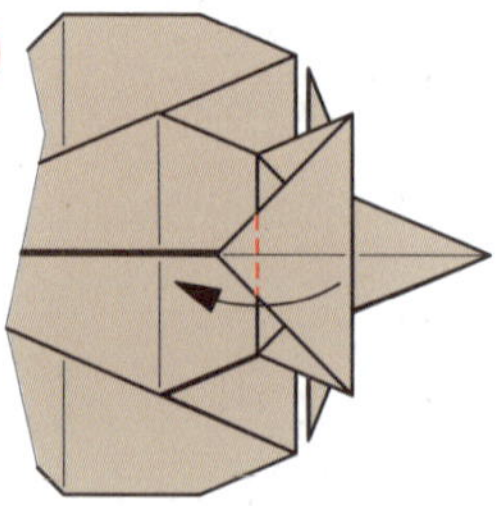

34

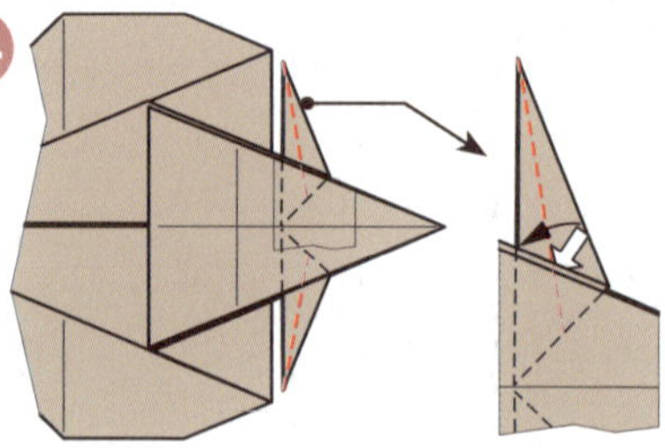

골짜기접기선으로 가늘게 만들고
아래쪽도 같은 방법으로 접는다.

35

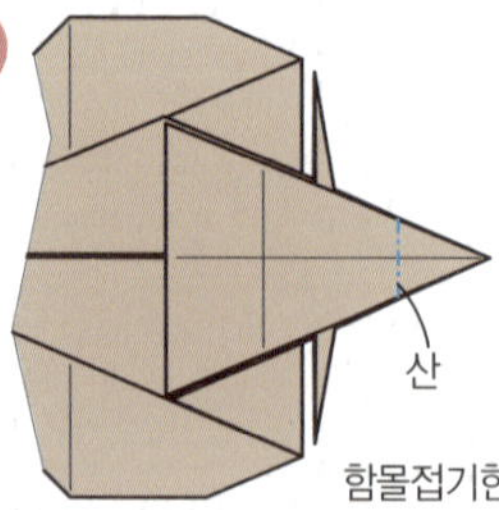

함몰접기한다.

36

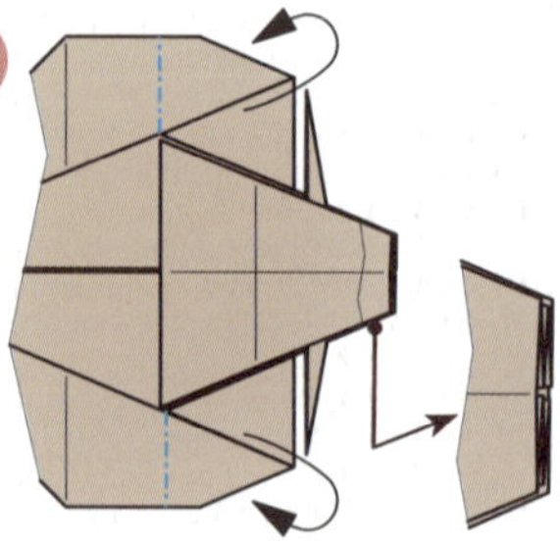

37

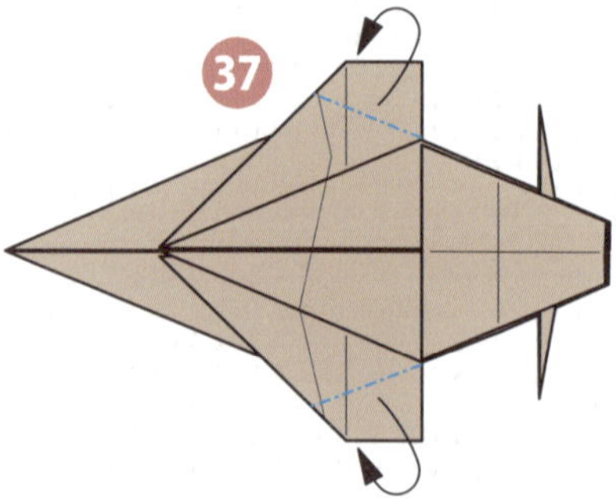

38

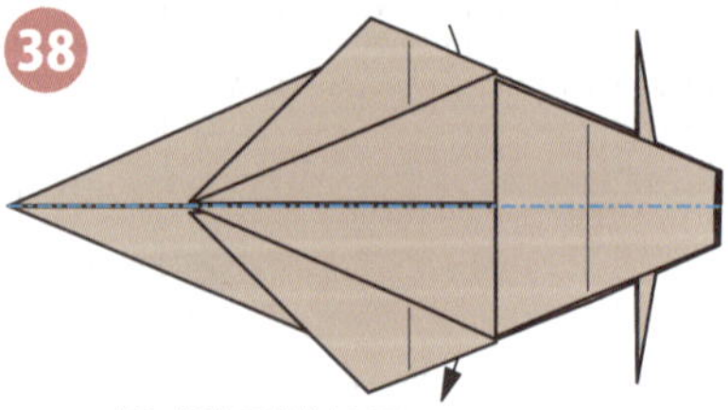

가운데의 중심선으로
반을 접고 방향을 바꾼다.

39

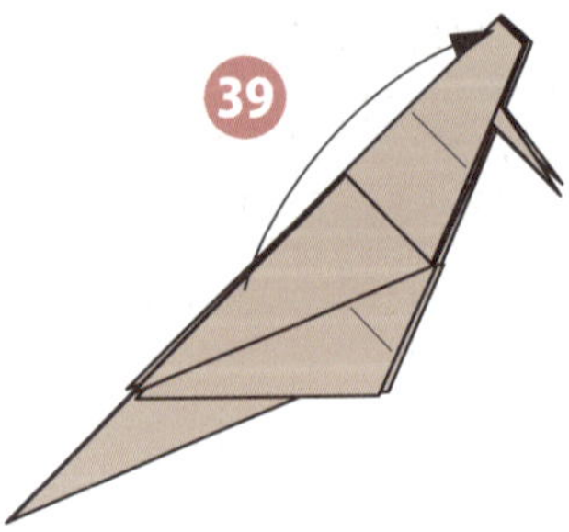

다른 한쪽도 같은 방법으로 접는다.

40

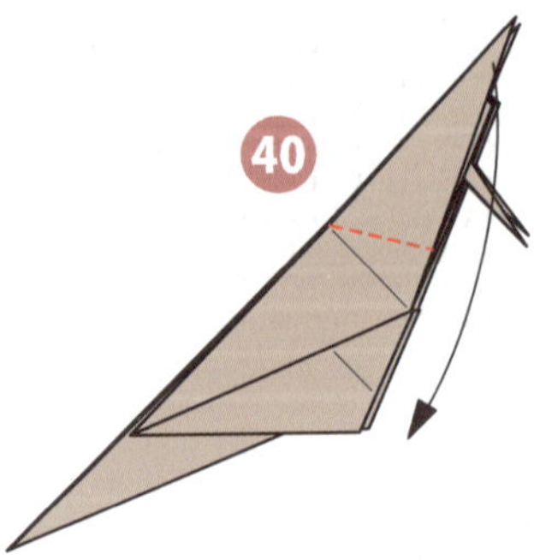

다른 한쪽도 같은 방법으로 접는다.

41

다른 한쪽도
같은 방법으로 접는다.

42

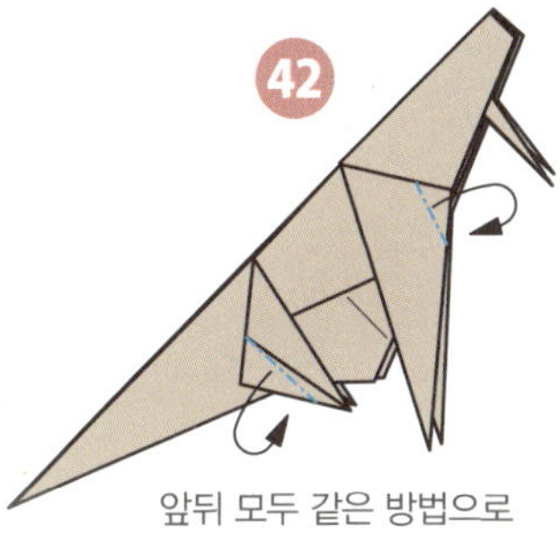

앞뒤 모두 같은 방법으로
접는다.

43

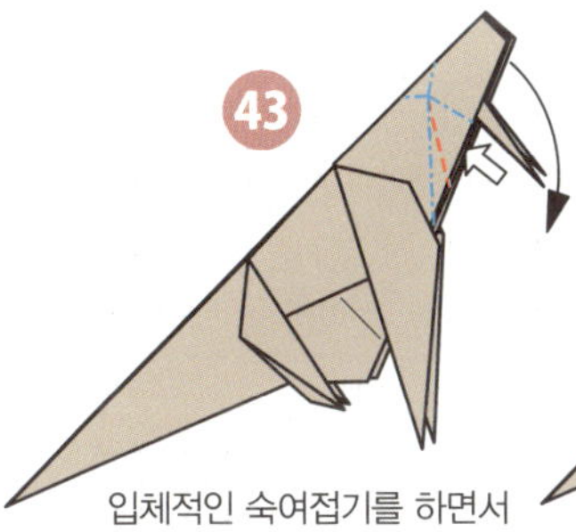

입체적인 숙여접기를 하면서
목을 가늘게 접는다.

44

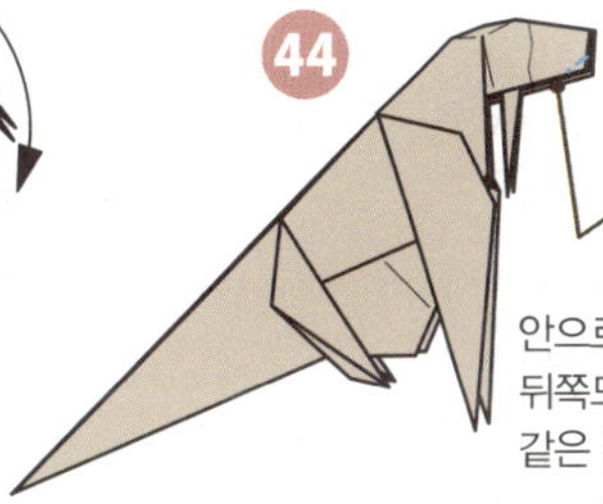

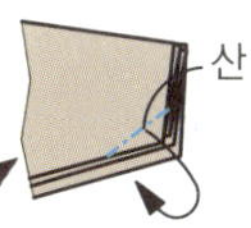

안으로 산접기를 하고
뒤쪽도
같은 방법으로 접는다.

45

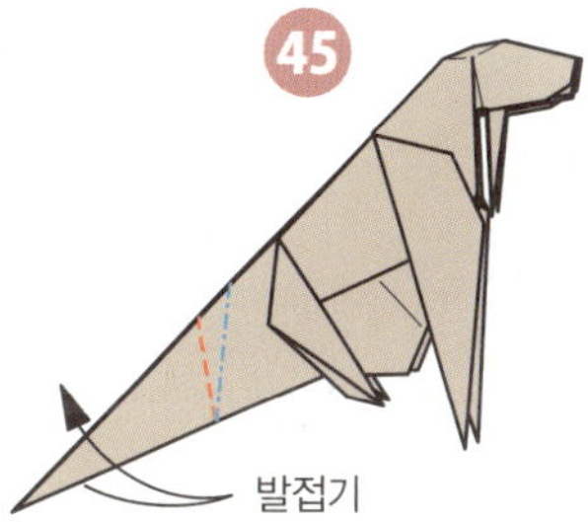

46

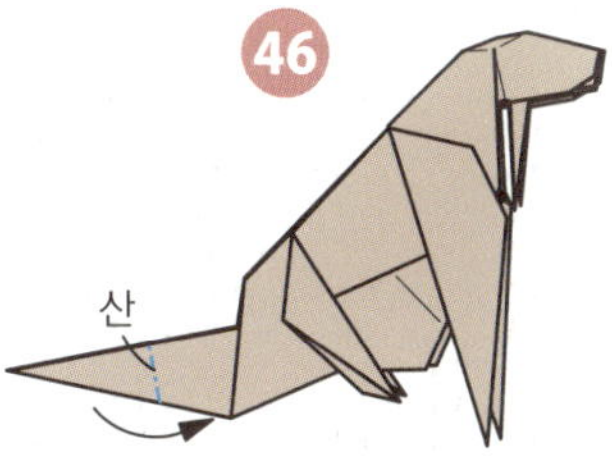

47

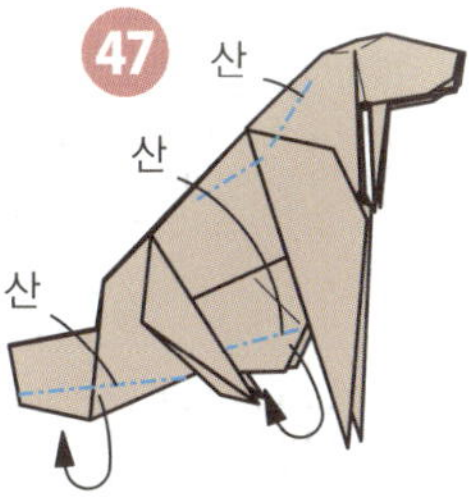

안으로 산접기를 하고
앞뒤 모두 같은 방법으로 접는다.

48

모양을 정리하여 완성한다.

REAL ORIGAMI

바다어류

쥐가오리

▶ 난이도 ★★☆☆☆

★ 사용한 종이

24cm×24cm 1장

POINT

이 책을 준비하며 수서동물을 관찰하러 몇 번이나 수족관에 갔었는데, 쥐가오리에게 작은 등지느러미가 있다는 사실을 알고 등지느러미를 만들기 위해 그때까지 고안한 방법을 바꾸어야 했다. 학접기 기본형을 토대로 주저앉히는 과정을 두 번 거쳐 등지느러미가 되는 작은 모서리를 만들 수 있었다.

풀먹이기를 할 때에는 큰고래(26쪽)와 마찬가지로 펼쳐 눌러접기를 두 번 완료한 시점(순서 ⑩)에서 눌러접은 부분의 안쪽(뒷면)에 먼저 풀먹이기를 하면 좋다.

순서 ㉚은 꼬리가 너무 내려가지 않도록 하기 위한 과정이다. 등지느러미의 모양이 바뀌지 않도록 조심하면서 꼬리가 나오는 부분을 밀어넣듯이 하며 각도를 조절한다. 꼬리가 나오는 부분 가까이에 작은 지느러미가 조금이라도 보이도록 완성하면 훨씬 리얼해진다.

★★☆☆☆

사각주머니(14쪽)부터

1

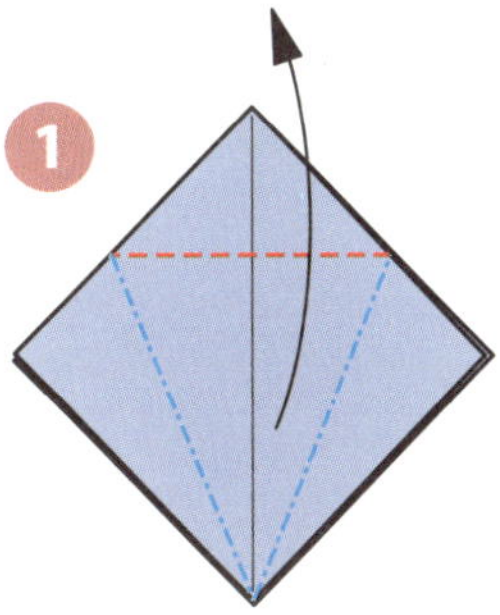

학마름모접기(14쪽)

2

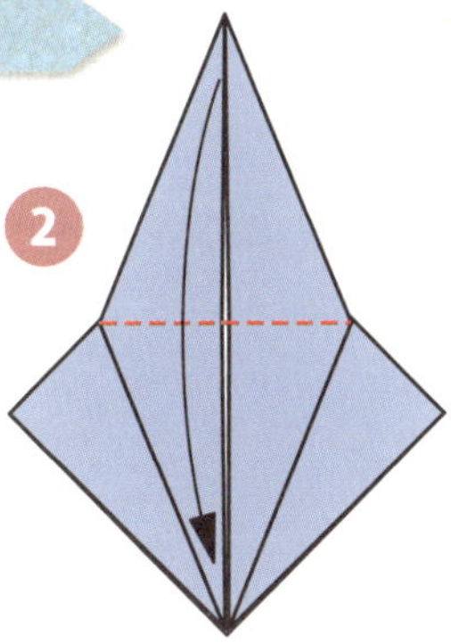

3

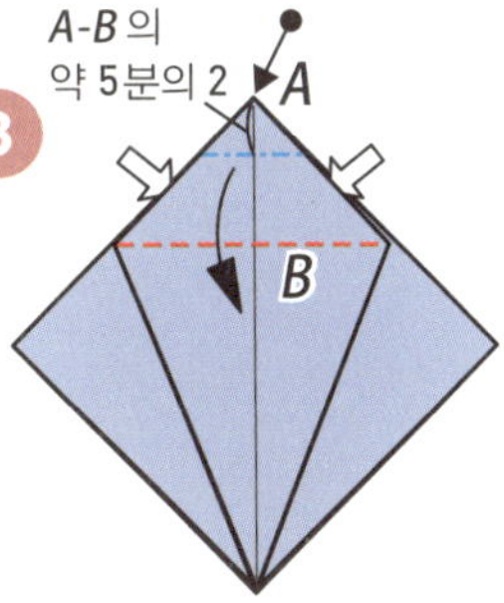

를 펼쳐 눌러접는다.

4

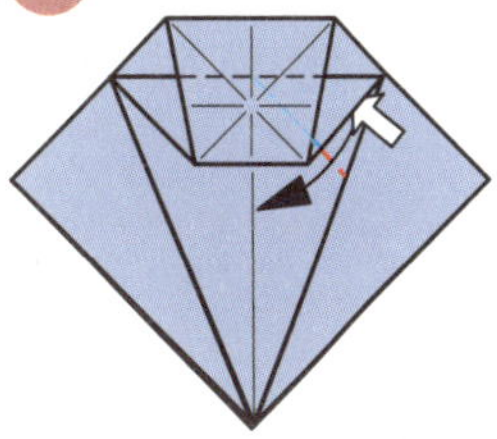

5

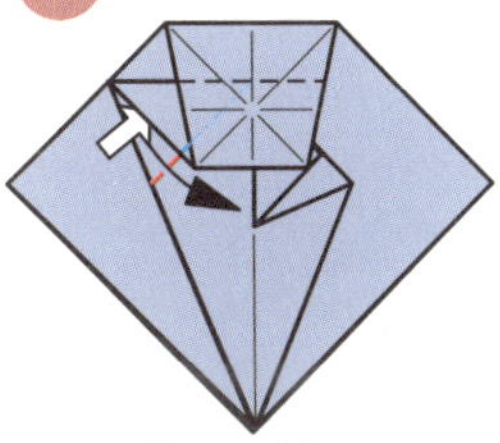

왼쪽도 같은 방법으로 접는다.

6

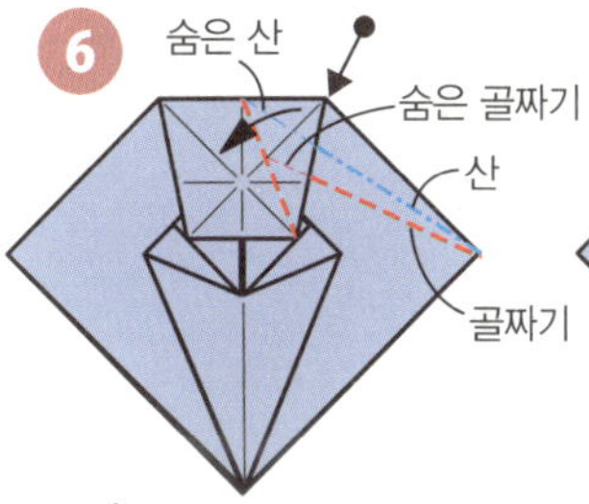

를 누르면서 접는다.

7

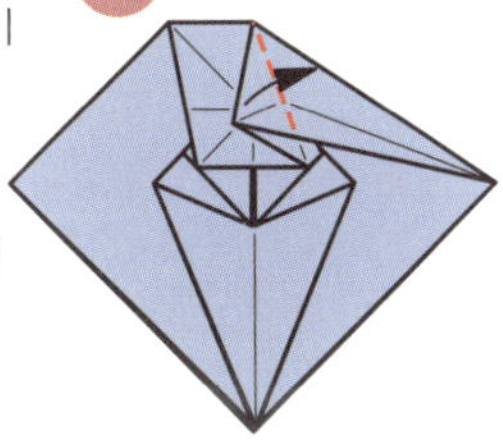

8

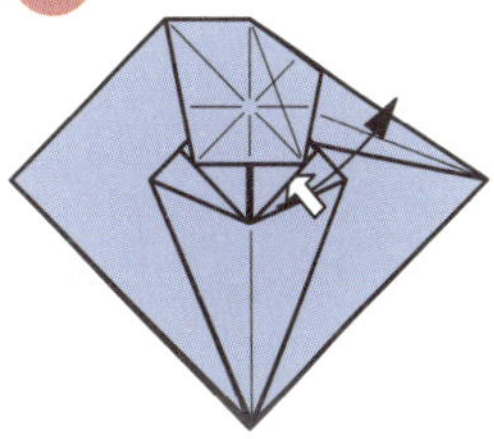

순서 4에서 접은 부분을 다시 편다.

9

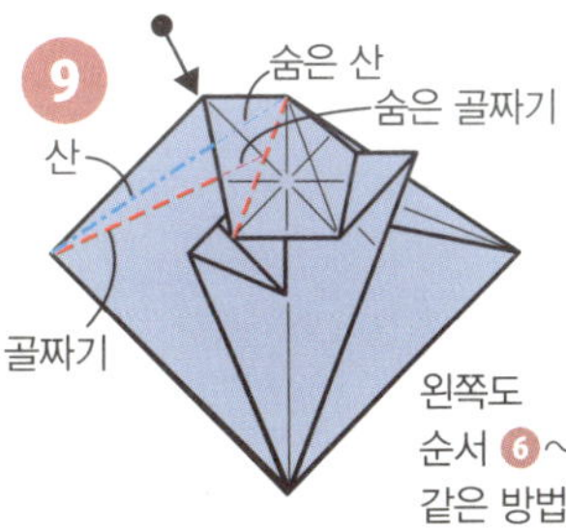

왼쪽도 순서 6~8과 같은 방법으로 접는다.

10

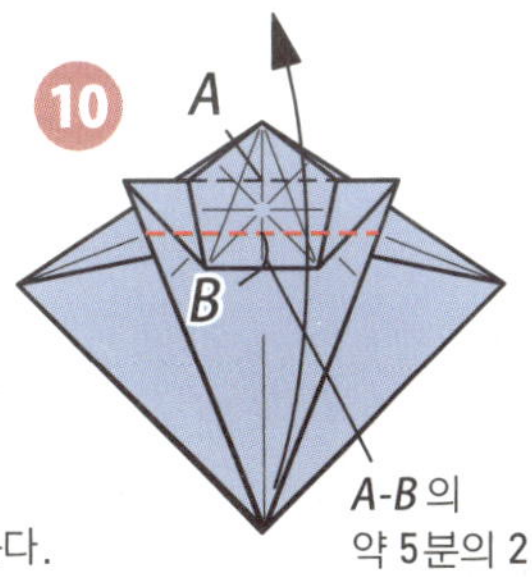

여기까지 기초접기

풀먹이기 시작
(순서 3과 6에서 펼쳐 눌러접은 부분 뒷면에 풀먹이기)

11

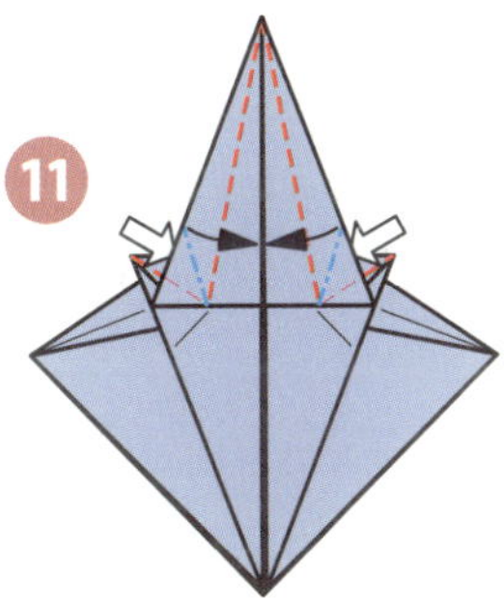

12

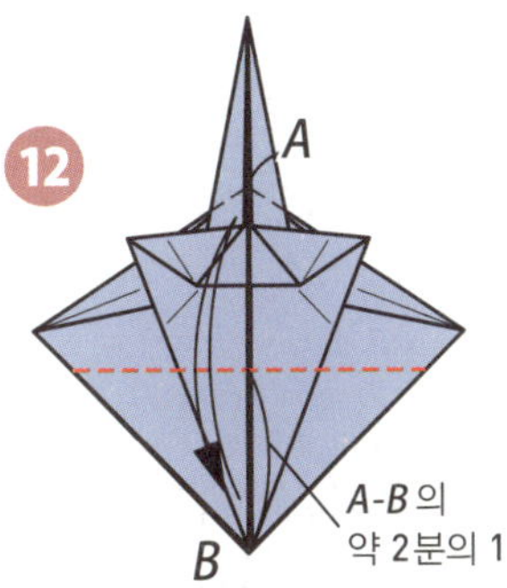

골짜기접기선으로 보조선을 만든다.

13

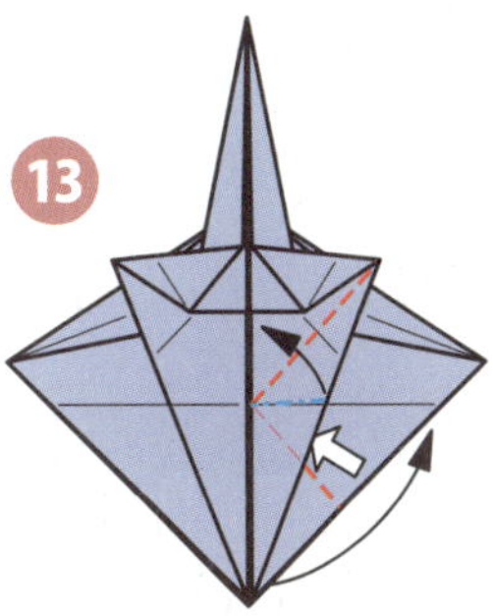

14

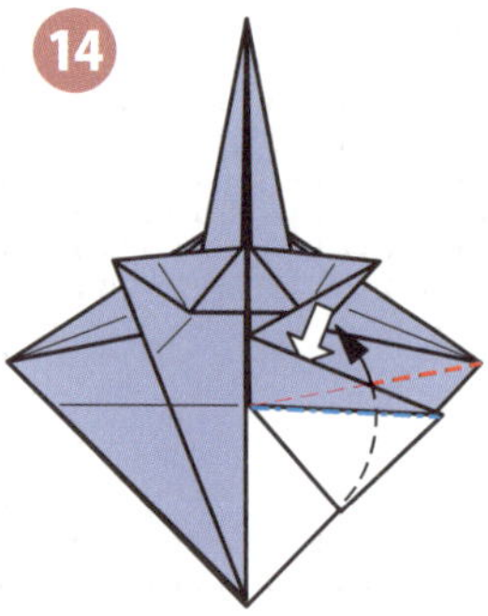

15

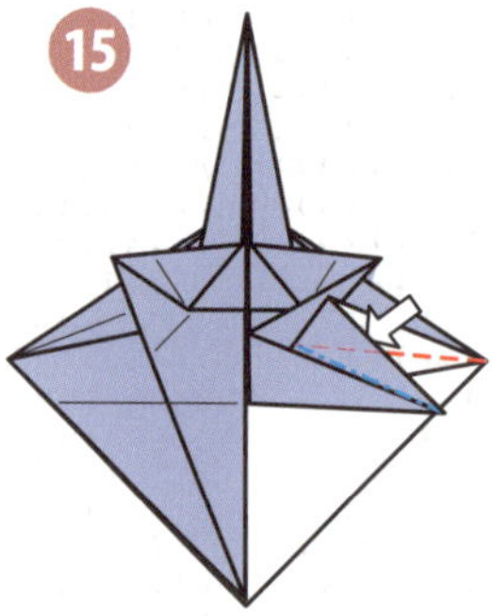

16

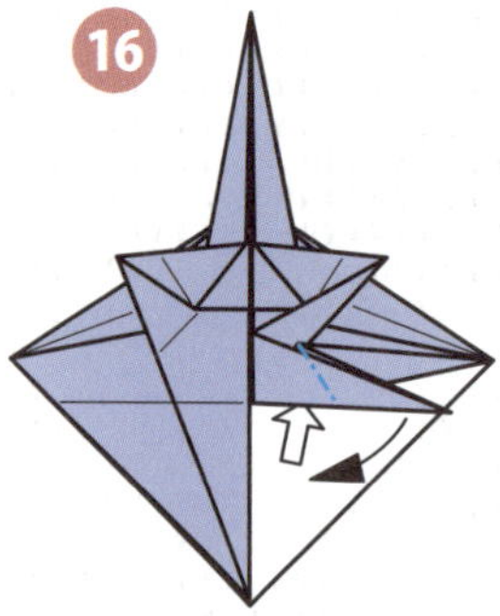

안쪽으로 접기

17

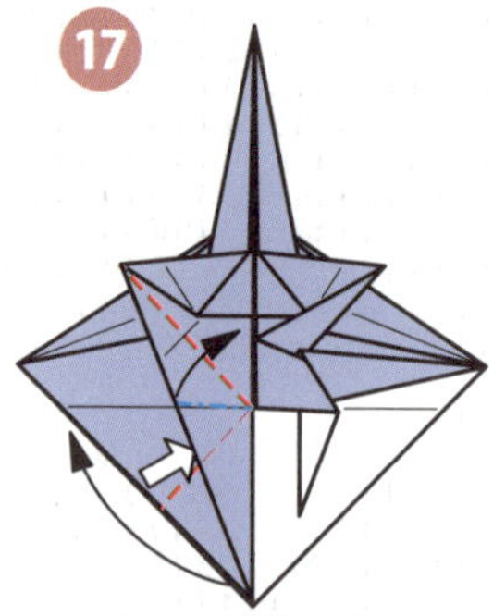

왼쪽도 순서 13~16과
같은 방법으로 접는다.

18

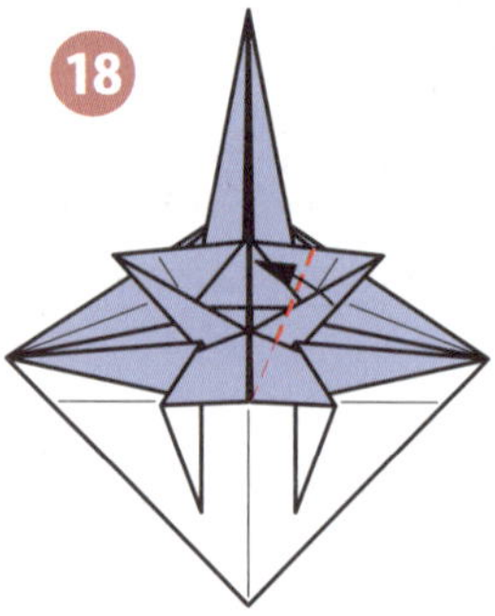

19

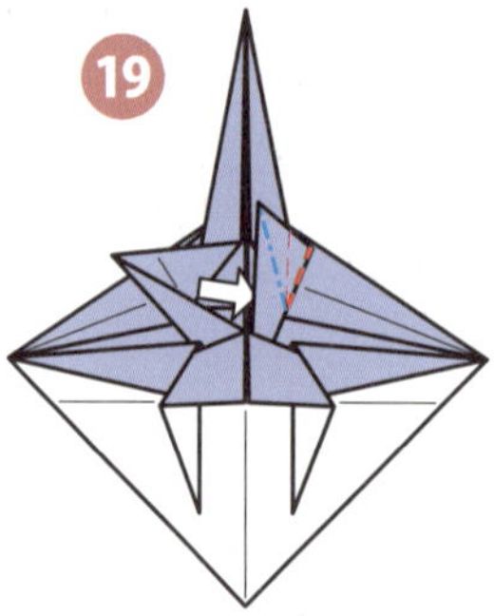

20

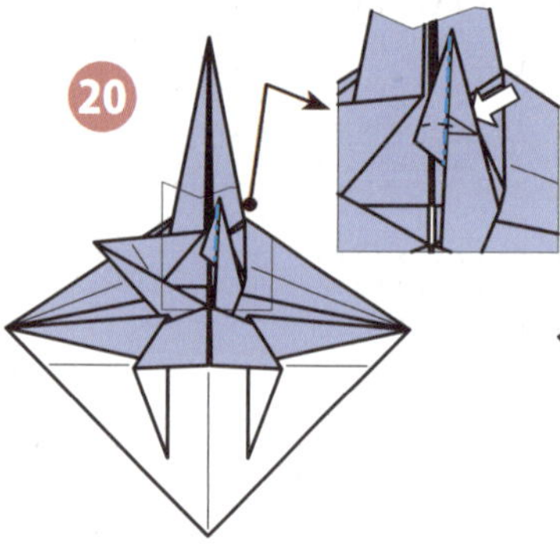

21

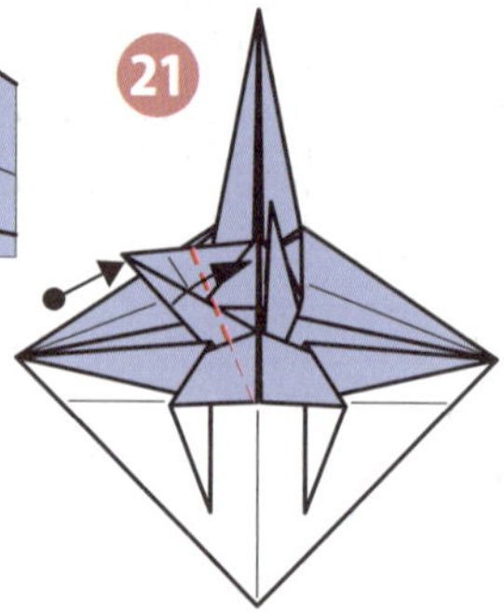

왼쪽도 순서 18~20과
같은 방법으로 접는다.

22

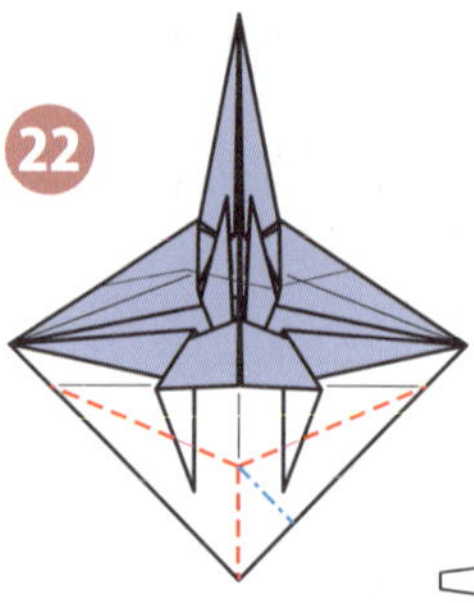

손잡이접기

풀먹이기 시작
(두 번째)

23

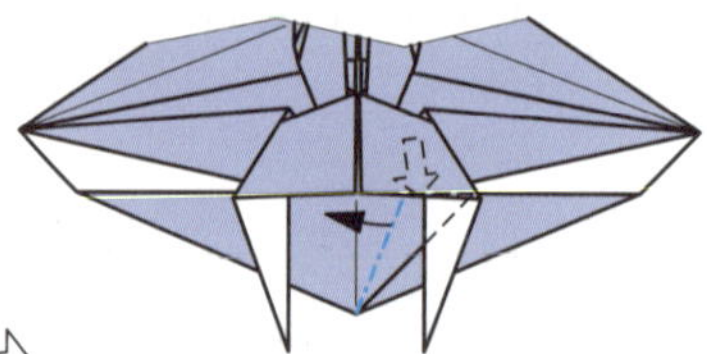

24

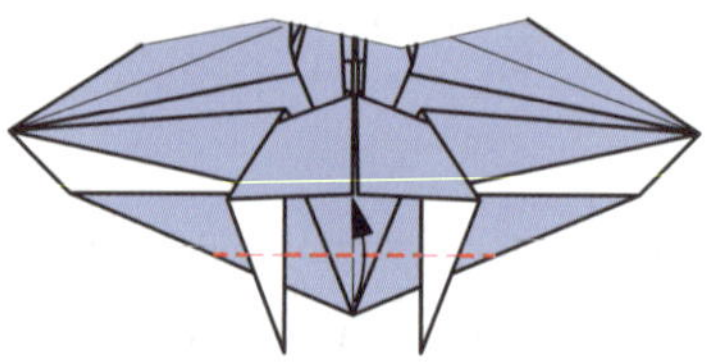

25

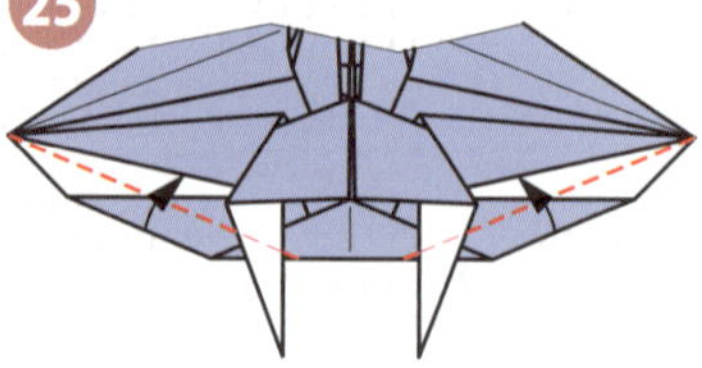

26

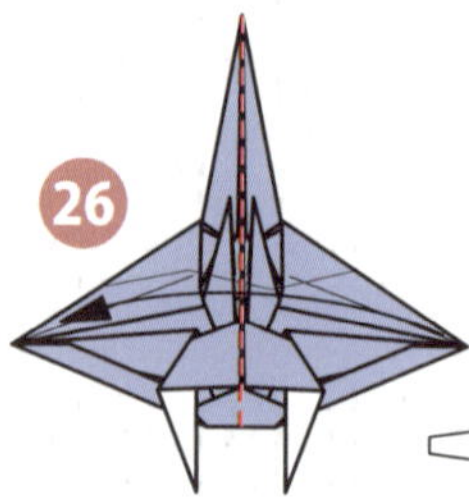

가운데의 중심선으로
반을 접고 방향을 바꾼다.

27

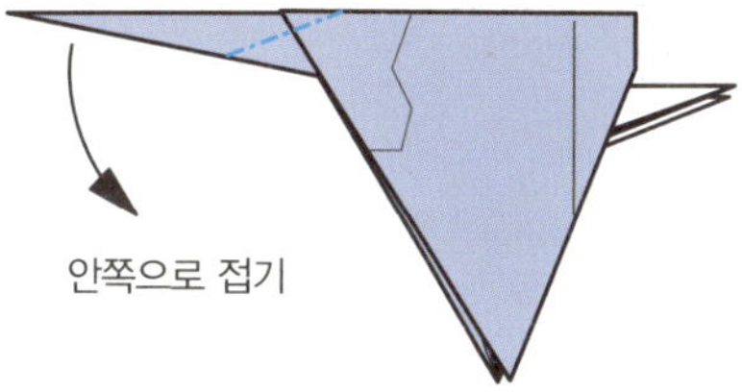

안쪽으로 접기

28

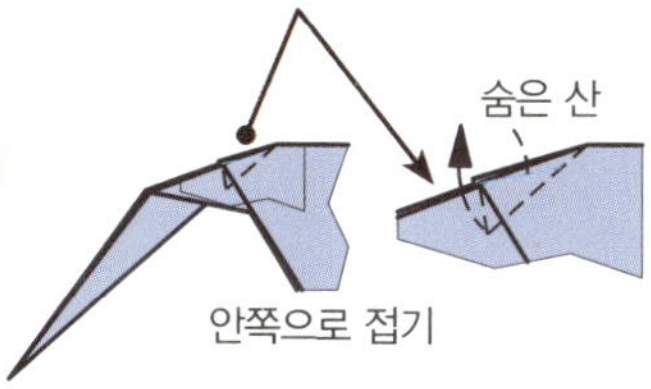

안쪽으로 접기

29

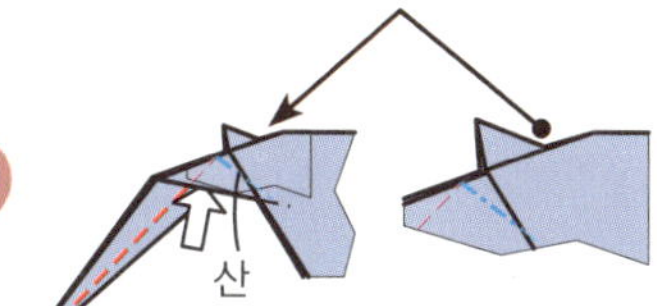

뒤쪽도 같은 방법으로 접는다.

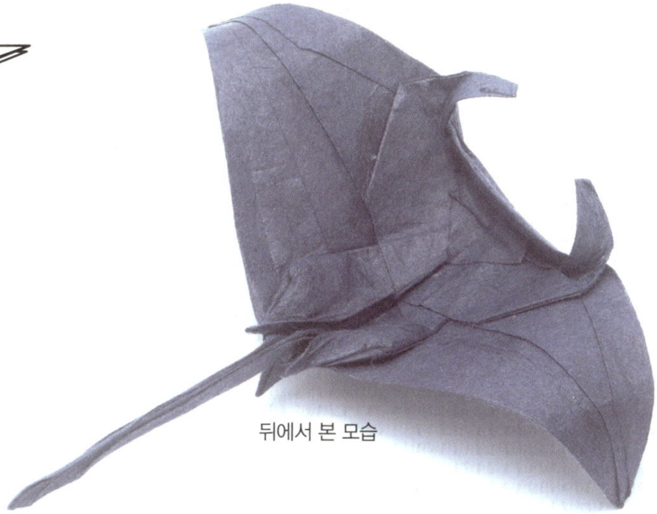

뒤에서 본 모습

30

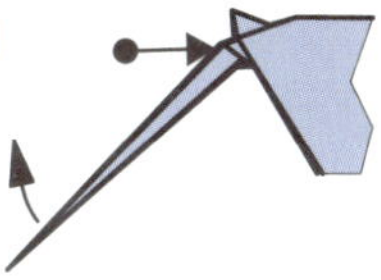

●→를 밀어넣으면서 접는다.

31

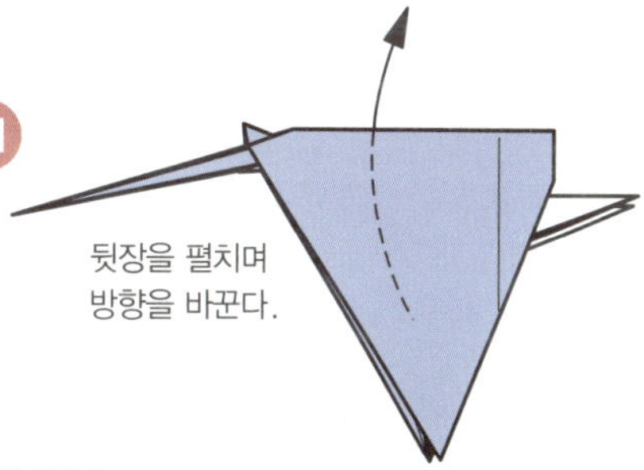

뒷장을 펼치며
방향을 바꾼다.

32

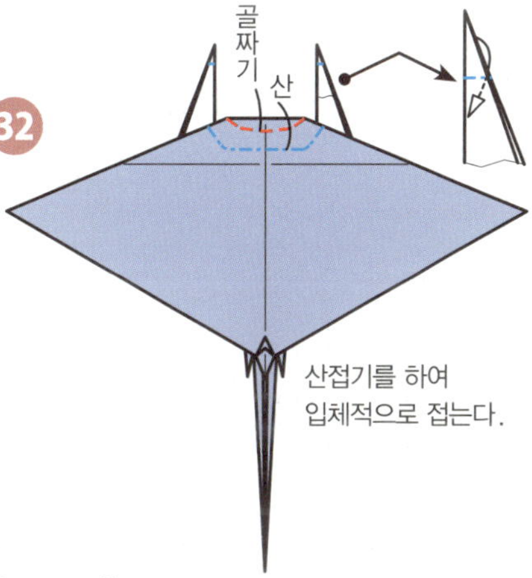

반대쪽도
같은 방법으로 접는다.

산접기를 하여
입체적으로 접는다.

33

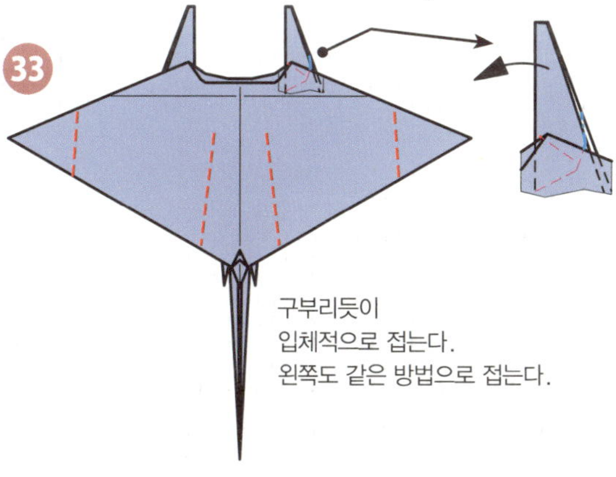

구부리듯이
입체적으로 접는다.
왼쪽도 같은 방법으로 접는다.

34

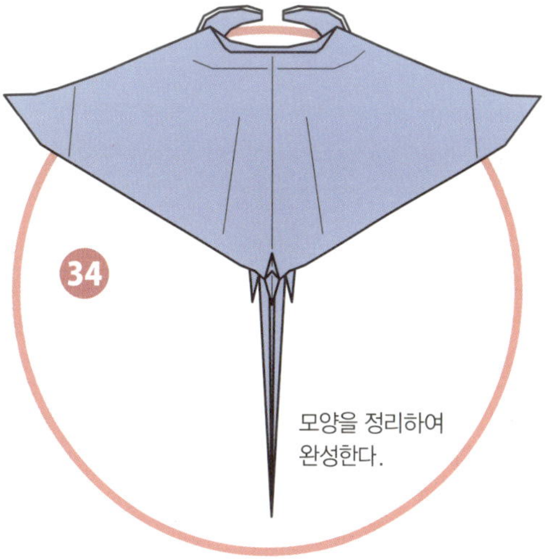

모양을 정리하여
완성한다.

REAL ORIGAMI

바다어류

상어

▶ 난이도 ★★☆☆☆

★ 사용한 종이

24cm×24cm 1장

POINT

풍선 기본형(15쪽)부터 시작하는 비교적 쉬운 작품이다. 순서 ⑱에서 가운데의 골짜기접기 선으로 마주 접기 때문에 등 쪽이 열린다(등 열기). 등 열기 자체는 동물을 접을 때 그다지 좋은 방법이 아니지만, 접는 방법을 간소화하기 위해 가끔 이용한다. 이 책에서는 금붕어(58쪽), 펭귄(18쪽)이 바로 그 경우이다(등 열기와 짝을 이루는 용어는 배 열기이다).
순서 ㉒에서 제2의 등지느러미를 안쪽으로 접기를 하는데, 가능한 한 커 보이게 하기 위해 안쪽으로 접기가 시작되는 부분에 뒷면이 보이도록 한다. 풀먹이기는 이 제2의 등지느러미를 접은 다음 순서 ⑪ 정도까지 되돌리고 나서 한다. 어류의 경우, 몸통의 가운데에 산접기선을 만들어 부풀리면 한층 입체적이 되고 마무리한 모양도 리얼해진다. 위턱을 산접기선으로 누르면서 아래턱을 조금 벌리면 날카로워 보여 상어다워진다.

상어

★★☆☆☆

1

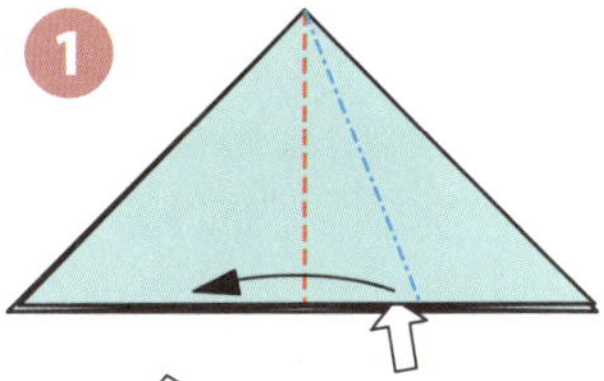

⇧를 벌려 접는다.

2

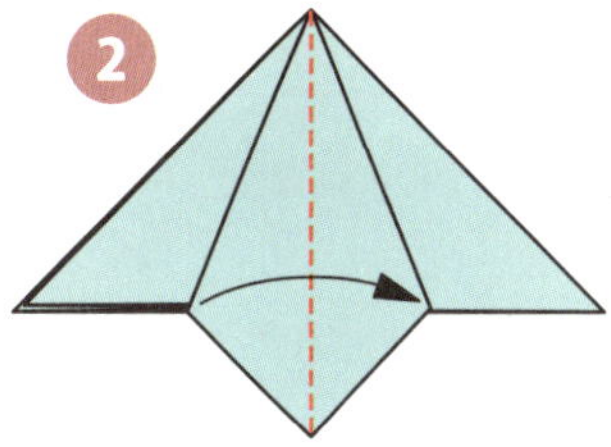

3

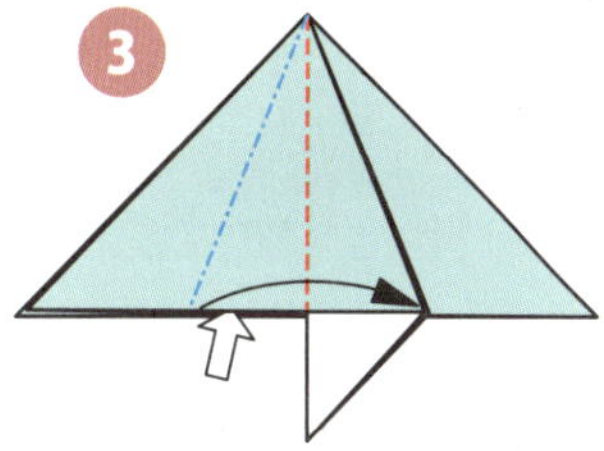

왼쪽도 같은 방법으로 접어
좌우 대칭이 되도록 한다.

4

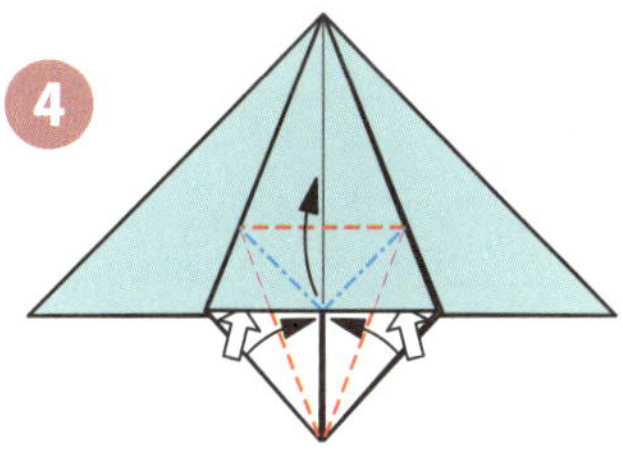

개구리 기본형(14쪽)
순서 ❺처럼 접는다.

5

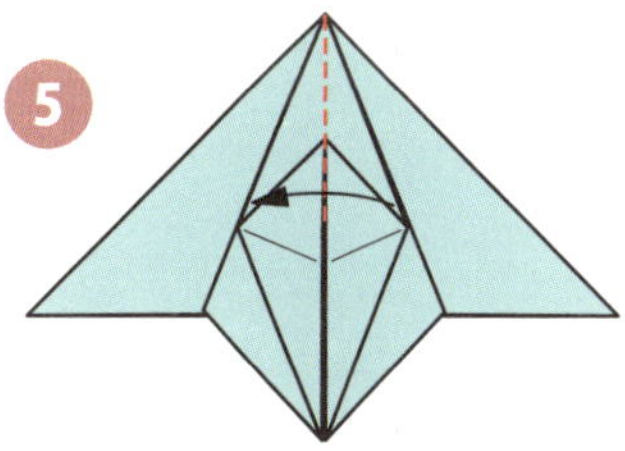

두 장을 넘긴다.

6

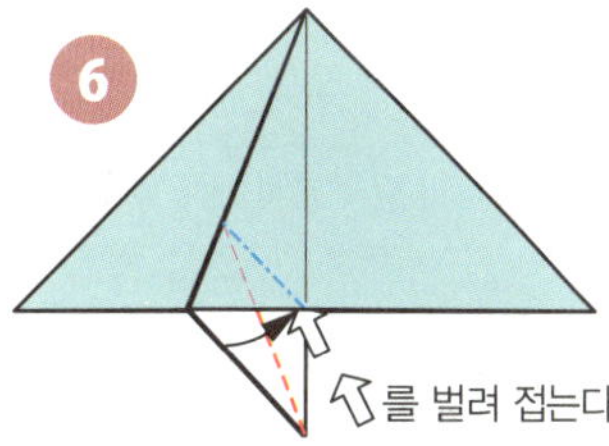

⇧를 벌려 접는다.

7

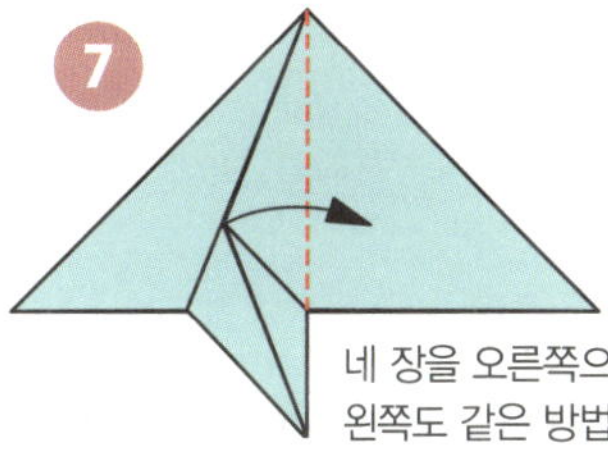

네 장을 오른쪽으로 넘기고
왼쪽도 같은 방법으로 접어
좌우 대칭이 되도록 한다.

8

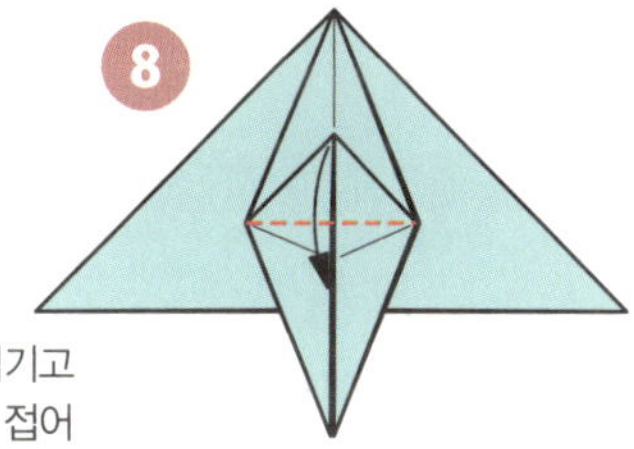

9

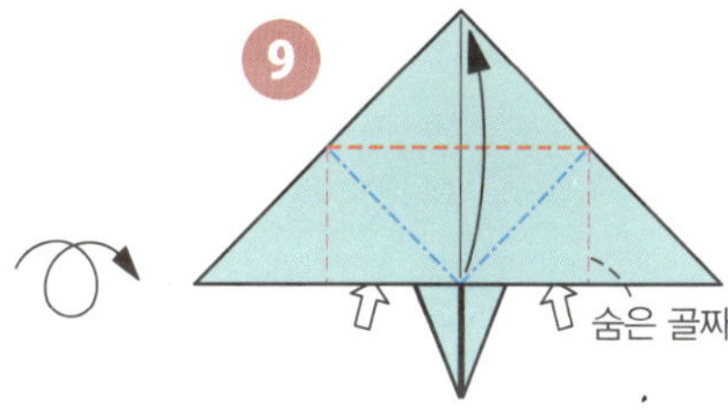

숨은 골짜기

10

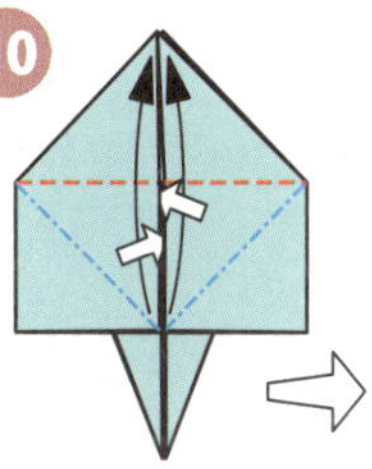

11

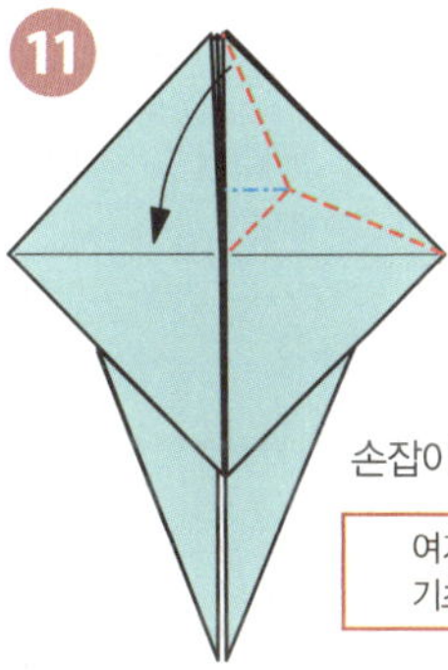

손잡이접기

여기까지
기초접기

12

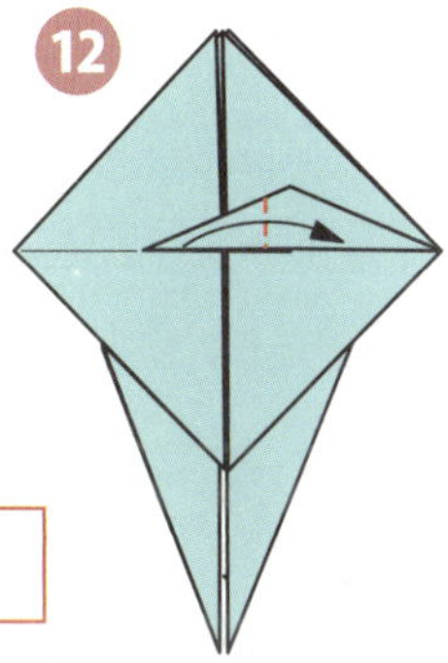

13

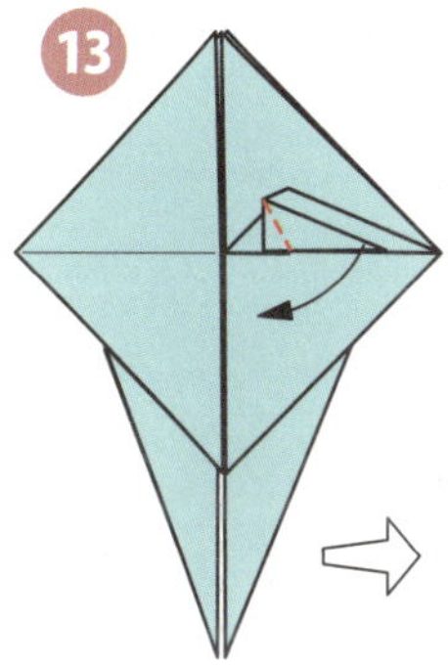

14

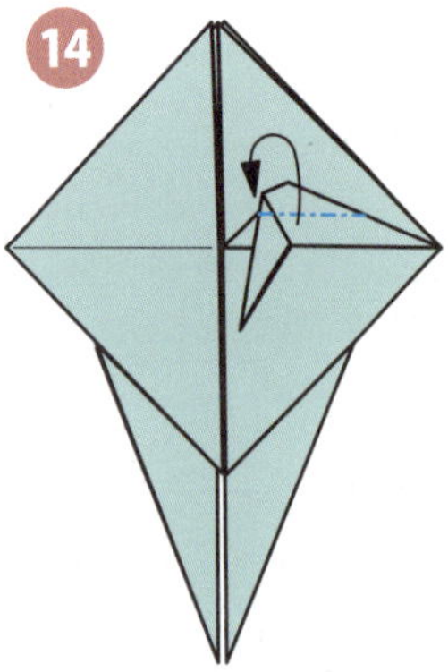

15

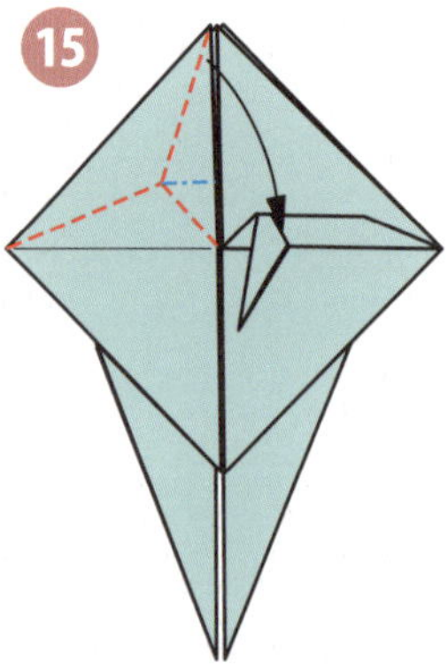

왼쪽도 순서 ⑪~⑭와
같은 방법으로 접는다.

16

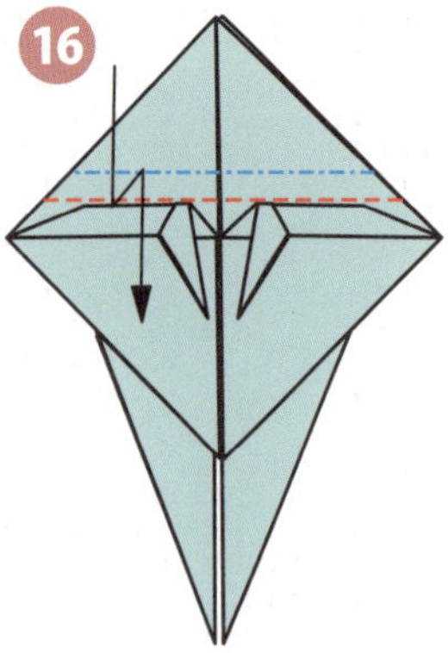

계단접기

17

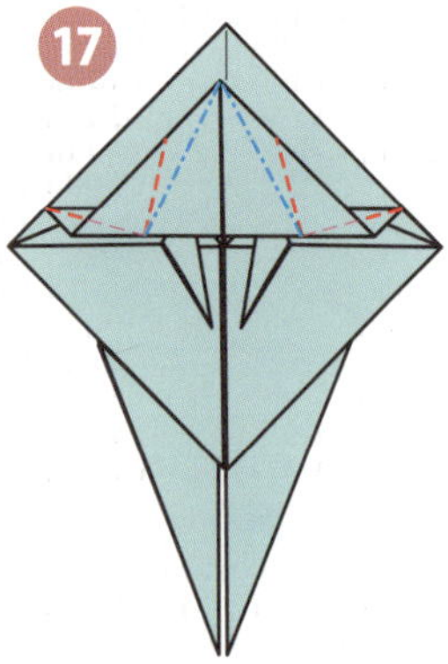

당겨접기

18

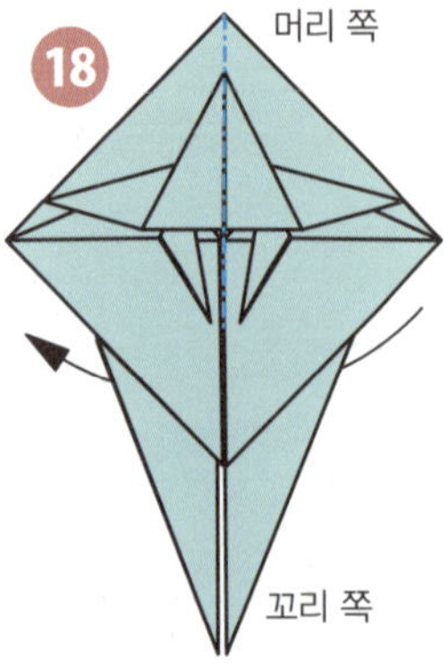

가운데의 중심선으로
반을 접고 방향을
바꾼다.

19

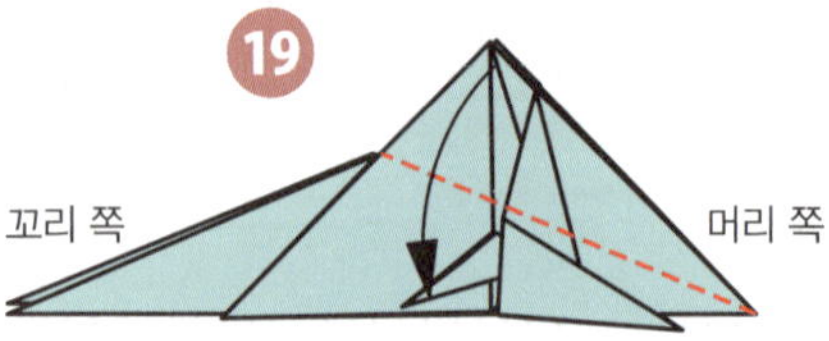

20

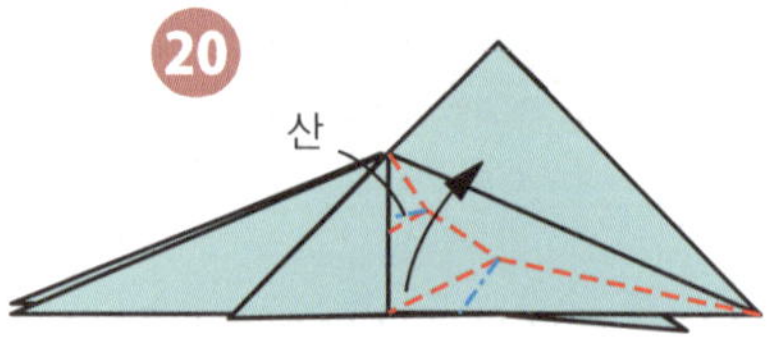

표시선을 잘 보고 접는다.

21

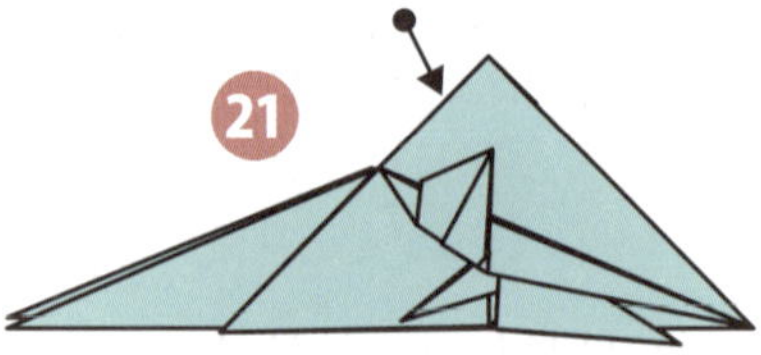

반대쪽도 순서 ⑲~⑳과
같은 방법으로 접는다.

22

순서 ⑧에서 내린
△을 안쪽으로 접는다.

23

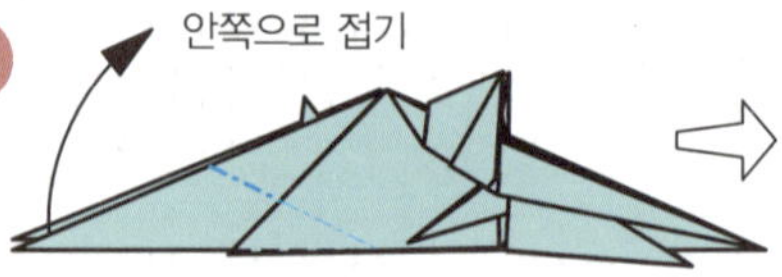

풀먹이기 시작
(보이는 뒷면 이외의
면에 풀먹이기)

24

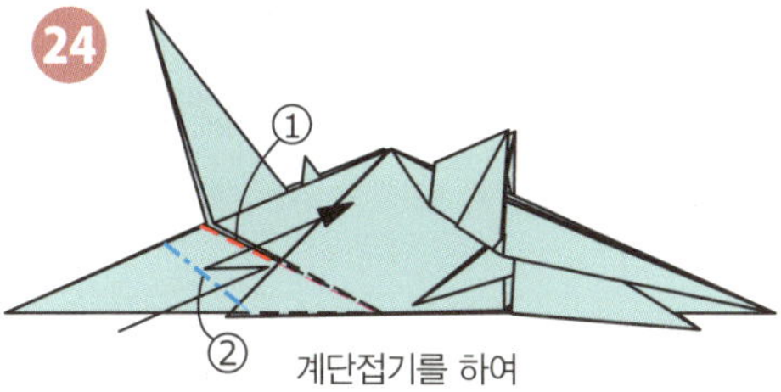

계단접기를 하여
위꼬리지느러미의 안쪽에 넣는다.

25

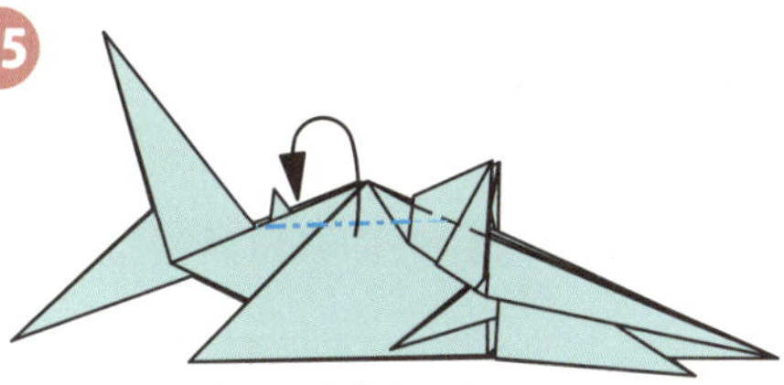

안으로 산접기를 하고
반대쪽도 같은 방법으로 접는다.

26

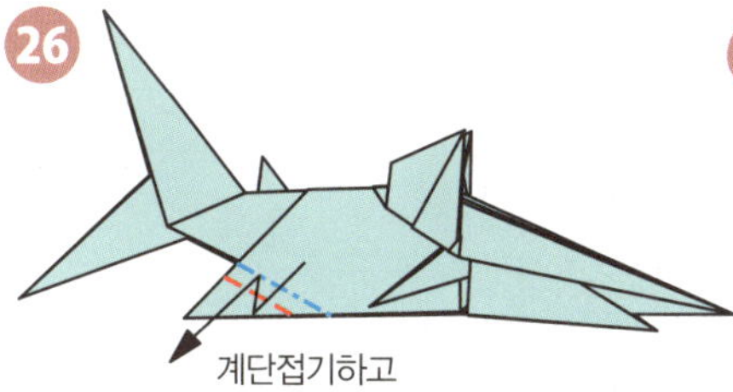

계단접기하고
반대쪽도 같은 방법으로 접는다.

27

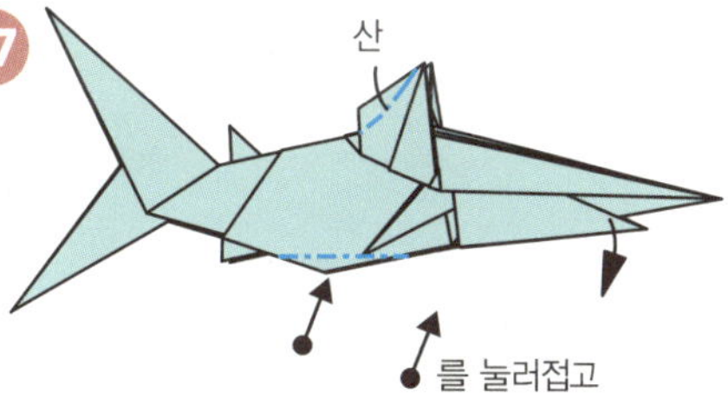

● 를 눌러접고
입을 벌린다.

28

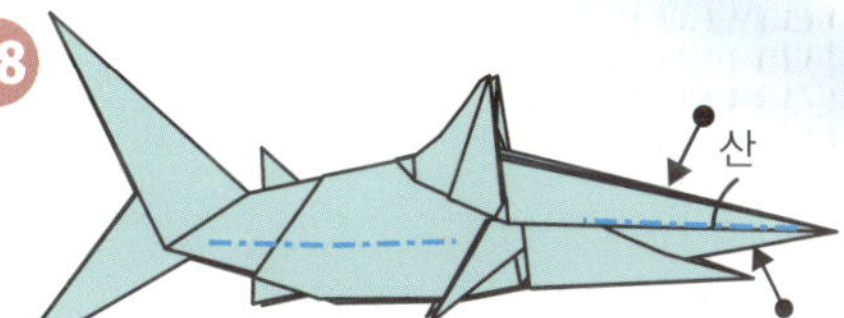

● 와 ● 를 누르면서 산접기한다.
몸통에도 산접기선을 만들어
입체적으로 만든다.

29

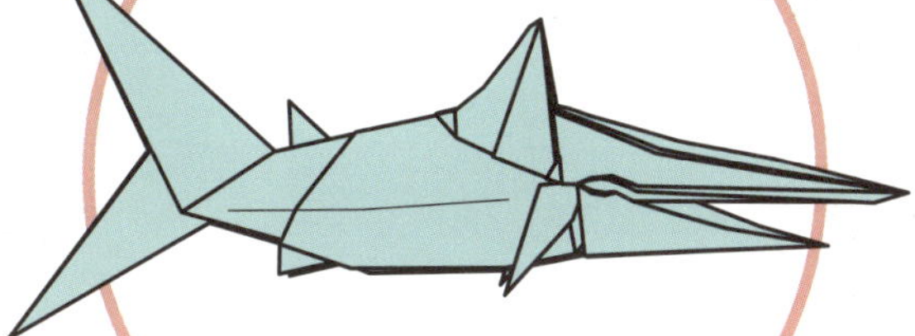

모양을 정리하여 완성한다.

바다어류

해마

▶ 난이도 ★★★☆☆

★ 사용한 종이

22cm×22cm 1장

POINT

등지느러미가 되는 부분을 미리 접어 둔다(준비접기). 접는 방법은 앞서 출간된 『놀라운 리얼 종이접기』에 수록된 도미(68쪽)와 같다. 순서 ❾에서 등지느러미가 완성되면 그 후의 과정에서 주름 부분이 어긋나지 않도록 하기 위해 주름의 앞뒤 양면에 풀먹이기를 해두는 것이 좋다. 다만 순서 ㉒에서 등지느러미 부분에 더 작은 주름을 접어야 하므로 등지느러미 뒷면은 풀먹이기를 하지 않는다.

순서 ⑱의 접는 방법은 그다지 눈에 띄지 않을지 모르지만, 먼저 손톱으로 화살표 부분을 밀어넣고 나서 긴 산접기선과 골짜기접기선을 만들면 된다(뒤쪽도 같은 방법으로 접는다). 이 과정을 연속해서 하면 꼬리에 완만한 곡선이 만들어지고 등에 톱니 모양이 만들어진다. 이 과정에서 생기는 작은 주름 속 뒷면을 공들여서 풀먹이기를 해가면 실감나는 모양으로 완성된다. 마무리 단계에서는 등 안쪽을 지느러미 모양으로 만드는 동시에 몸통을 부풀려 입체적으로 완성한다.

1

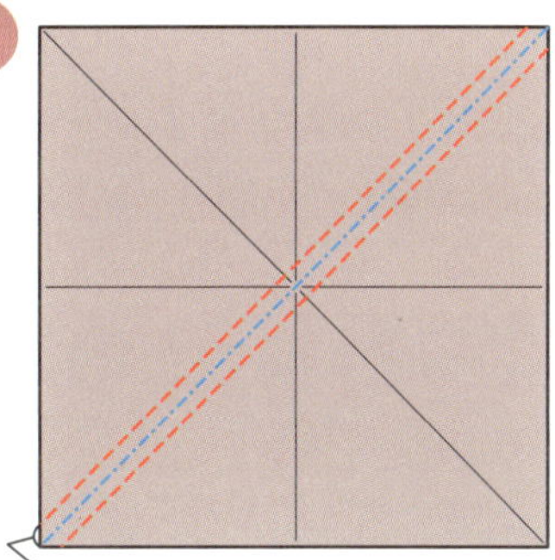

한 변의
약 24분의 1

골짜기접기선과
산접기선으로
보조선을 만든다.

2

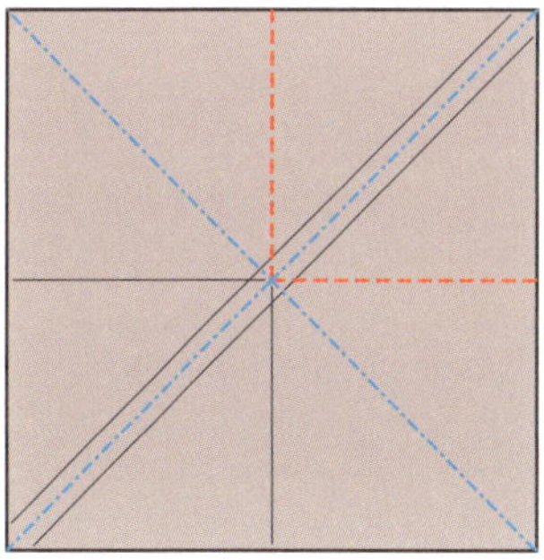

3

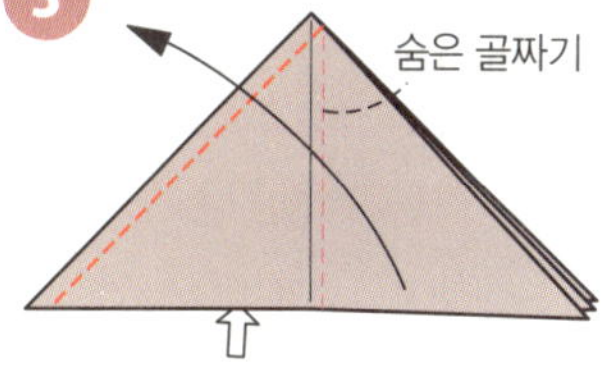

⇧를 벌려
가운데 종이를 펴면서
화살표 방향으로 넘긴다.

4

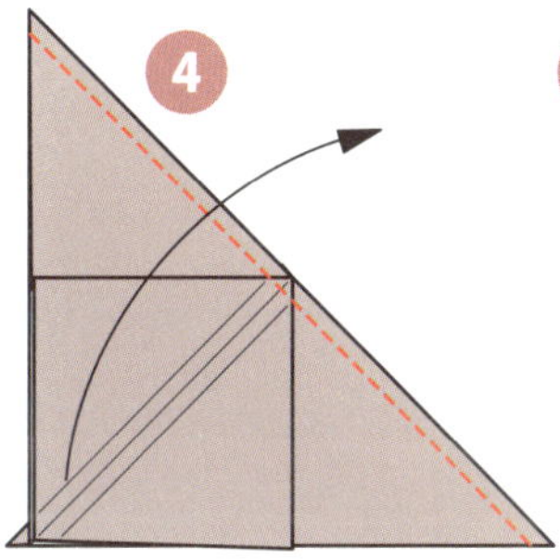

5

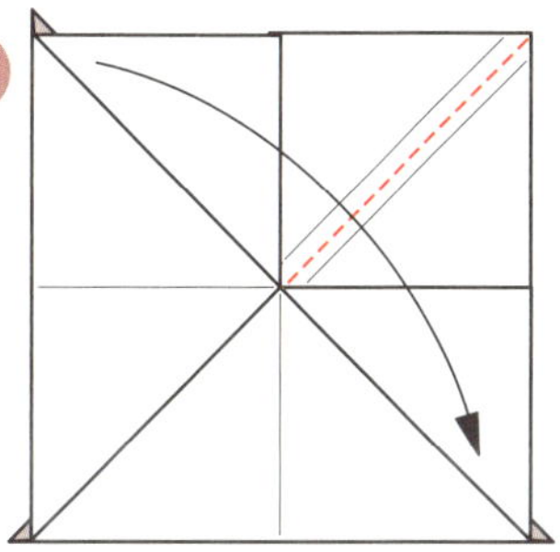

6

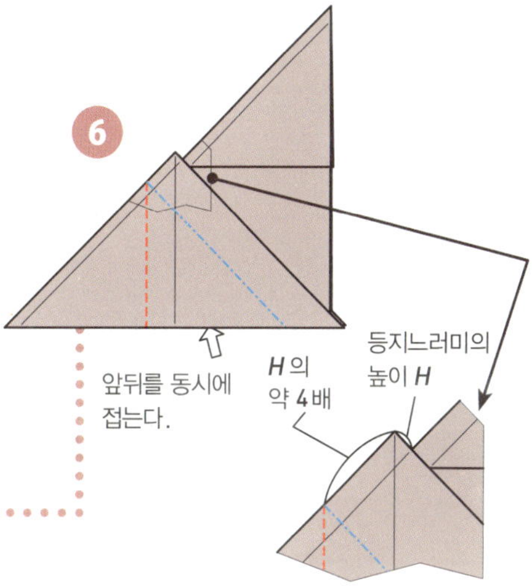

앞뒤를 동시에
접는다.

6-1

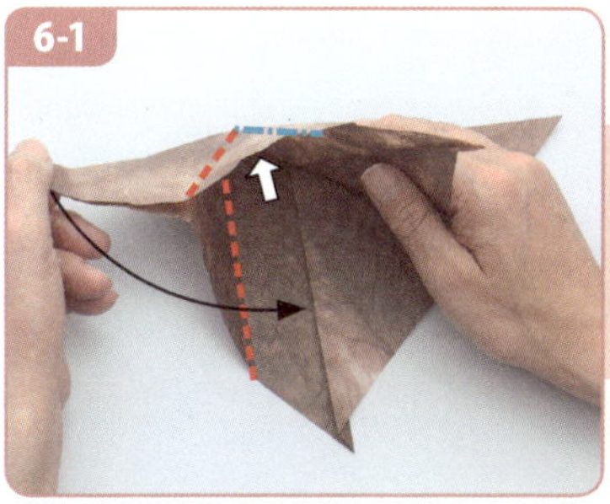

⇧를 벌려 접는 모습

6-2

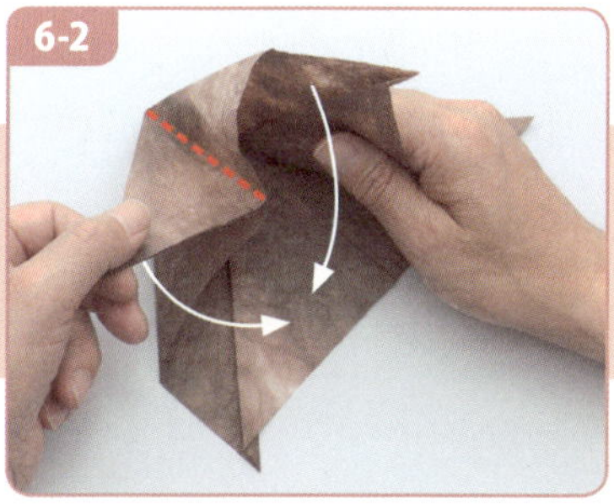

골짜기접기선으로 화살표 방향으로
넘겨 접는다.

6-3

접은 모습

7

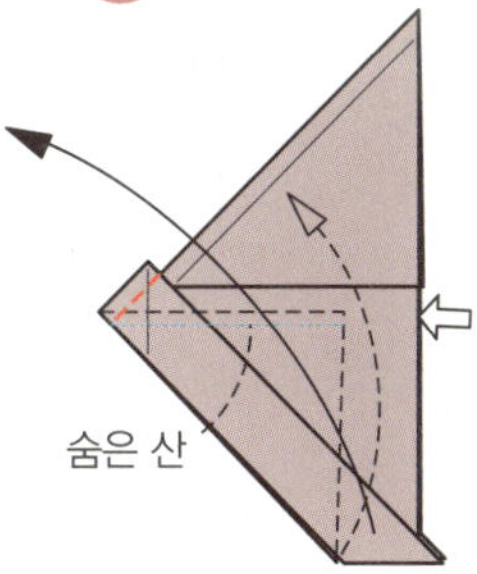

순서 ❸과 같이
⇦를 벌려 가운데 종이를 펴면서
화살표 방향으로 넘긴다.

8

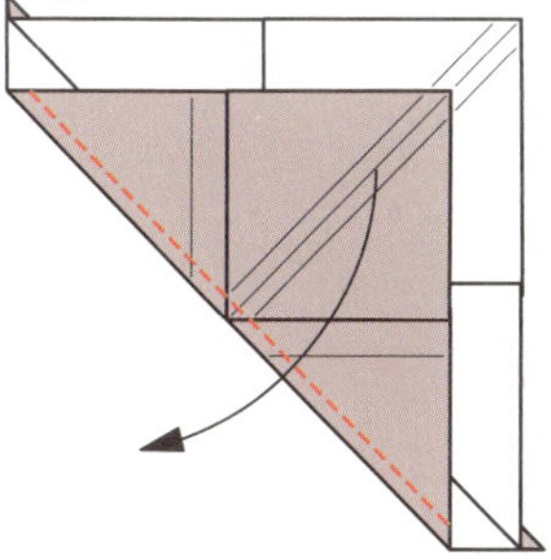

9

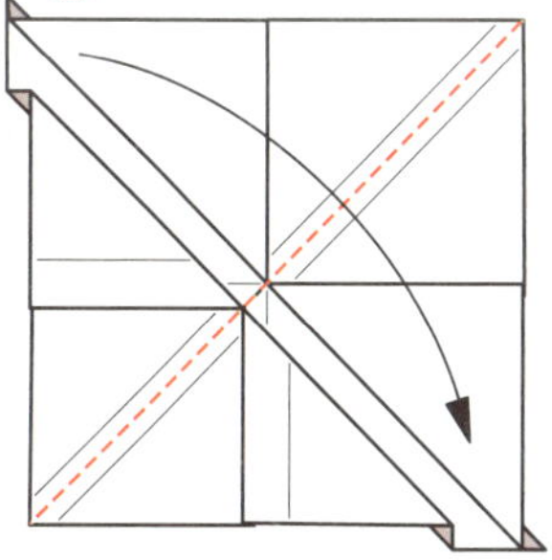

풀먹이기 시작
(등지느러미의 뒤쪽은
제외하고 주름 모양의
앞뒤에 풀먹이기)

10

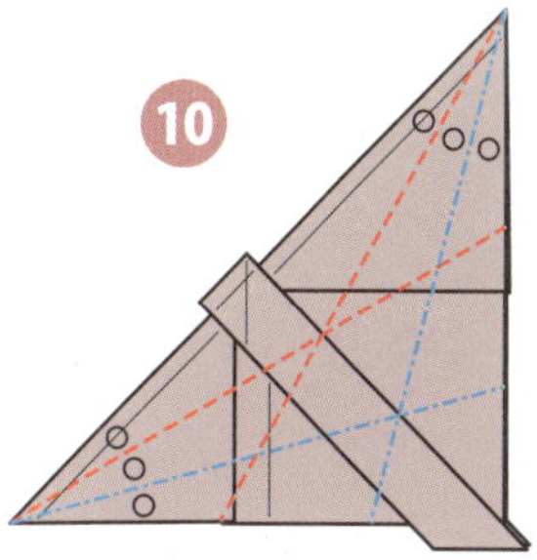

골짜기접기선과 산접기선으로
보조선을 만든다.
뒤쪽도 같은 방법으로 접는다.

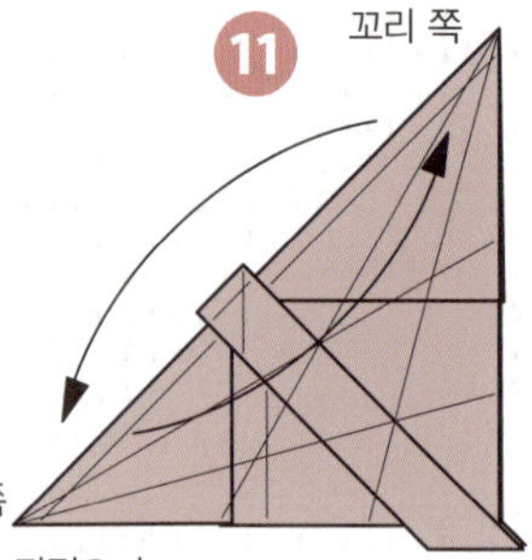

뒤집으며
방향을 바꾼다.

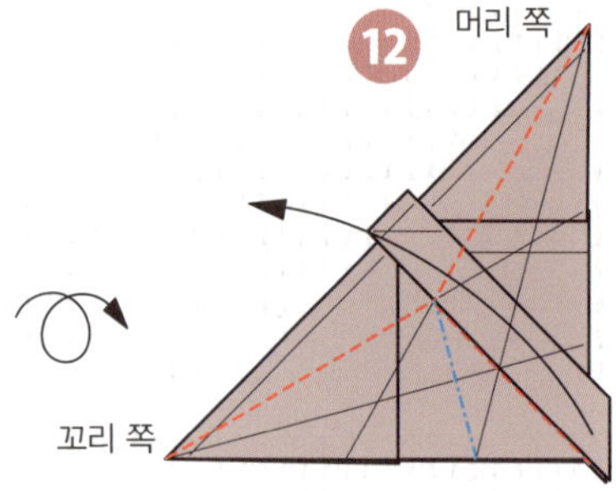

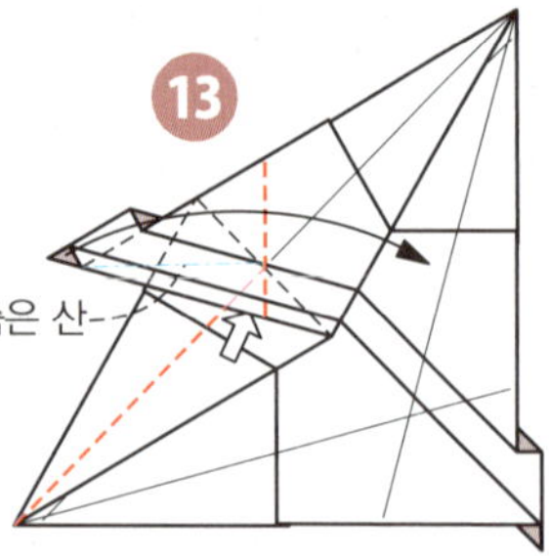

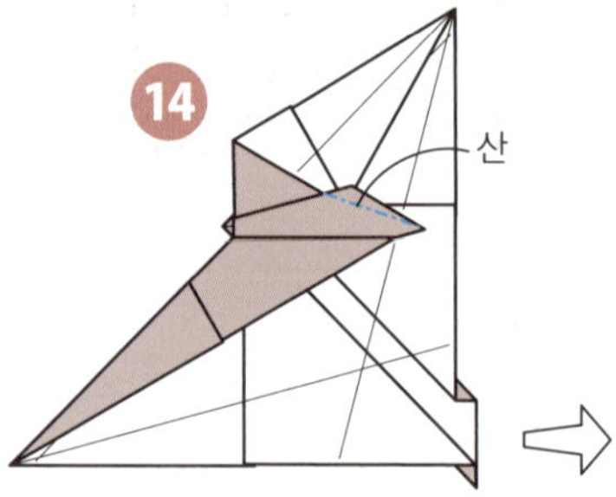

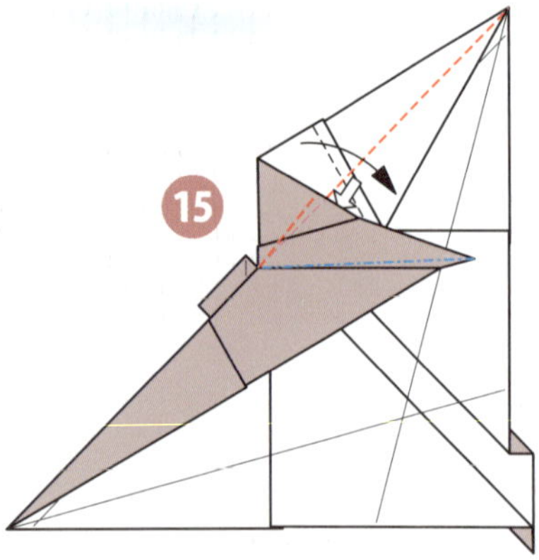

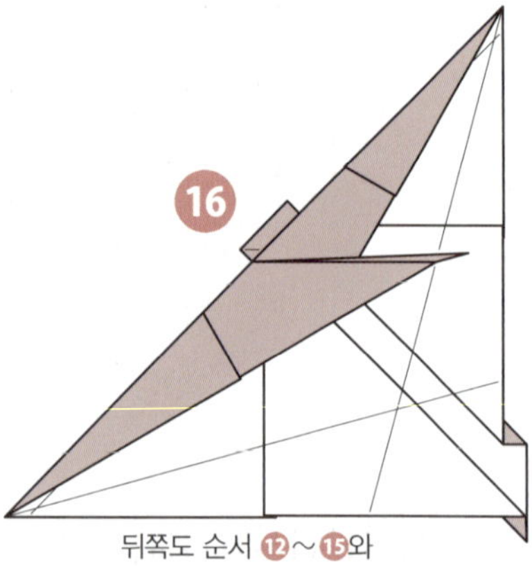

뒤쪽도 순서 ⑫~⑮와
같은 방법으로 접고 방향을 바꾼다.

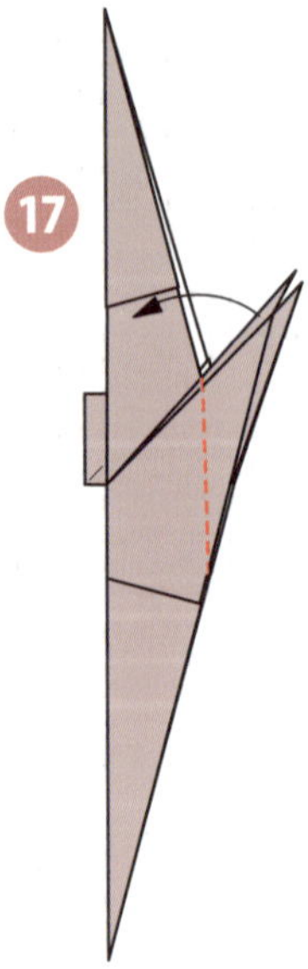

골짜기접기를 하고
뒤쪽도
같은 방법으로 접는다.

여기까지
기초접기

풀먹이기 시작
(두 번째. 보이는 뒷면
이외의 면에 풀먹이기)

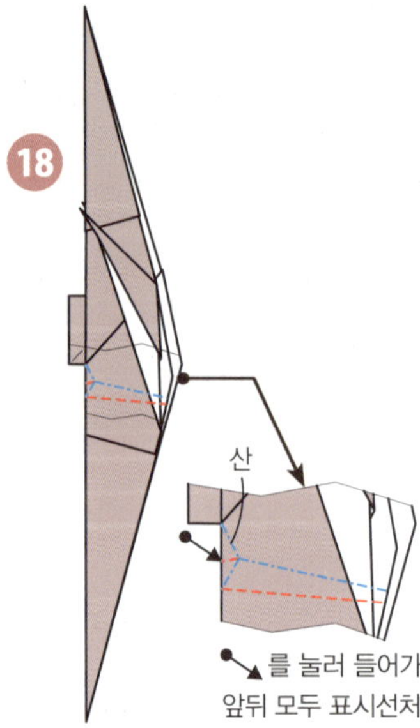

를 눌러 들어가게 하면서
앞뒤 모두 표시선처럼 접는다.

★★★☆☆

19

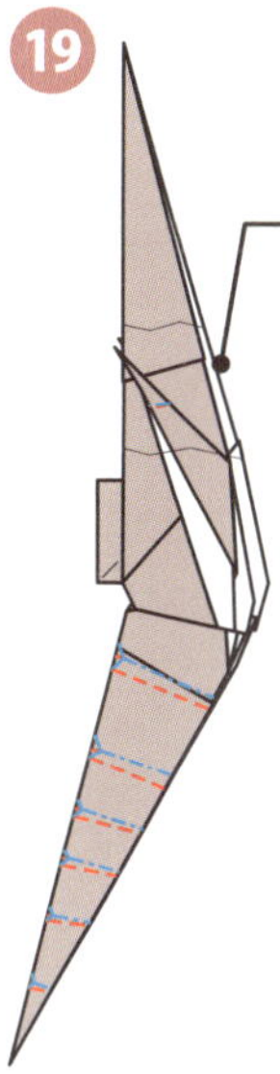

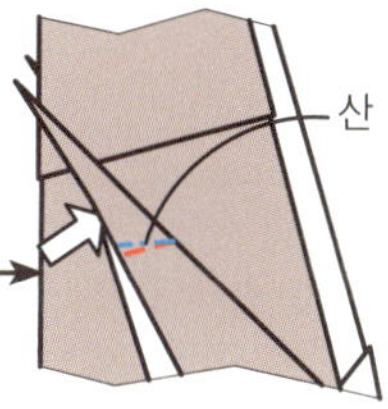

반대쪽도 같은 방법으로 접는다.
순서 18과 같은 방법으로
나머지 여섯 곳도 마디를 접고
곡선이 생기도록 꼬리 끝을
안쪽으로 접는다.

20

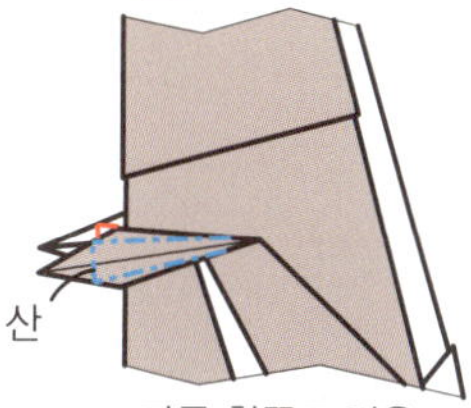

다른 한쪽도 같은
방법으로 접는다.

21

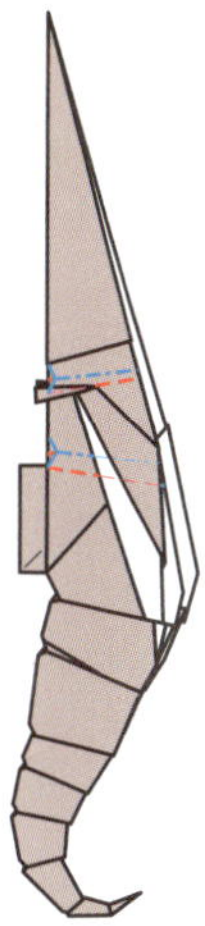

순서 18과 같은
방법으로
마디를 두 개
만든다.

22

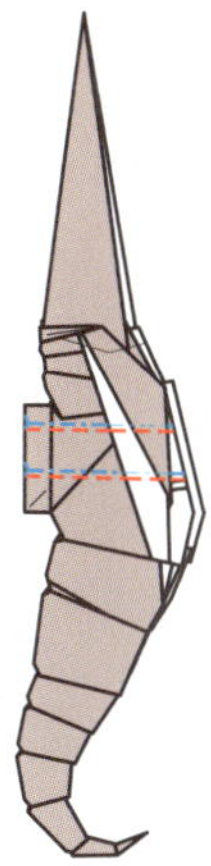

등지느러미 부분도
순서 18과
같은 방법으로
마디를 두 개
만든다.

23

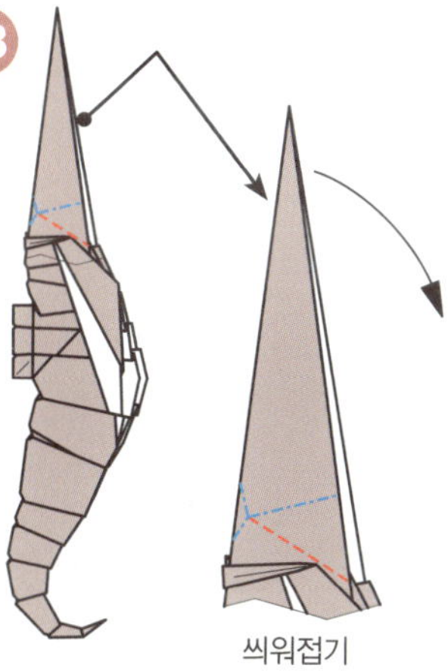

씌워접기

24

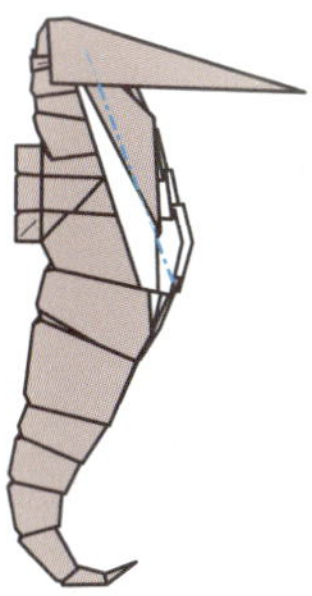

25

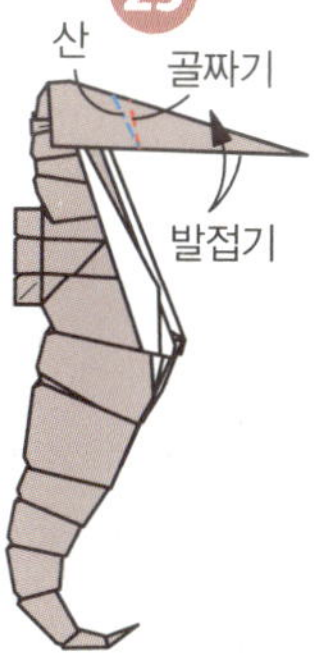

26

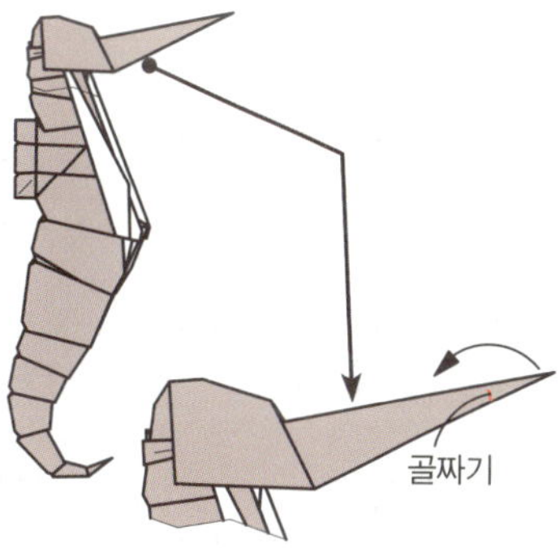

27

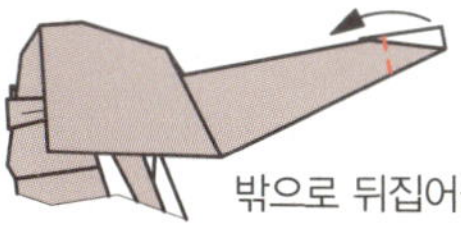

밖으로 뒤집어접기

28

누른다.

29

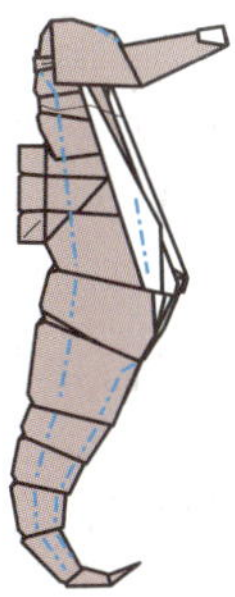

몸통을 부풀려
입체적으로 만든다.

30

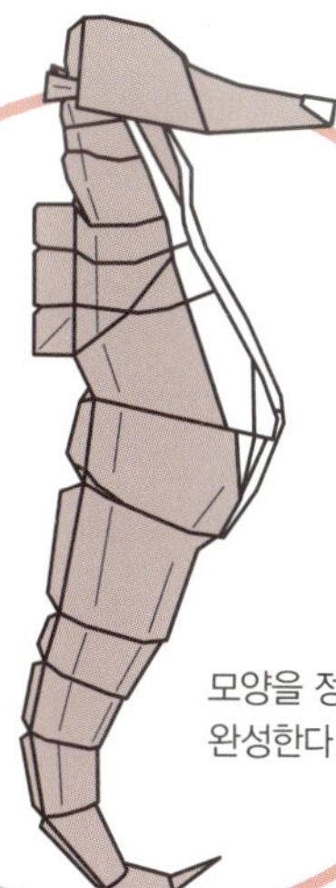

모양을 정리하여
완성한다.

REAL ORIGAMI

강의 생물

금붕어

▶ 난이도 ★★☆☆☆

★ 사용한 종이

24cm×24cm 1장

POINT

유금붕어(머리는 작고 입 끝이 뾰족하며 통통한 배와 긴 지느러미가 특징이며 몸통은 붉은색, 흰색 또는 두 색깔이 섞여 있다)를 떠올리며 만든 금붕어인데, 이 작품도 상어(50쪽)처럼 등이 열려 있다. 순서 ⑭는 커다란 꼬리를 만들기 위한 과정이다. 그리 어렵지는 않지만 접어 나가는 도중에 입체가 되기 때문에 사진 설명을 덧붙여 두었다. 순서 ㉒에서 꼬리를 벌릴 때 그림에 표시한 것처럼 몸통의 등 쪽에 골짜기접기선을 넣으면 몸통과 꼬리 사이에 잘록한 부분이 강조되어 모양이 나아진다.

마무리 단계에서 몸통 속에 적당한 양의 티슈를 동글게 뭉쳐 넣거나 화학솜을 넣어 불룩하게 만들면 좀 더 금붕어다워진다. 이때 안에 넣은 충전물이 보이지 않도록 등 부분에 풀먹이기를 한다. 충전물은 본래 각 부분에 충분히 풀먹이기를 하여 완전히 마른 다음 모양이 잡히고 나서 넣도록 한다. 풀이 미처 마르기 전에 충전물을 채워 넣으면 머릿속에 그린 완성 모양과 다를 수 있다.

★★☆☆☆

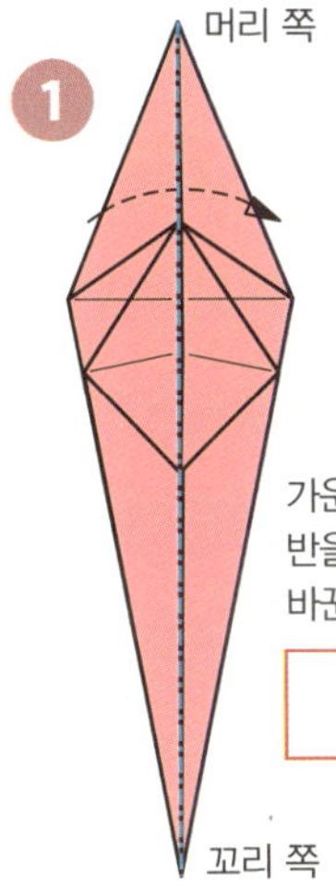

가운데의 중심선으로 반을 접고 방향을 바꾼다.

여기까지 기초접기

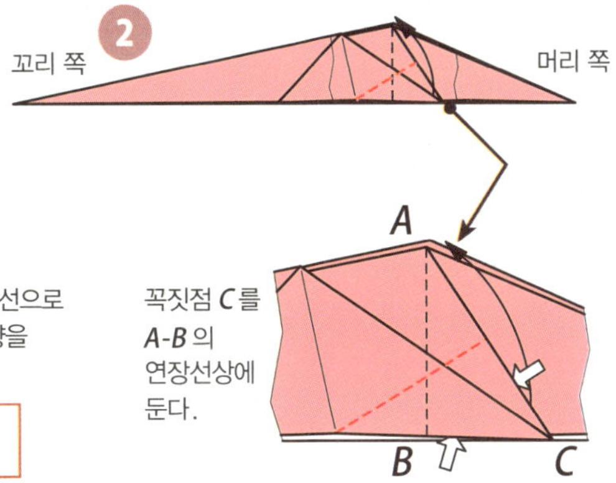

꼭짓점 *C*를 *A-B*의 연장선상에 둔다.

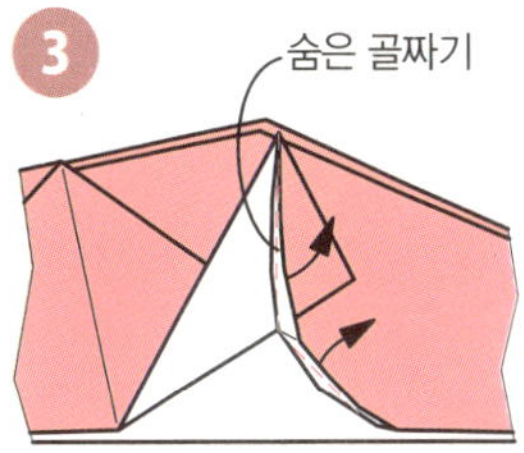

(과정 그림)

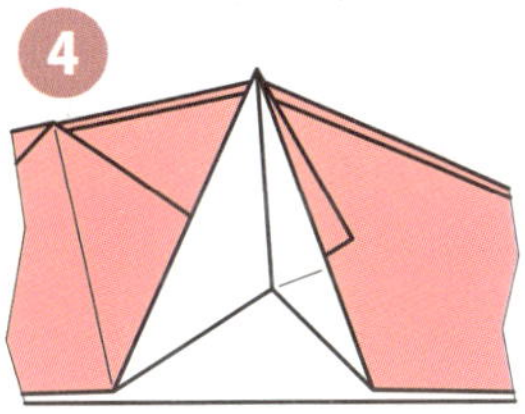

뒤쪽도 순서 ❷~❸과 같은 방법으로 접는다.

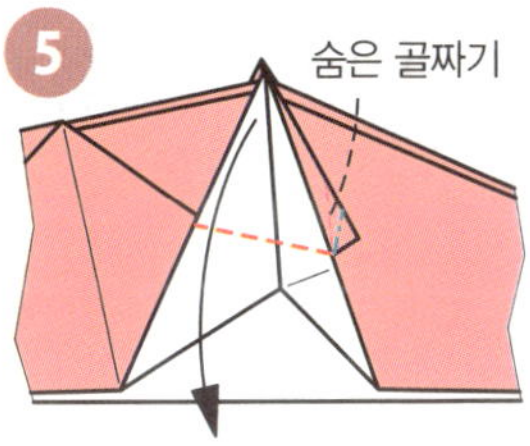

뒤쪽도 같은 방법으로 접는다.

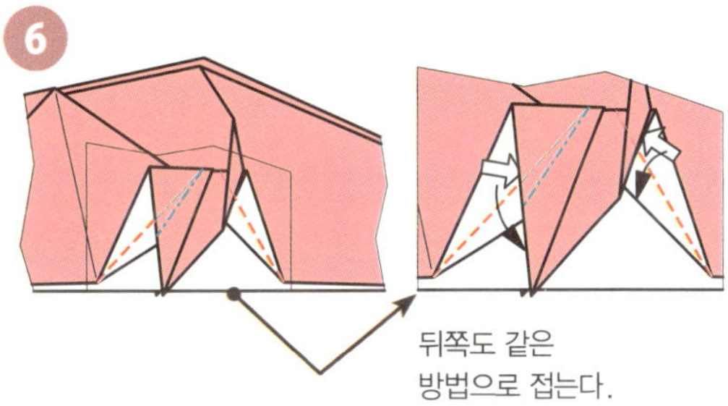

뒤쪽도 같은 방법으로 접는다.

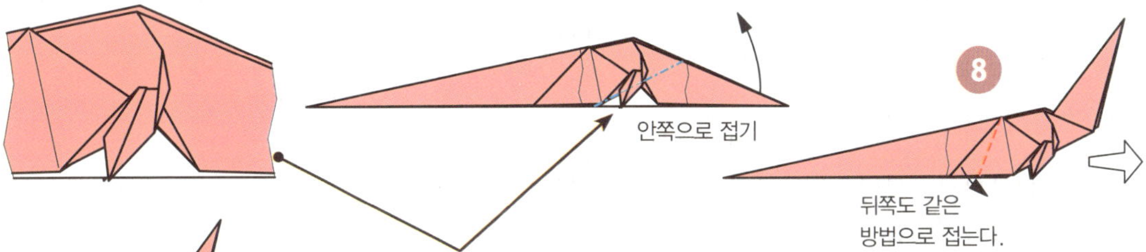

뒤쪽도 같은 방법으로 접는다.

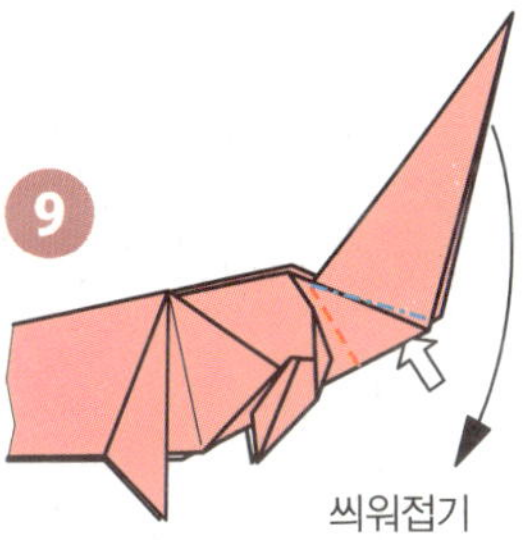

씌워접기

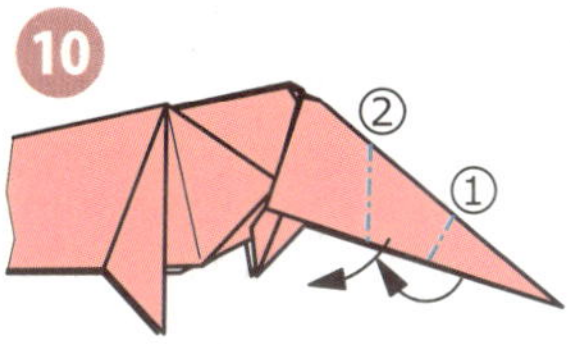

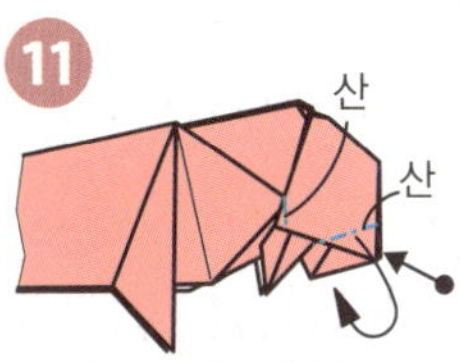

를 안으로 산접기하고 뒤쪽도 같은 방법으로 접는다.

12

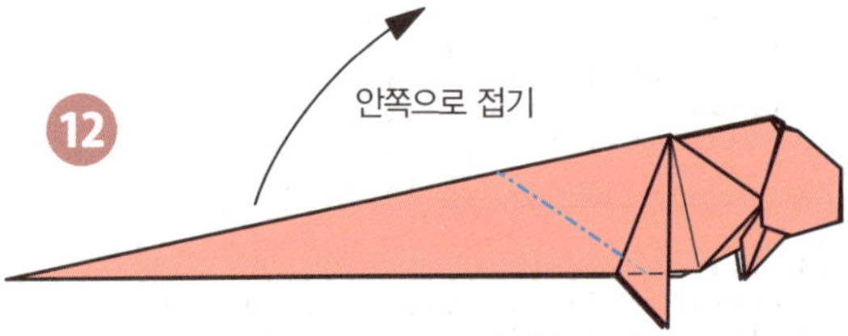

13

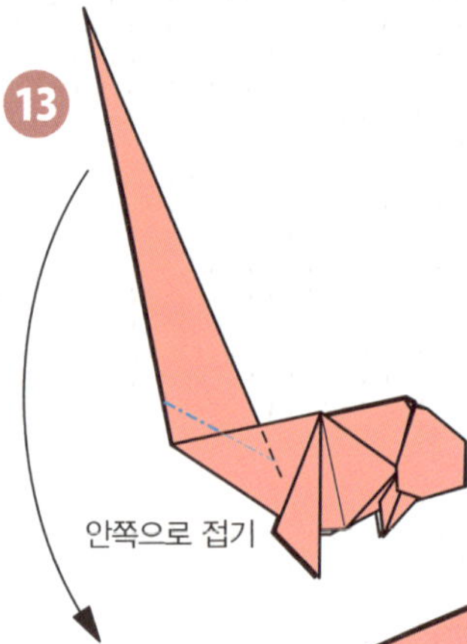

14

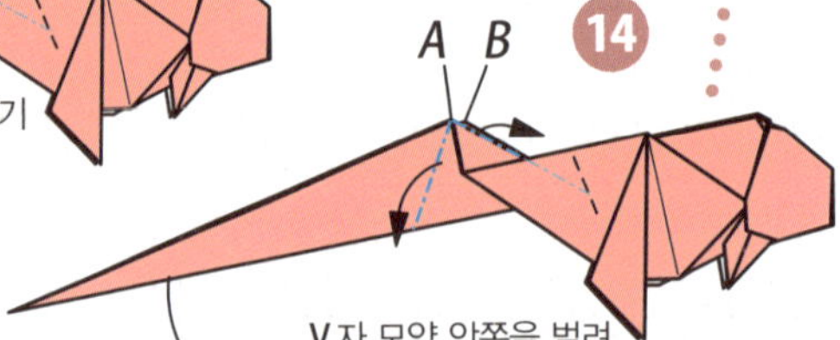

V자 모양 안쪽을 벌려
A-*B*를 좌우로 펴면서
산접기선을 만든다.

14-1

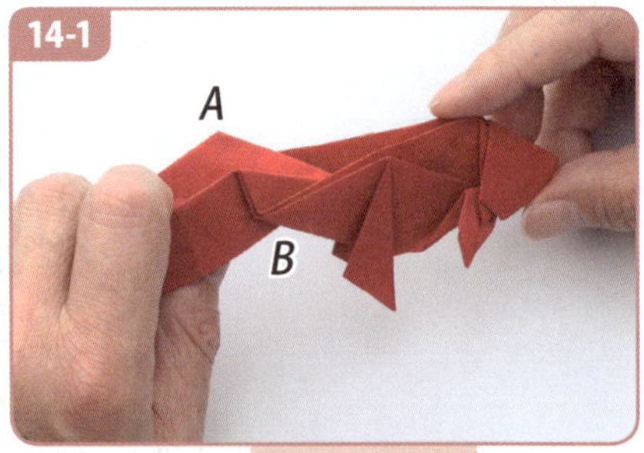

아래에서 손가락을 넣는다.

14-2

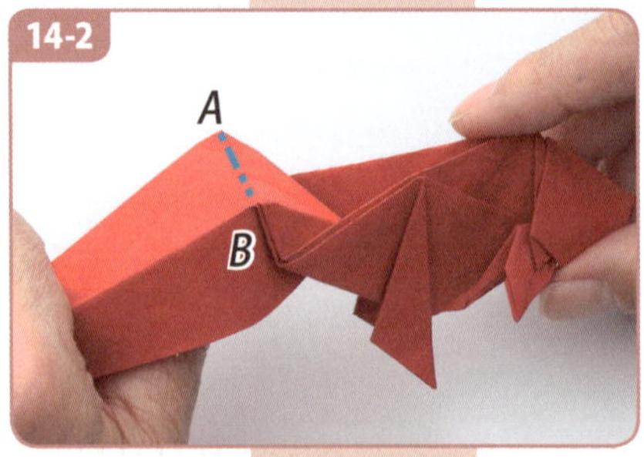

A-*B*에 산접기선을 만든다.

14-3

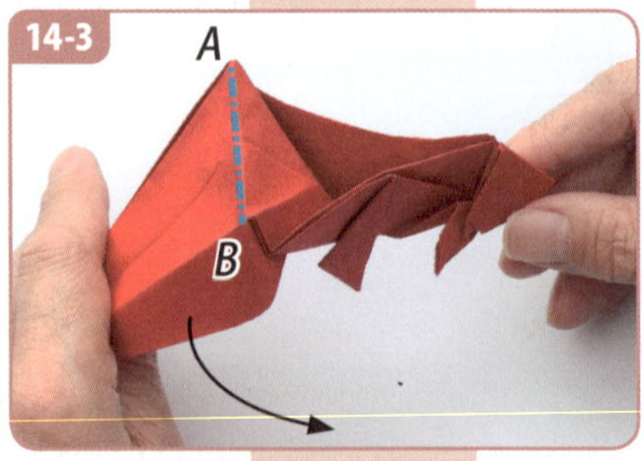

꼬리 끝을 내린다.

14-4

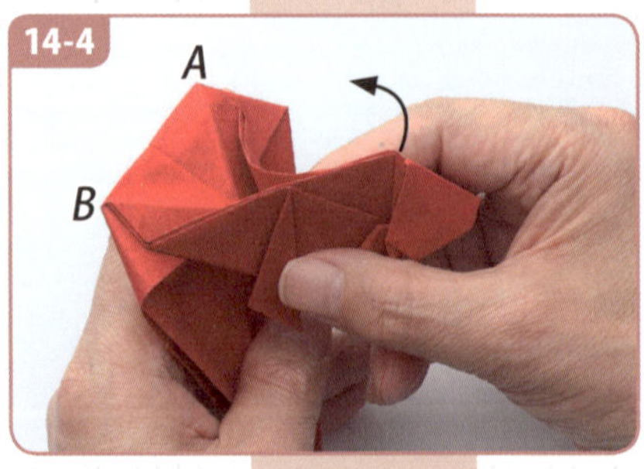

접는다.

14-5

접은 모습

15

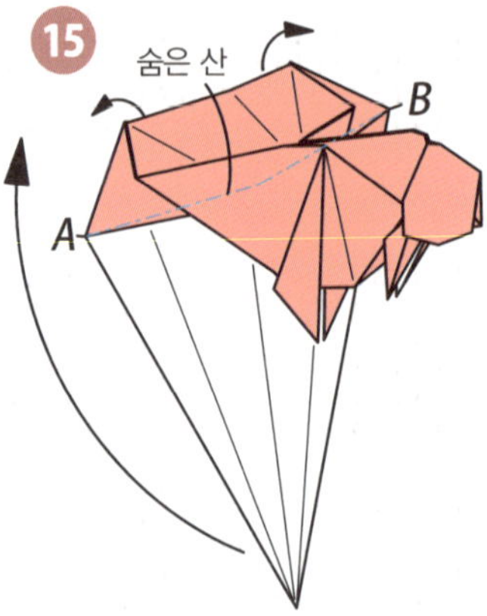

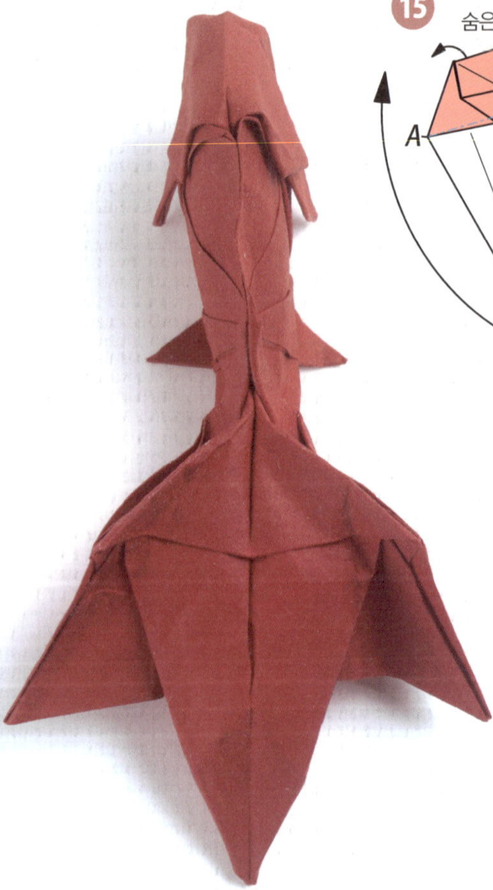

16

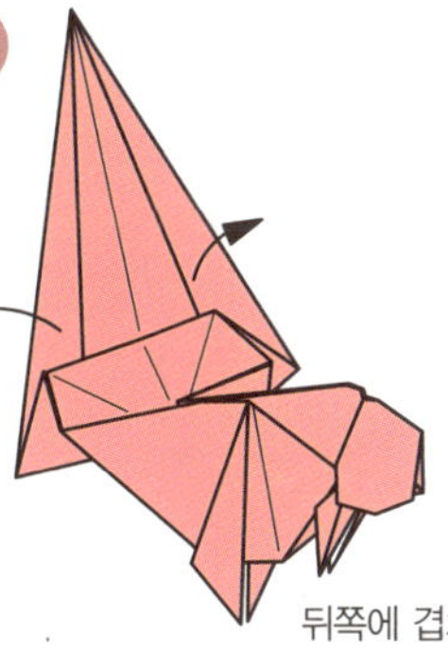

뒤쪽에 겹쳐져 있는
한 장을 펼친다.

17

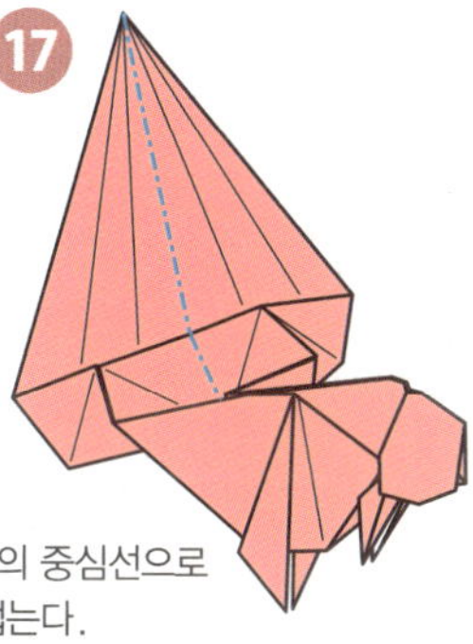

가운데의 중심선으로
반을 접는다.

풀먹이기 시작
(보이는 뒷면 이외의
면에 풀먹이기)

18

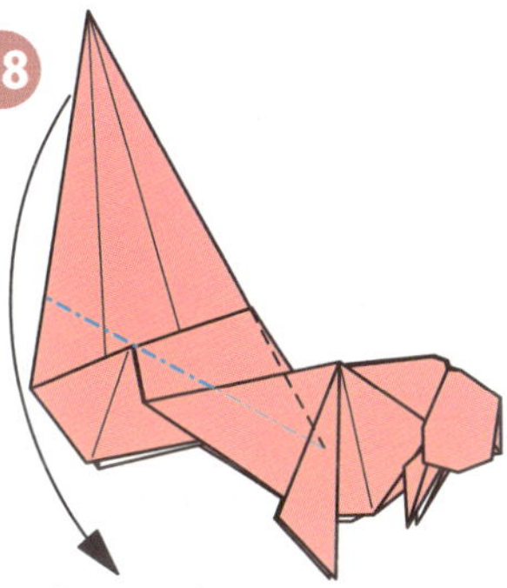

안쪽으로 접기

19

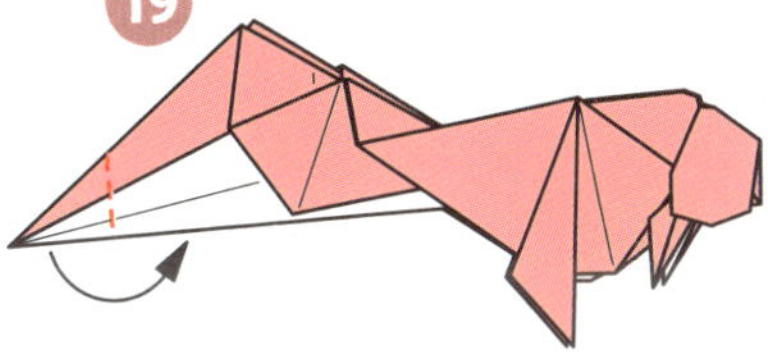

20

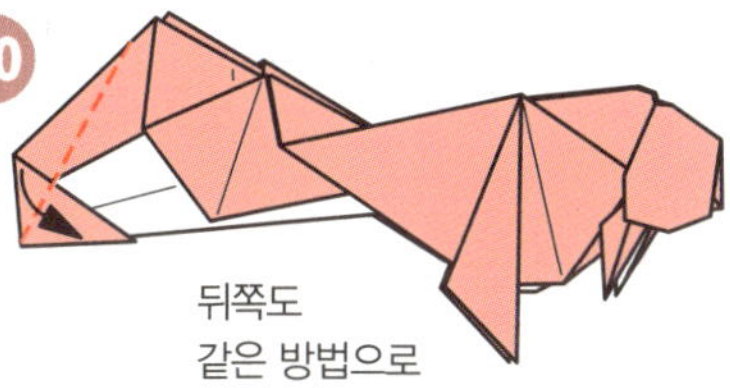

뒤쪽도
같은 방법으로
접는다.

21

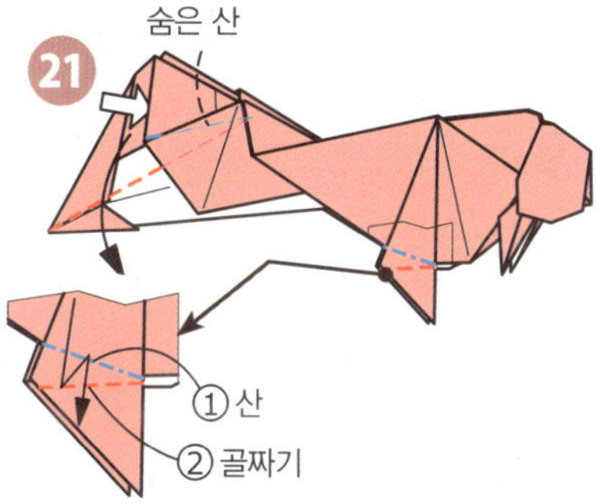

22

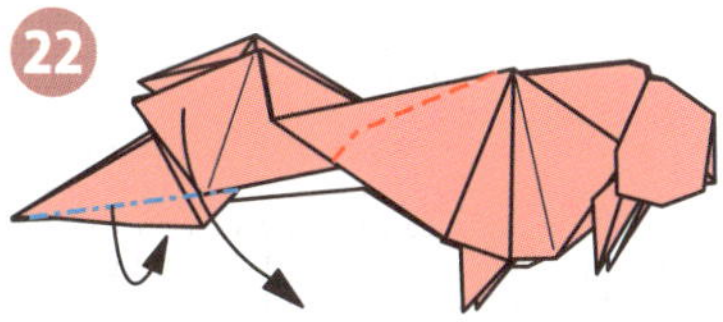

산접기선으로 접어넣은 다음
골짜기접기선을 만들어
꼬리를 펼친다.
뒤쪽도 같은 방법으로 접는다.

23

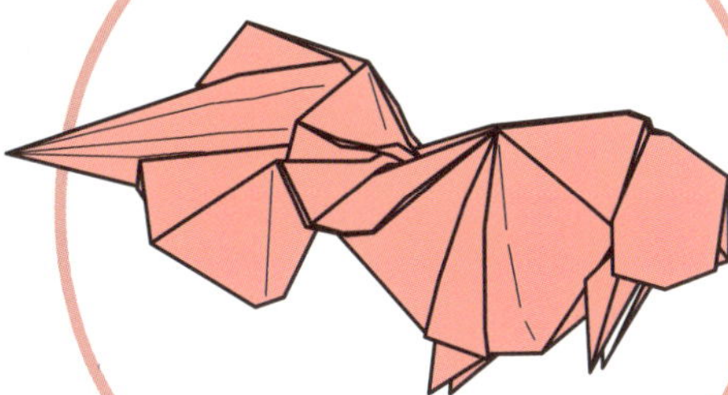

모양을 정리하여 완성한다.

REAL ORIGAMI

강의 생물

악어

▶난이도 ★★★★☆

★ 사용한 종이

30cm×30cm 1장

POINT

24등분 아코디언접기로 접는다. 먼저 용지의 반에 삼등분선을 만든다. 순서 ①~③에서는 가로 삼등분의 접는 방법을 설명하고 있지만, 눈대중으로 접어도 상관없다. 가로 · 세로 삼등분선을 골짜기접기선으로 만들고 다시 각각에 사등분 아코디언접기를 하여 24등분 아코디언접기를 완성한다. 아코디언접기의 방법은 순서 ⑰에서 사진으로 설명하고 있으므로 그것을 보면서 접어 나간다. 순서 ⑭와 ⑮에서 계단접기의 위치를 잘못 잡으면 제대로 접을 수 없게 되므로 주의해야 하지만, 전개도를 참고하여 산과 골짜기를 제대로 접어 나가면 어렵지 않게 할 수 있을 것이다. 이때에도 계단접기의 위치는 정확하게 잡도록 한다.

순서 ㉗은 몸통이 묵직해 보이도록 하기 위한 과정이다. 중심선에 가장 가까운 골짜기접기선 두 개를 어긋나게 하고 중심선에 가장 가까운 산접기선을 꺼낸다. 눈짐작으로 잘 조절하면 더욱 리얼해진다.

1

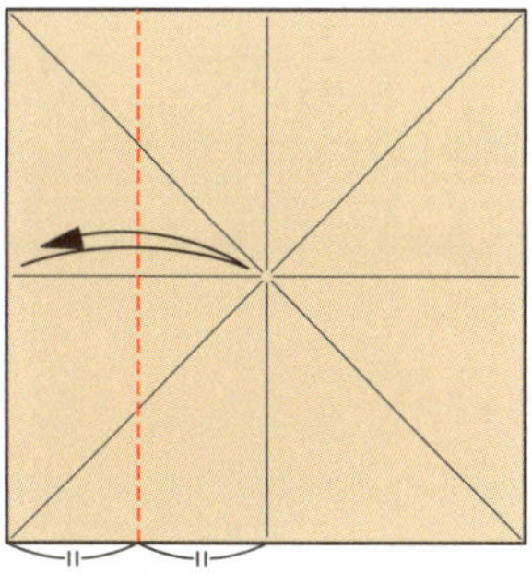

골짜기접기선으로
보조선을 만든다.

2

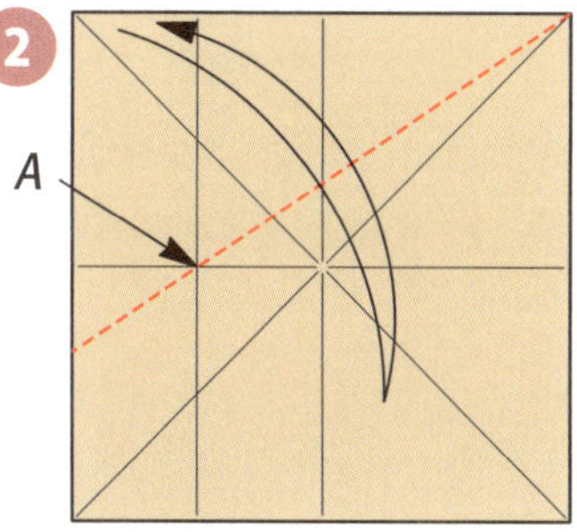

A를 통과하는 골짜기접기선으로
보조선을 만든다.

3

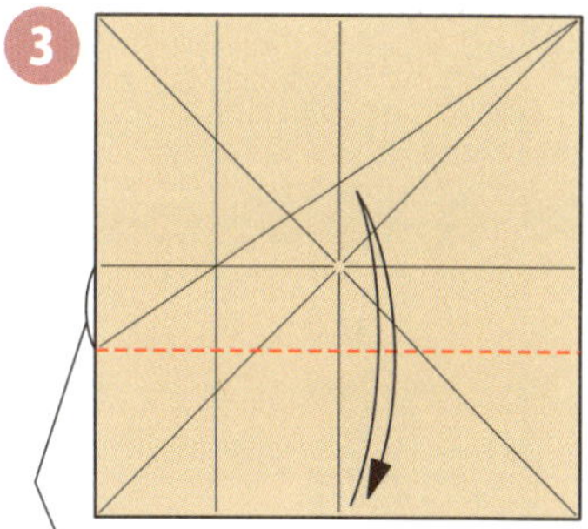

한 변의
6분의 1

골짜기접기선으로
보조선을 만든다.

4

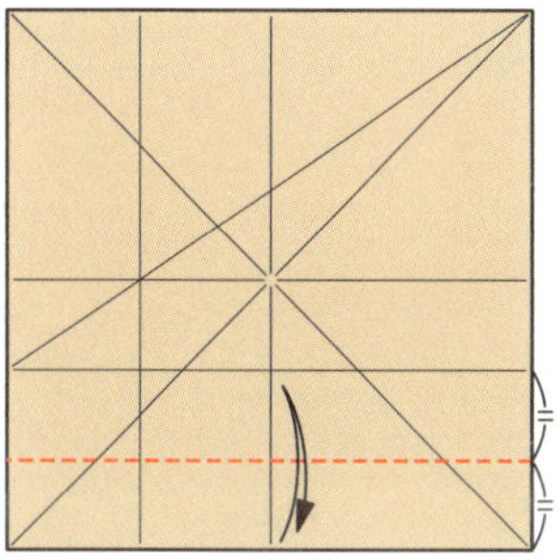

골짜기접기선으로
보조선을 만든다.

5

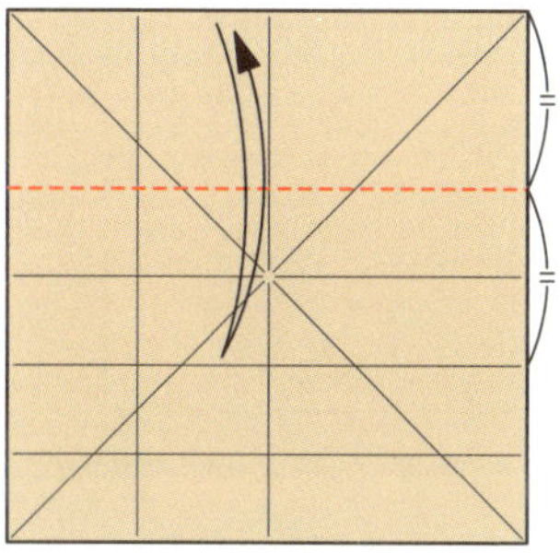

나머지 세 곳도 순서 3~4와
같은 방법으로 접는다.

6

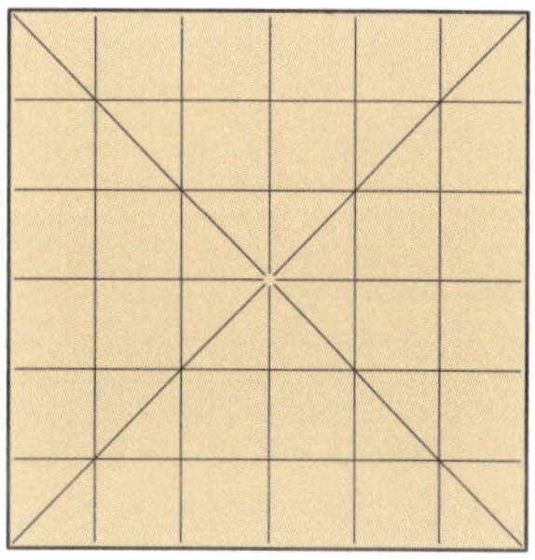

7

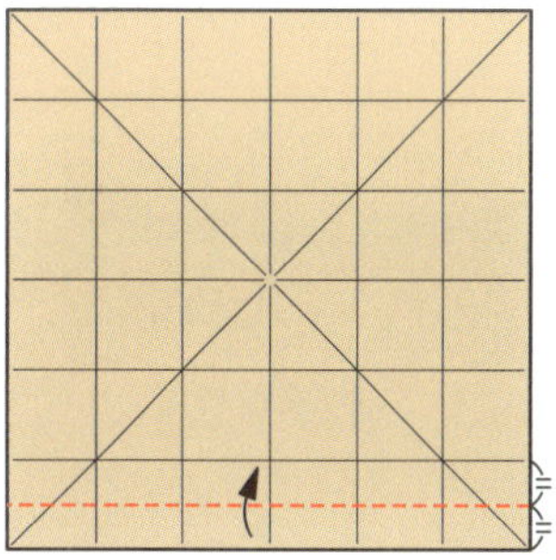

8

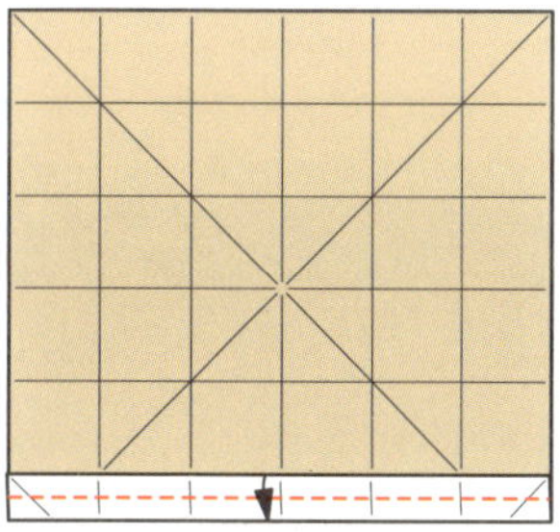

9

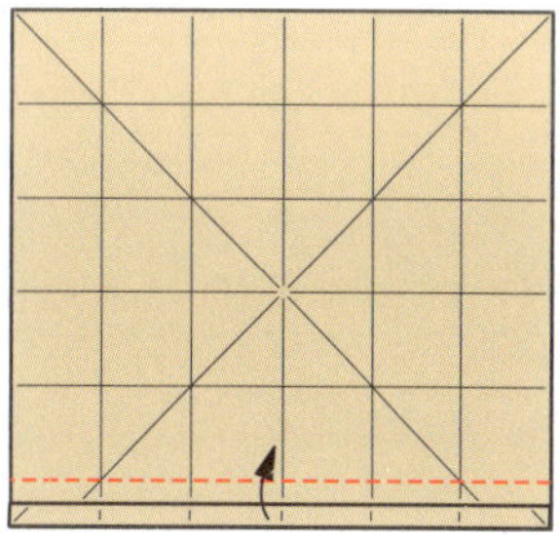

10

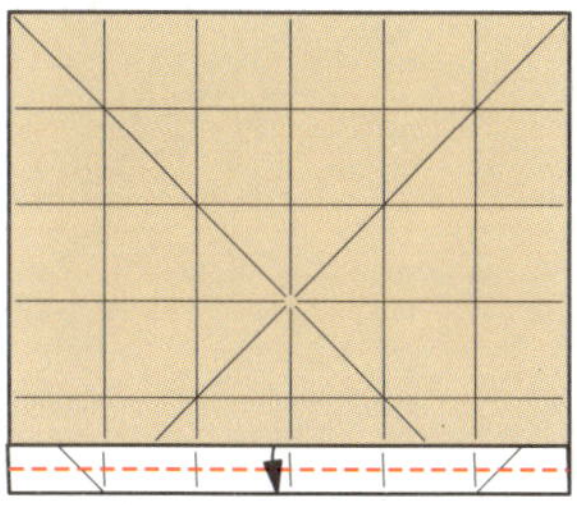

11

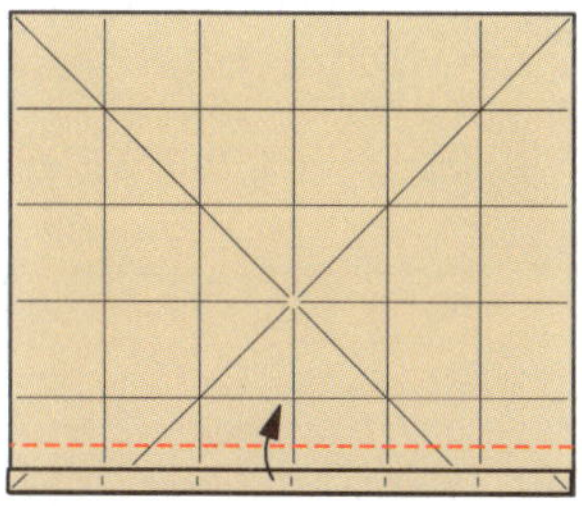

순서 7~10과 같은 방법으로
중심까지 접는다.

12

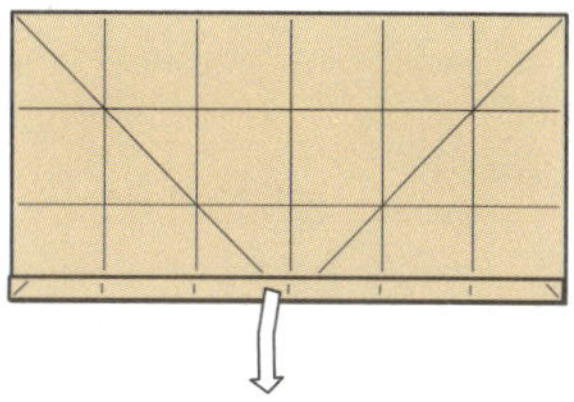

펼친다.

13

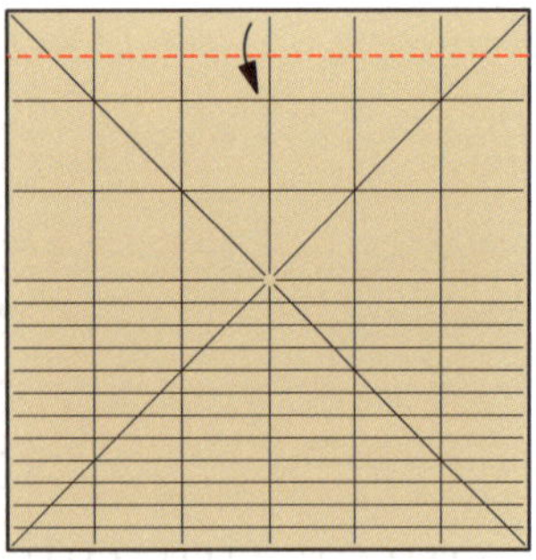

나머지 세 곳도 순서 ⑦~⑫와 같은 방법으로 접는다.

14

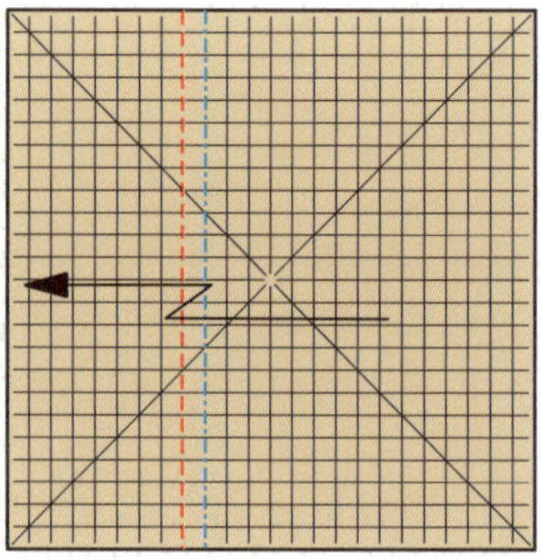

가운데에서 왼쪽으로 네 번째 골짜기와 왼쪽으로 세 번째 산으로 계단접기를 한다.

15

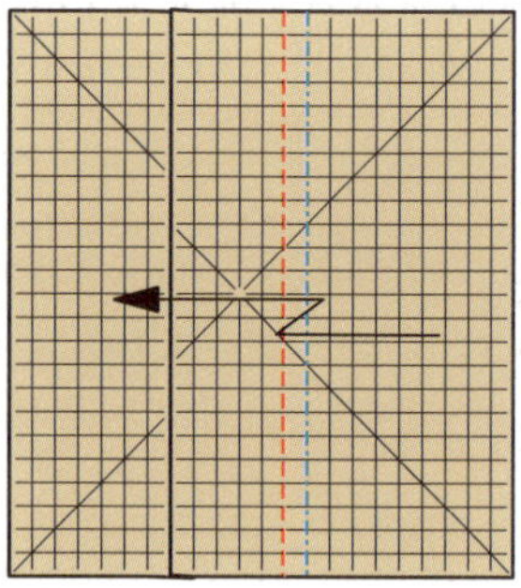

가운데에서 오른쪽으로 두 번째 골짜기와 오른쪽으로 세 번째 산으로 계단접기를 한다.

16

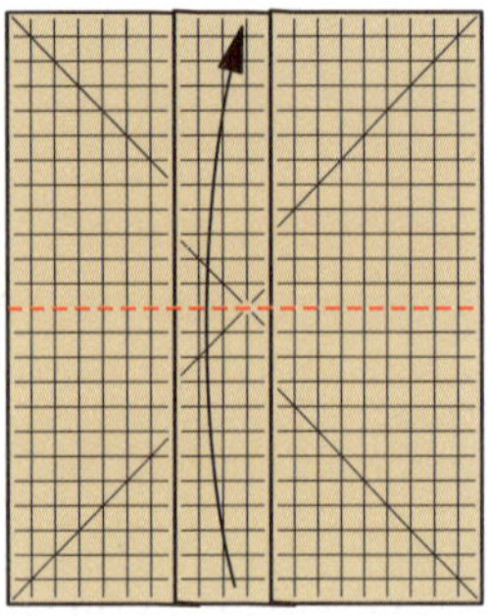

17

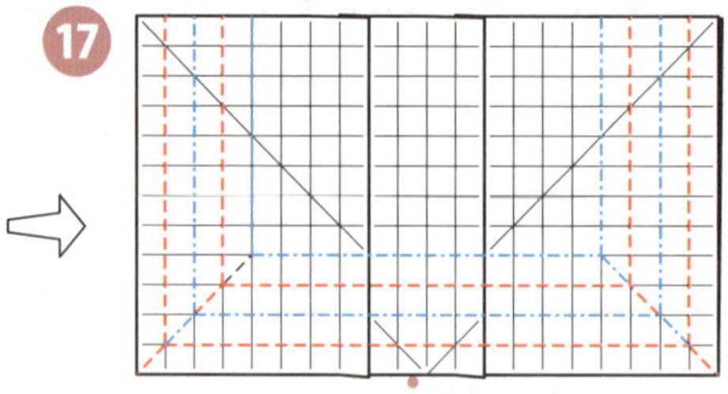

아코디언접기를 한다.

17-1

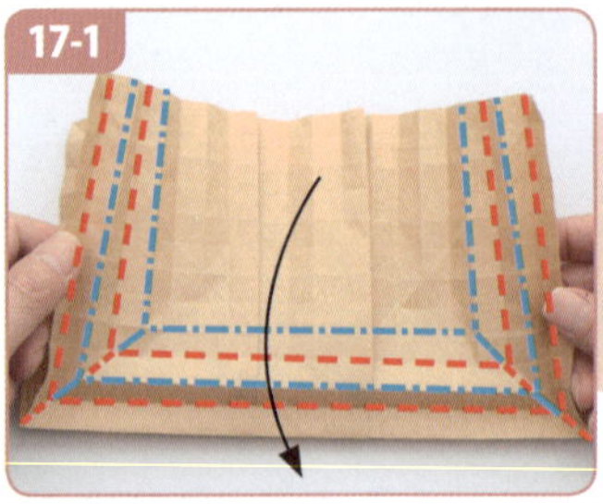

아코디언접기를 한다.

17-2

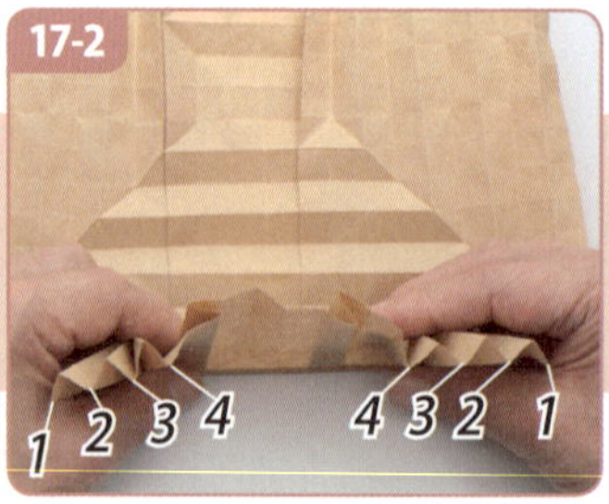

접는 모습. 아래쪽 좌우에 꼭짓점 네 개가 만들어진다.

17-3

더 접어 나간다. 왼쪽에는 다섯 개, 오른쪽에는 여섯 개의 꼭짓점이 만들어진다.

17-4

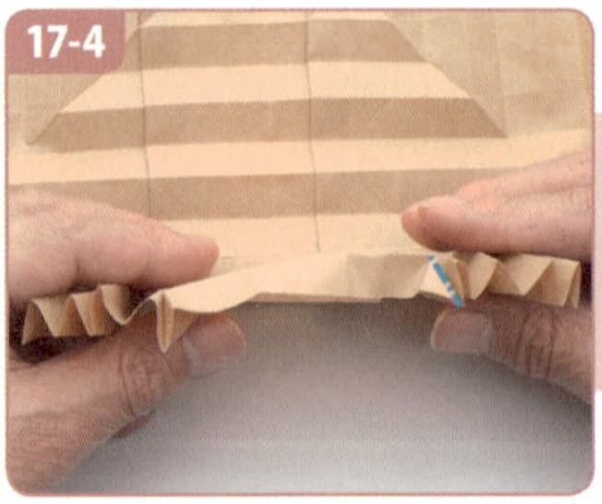

오른쪽에서 다섯 번째 꼭짓점에 45도 산접기선을 만든다.

17-5

왼쪽에서 다섯 번째 꼭짓점에도 45도 산접기선을 만든다.

17-6

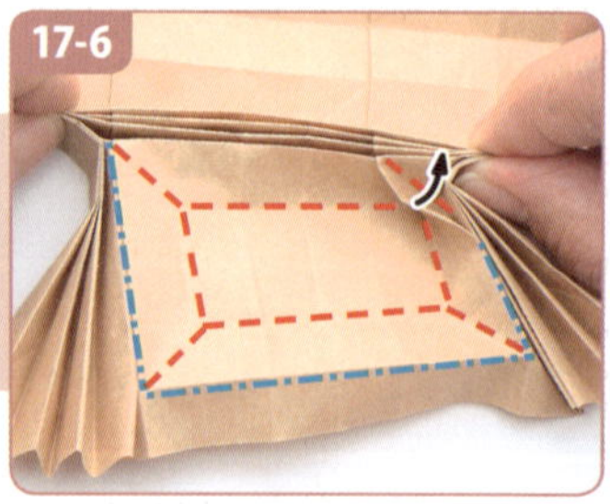

다시 아코디언접기를 한다.

17-7

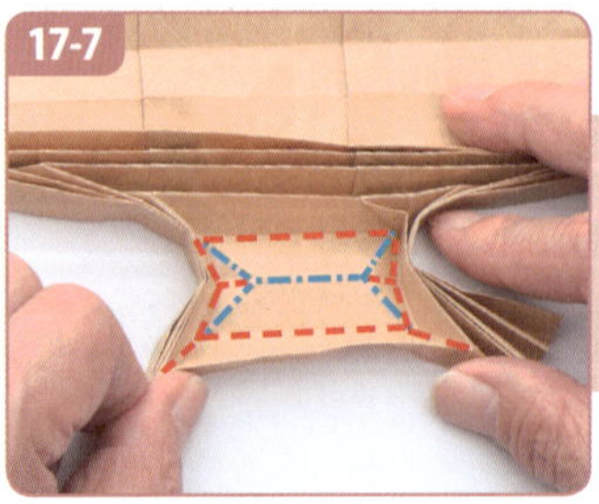

계속 접는다.

17-8

모두 접은 모습

18

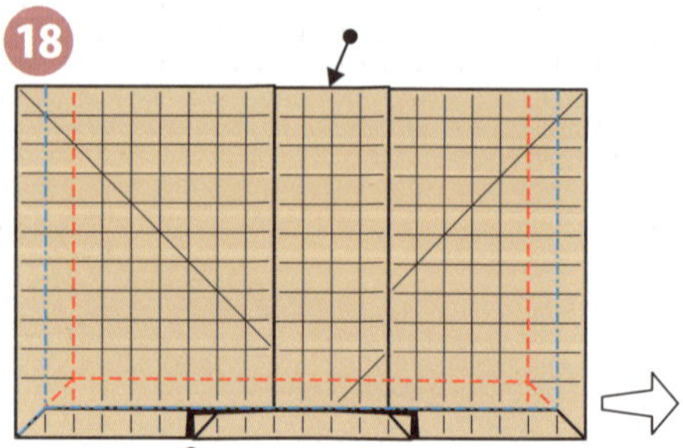

뒤쪽( )도 같은 방법으로 접는다.

19

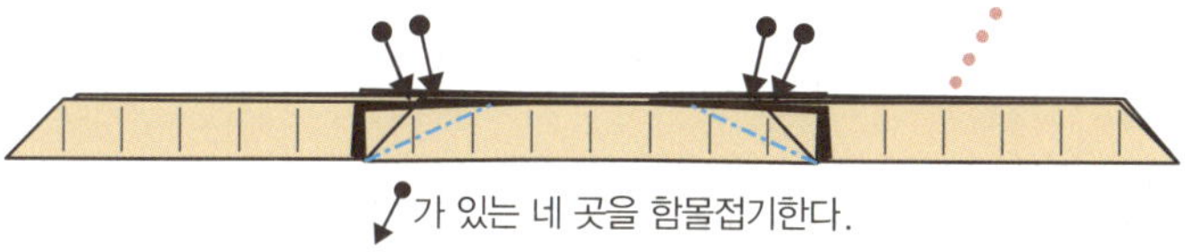

가 있는 네 곳을 함몰접기한다.

19-1

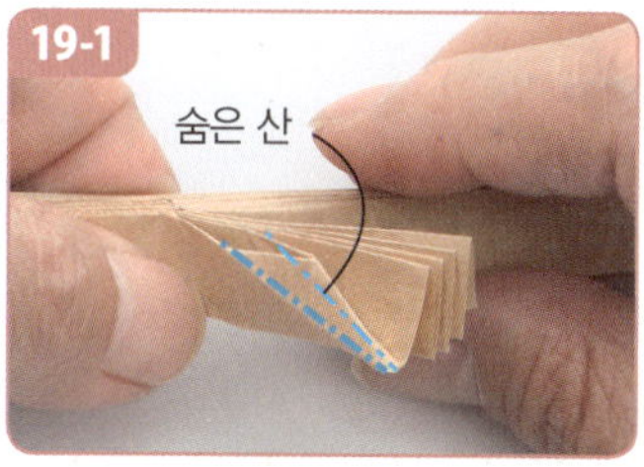

산접기선 두 개를 만든다.

19-2

산접기선을 만든 모습

19-3

골짜기접기선을 만들어 접는다.

19-4

접은 모습

20

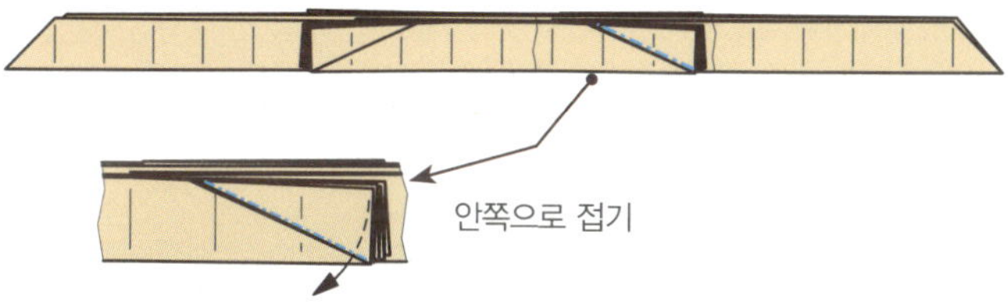

안쪽으로 접기

21

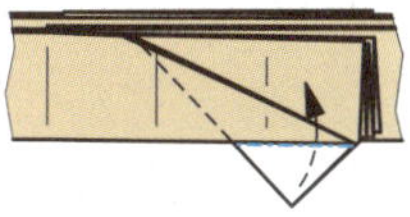

안쪽으로 접기

22

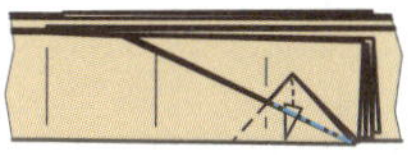

안쪽으로 접기

23

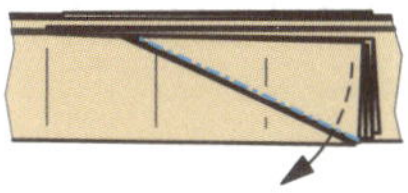

나머지 열한 곳
(다리 하나에 네 곳, 합계 열두 곳)도
순서 20~22와 같은 방법으로 접는다.

24

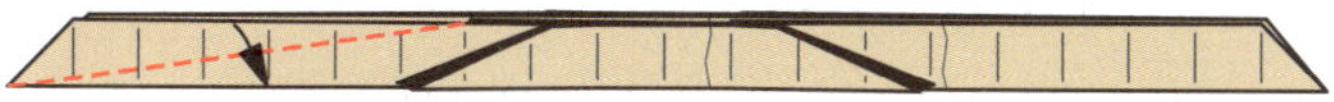

뒤쪽도 같은 방법으로 접는다.

25

뒤쪽도 같은 방법으로 접는다.

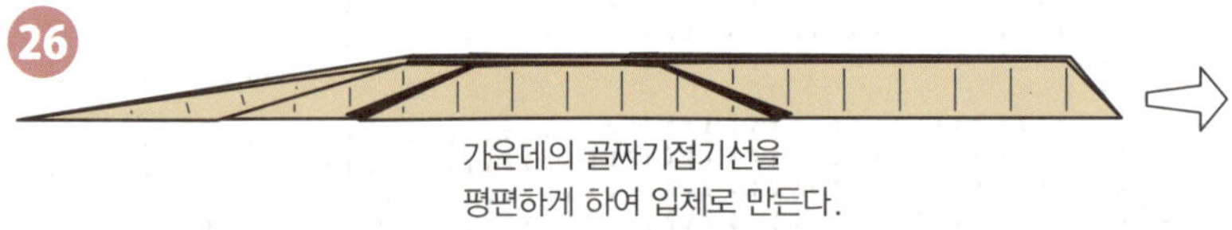

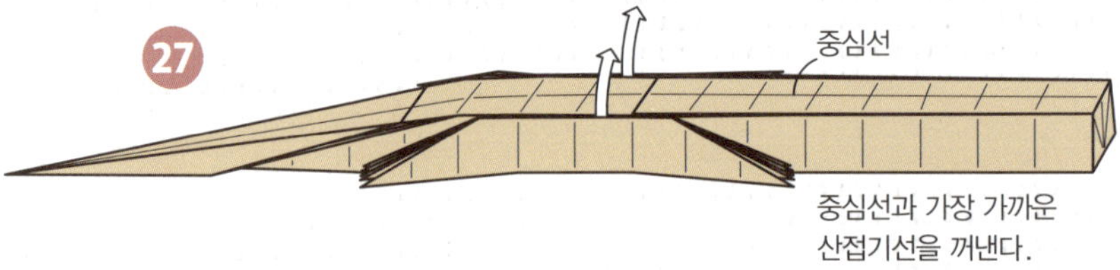

여기까지
기초접기

풀먹이기 시작
(보이는 뒷면 이외의
뒷면과 앞면에도
풀먹이기)

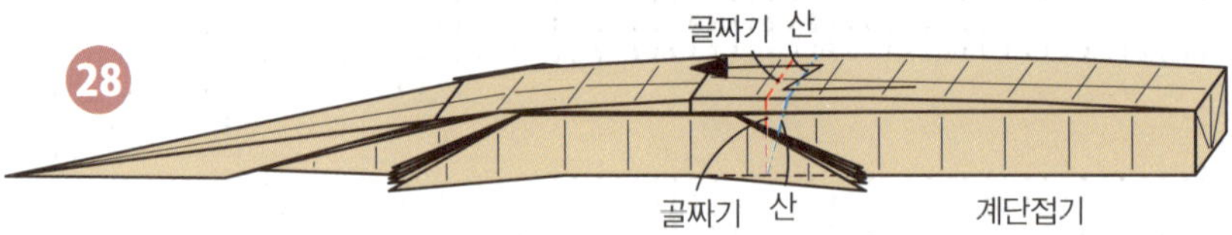

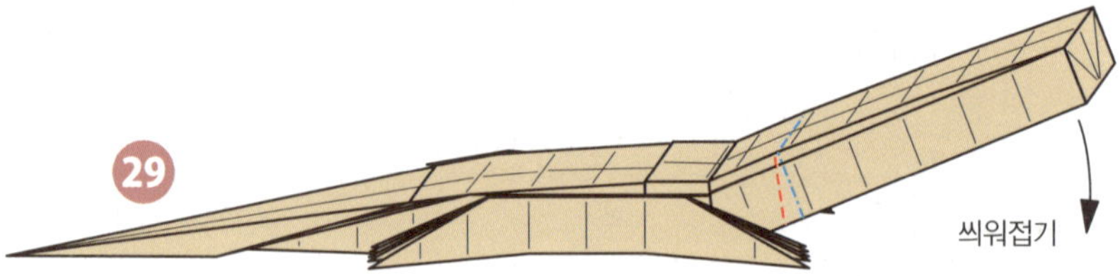

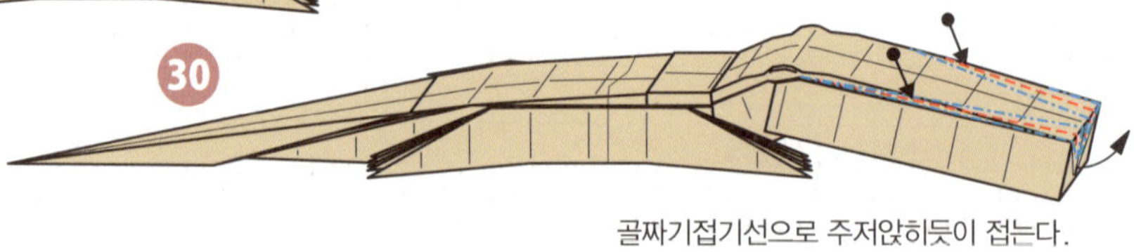

악어 전개도

(순서 24까지)

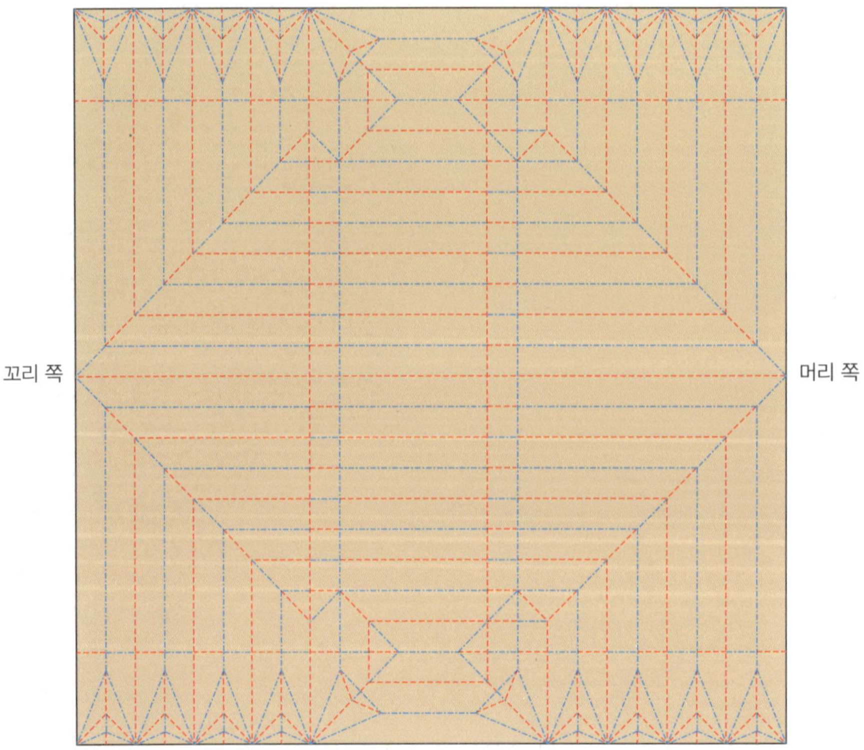

★★★★☆

31

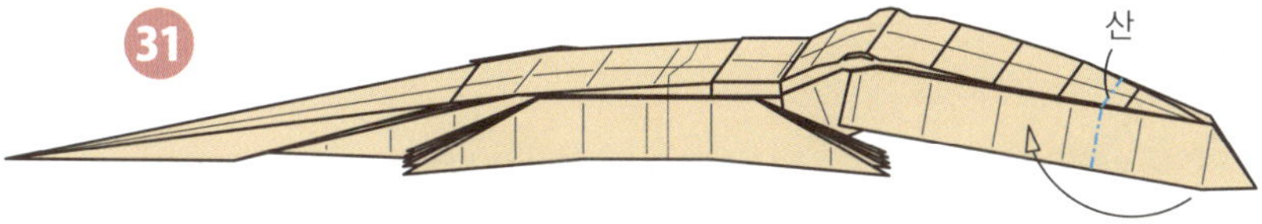

32

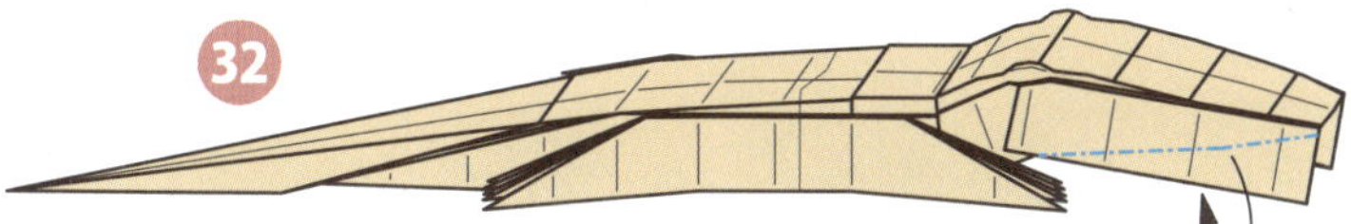

안으로 산접기를 하고
뒤쪽도 같은 방법으로
접는다.

33

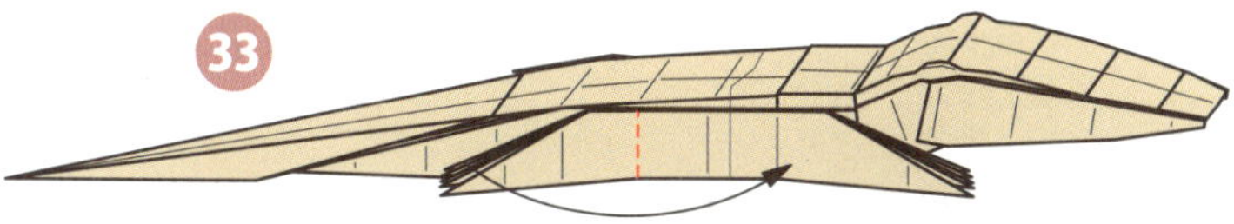

뒤쪽도 같은 방법으로 접는다.

34

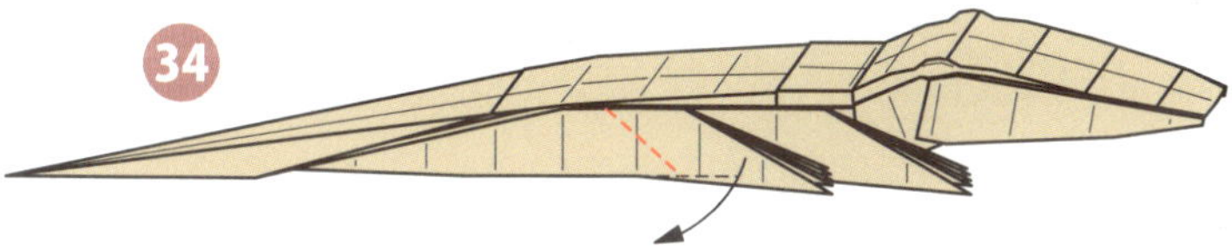

35

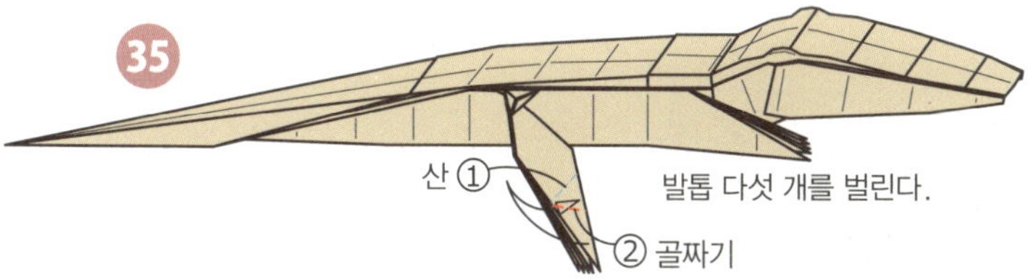

발톱 다섯 개를 벌린다.

36

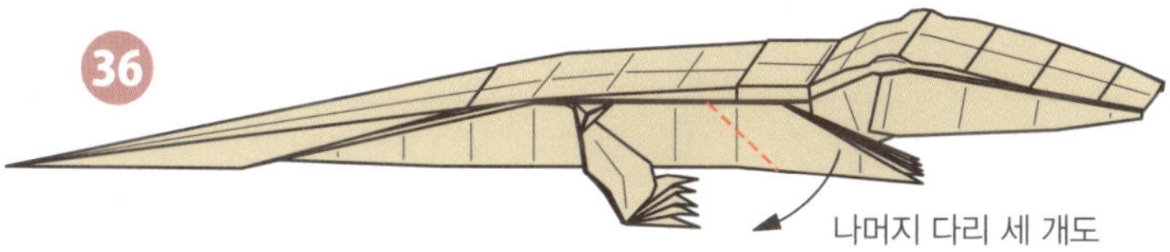

나머지 다리 세 개도
순서 34～35와
같은 방법으로
접는다.

37

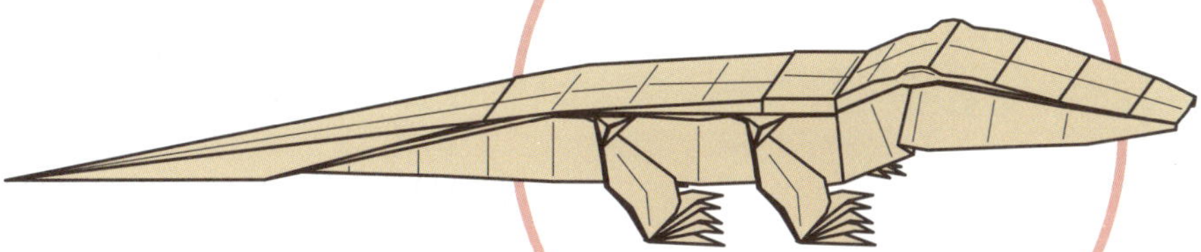

모양을 정리하여 완성한다.

▶ 난이도 ★★★☆☆

공룡 · 갑각류

엘라스모사우루스

★ 사용한 종이

26cm×26cm 1장

POINT

수장룡(중생대 때 살았던 수생파충류) 중에서도 가장 목이 긴 것으로, 수록된 작품은 그보다는 짧게 만들었다. 이 작품의 기초접기는 지금까지 소개한 적 없는 독특한 방법이므로 기초접기 자체도 즐겨 보기 바란다. 이 기초접기는 중국자라(민물거북)처럼 목이 긴 거북이를 접기 위해 고안한 것으로, 이번에는 그것을 응용하여 수장룡을 만들어 보았다. 순서 18에서 겹쳐져 있는 한 장을 뒤집으면 목의 가운데 주변에 생기는 불필요한 모서리를 안으로 넣을 수 있다. 순서 22-2에서 오른손 엄지손가락을 얹고 있는 종이를 중심선으로 접으면 그림에서 표시한 골짜기접기선에 있는 종이를 접게 된다.

순서 26에서 풀먹이기를 시작하는데, 이것은 순서 26까지 접은 부분을 앞의 과정(예를 들어 순서 20까지)까지 되돌려 풀먹이기를 한다는 의미로 이해하면 된다. 다른 작품의 풀먹이기 시작도 마찬가지 의미다.

1
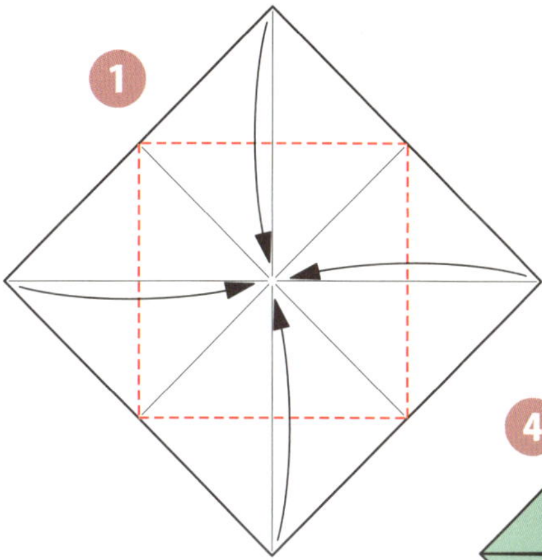

2
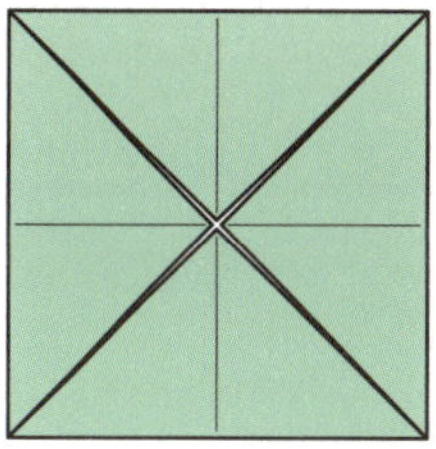

3
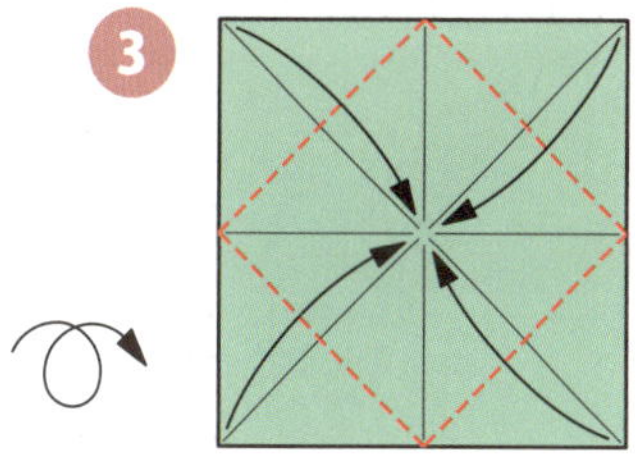

4
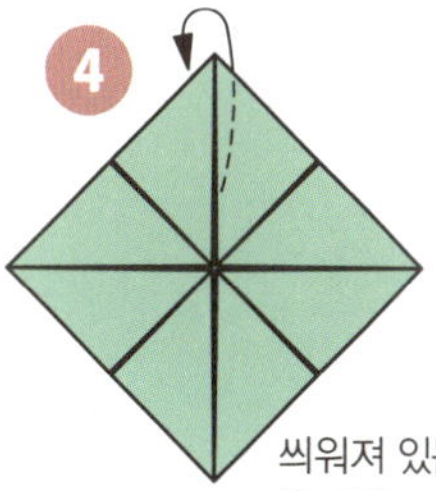

씌워져 있는
한 장을 뒤집는다.

5
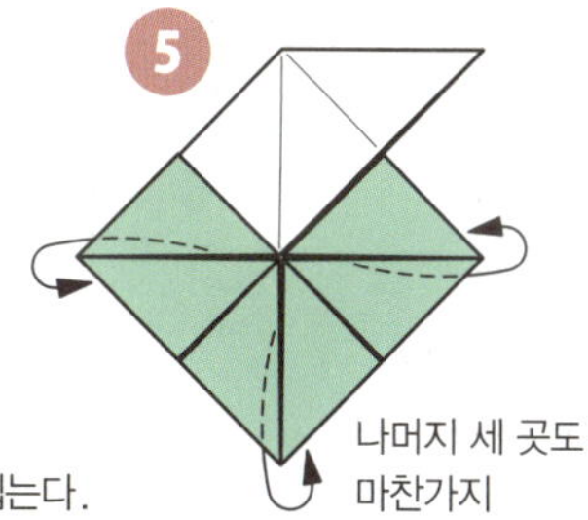

나머지 세 곳도
마찬가지
방법으로 접는다.

6
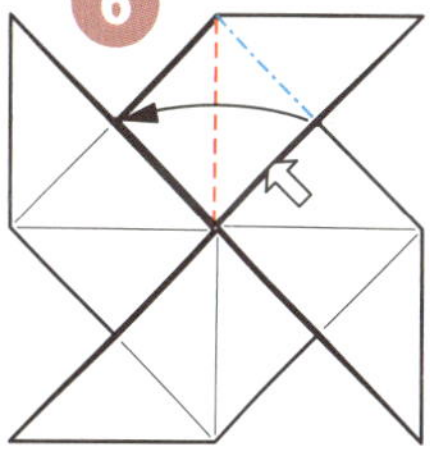

7
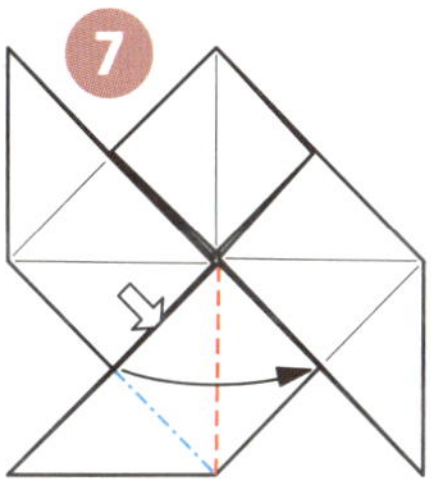

대각선 쪽도 같은 방법으로
접는다.

8
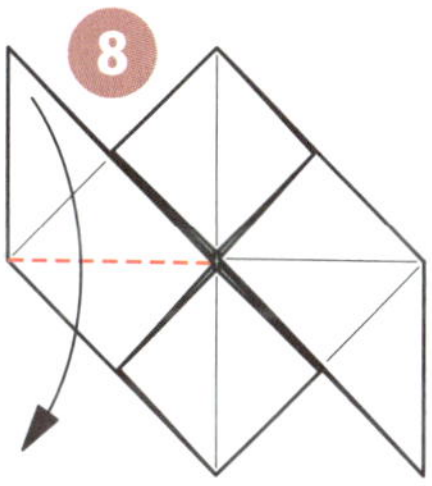

9
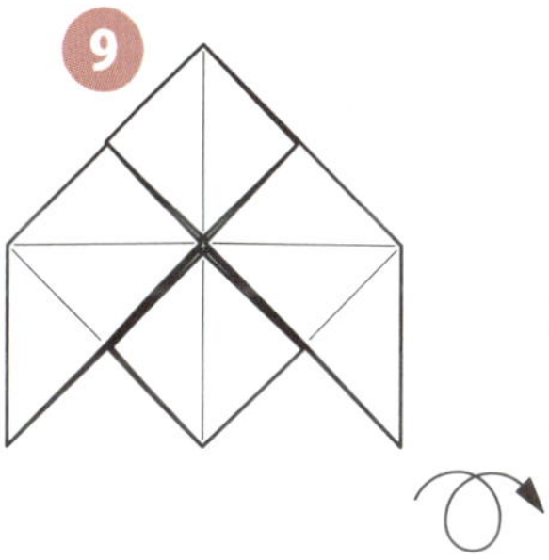

10
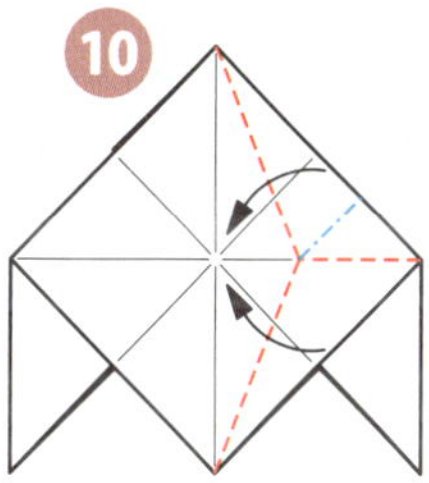

손잡이접기

11
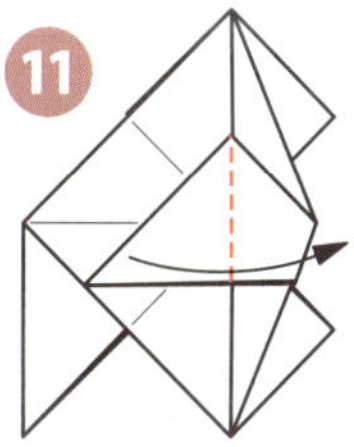

12
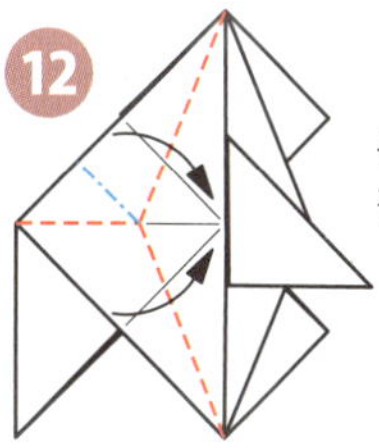

왼쪽도 순서 10~11과
같은 방법으로 접는다.

13
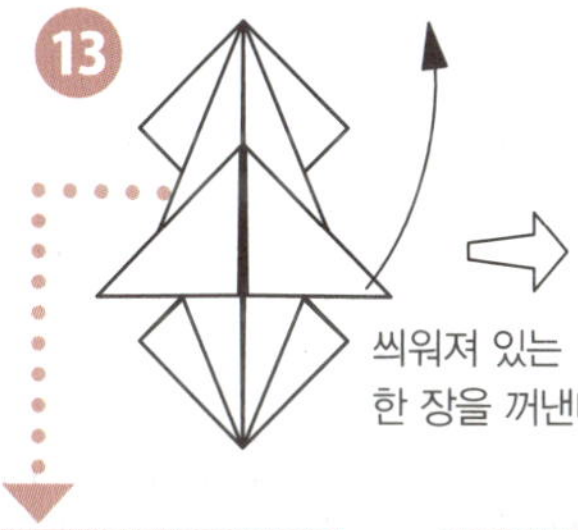

씌워져 있는
한 장을 꺼낸다.

13-1

씌워져 있는 한 장을 꺼낸다.

13-2

삼등분하여 접는다.

13-3

아래도 삼등분하여 접는다.

13-4

14

왼쪽도
같은 방법으로
접는다.

뒤집는다.

15

(순서 14의 뒷면 그림)

16

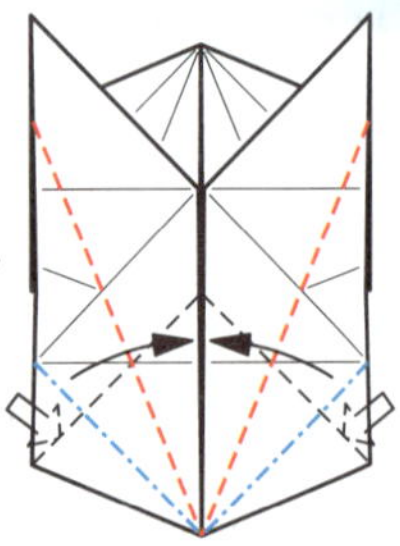

뒤집는다.

17

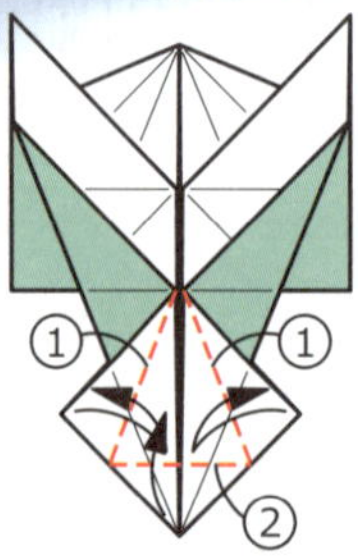

①에서 보조선을 만들고
②를 접는다.

18

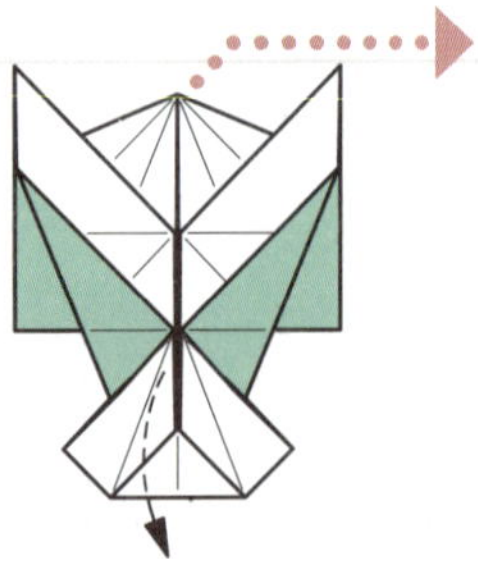

뒤쪽에 씌워져 있는
한 장을 뒤집는다.

18-1

씌워져 있는 한 장을 꺼낸다.

18-2

뒤집는 모습

18-3

오른쪽도 같은 방법으로
접는다.

19

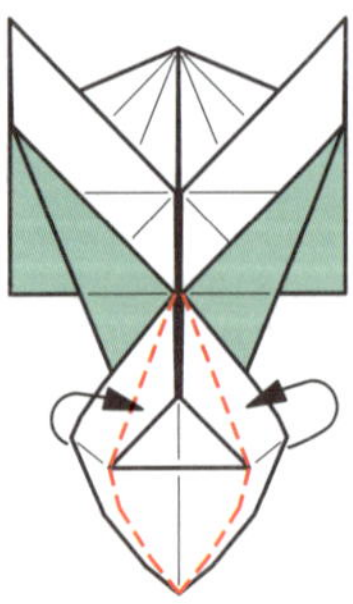

(과정 그림)

20

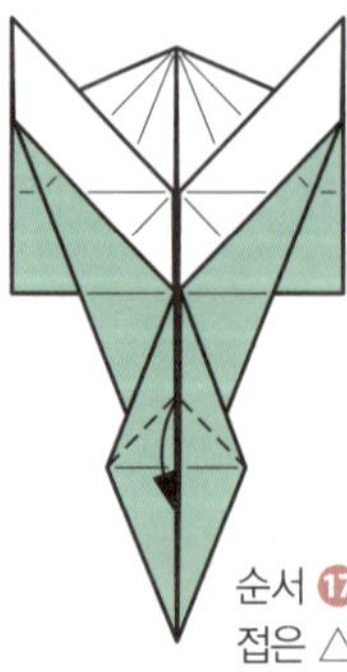

순서 17에서
접은 △을 내린다.

21

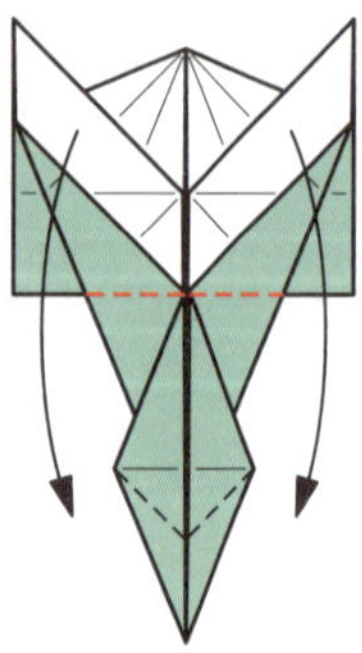

22

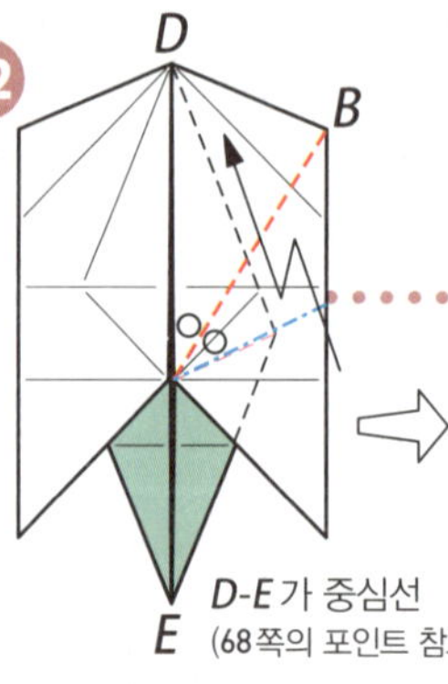

D-E 가 중심선
(68쪽의 포인트 참고)

22-1

A-B 에 골짜기접기선을 만든다.

22-2

A-C 에 산접기선을 만든다.

22-3

골짜기접기선으로 접는다.

22-4

접은 모습

23

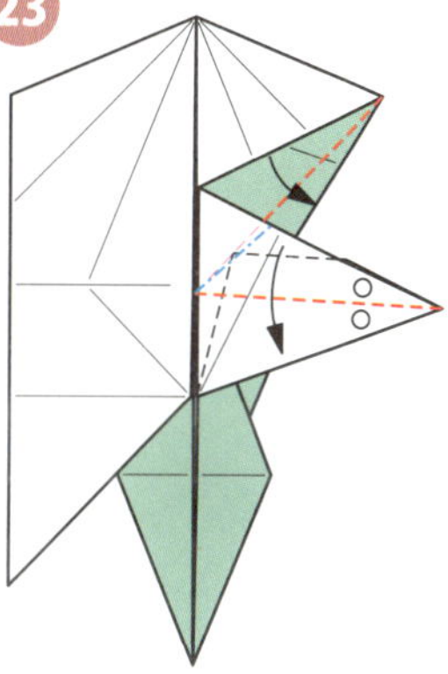

24

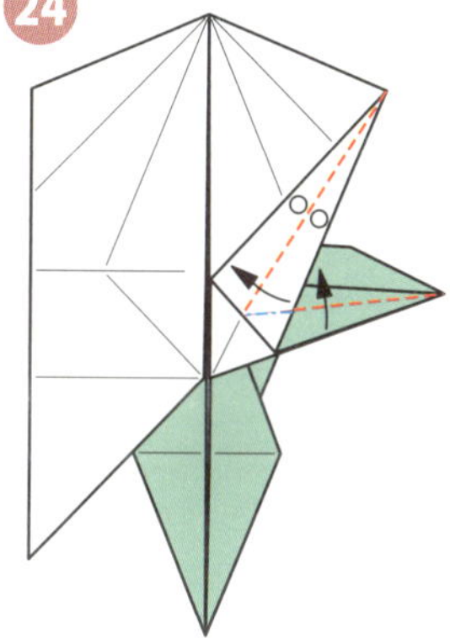

25

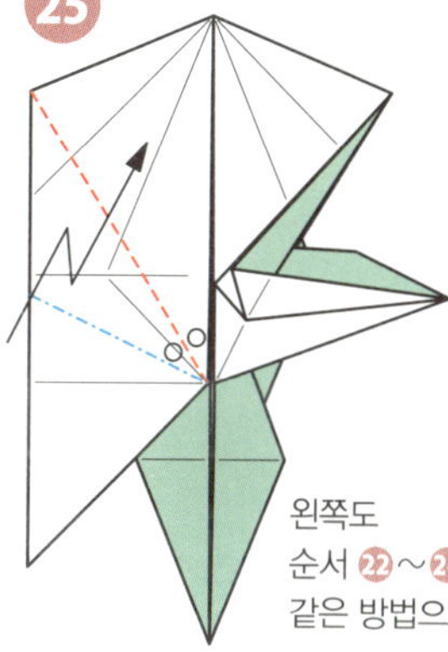

왼쪽도 순서 22~24와 같은 방법으로 접는다.

26

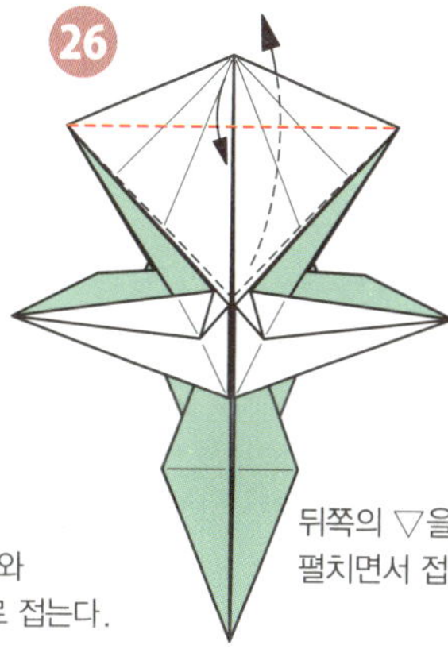

뒤쪽의 ▽을 펼치면서 접는다.

풀먹이기 시작
(보이는 뒷면 이외의 면에 풀먹이기)

27

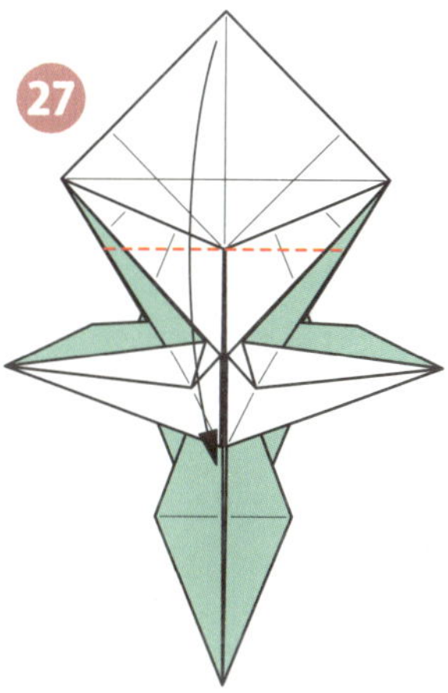

28

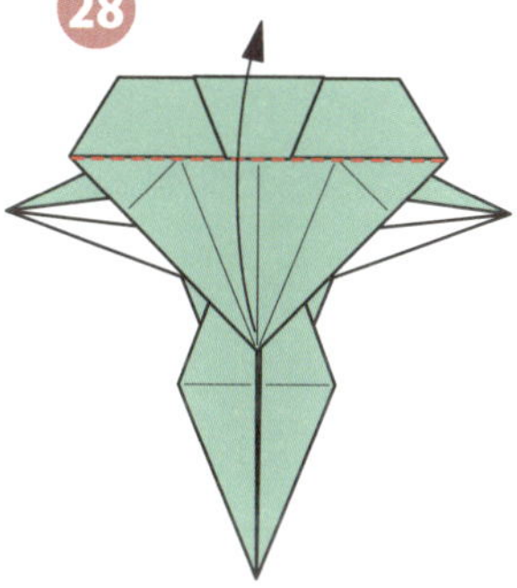

29

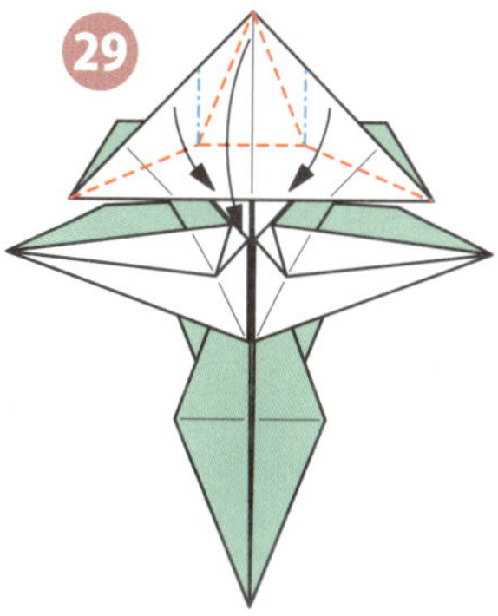

30

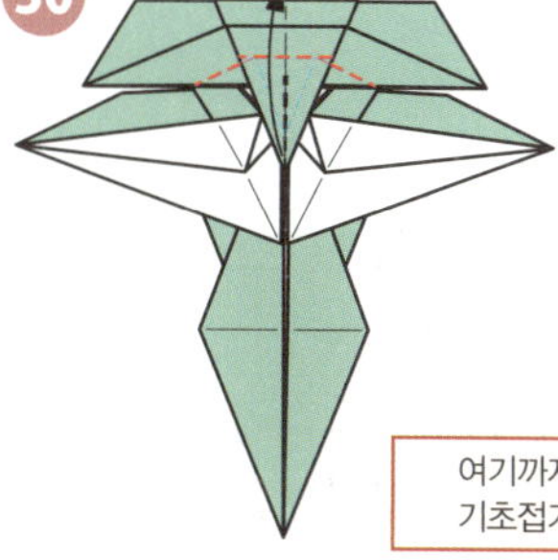

여기까지 기초접기

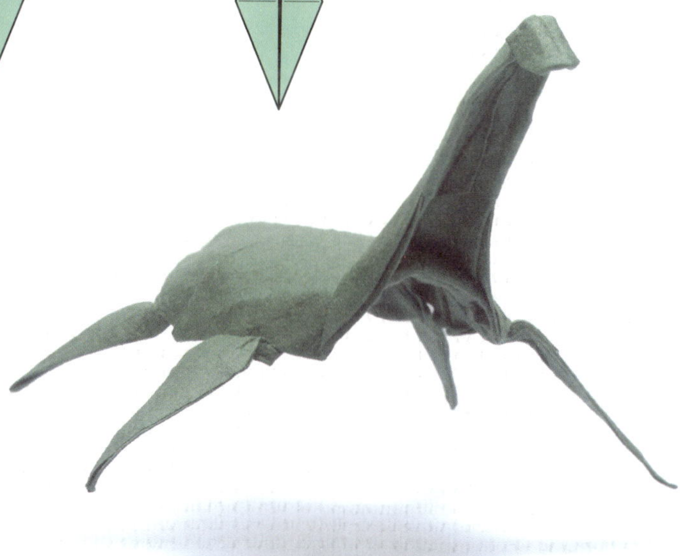

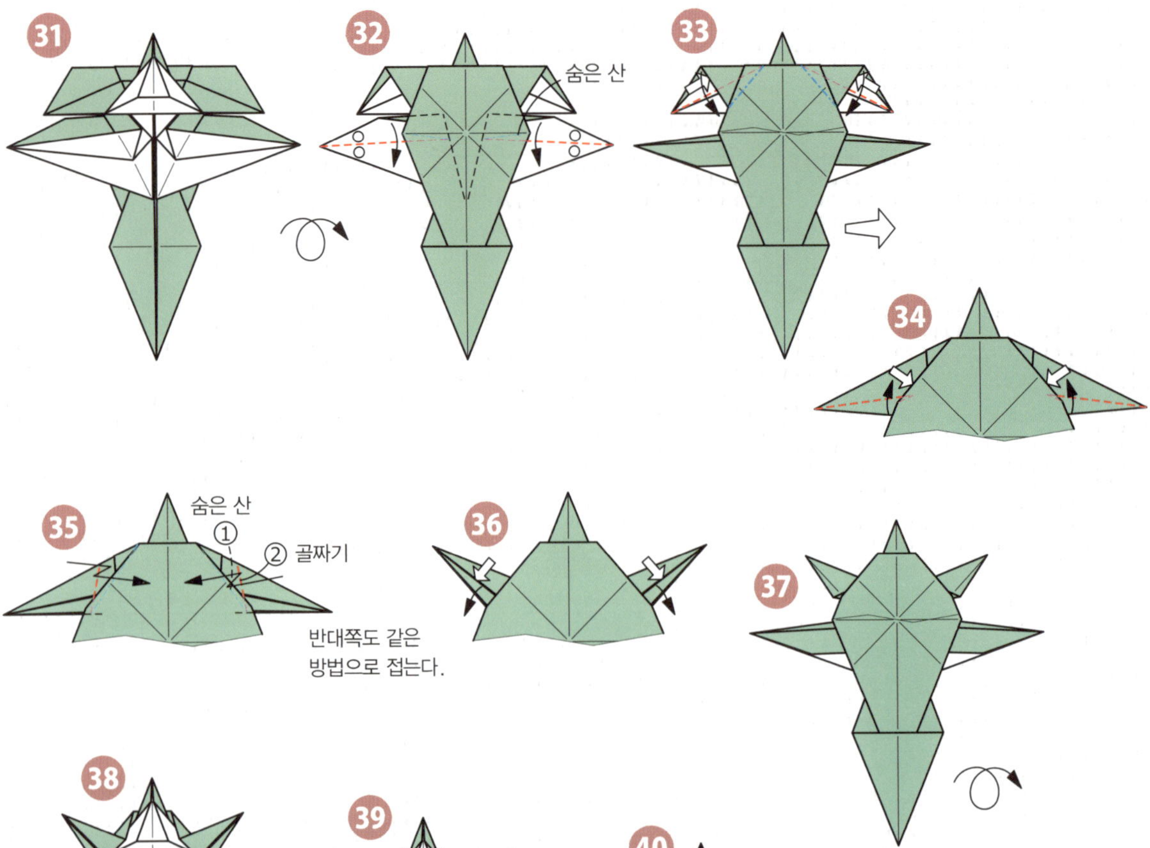

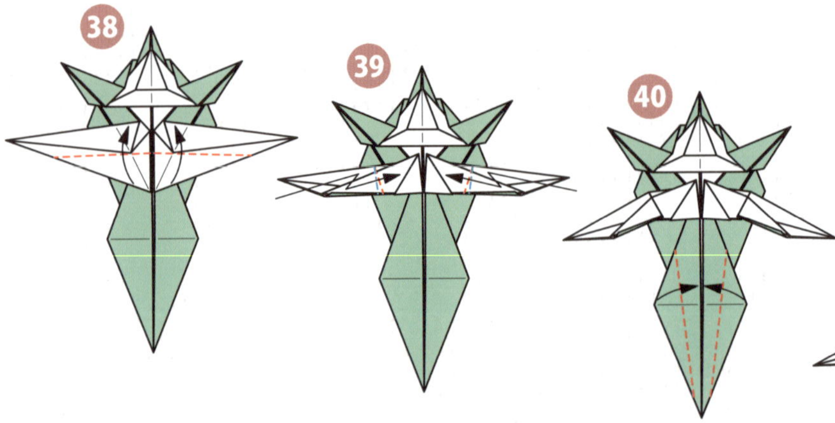

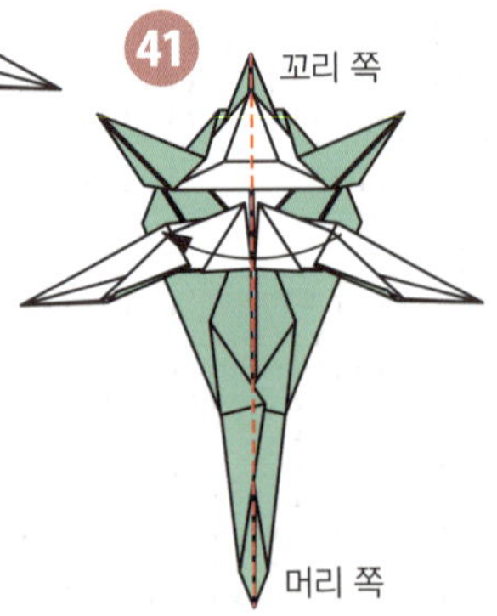

가운데의 중심선으로
반을 접고 방향을
바꾼다.

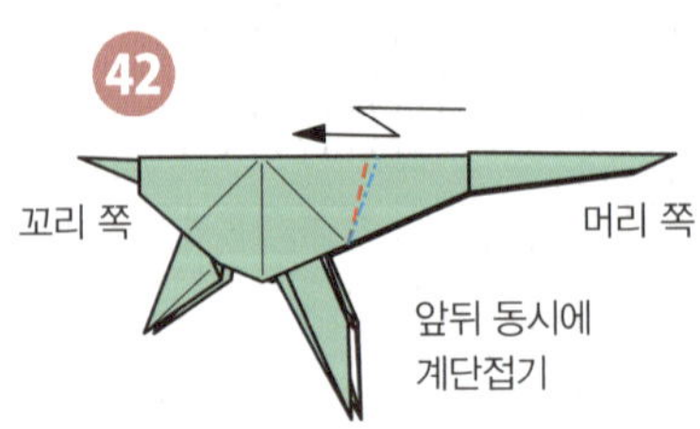

43

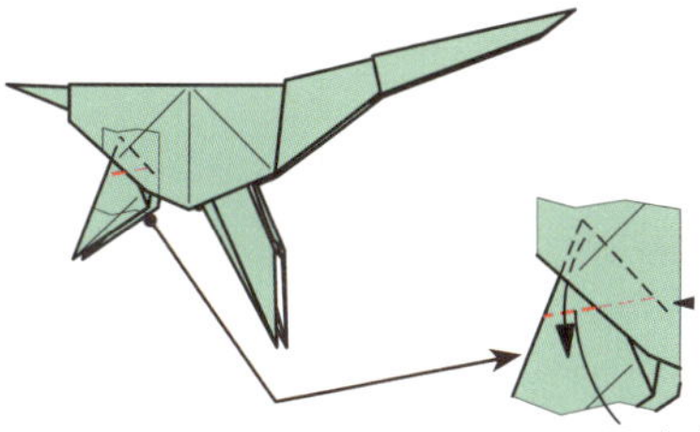

안쪽으로 접고
다른 한쪽도
같은 방법으로 접는다.

44

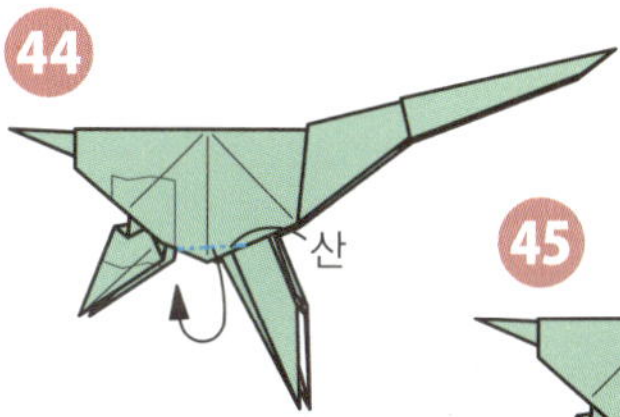

안으로 산접기를 하고
뒤쪽도 같은 방법으로
접는다.

45

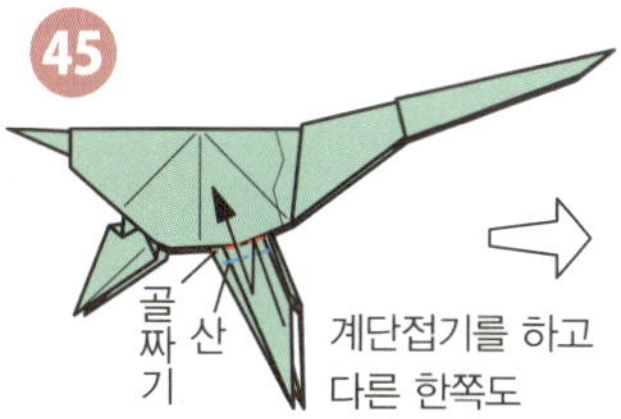

계단접기를 하고
다른 한쪽도
같은 방법으로 접는다.

46

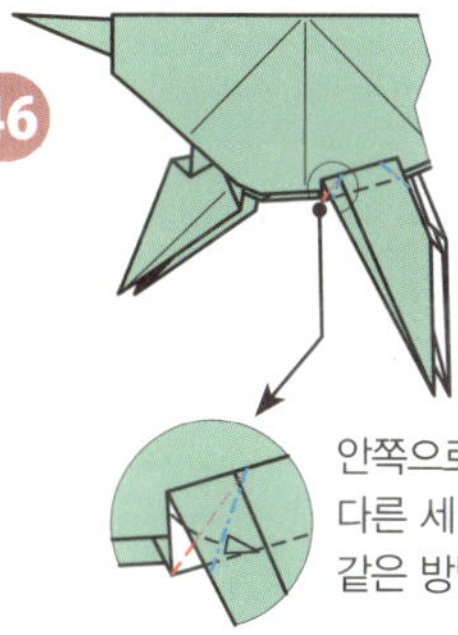

안쪽으로 접기를 하고
다른 세 곳도
같은 방법으로 접는다.

47

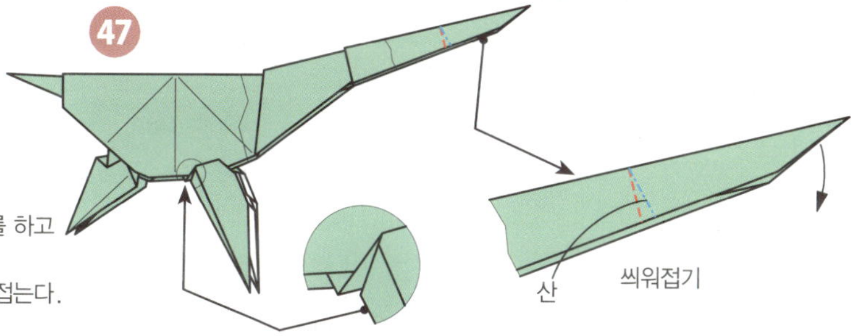

48

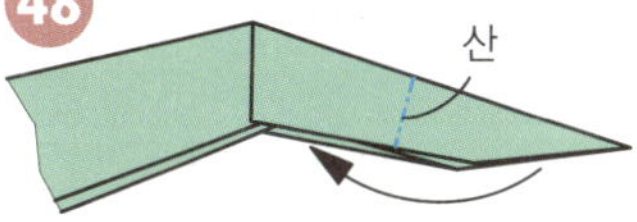

안쪽으로 접기

49

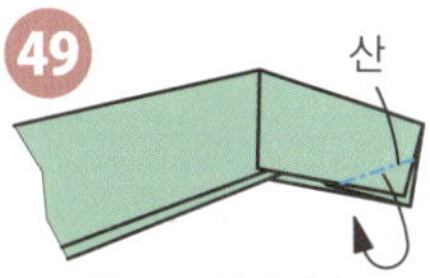

안으로 산접기하고
뒤쪽도 같은 방법으로
접는다.

50

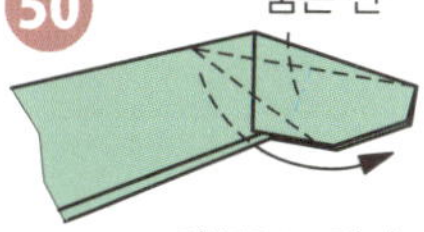

안쪽으로 접기

51

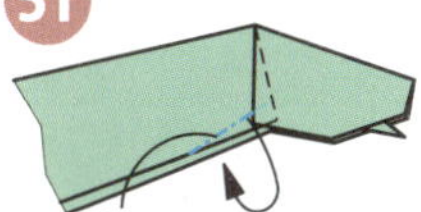

뒤쪽도 같은 방법으로
접는다.

52

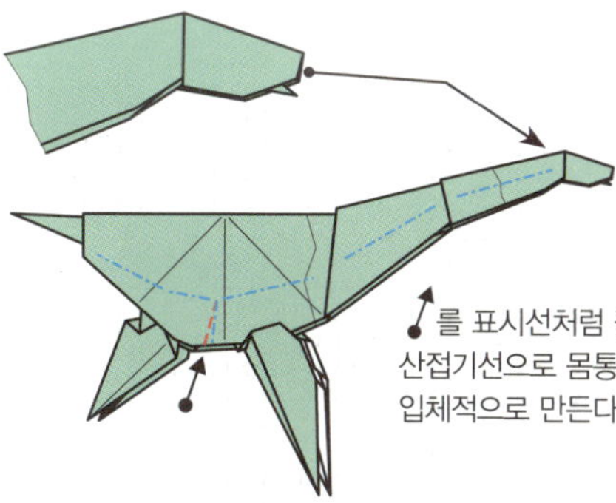

를 표시선처럼 접고
산접기선으로 몸통을
입체적으로 만든다.

53

모양을 정리하여
완성한다.

공룡 · 갑각류

스피노사우루스

▶ 난이도 ★★★★☆

★ 사용한 종이

31cm×31cm 1장

POINT

이 작품을 수서공룡으로 다루는 데에 조금 의문을 갖는 독자도 있을 테지만, 최근에는 물속에서 물고기 등을 잡아먹었을 가능성이 높다는 주장이 나오고 있다. 게다가 스피노사우루스는 티라노사우루스보다 커서 사상 최대의 육식공룡이라고 한다.

순서 28~31은 등에 있는 돛을 만드는 과정이며, 사진 설명 30-2의 꼭짓점 A가 머리와 가까워지도록 순서 29에서 접는 가운데의 두 산접기선으로 만들어지는 각도가 너무 벌어지지 않도록 주의하며 접는다. 순서 31에서 풀먹이기를 시작하지만, 순서 19~27에서 접는 작은 네 모서리 주변은 이 과정이 완료된 시점에 미리 풀먹이기를 해두는 편이 나을 수도 있다. 순서 38~39에서 씌워접기를 해서 머리를 만들 때 산접기선으로 목의 끝을 가늘게 만들면 잘록함을 강조할 수 있다. 다른 작품에도 응용해 보자.

사각주머니(14쪽)부터

스피노사우루스

★★★★☆

1

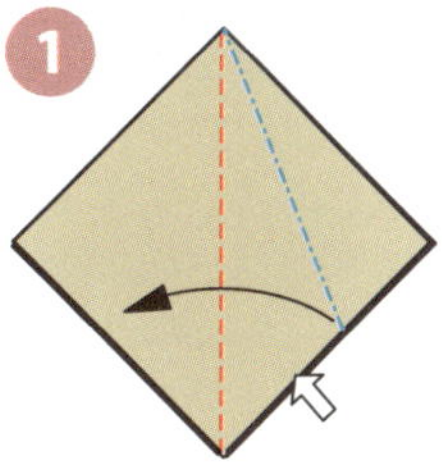

⇖를 벌려 펼쳐 눌러접는다.

2

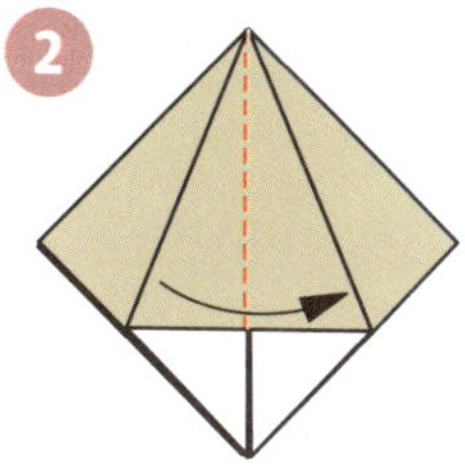

한 장만 오른쪽으로 넘긴다.

3

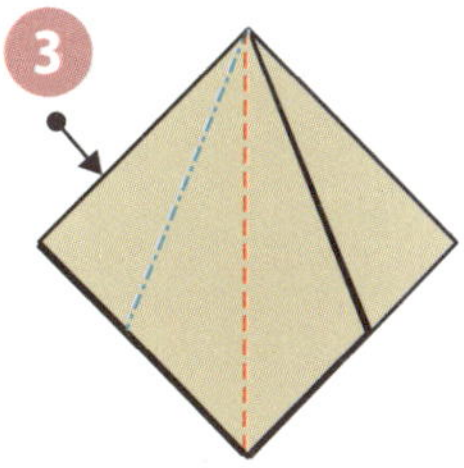

왼쪽(↘)도
순서 1~2와
같은 방법으로 접는다.

4

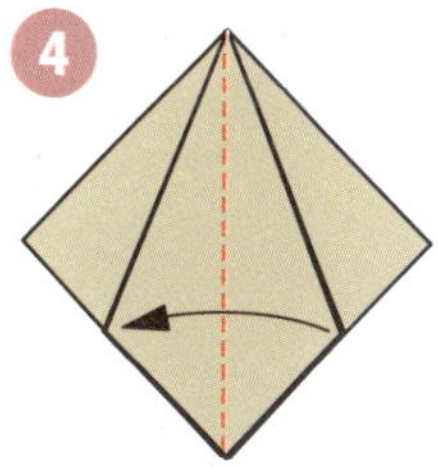

한 장만 왼쪽으로 넘긴다.

5

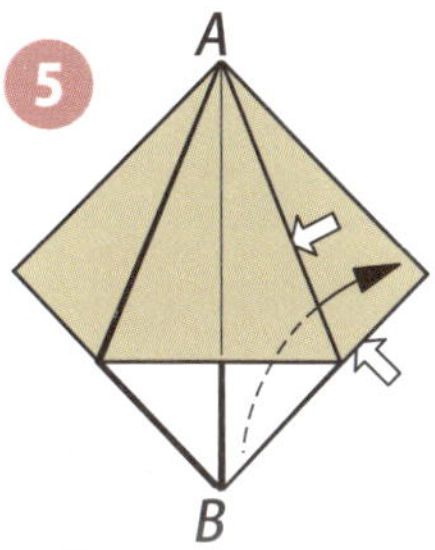

⇦⇖를 벌려 접는다.
골짜기접기선 *A-B*가 평편해진다.

6

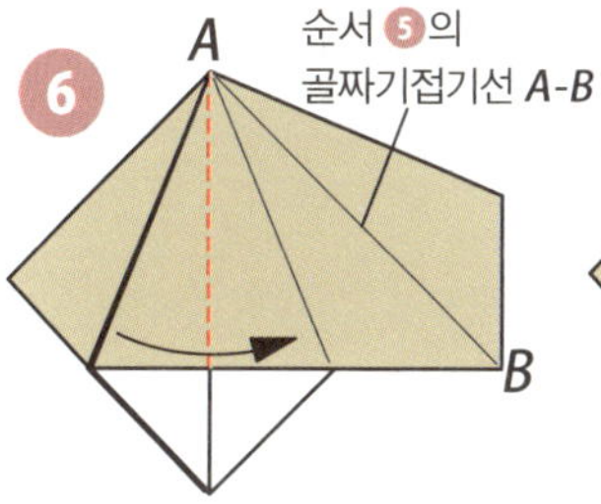

한 장만 오른쪽으로
넘긴다.

7

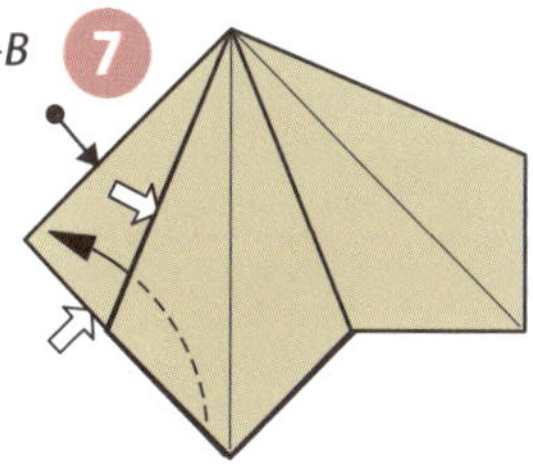

뒤쪽(↘)도 순서 4~6과
같은 방법으로 접고
좌우 대칭이 되도록 한다.

8

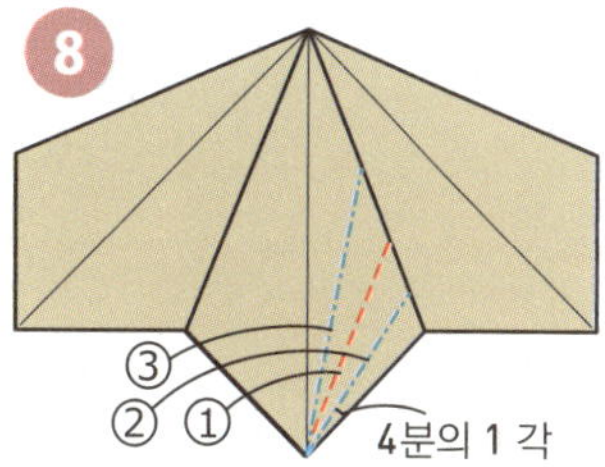

보조선을 만든다.

9

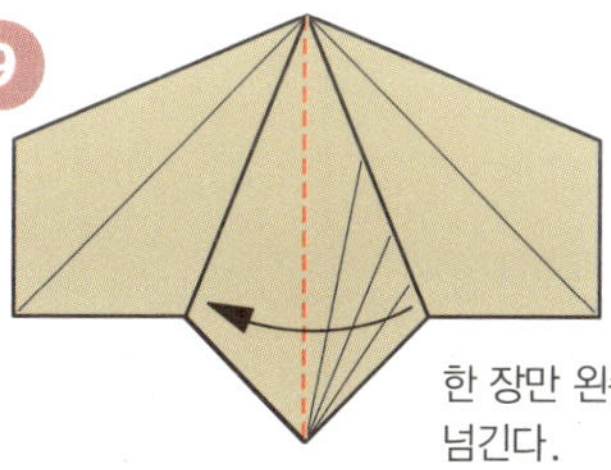

한 장만 왼쪽으로
넘긴다.

10

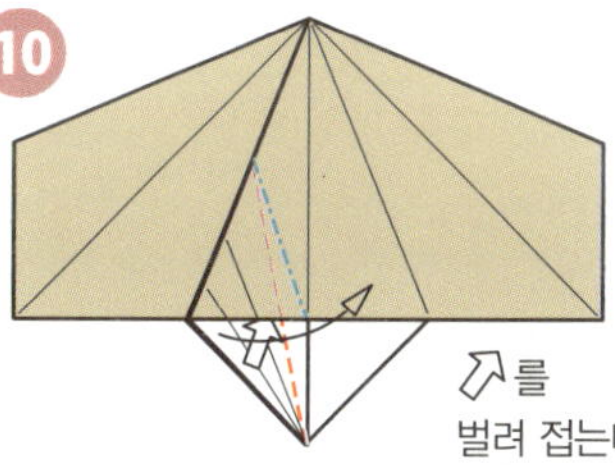

⇗를
벌려 접는다.

11

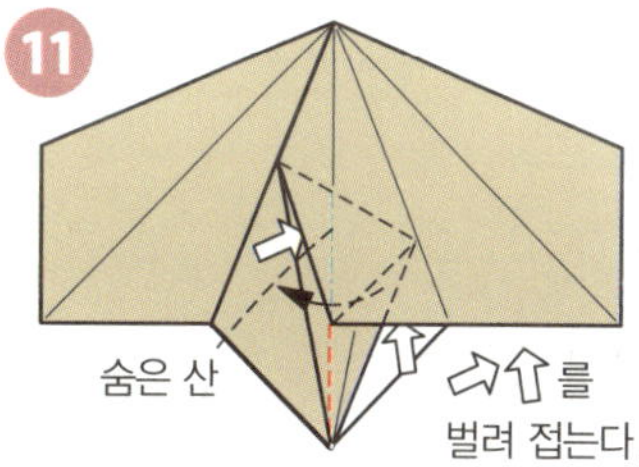

⇨⇧를
벌려 접는다.

12

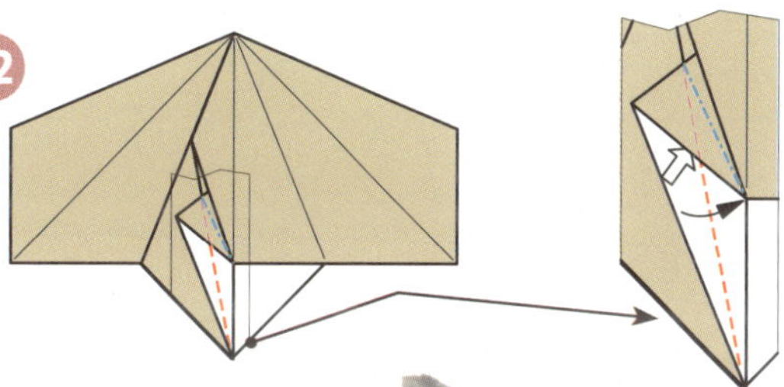

⇗를
벌려 접는다.

13

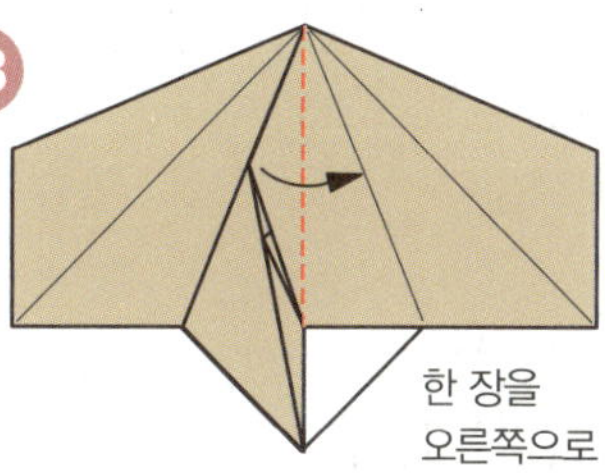

한 장을
오른쪽으로 넘긴다.

14

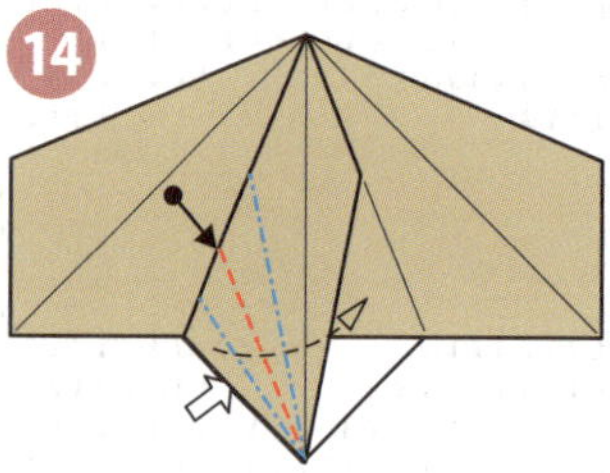

왼쪽도 순서 8~13과
같은 방법으로 접고
좌우 대칭이 되도록 한다.

15

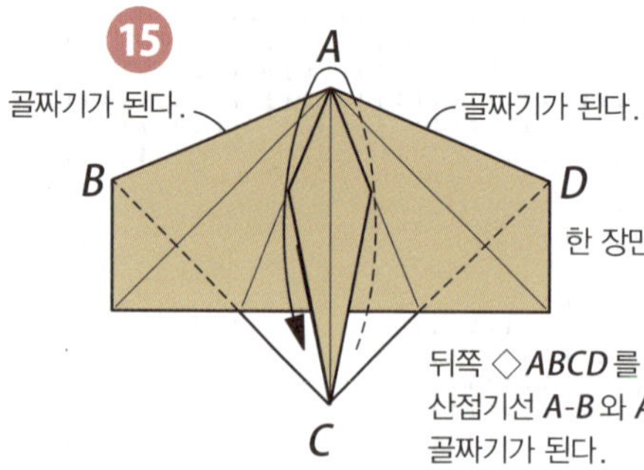

한 장만 벌린다.

뒤쪽 ◇*ABCD*를 뒤집는다.
산접기선 *A-B*와 *A-D*는
골짜기가 된다.

16

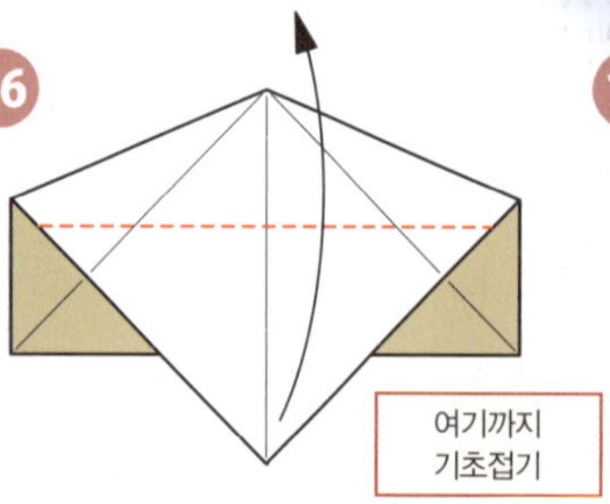

17

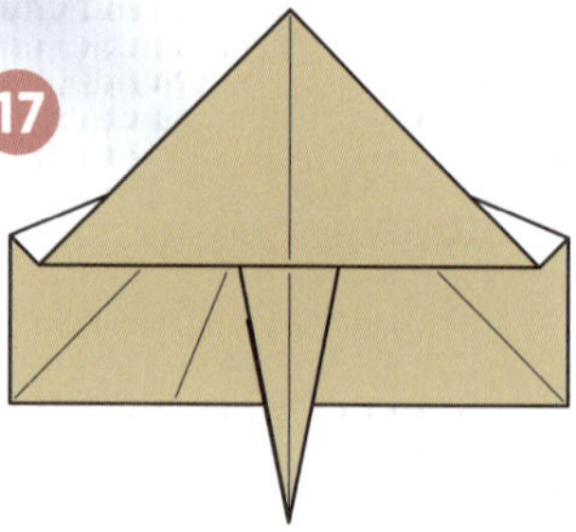

18

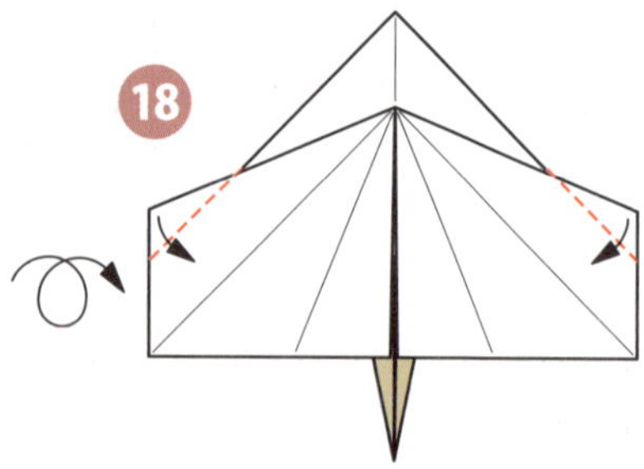

19

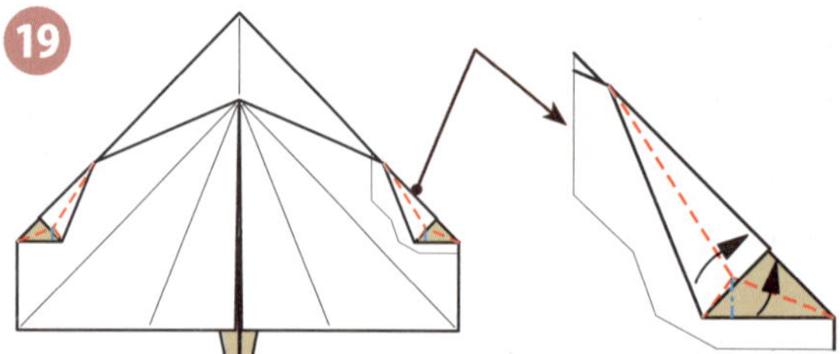

손잡이접기를 하고 왼쪽도
같은 방법으로 접는다.

20

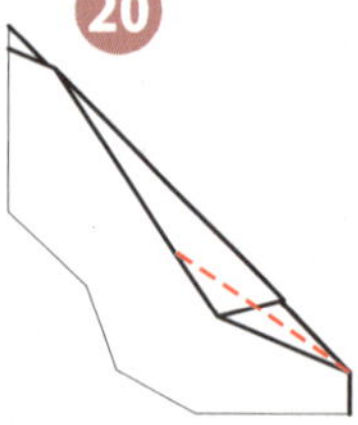

보조선을 만들고 왼쪽도
같은 방법으로 접는다.

21

⇩를 벌려 접고
왼쪽도 같은 방법으로 접는다.

22

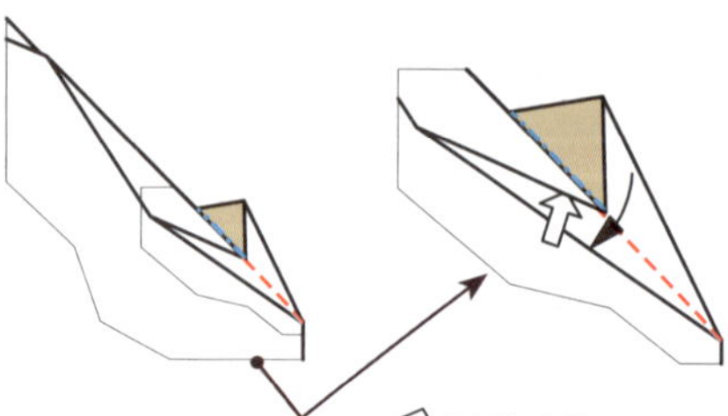

⇧를 벌려 접고
왼쪽도 같은 방법으로 접는다.

23

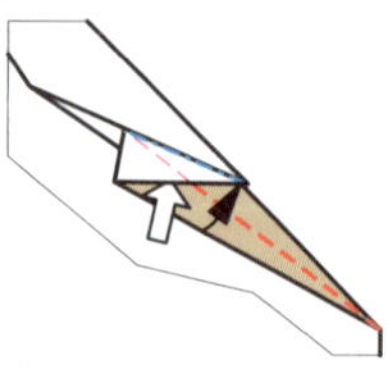

⇧를 벌려 접고
왼쪽도 같은 방법으로 접는다.

24

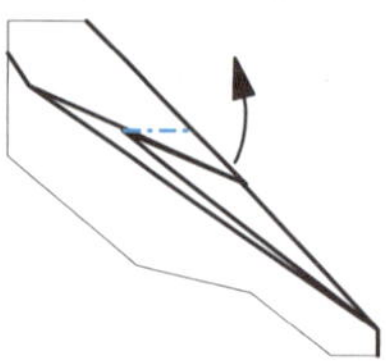

안쪽으로 접고
왼쪽도 같은 방법으로 접는다.

25

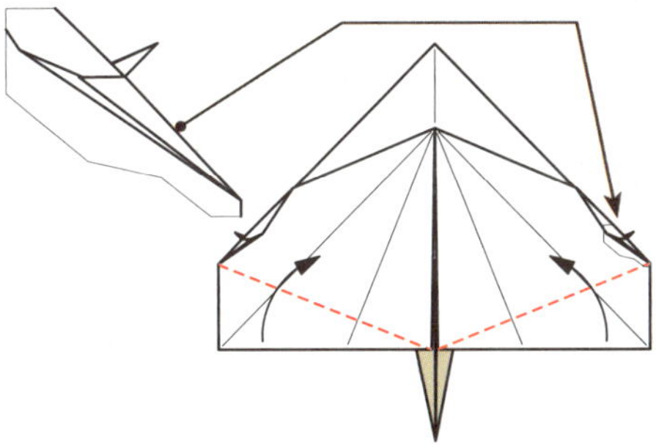

26

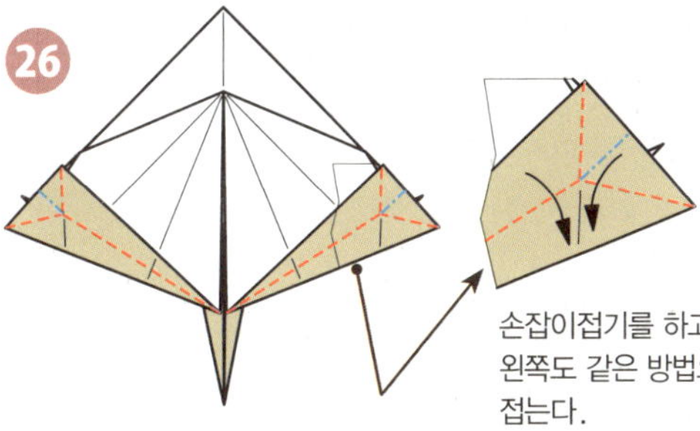

손잡이접기를 하고
왼쪽도 같은 방법으로
접는다.

27

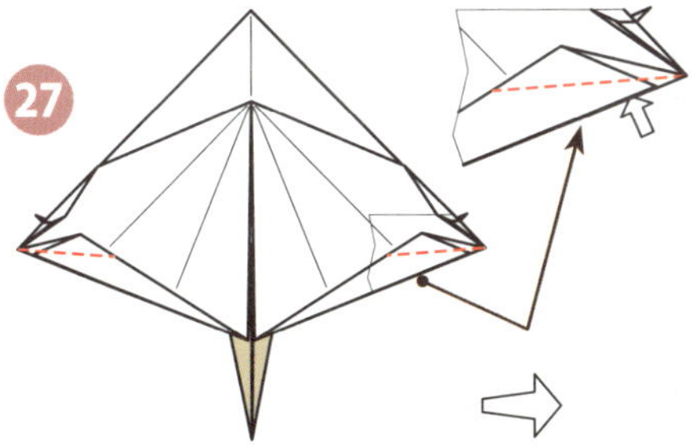

순서 20~24와
같은 방법으로 접는다.

28

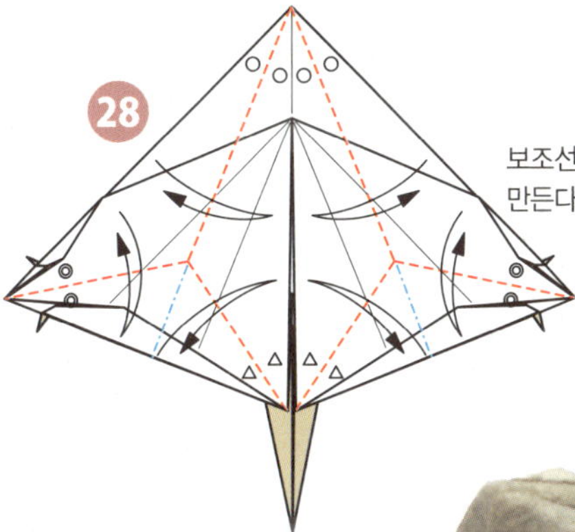

보조선을
만든다.

29

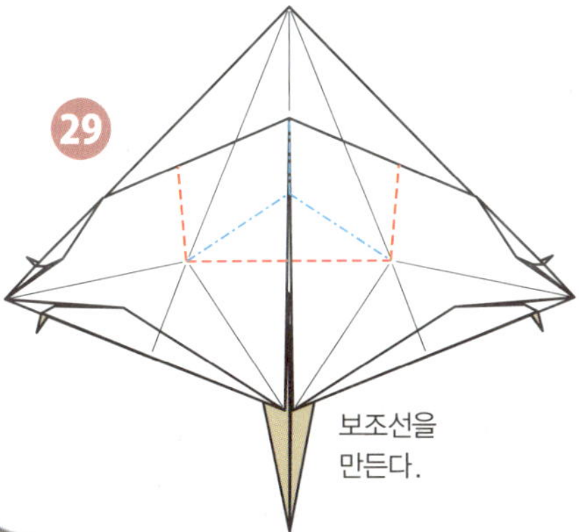

보조선을
만든다.

30

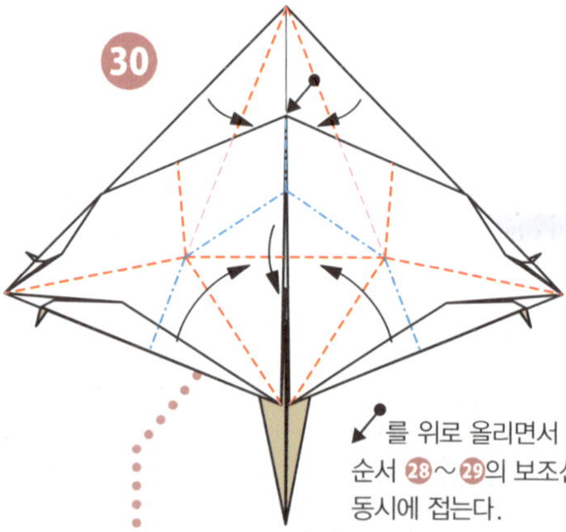

를 위로 올리면서
순서 ㉘~㉙의 보조선을
동시에 접는다.

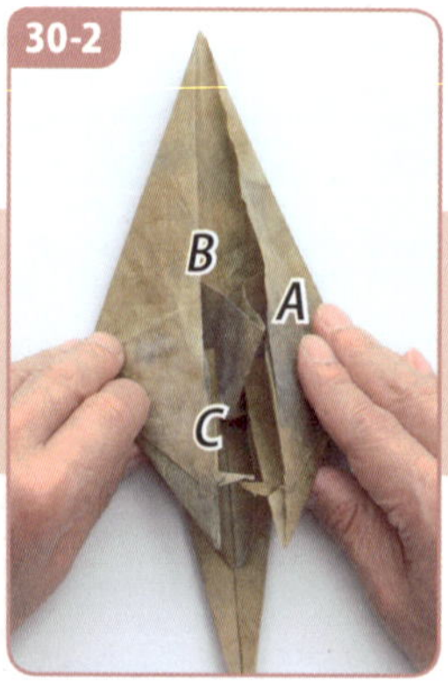

가운데에 △*ABC* 가 세워진다.

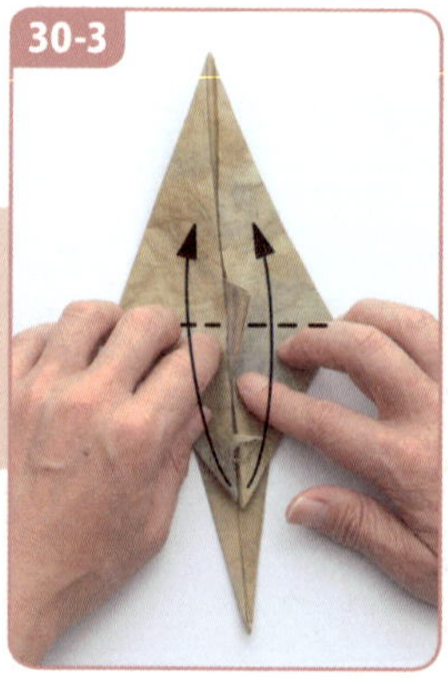

좌우 한 장씩을 위로 올린다.

31

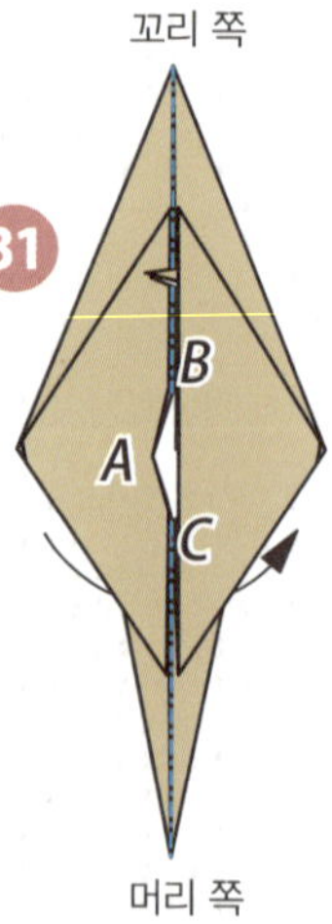

가운데의 중심선으로
반을 접고 방향을 바꾼다.

풀먹이기 시작
(보이는 뒷면 이외의
면과 겉에도 풀먹이기)

32

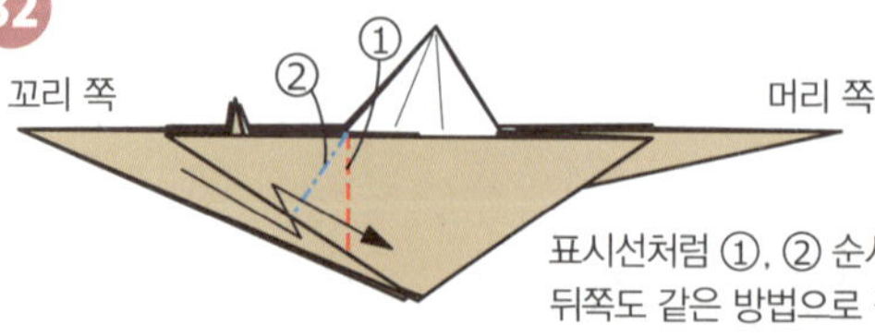

표시선처럼 ①, ② 순서대로 접고
뒤쪽도 같은 방법으로 접는다.

33

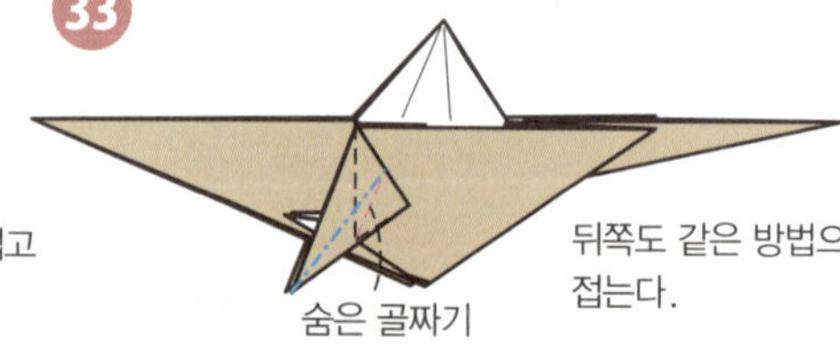

뒤쪽도 같은 방법으로
접는다.

34

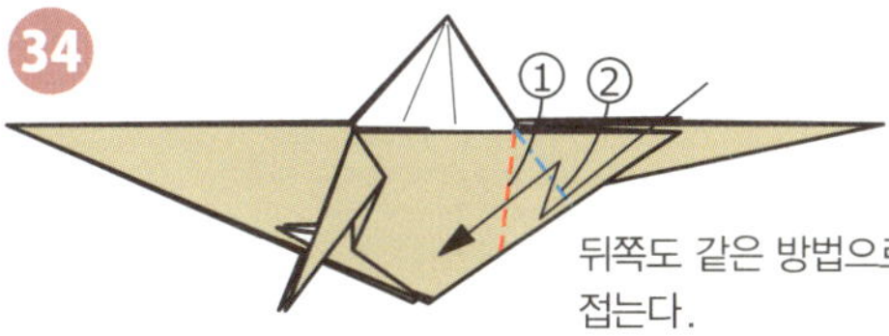

뒤쪽도 같은 방법으로 접는다.

35

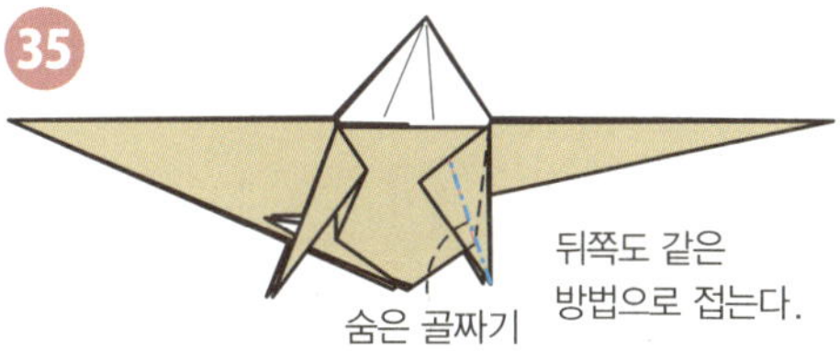

뒤쪽도 같은 방법으로 접는다.

36

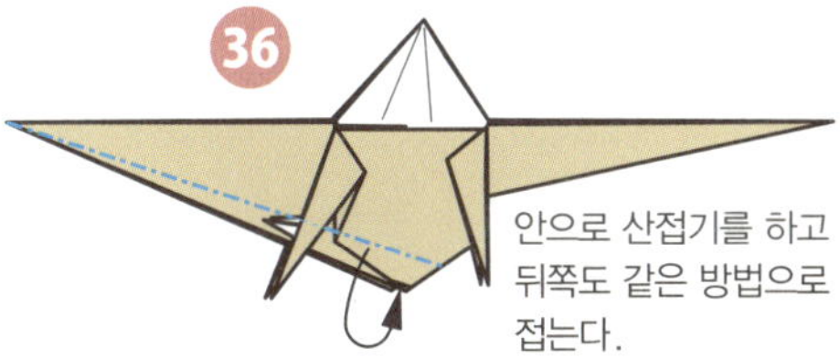

안으로 산접기를 하고 뒤쪽도 같은 방법으로 접는다.

37

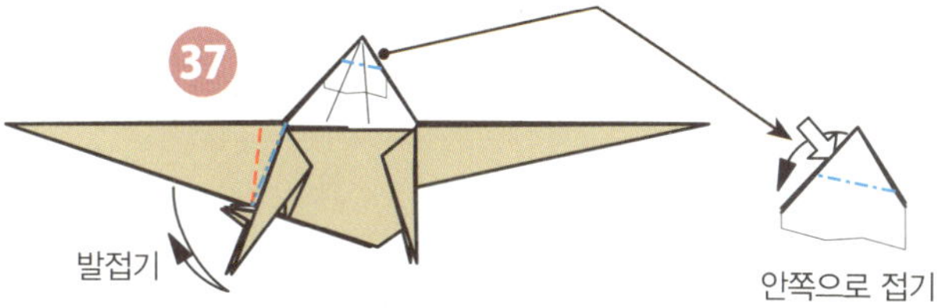

38

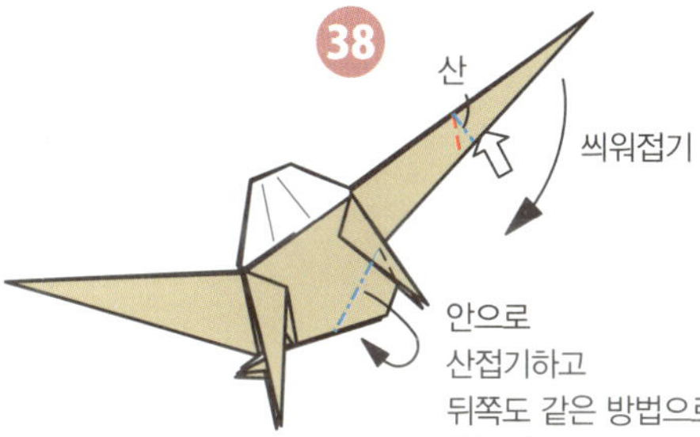

안으로 산접기하고 뒤쪽도 같은 방법으로 접는다.

39

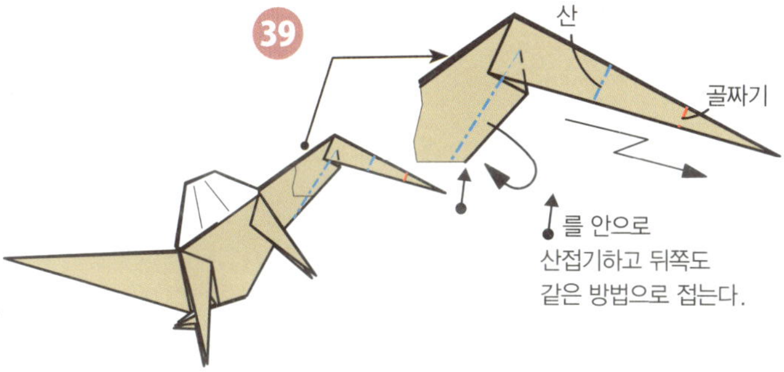

↑를 안으로 산접기하고 뒤쪽도 같은 방법으로 접는다.

40

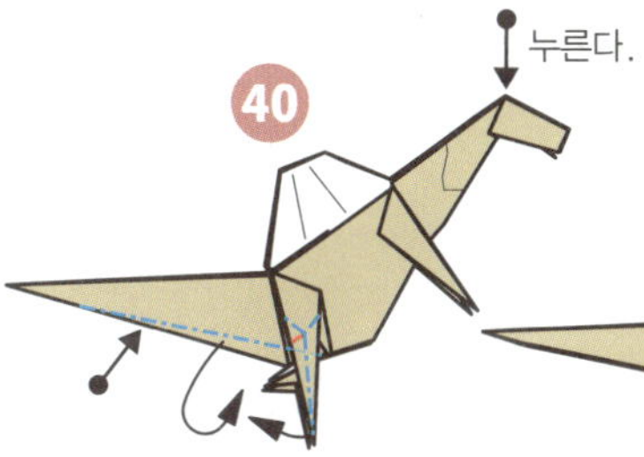

↗를 안으로 산접기하고 다리를 가늘게 접는다. 다른 한쪽도 같은 방법으로 접는다.

41

발접기를 하고 다른 한쪽도 같은 방법으로 접는다.

안으로 산접기를 하고 뒤쪽도 같은 방법으로 접는다.

42

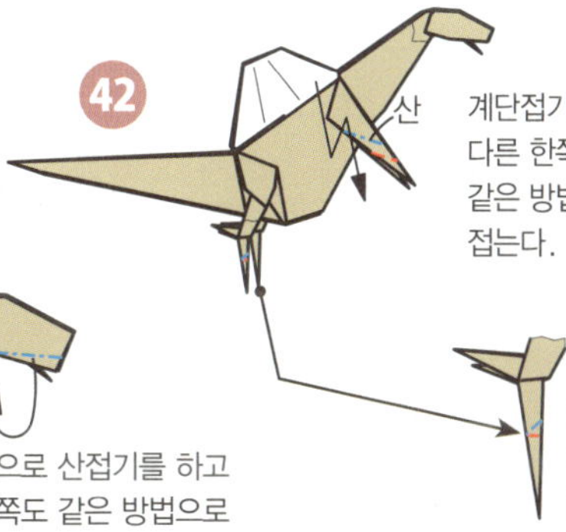

계단접기를 하고 다른 한쪽도 같은 방법으로 접는다.

발접기를 하고 다른 한쪽도 같은 방법으로 접는다.

43

안으로 산접기를 하고 뒤쪽도 같은 방법으로 접는다.

밖으로 뒤집어접기

44

모양을 정리하여 완성한다.

REAL ORIGAMI

▶ 난이도 ★★★★☆

공룡 · 갑각류

이크티오사우루스

★ 사용한 종이
31cm×31cm 1장

POINT

북극곰(35쪽) 등에서 접었던 기초접기를 이용하면 등의 가운데에 숨겨져 있는 모서리 하나가 만들어진다. 이 모서리로 손잡이접기를 하면 등지느러미가 생긴다. 이 작품은 그 아이디어를 기초로 고안해 냈다. 순서 1~9에서 꼬리가 되는 부분을 미리 접어 두기 때문에 뒷지느러미 부분이 꽤 두꺼워지므로 종이는 얇은 것을 택하도록 한다.
순서 22의 과정은 뒷지느러미가 되는 모서리를 잠시 머리 쪽에 접을 때 잊지 말고 사진 설명 22-2의 산접기선을 만들어 접어 두도록 한다. 이 산접기선을 만들면 뒷지느러미를 원래의 위치에서 다시 접을 때 22-3의 골짜기접기선이 자동으로 정해진다. 순서 7에서 작은 학마름모접기가 완성된 시점에서 보이는 뒷면 이외의 면에 풀먹이기를 해두면 된다.
마무리 단계에서 몸통 가운데에 산접기선을 만들어 입체적이 되도록 하면 형태가 정돈된다. 머리도 상어(50쪽)와 마찬가지로 산접기선으로 가늘게 만드는데, 머리 부분을 잡은 손가락을 그대로 꼬리 쪽으로 밀어넣으면 이마 부분과 눈이 만들어져서 더욱 리얼해진다.

1

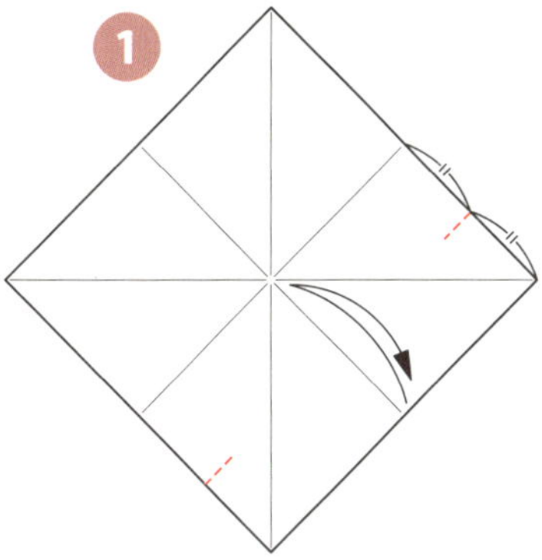

골짜기접기선으로 보조선을 만든다.

2

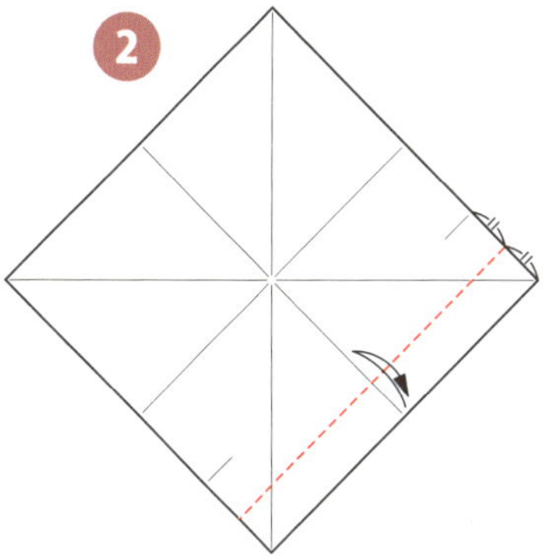

골짜기접기선으로 보조선을 만든다.

3

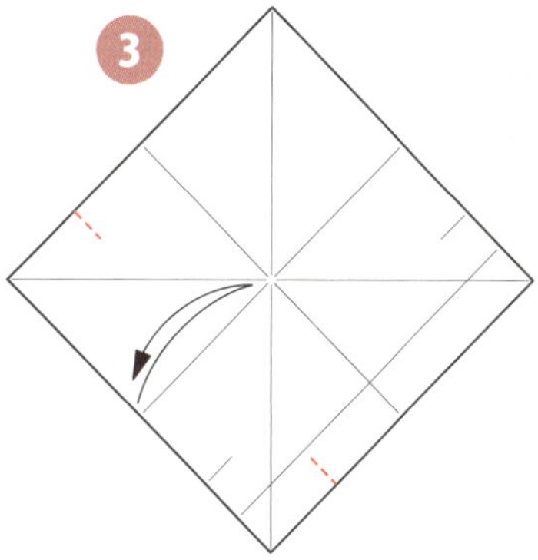

왼쪽도 순서 1~2와 같은 방법으로 접는다.

4

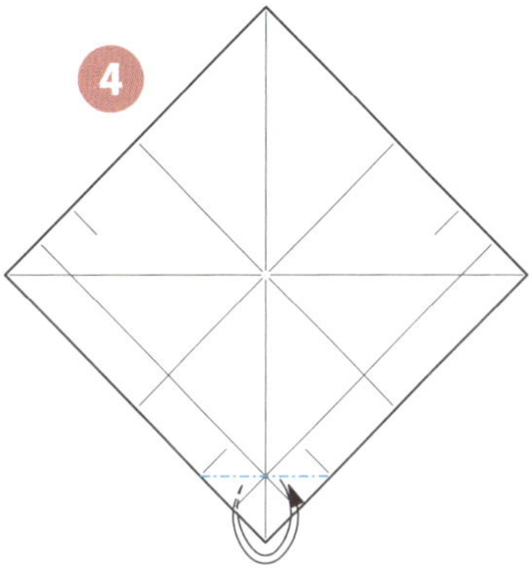

산접기선으로 보조선을 만든다.

5

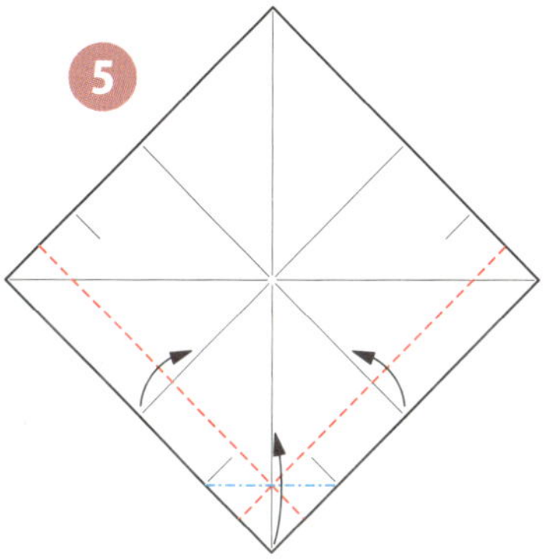

6

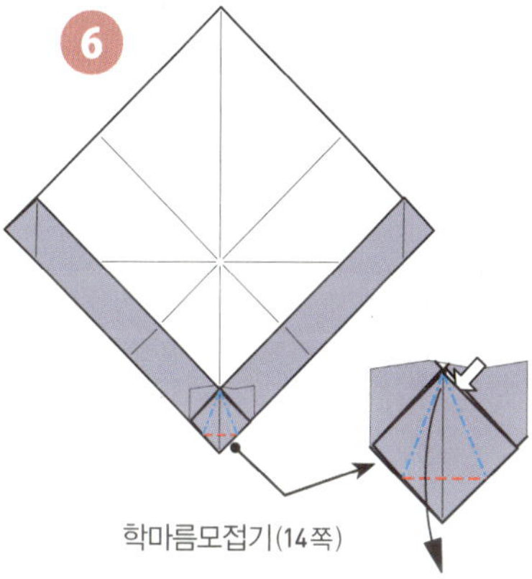

학마름모접기(14쪽)

7

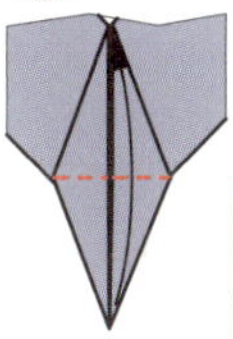

풀먹이기 시작
(보이는 뒷면 이외의
면에 풀먹이기)

8

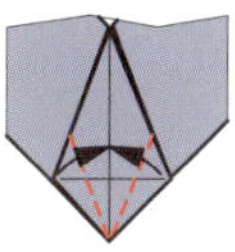

9

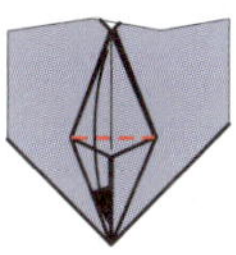

10

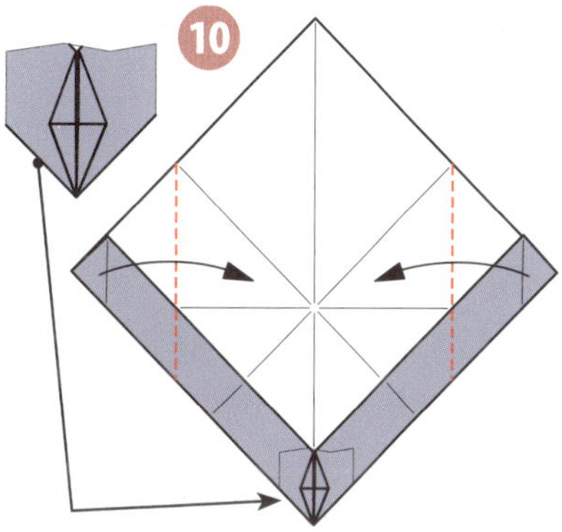

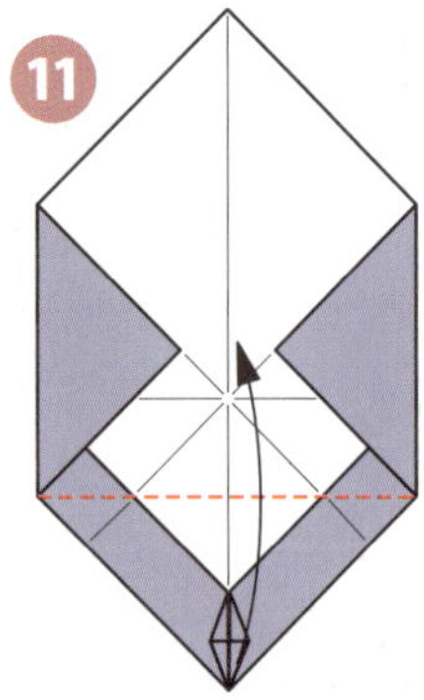

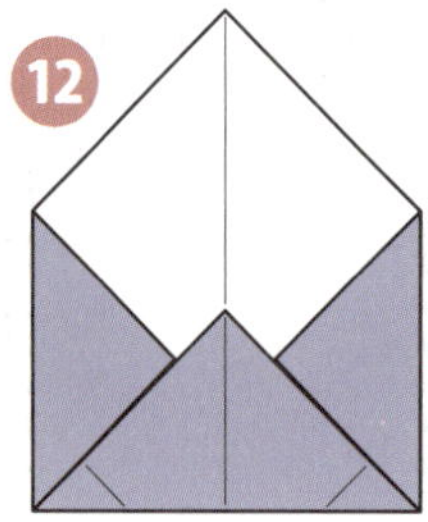

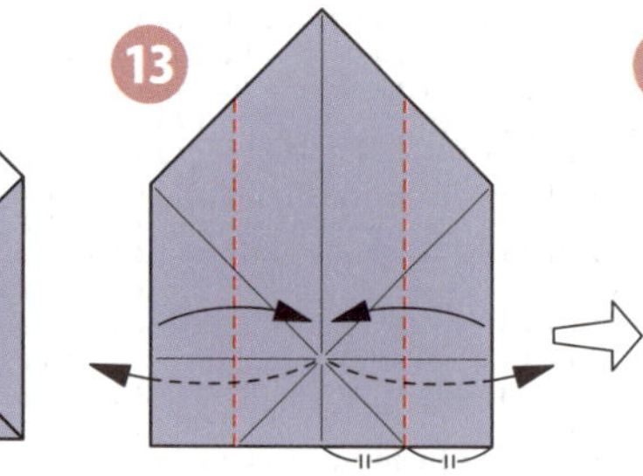

뒷면의 △은
펼치면서 접는다.

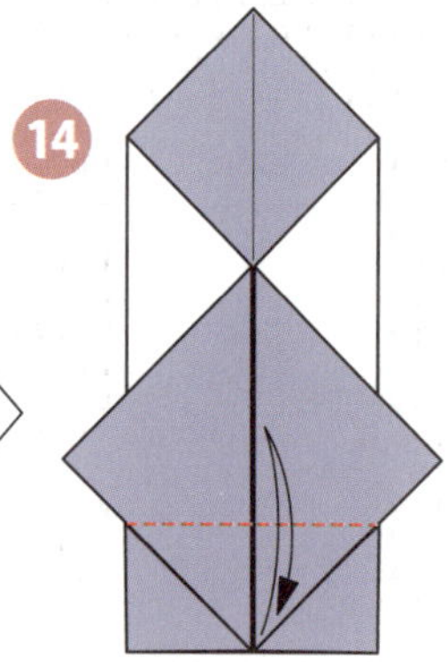

골짜기접기선으로
보조선을 만든다.

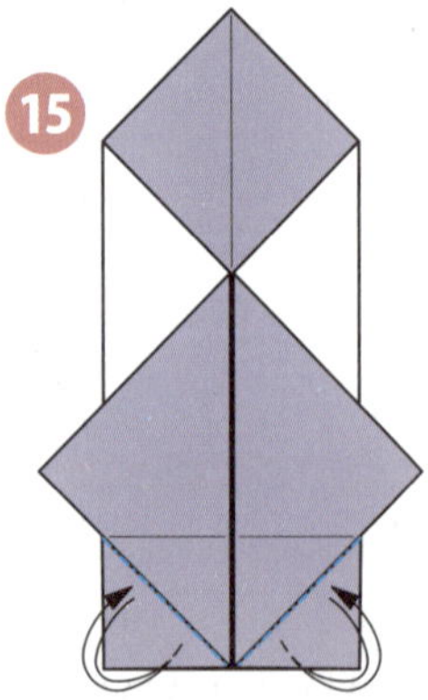

산접기선으로
보조선을 만든다.

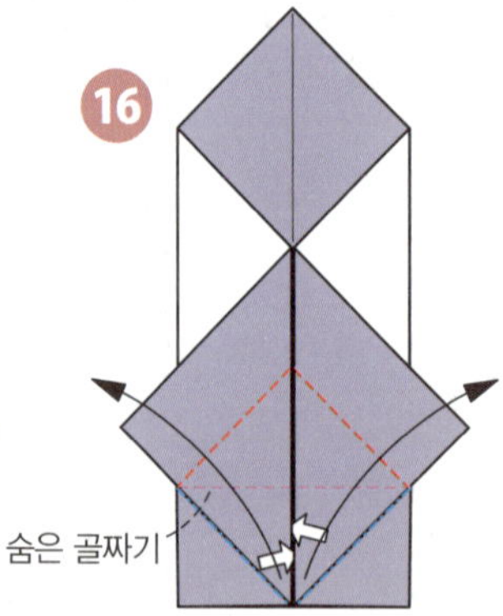

뒷면의 △은
펼치면서 표시선처럼
접는다.

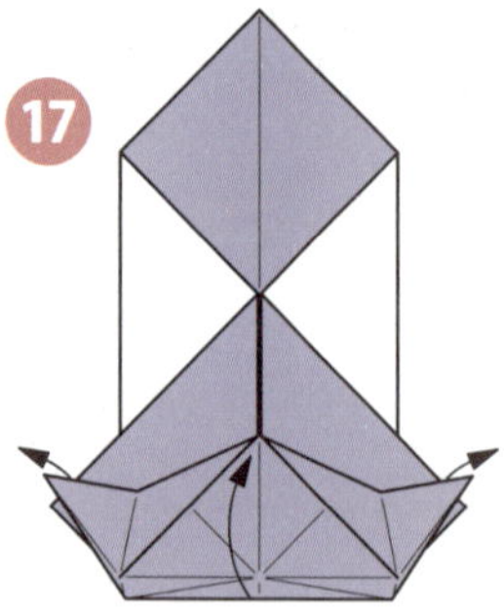

(과정 그림)

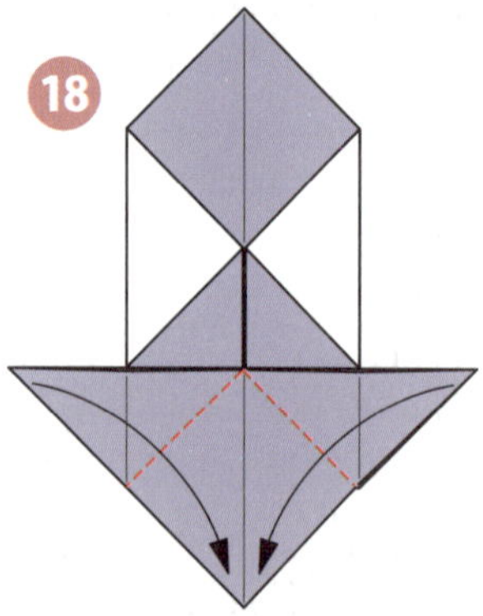

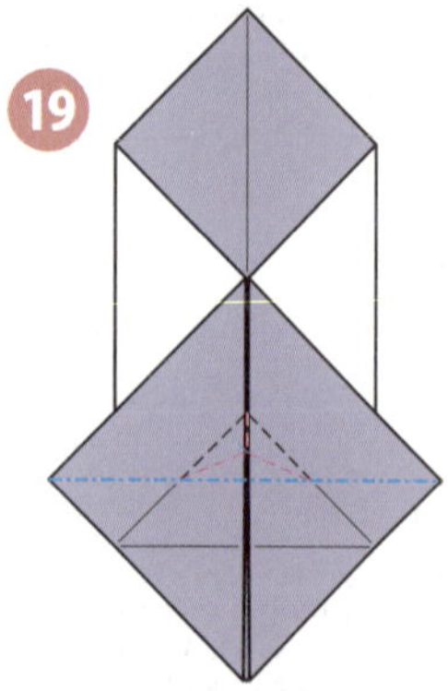

산접기선으로 보조선을 만들고
안에 있는 △으로
손잡이접기를 한다.

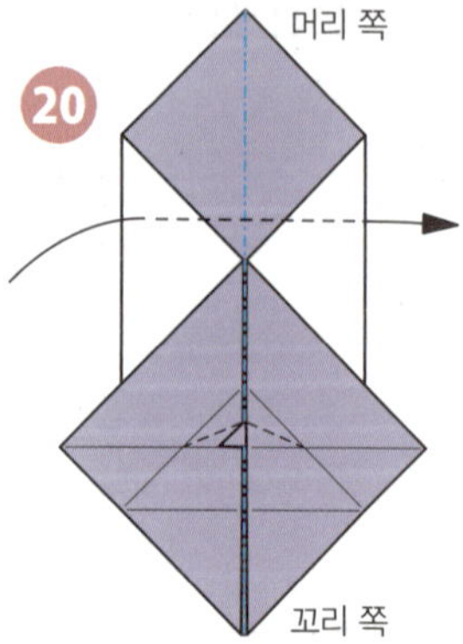

가운데의 중심선으로
반을 접고 방향을 바꾼다.

21

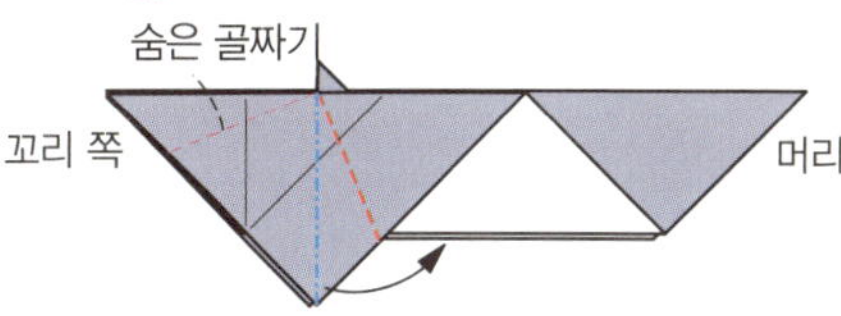

22

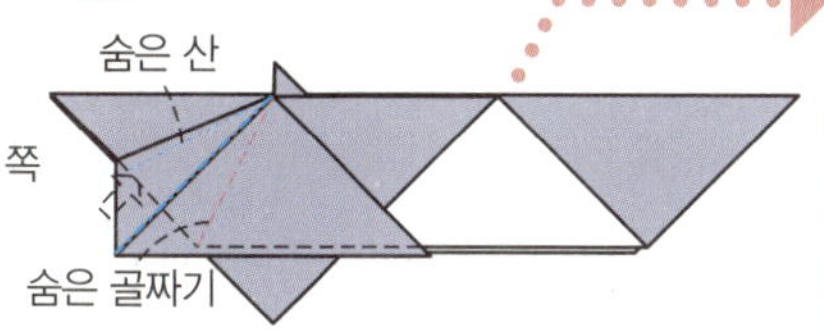

22-1

⇘ 를 벌린다.

22-2

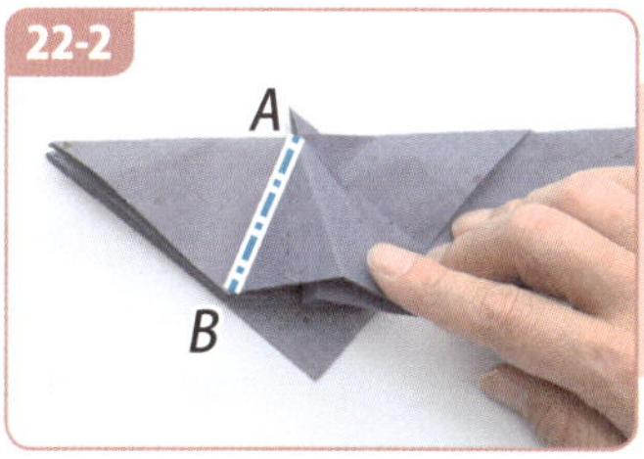

A-*B* 에 산접기선을 만든다.

22-3

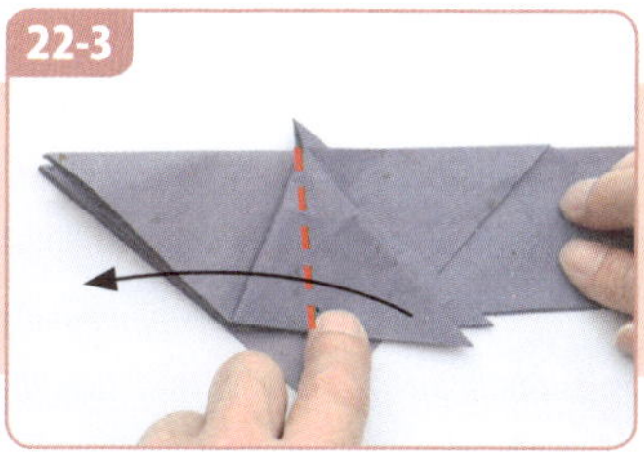

왼쪽으로 넘긴다.

22-4

왼쪽으로 넘긴 모습

23

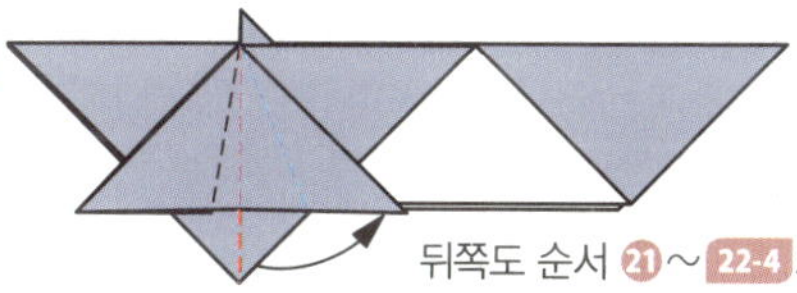

뒤쪽도 순서 21~22-4 와
같은 방법으로 접는다.

24

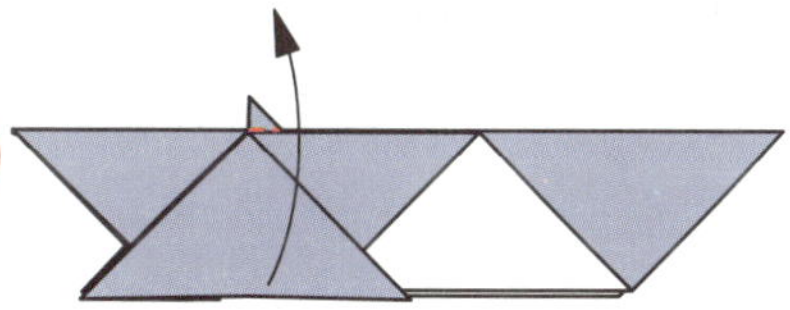

펼친다.

25

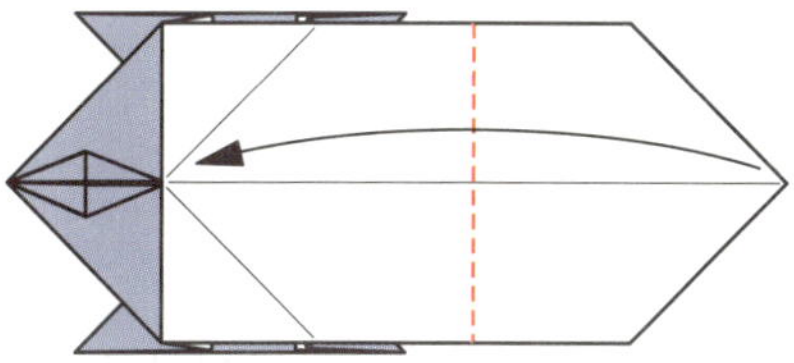

26

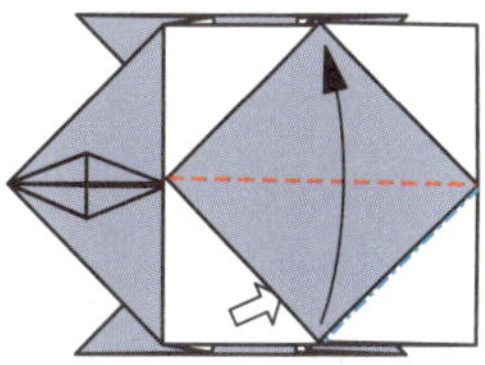

27

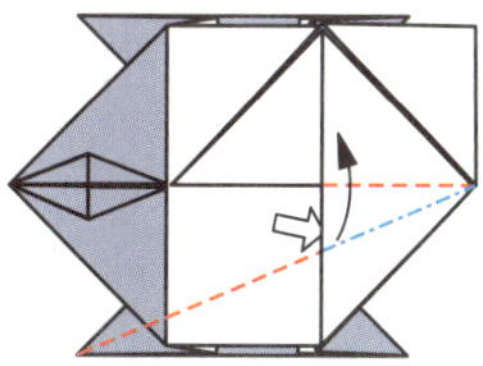

28

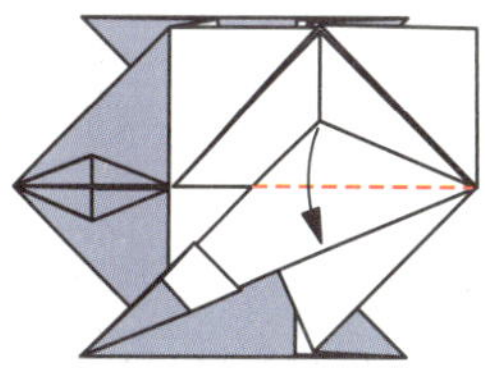

29

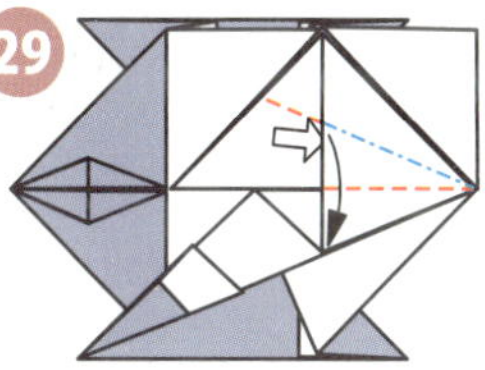

30

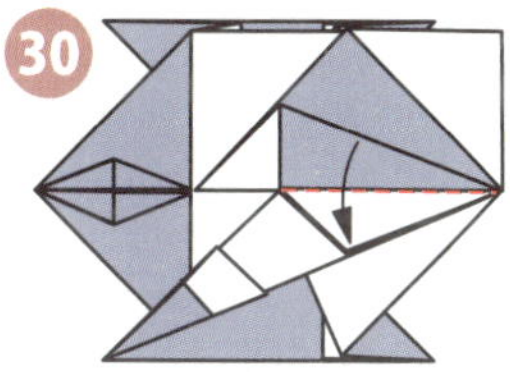

31

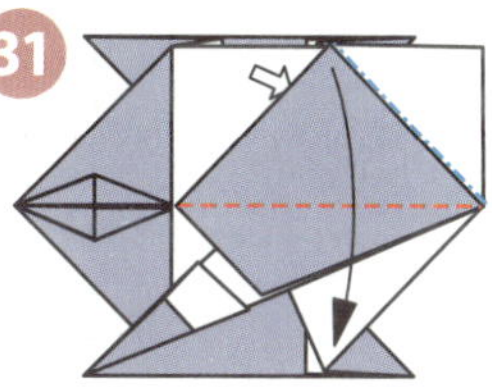

위쪽도 순서 26~30과
같은 방법으로 접는다.

32

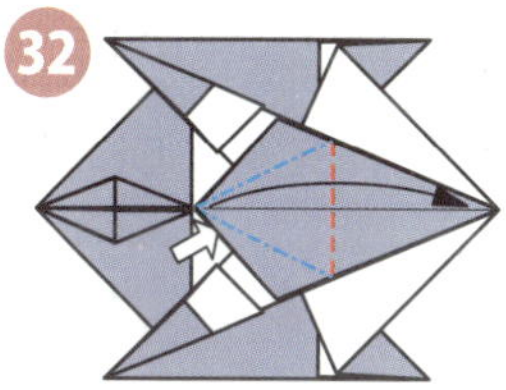

붓꽃접기(15쪽)

33

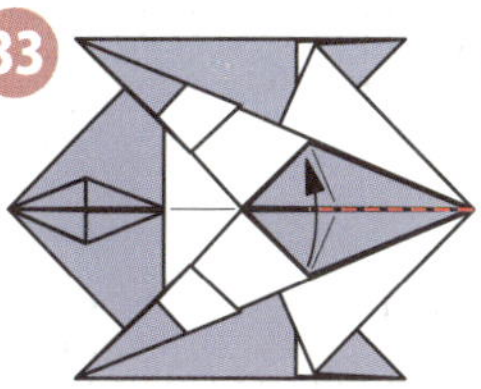

두 장 위로 넘긴다.

34

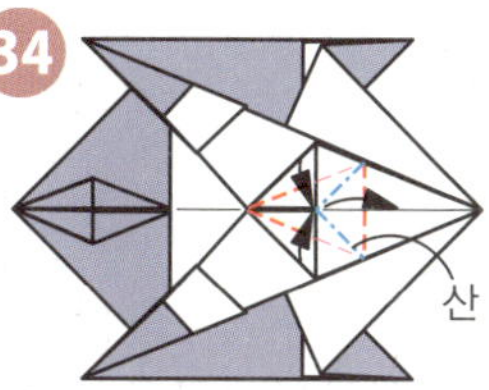

개구리 접기(14쪽)

35

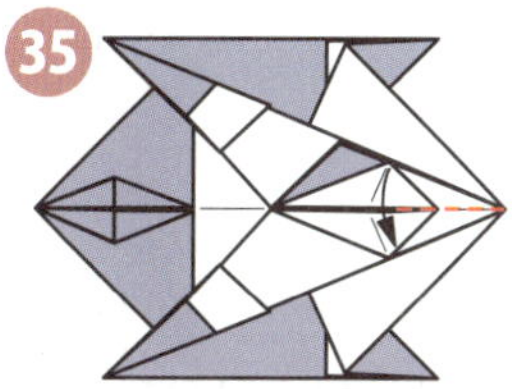

위쪽도 순서 33~34와
같은 방법으로 접는다.

36

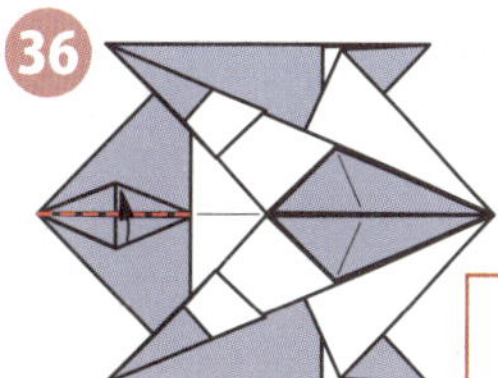

여기까지
기초접기

37

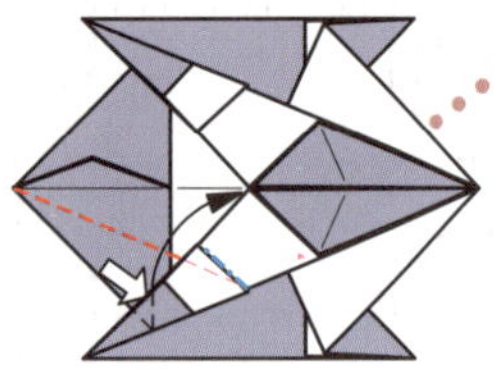

37-1

골짜기접기선을 만든다.

37-2

접는 모습

37-3

접은 모습

38

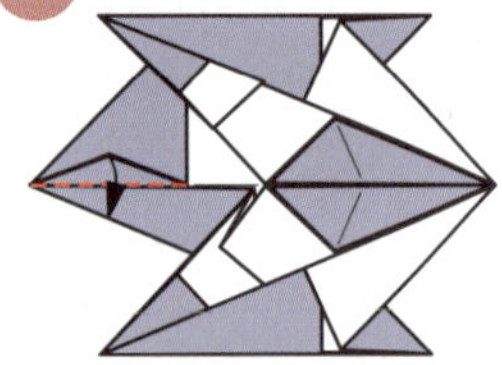

39

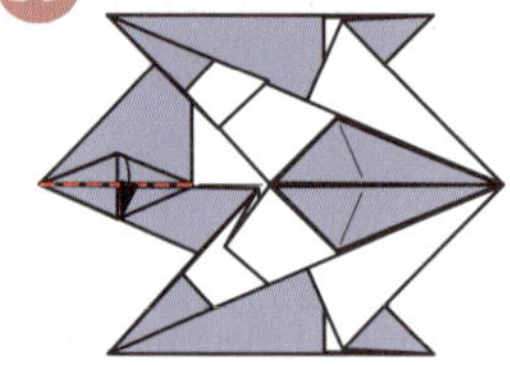

위쪽도 순서 36~38과
같은 방법으로 접는다.

40

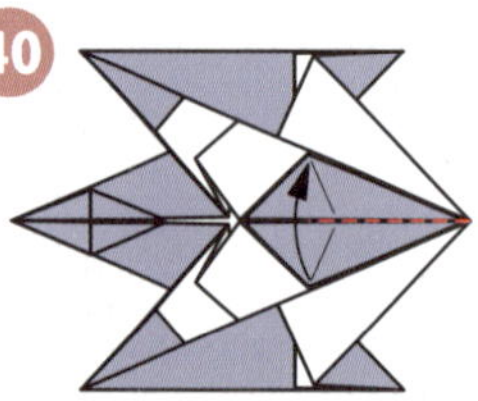

세 장을 위로 넘긴다.

41

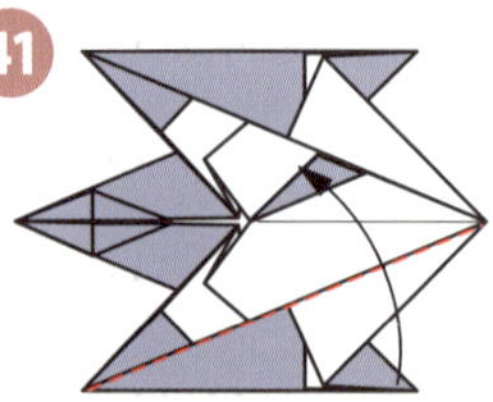

42

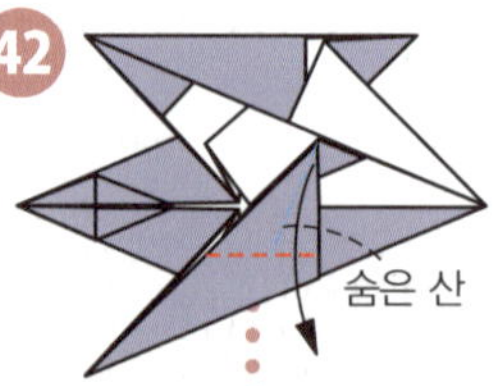

42-1

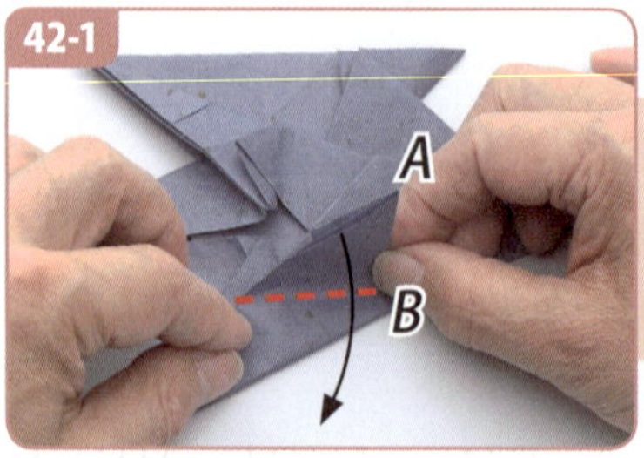

화살표 방향으로 넘긴다.

42-2

△*CDE* 의 변 *D-E* 가 42-1 의
산접기선 *A-B* 와 포개지도록 접는다
(42-1 의 골짜기접기선은 중심선과 평행이 된다).

43

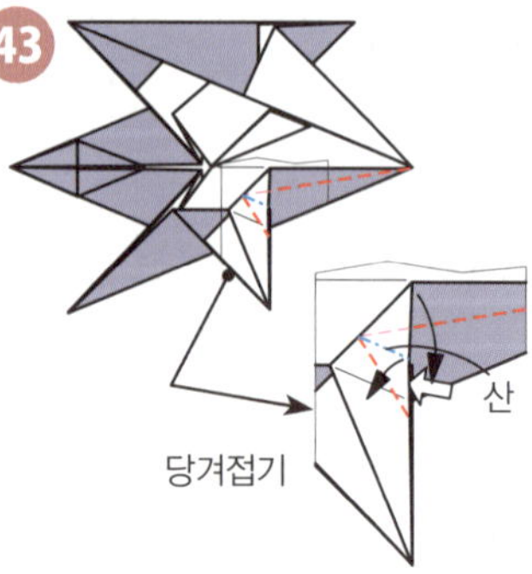

당겨접기

44

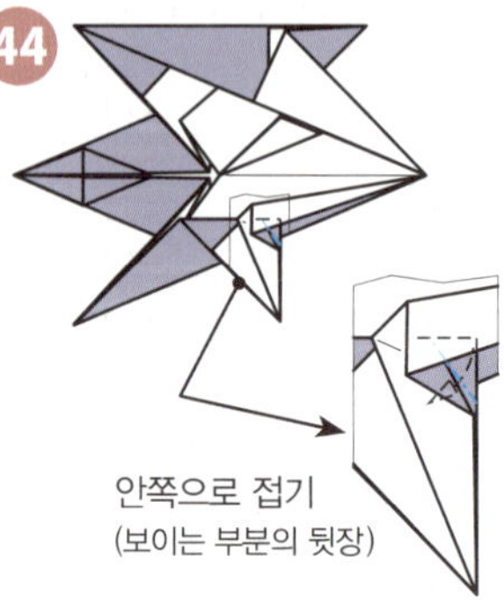

안쪽으로 접기
(보이는 부분의 뒷장)

45

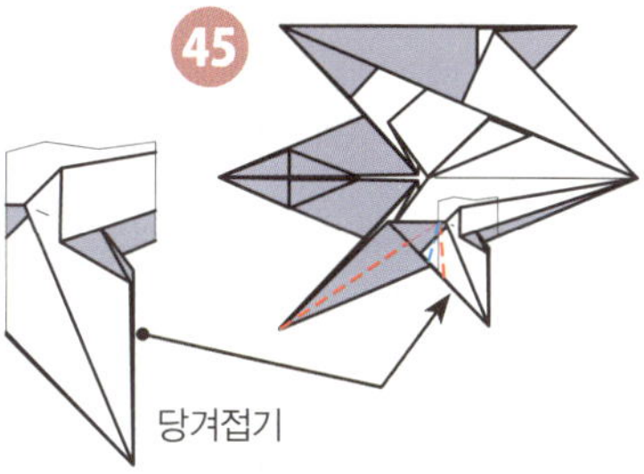

당겨접기

46

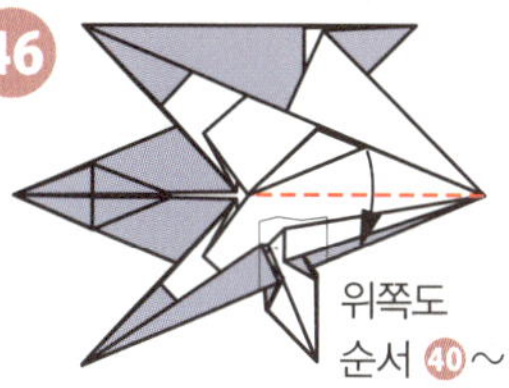

위쪽도
순서 40~45와
같은 방법으로 접고
위아래가 대칭이
되도록 한다.

47

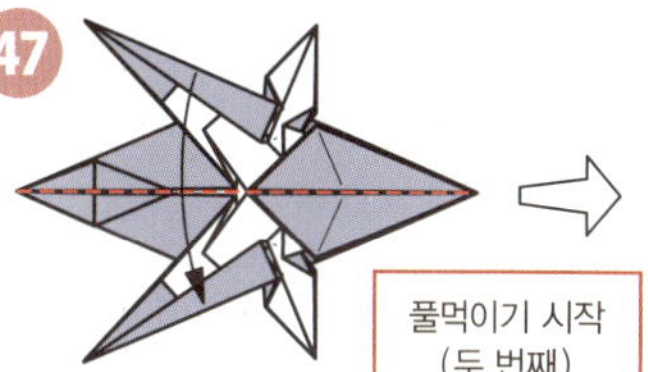

풀먹이기 시작
(두 번째)

가운데의
중심선으로 반을 접는다.

48

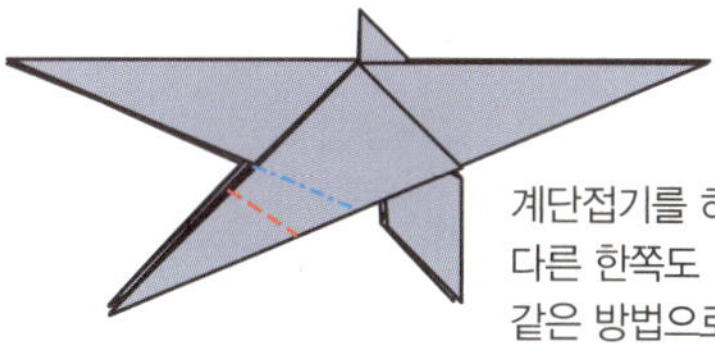

계단접기를 하고
다른 한쪽도
같은 방법으로 접는다.

49

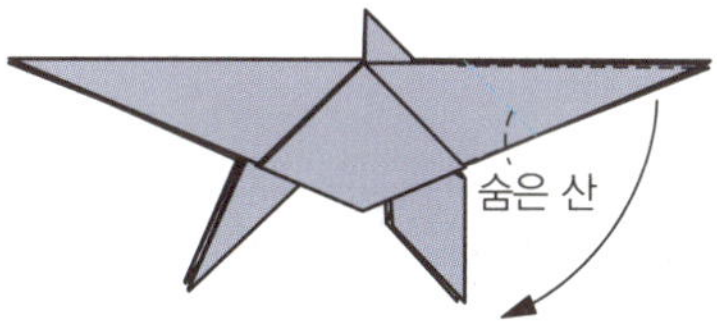

안에 있는 한 장
(순서 32에서 붓꽃접기를
한 부분)을 안쪽으로
접는다.

50

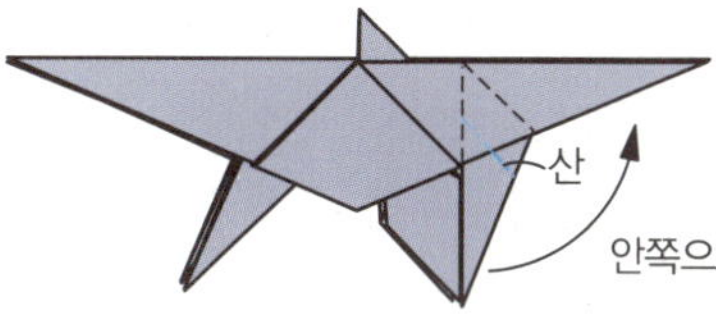

안쪽으로 접기

51

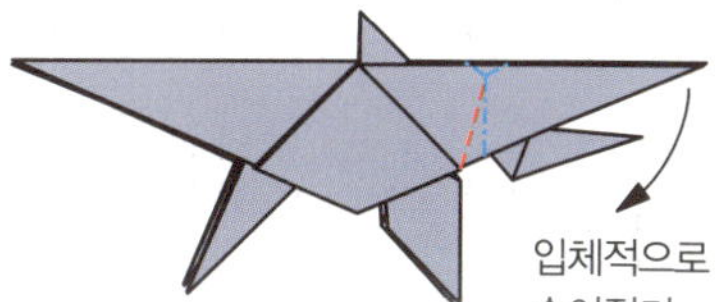

입체적으로
숙여접기

52

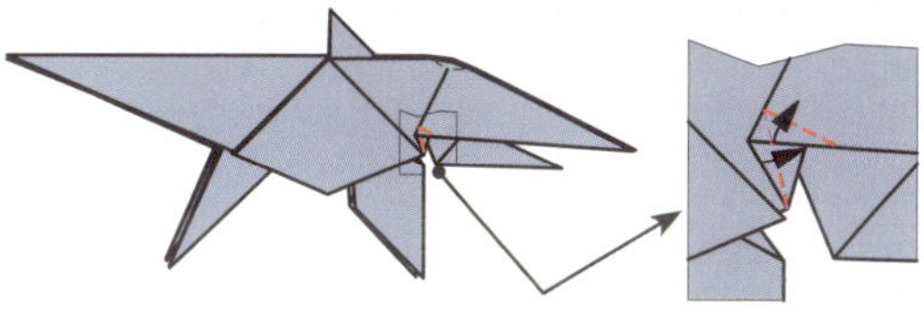

53

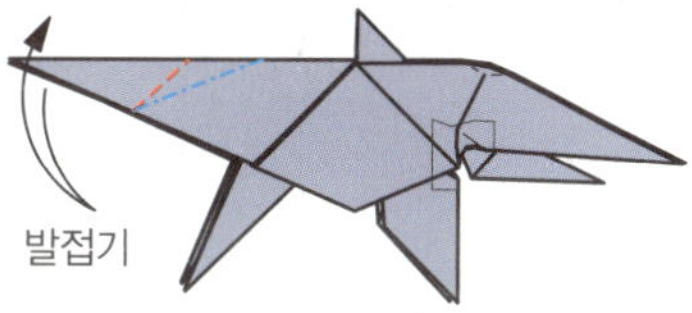

발접기

54

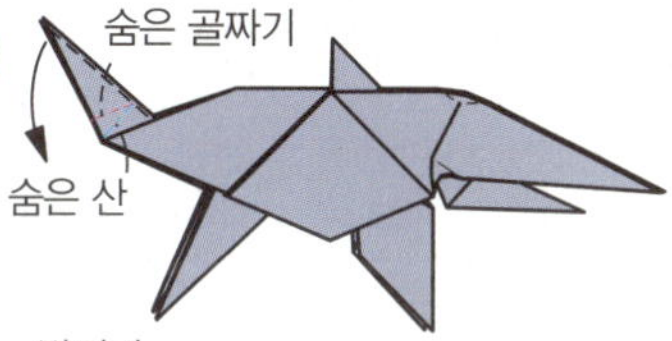

발접기

55

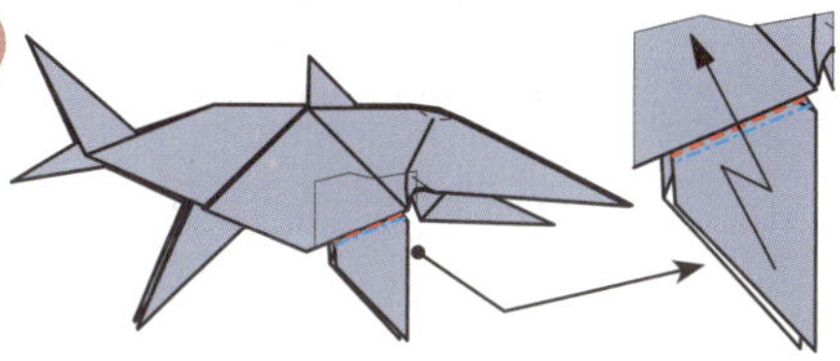

56

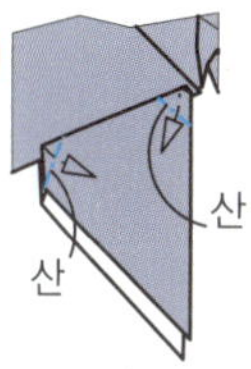

계단접기.
다른 한쪽도
같은 방법으로 접는다.

57

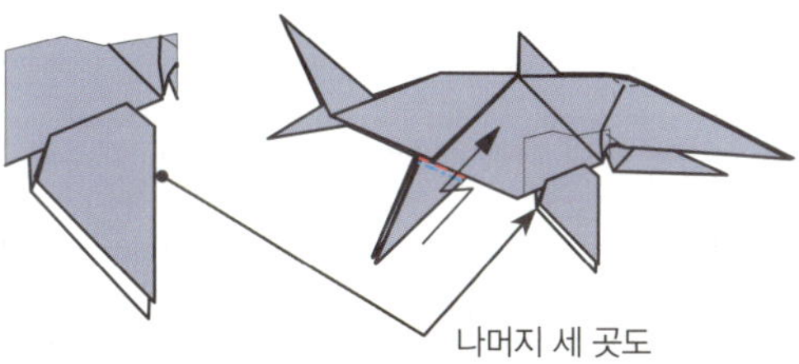

나머지 세 곳도
순서 56~57과
같은 방법으로 접는다.

58

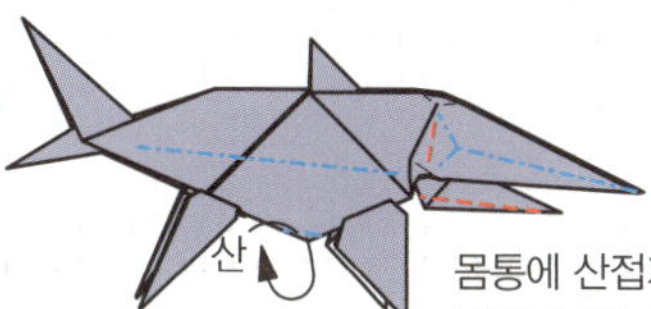

몸통에 산접기선을 만들고
머리를 가늘게 접는다.

59

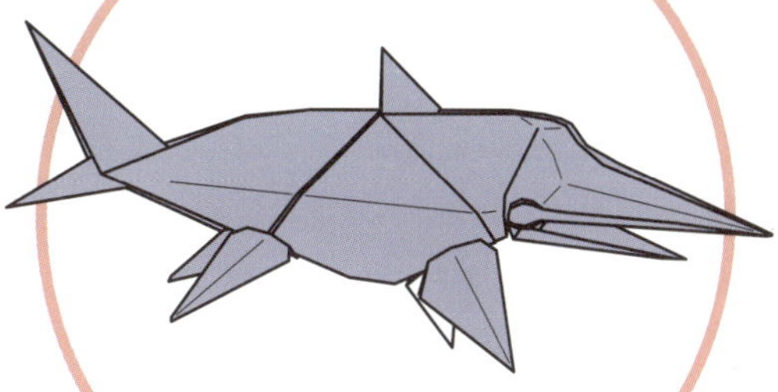

모양을 정리하여 완성한다.

REAL ORIGAMI

▶ 난이도 ★★★★☆

공룡 · 갑각류

게

★ 사용한 종이

40cm × 40cm 1장

POINT

앞서 출간된 『놀라운 리얼 종이접기 2 : 하늘을 나는 생물편』에 소개된 매미(74쪽), 비상하는 장수풍뎅이(80쪽)와 기초접기가 같은데, 원래 이 작품이 먼저 창작한 것이므로 '게 기초'라고 부르는 것이 맞을 것이다. 과정은 길지만 동일한 방법이 여러 번 되풀이되기 때문에 그림에 따라 충실히 접어 가다 보면 완성에 이를 것이다.

풀먹이기는 순서 ⑩의 형태가 완성된 단계에서 보이는 뒷면 이외의 면에만 해두면 순서 ㊳에서 두 번째 풀먹이기를 할 때 조금만 다시 펼쳐도 된다. 너무 커지지 않도록 순서 ㊼에서 접는 산접기선의 위치가 낮아지도록 하는 것이 게다운 모양이 되는 포인트다.

다리가 길어 보이게 하기 위해 가능한 한 몸통에 가까운 지점에서 순서 ㊳의 가늘게 접기를 하고, 집게가 시작되는 부분이 집게보다 두꺼워지지 않도록 주의한다. 이 점들을 염두에 두고 접어 보자.

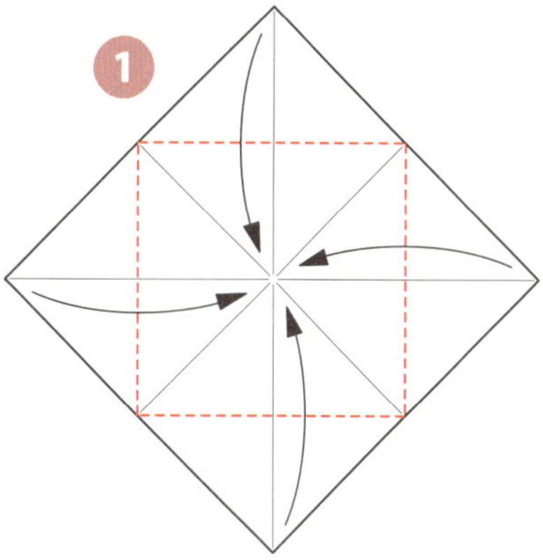

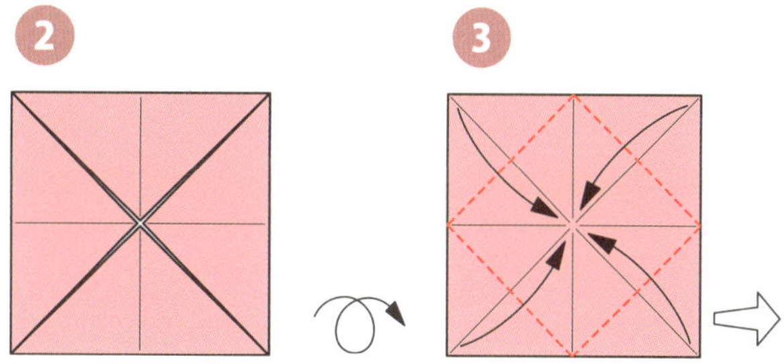

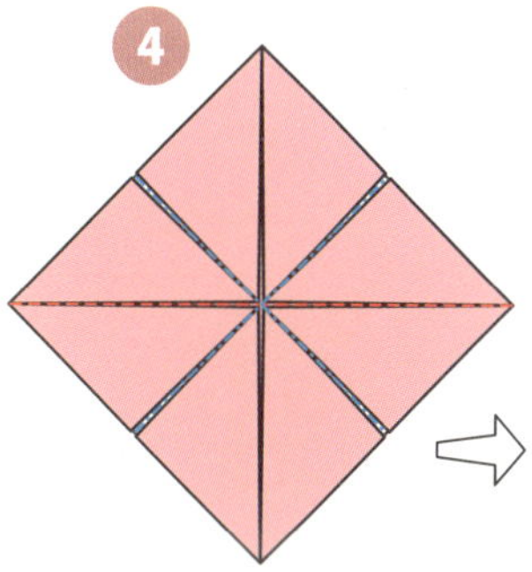

보이는 면을 앞으로 하여
사각주머니(14쪽)를 접는다.

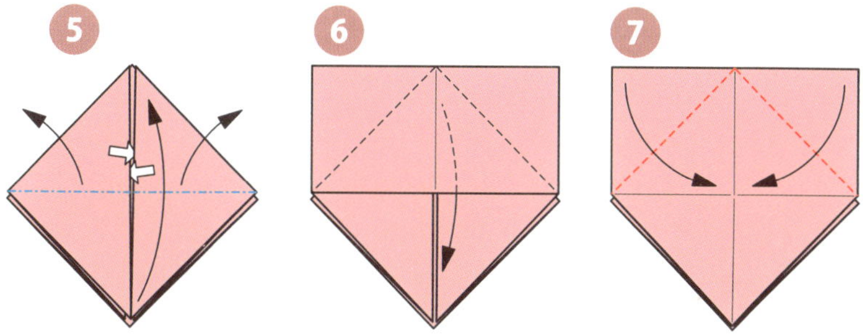

안에 있는 한 장을 꺼낸다.

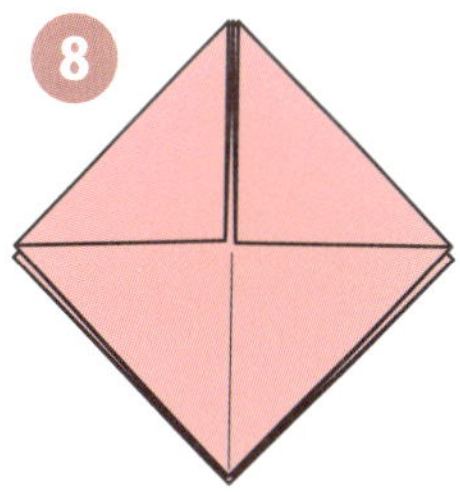

나머지 세 곳도 순서 5~7과
같은 방법으로 접는다.

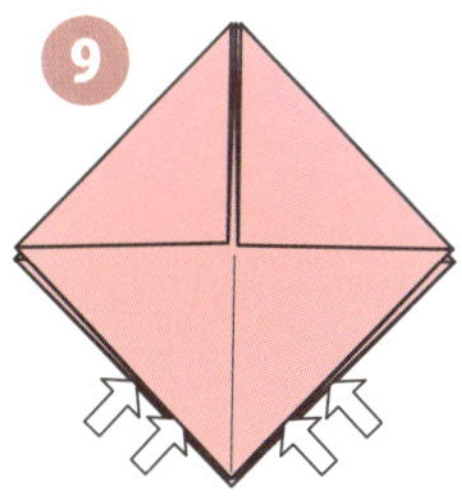

사각주머니를 펼친다.

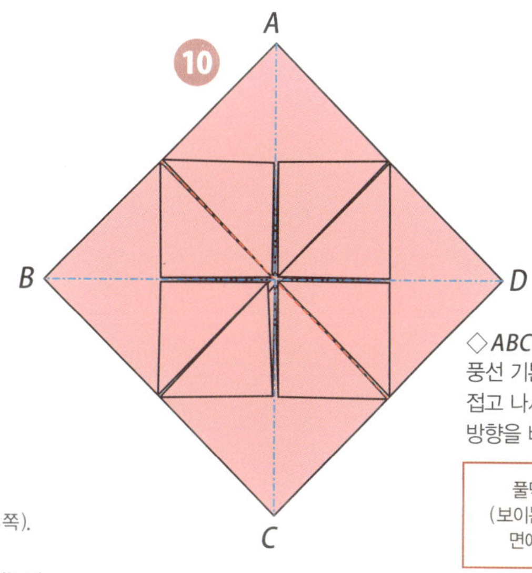

◇*ABCD*를
풍선 기본형(15쪽)을
접고 나서
방향을 바꾼다.

풀먹이기 시작
(보이는 뒷면 이외의
면에 풀먹이기)

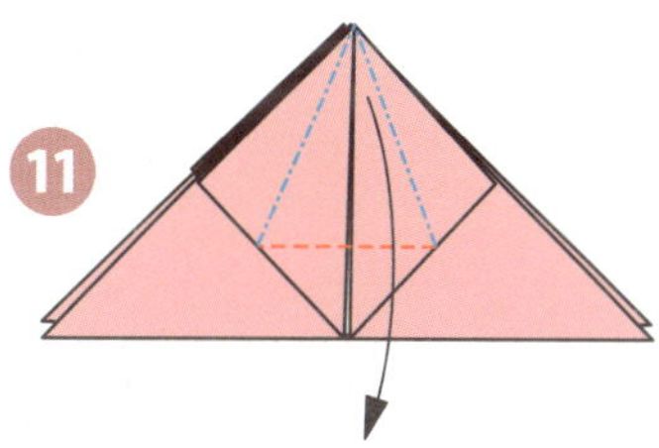

학마름모접기(14쪽).
나머지 세 곳도
같은 방법으로 접는다.

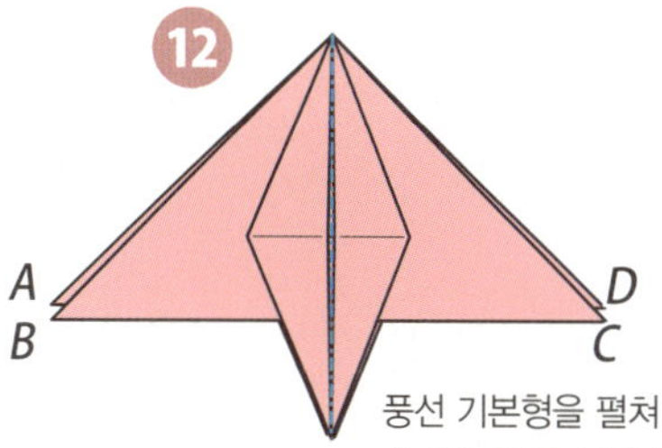

풍선 기본형을 펼쳐
◇*ABCD*를 사각주머니로
다시 접는다.

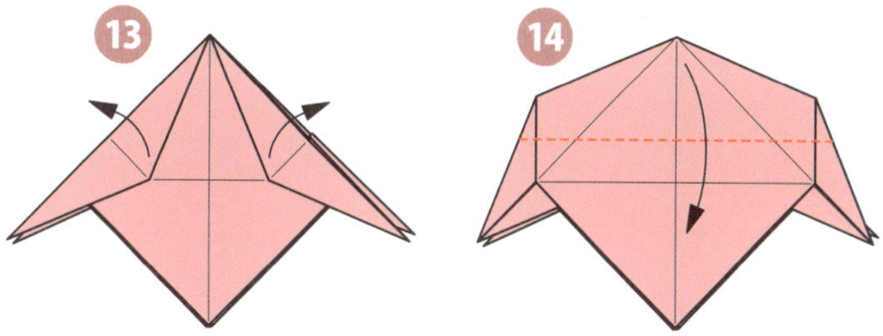

15

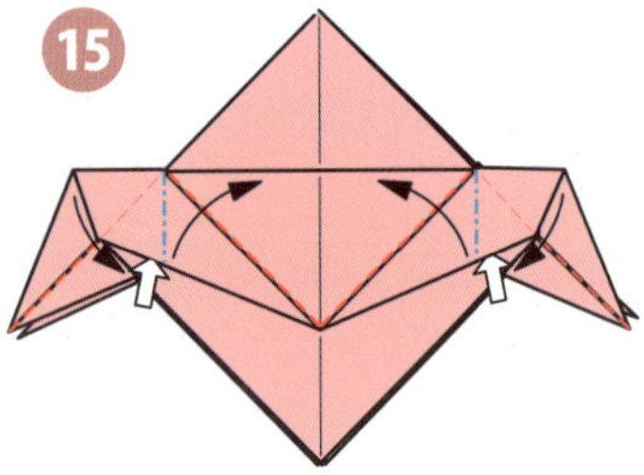

16

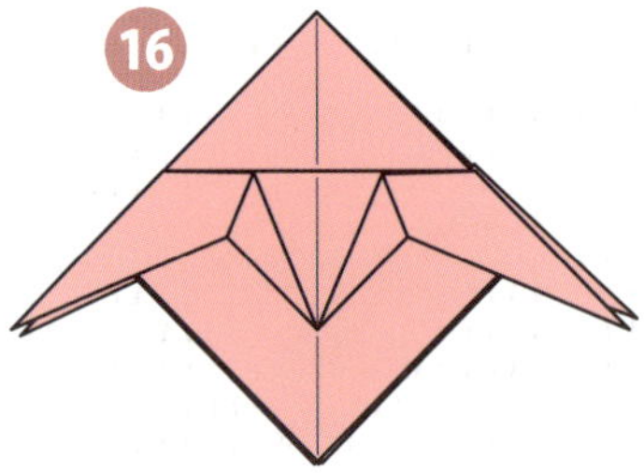

나머지 세 곳도 순서 13~15와
같은 방법으로 접는다.

17

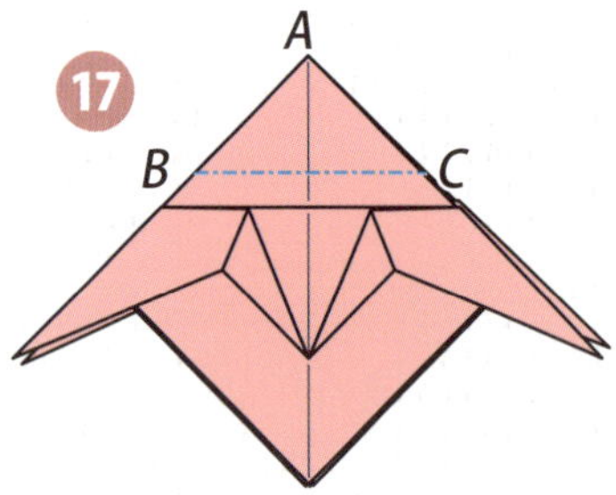

△*ABC*를 함몰접기한다.

18

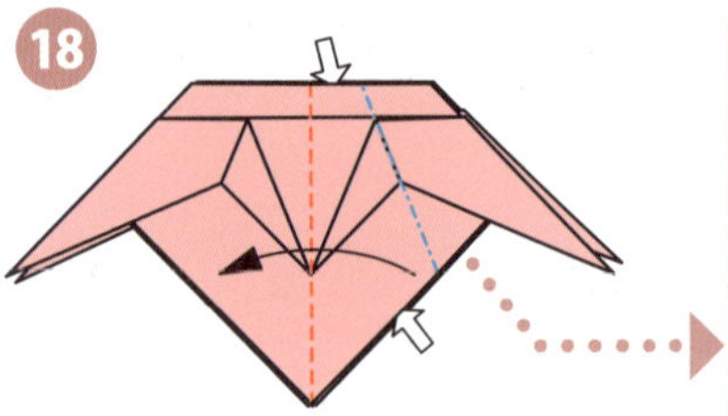

⇩와 ⇖를 벌리며 펼쳐 눌러접는다.

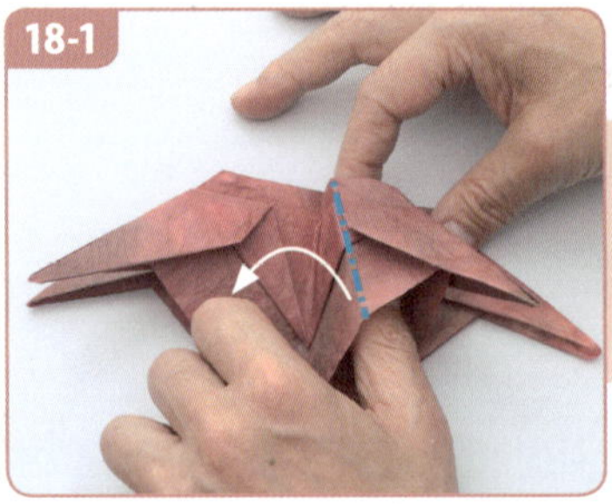

위아래에 손가락을 넣고 벌리며 접는다.

접는 모습

접은 모습

19

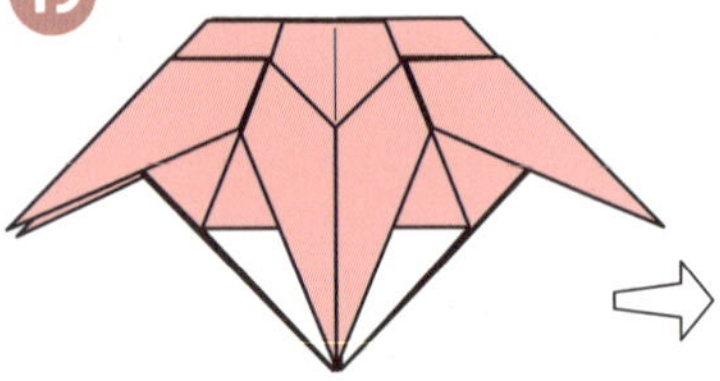

나머지 세 곳도
같은 방법으로 접는다.

20

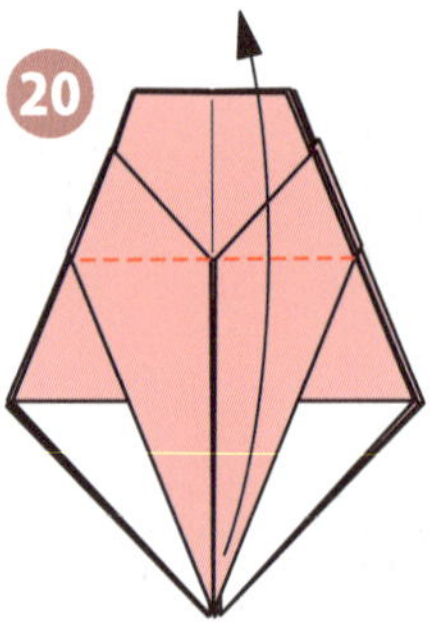

21

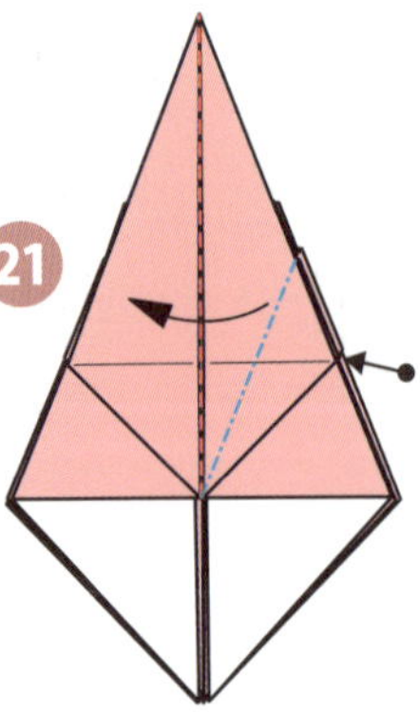

←●를
누르며 접는다.

22

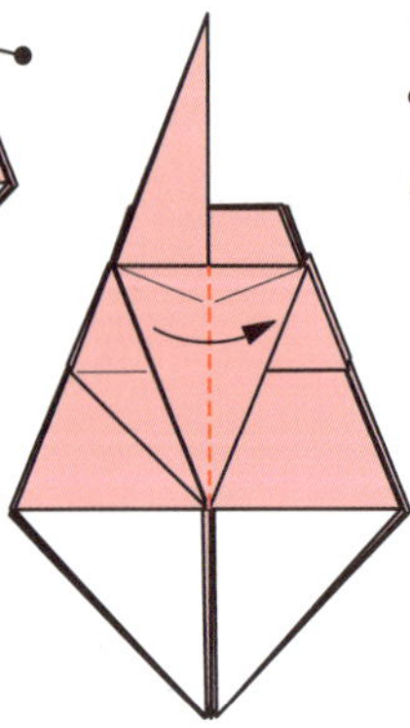

한 장만 오른쪽으로
넘긴다.

23

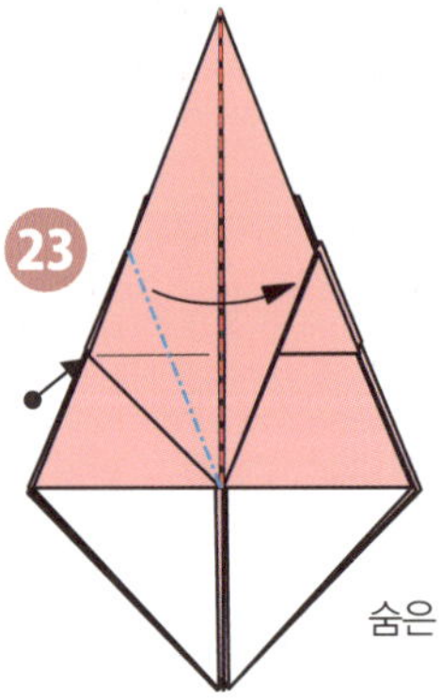

왼쪽도 누른다.

24

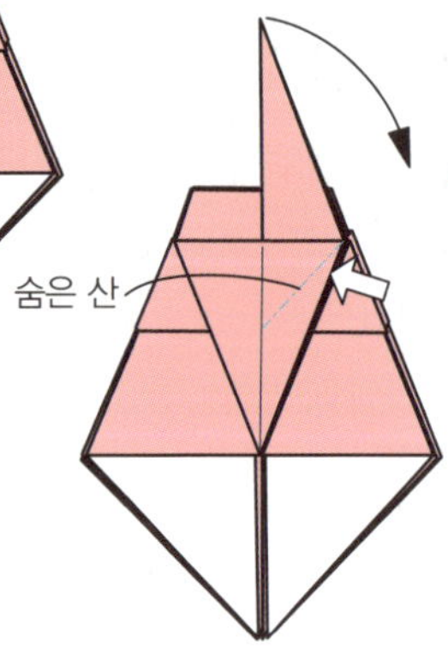

25

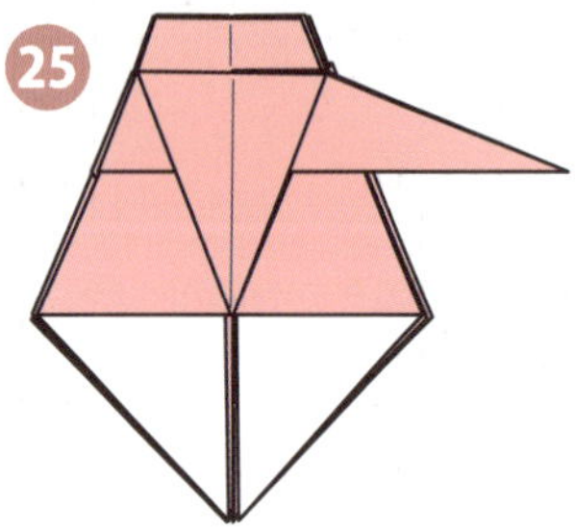

나머지 세 곳도
순서 20~24와
같은 방법으로 접는다.

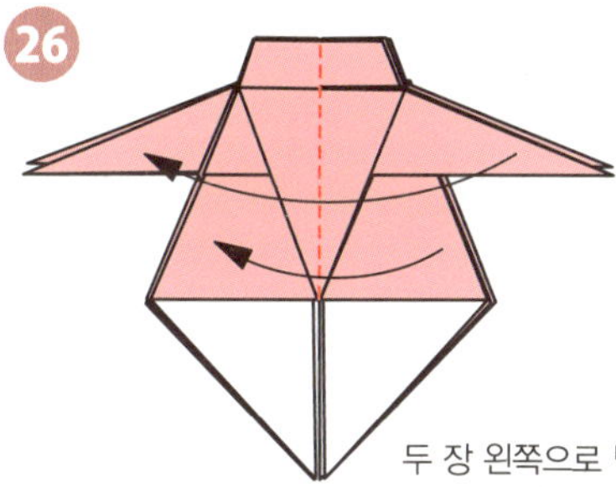

두 장 왼쪽으로 넘긴다.
뒤쪽도 같은 방법으로 접어
좌우 대칭이 되도록 한다.

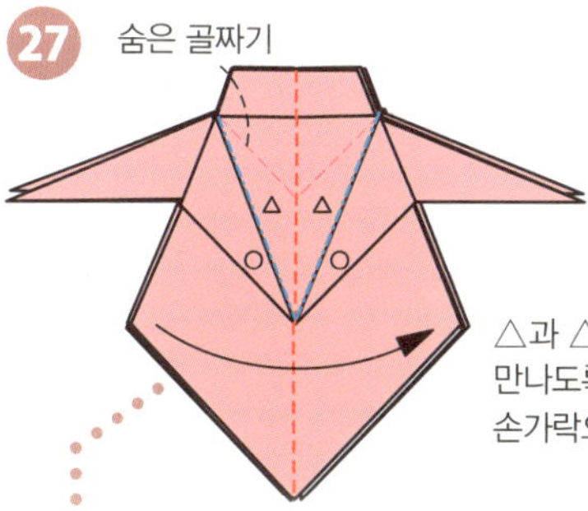

△과 △의 면을 골짜기접기선으로
만나도록 하고 ○과 ○을
손가락으로 잡고 앞으로 꺼낸다.

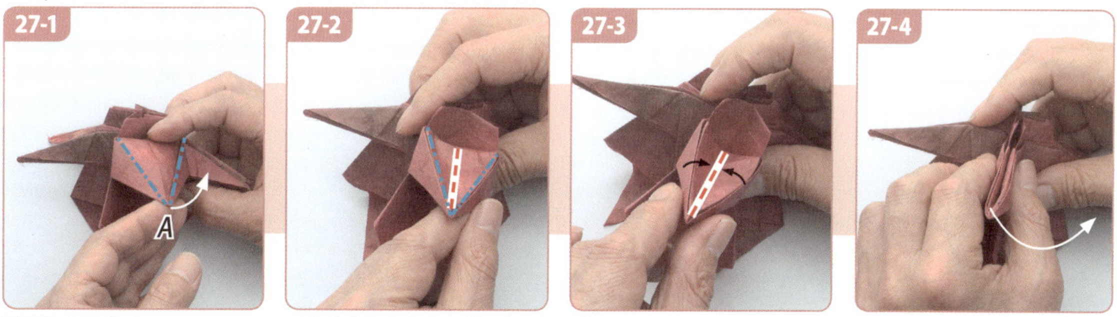

꼭짓점 *A* 를 올려
산접기선 두 개를 만든다.

가운데에 골짜기접기선을 만든다.

끼우듯이 하며 접는다.

접고 나서 오른쪽으로 넘긴다.

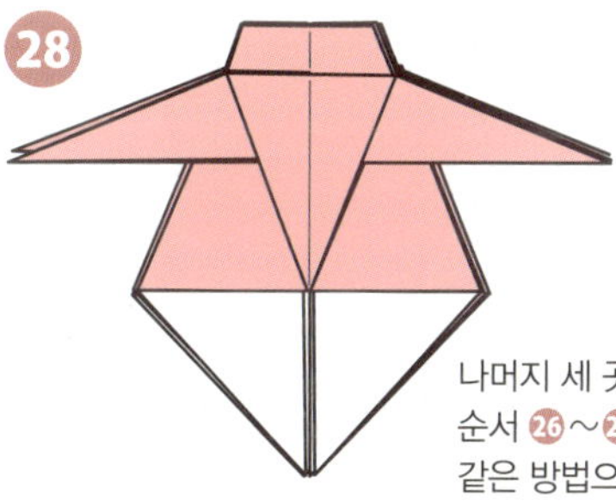

나머지 세 곳도
순서 26~27과
같은 방법으로 접는다.

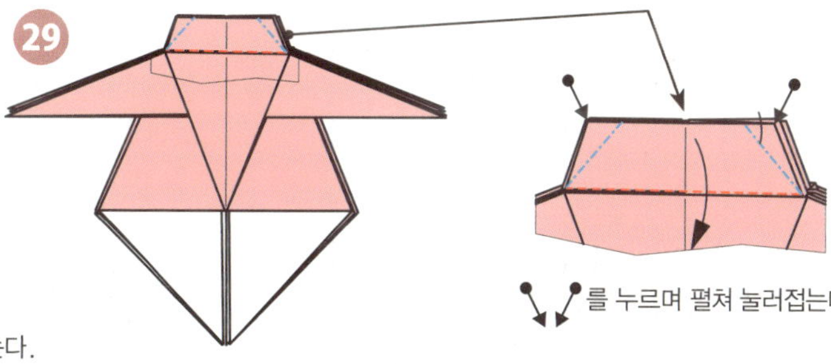

를 누르며 펼쳐 눌러접는다.

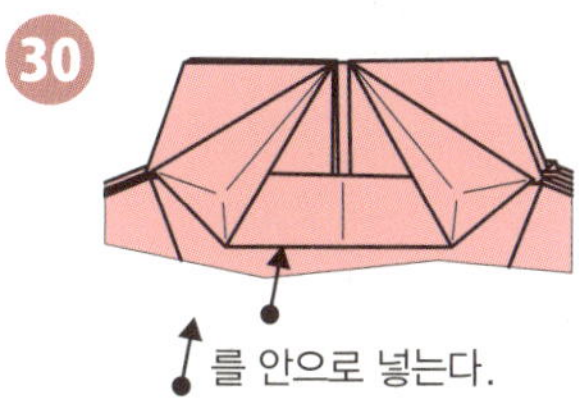

를 안으로 넣는다.

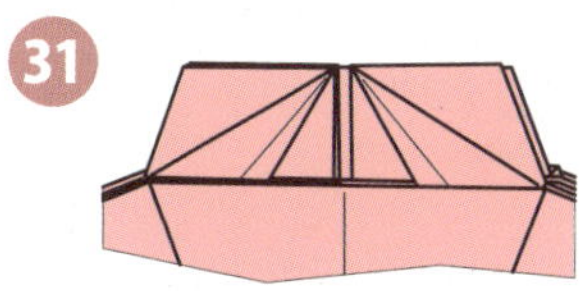

나머지 세 곳도 순서 29~30과
같은 방법으로 접는다.

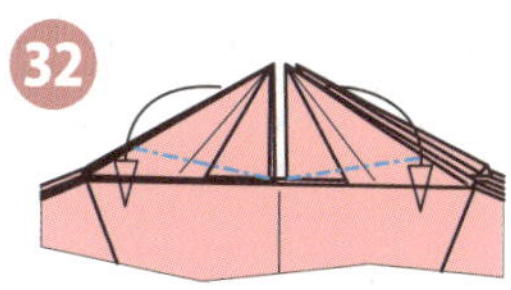

네 곳 모두 안쪽으로 접기

33

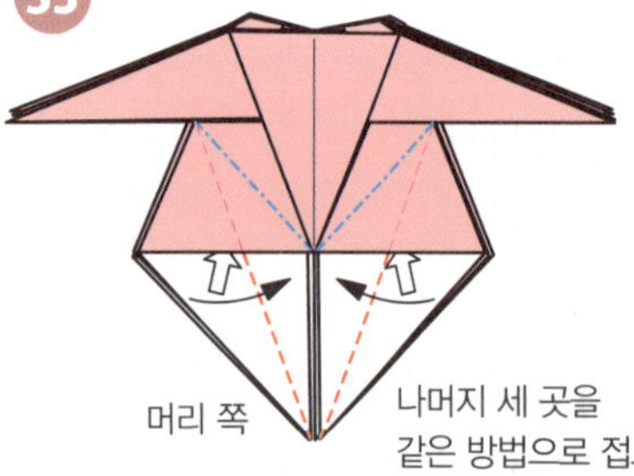

나머지 세 곳을
같은 방법으로 접고 나서
위아래 방향을 바꾼다.

34

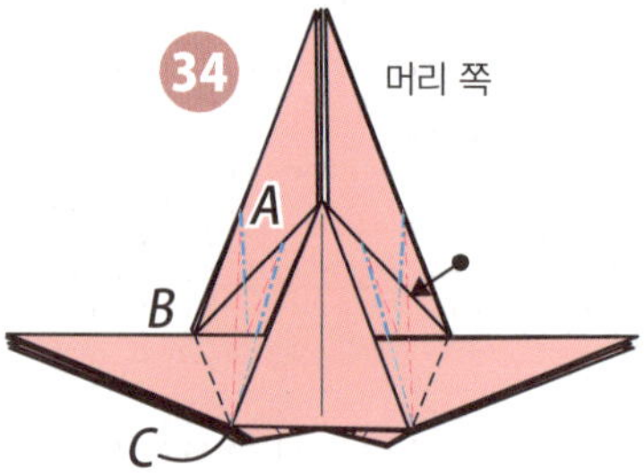

△*ABC*를
함몰접기하고 오른쪽도
같은 방법으로 접는다.

여기까지
기초접기

35

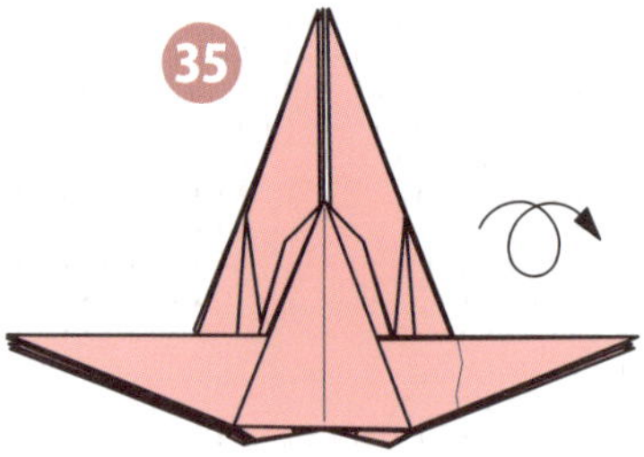

이 면으로 등을 만든다.

36

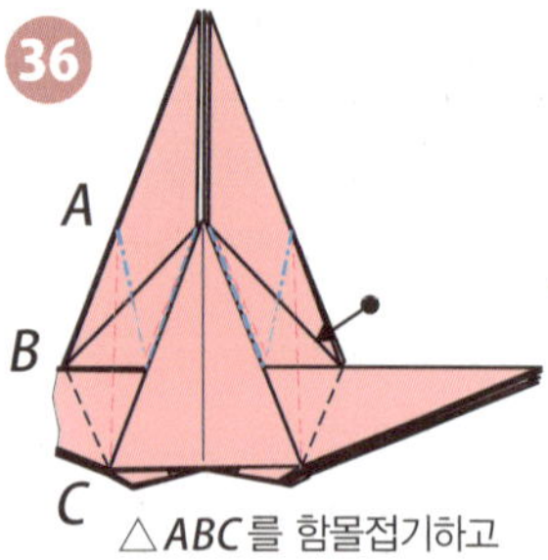

△*ABC*를 함몰접기하고
오른쪽도
같은 방법으로 접는다.

37

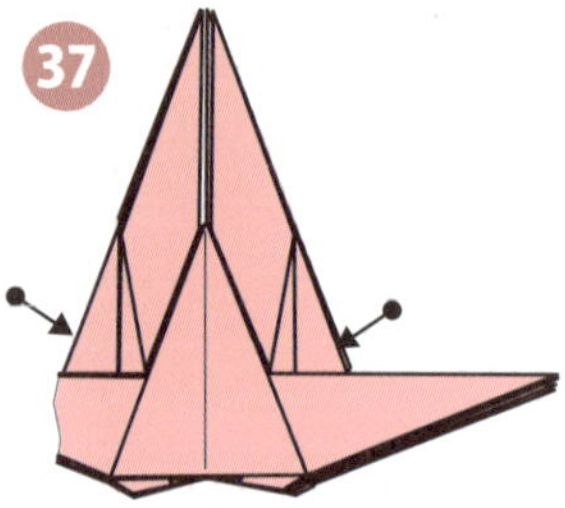

나머지 두 곳도 순서 36과
같은 방법으로 접고
순서 35를 정면으로 둔다.

38

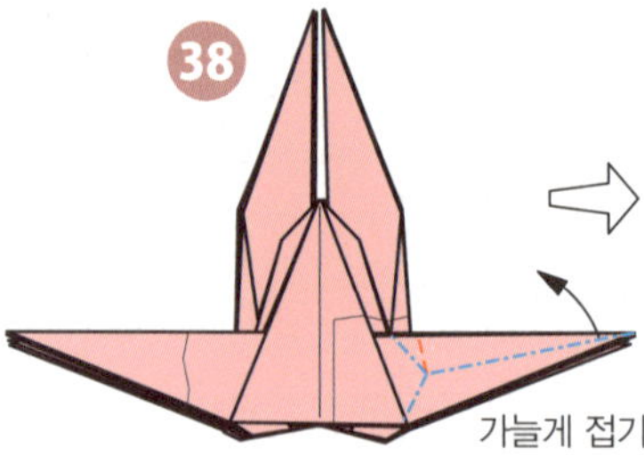

풀먹이기 시작
(두 번째)

39

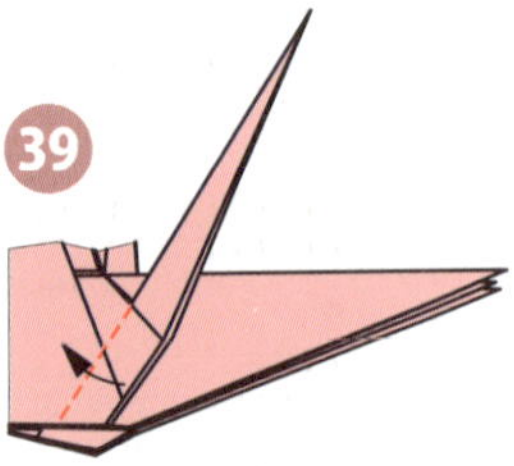

뒤도 같은 방법으로 접는다.

40

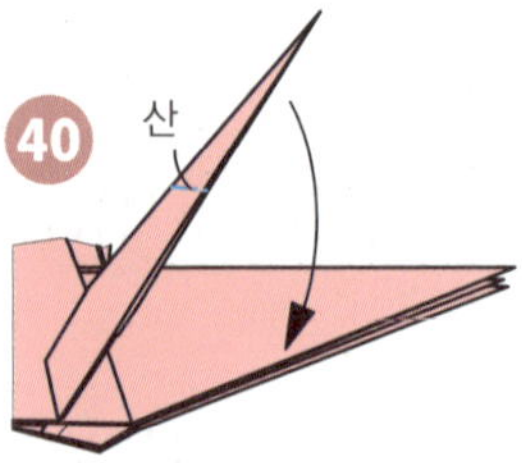

안쪽으로 접기

41

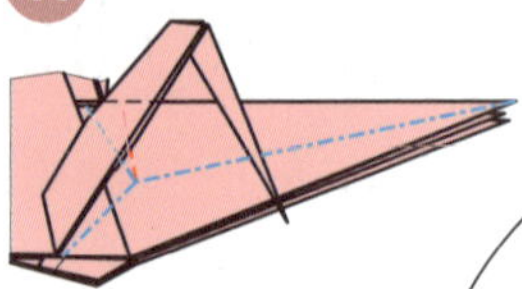

나머지 다리 일곱 개를
순서 38~40과
같은 방법으로 접는다.

42

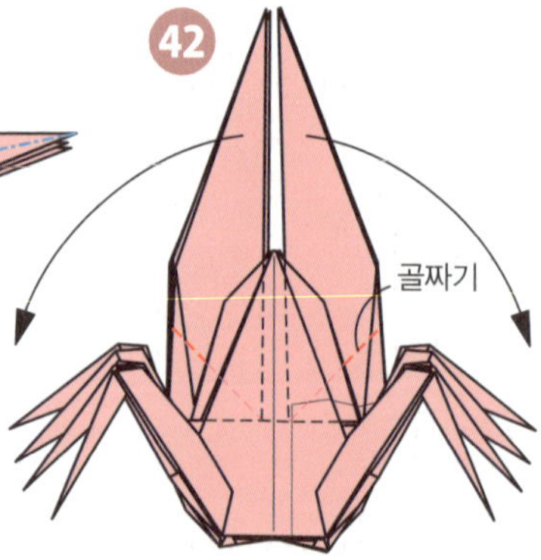

다리 네 개 모두
골짜기접기한다.

43

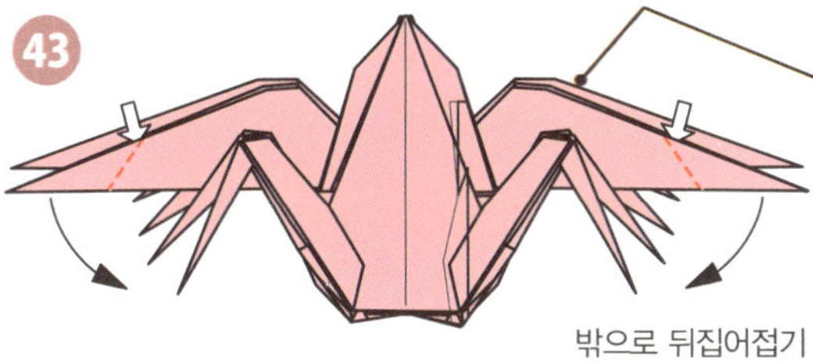

밖으로 뒤집어접기

44

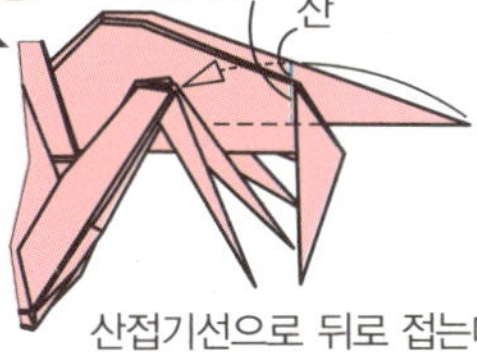

산접기선으로 뒤로 접는다.
왼쪽도 같은 방법으로
접는다.

45

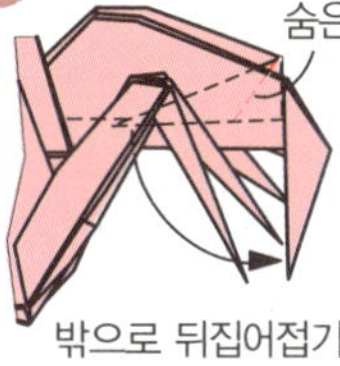

밖으로 뒤집어접기를
한 다음 왼쪽도
같은 방법으로 접는다.

46

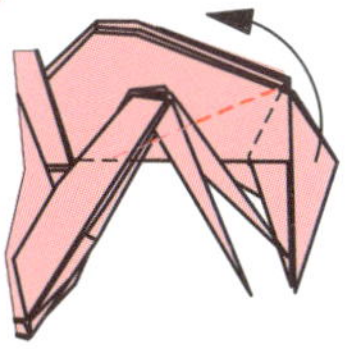

두 장을 한꺼번에 접고
반대쪽도 같은 방법으로 접는다.

47

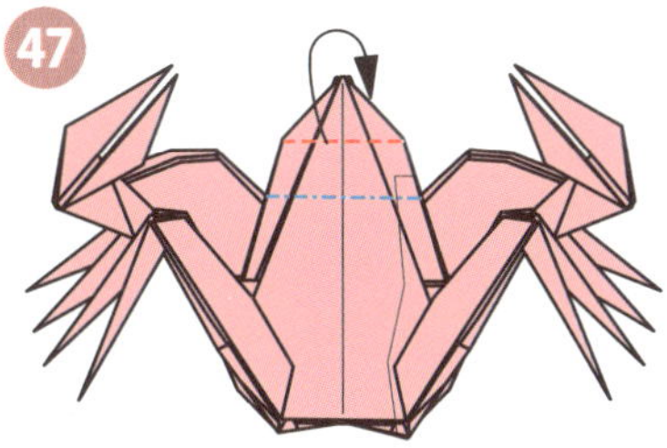

48

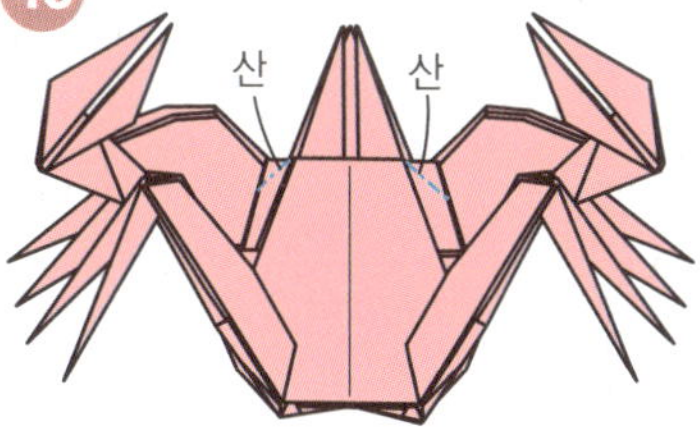

49

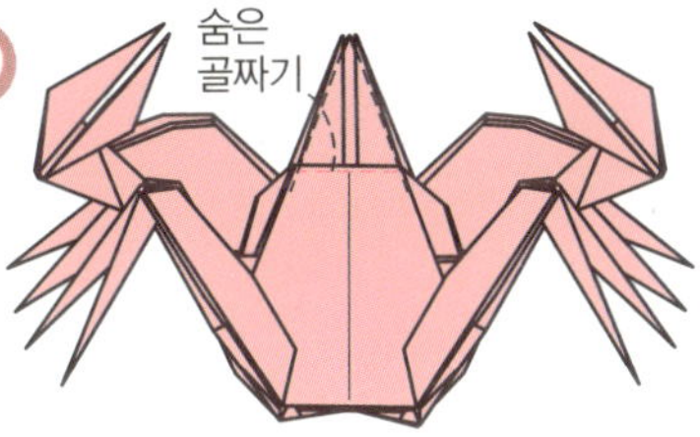

뒷장을 안으로
골짜기접기한다.

50

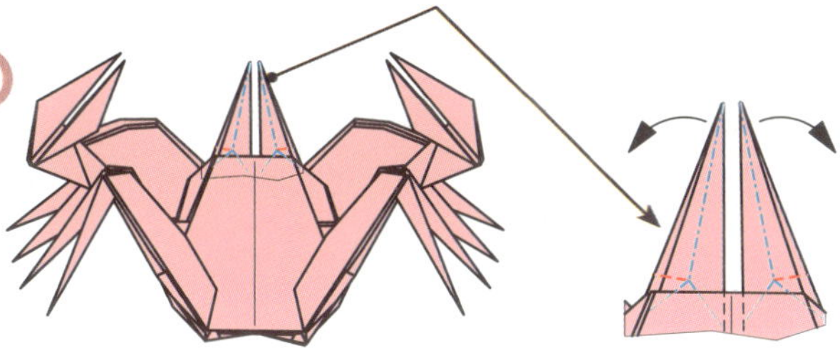

가늘게 접기

51

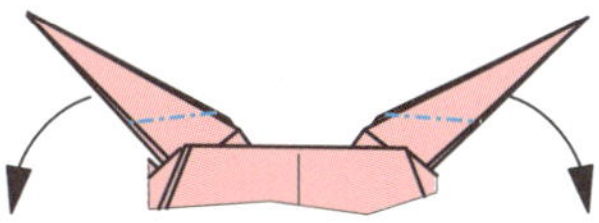

안쪽으로 접기

52

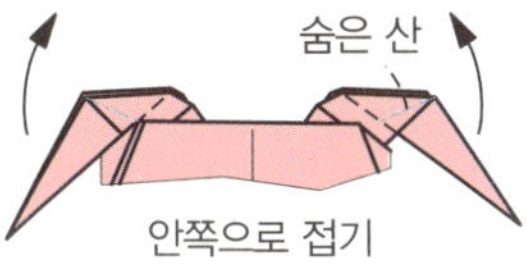

안쪽으로 접기

53

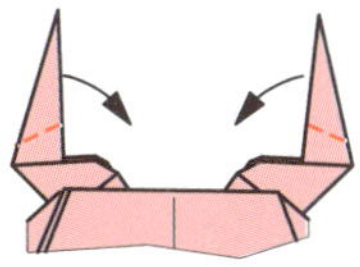

밖으로 뒤집어접기

54

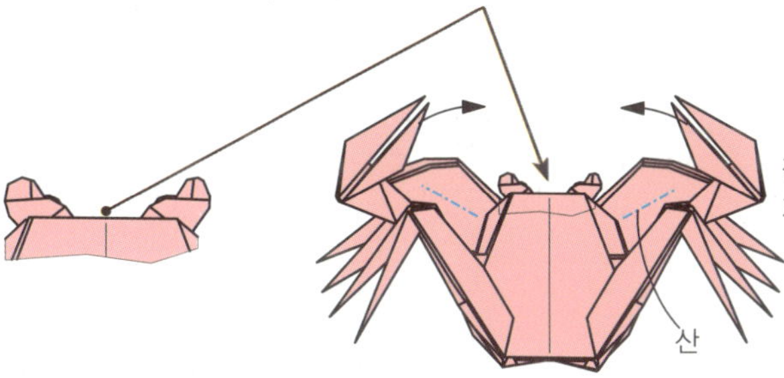

집게다리를 가늘게 하고
가운데로 모은다.

55

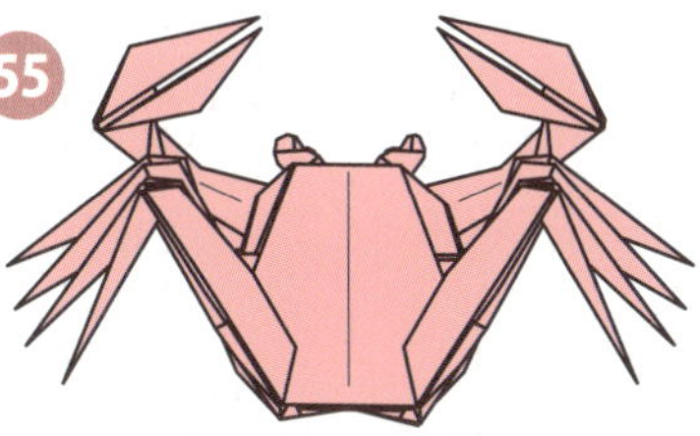

56

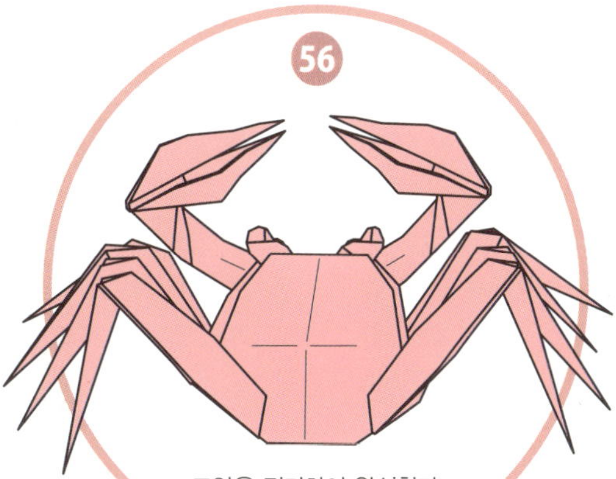

모양을 정리하여 완성한다.

REAL ORIGAMI

공룡 · 갑각류

심해등각류

▶난이도 ★★★★☆

★ 사용한 종이

31cm×31cm 1장

POINT

이 작품은 조금 신경을 써서 주름이 들어가 있는 종이를 준비했다. 시중에 있는 이런 종이는 주름진 부분이 단단해 재단할 때 직선으로 똑바르게 자르기가 쉽지 않다. 그래서 이번에는 자르기 전에 붓으로 물을 칠하고 손으로 평편하게 꼭꼭 펴서 말린 후 재단했다.
기초접기는 꽤 어려운 편이지만, 순서 30까지는 거의 그림과 같이 접을 수 있을 것이다. 순서 31에서는 촉수 부분과 다리 일곱 쌍을 머리 쪽으로 들어올려 전체의 균형을 잡는다. 경우에 따라서는 다리의 길이를 짧게 조절하며 풀먹이기를 이 시점에서 하도록 한다. 다만 순서 40에서 등의 계단 부분을 끄집어내야 하므로 그 부분과 배 안은 풀먹이기를 하지 않는다.

1

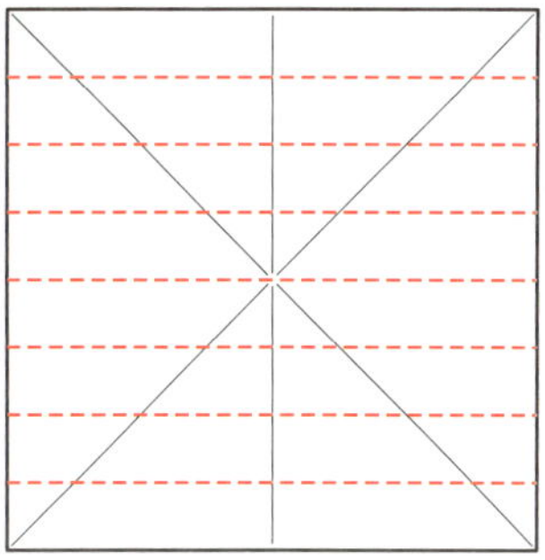

골짜기접기선으로
팔등분 보조선을 만든다.

2

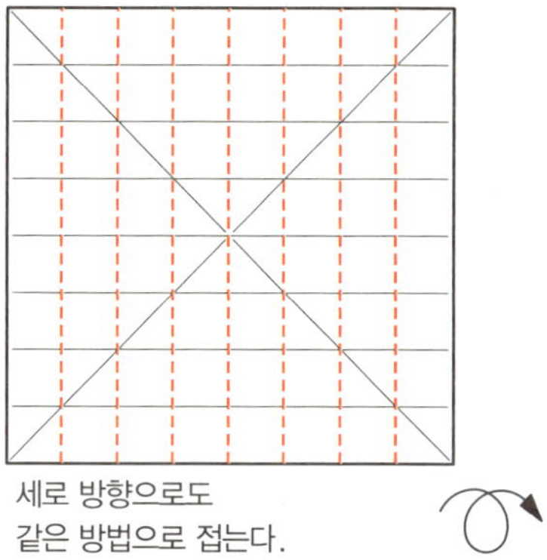

세로 방향으로도
같은 방법으로 접는다.

3

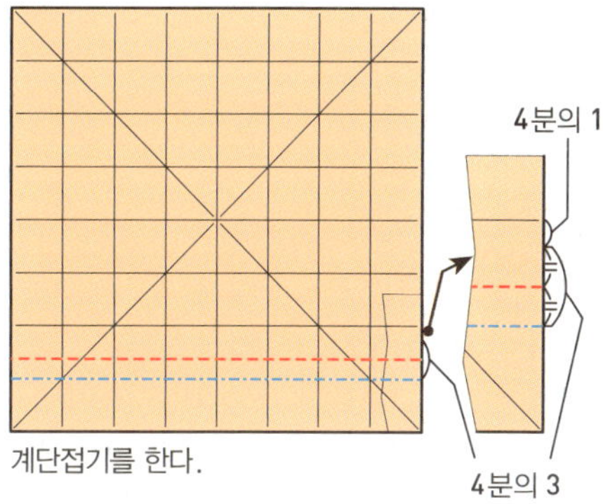

계단접기를 한다.

4

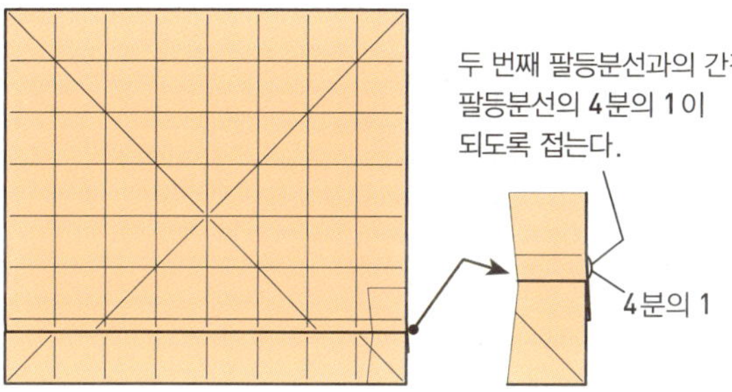

두 번째 팔등분선과의 간격이
팔등분선의 4분의 1이
되도록 접는다.

같은 방법으로 계단접기한다.

5

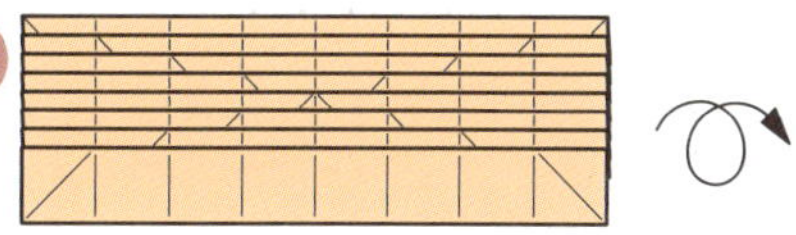

6

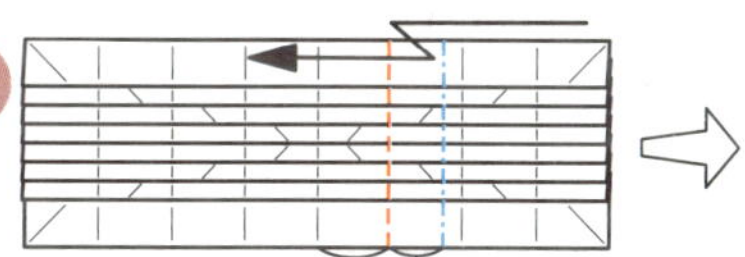

계단접기

7

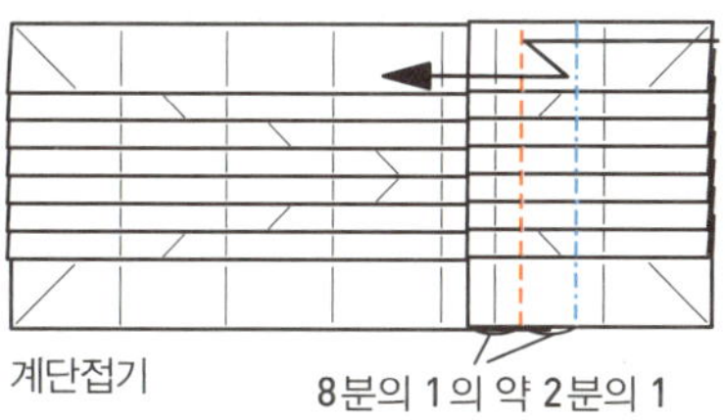

계단접기

8

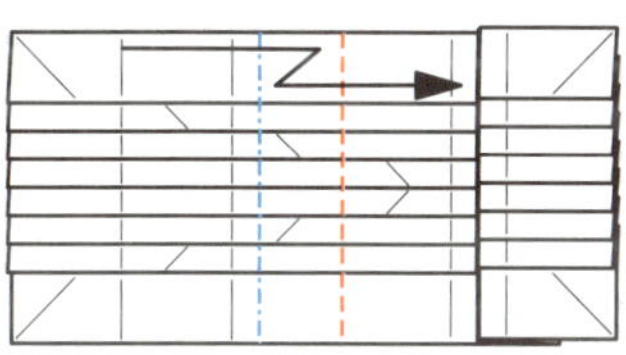

왼쪽도 순서 6~7과
같은 방법으로 접는다.

9

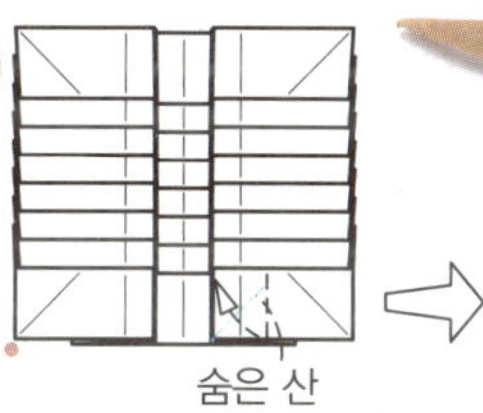

9-1

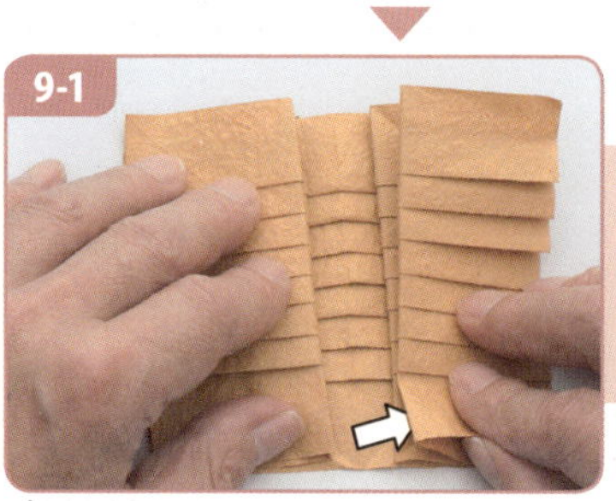

⇨를 벌린다.

9-2

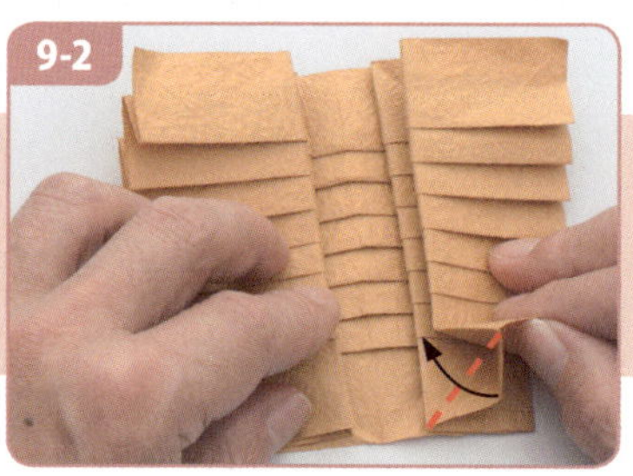

안쪽으로 접는다.

9-3

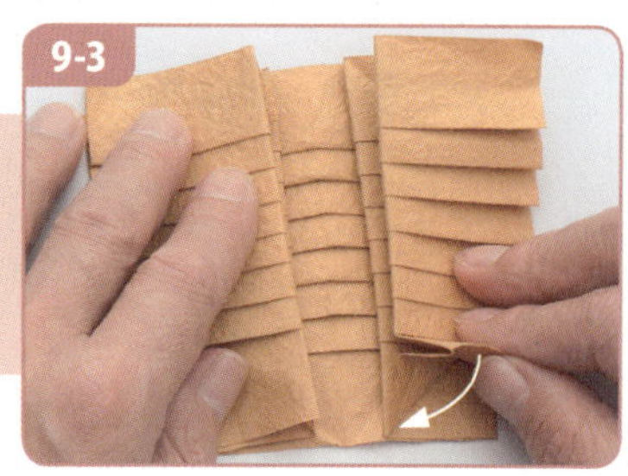

닫는다.

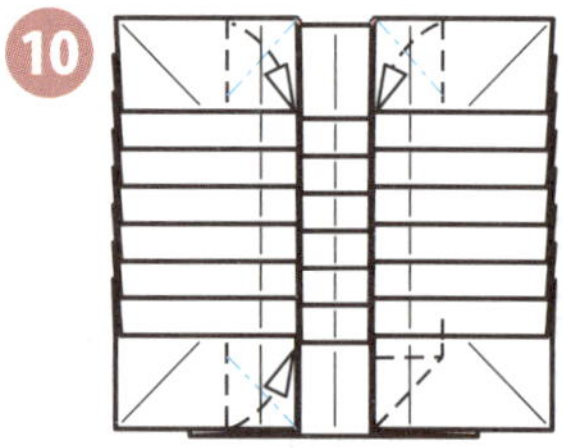

나머지 세 곳도
같은 방법으로 접는다.

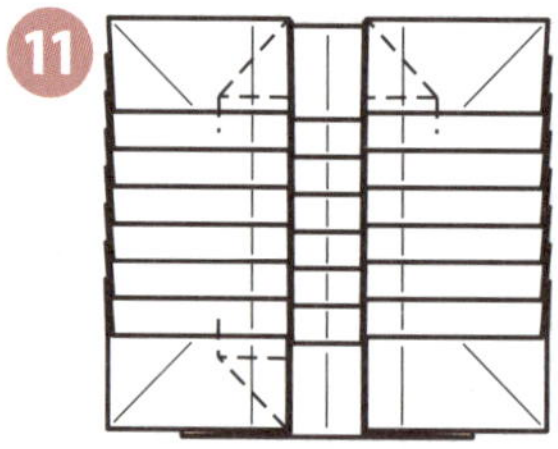

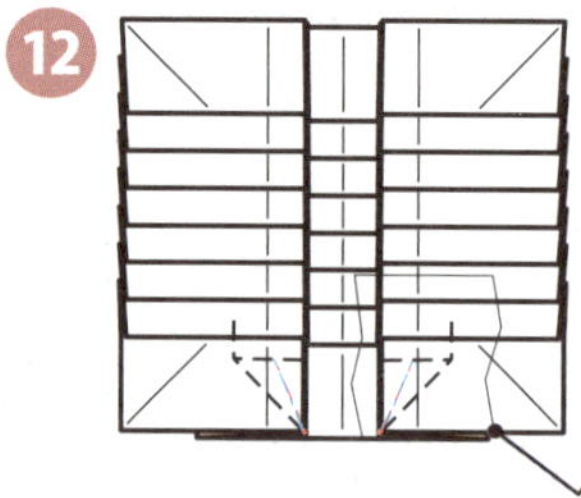

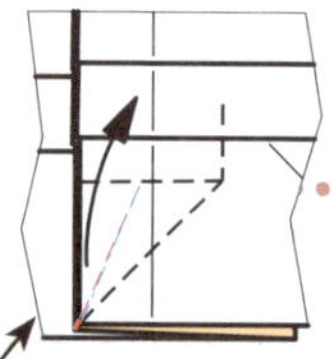

반쯤 벌려 접는다.
(안쪽으로 접기)

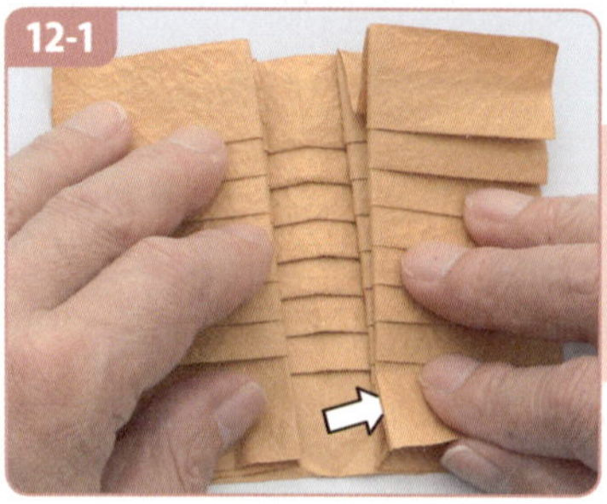

⇨를 벌린다.

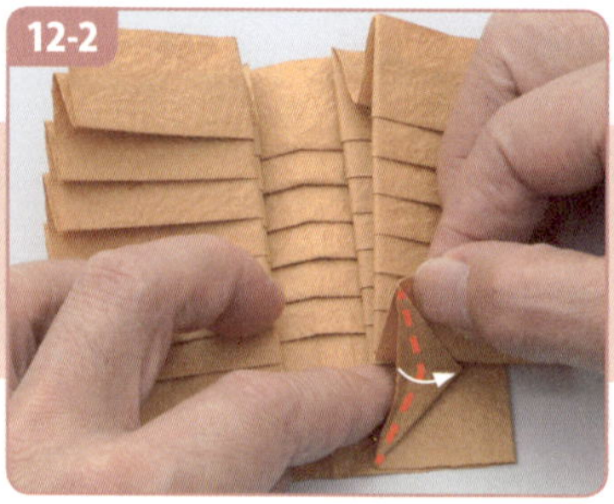

안쪽으로 접기

닫는다.
왼쪽도 같은 방법으로 접는다.

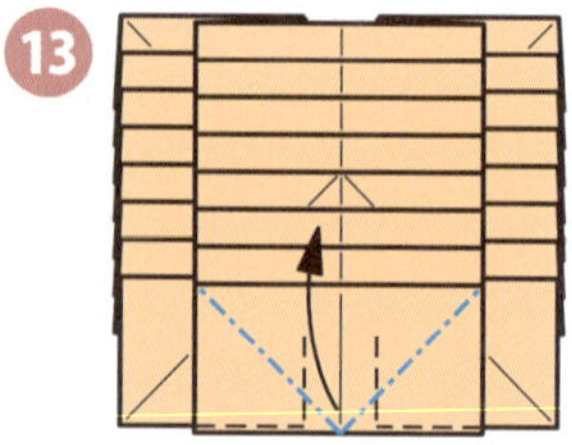

반쯤 벌려 접는다.

여기까지
기초접기

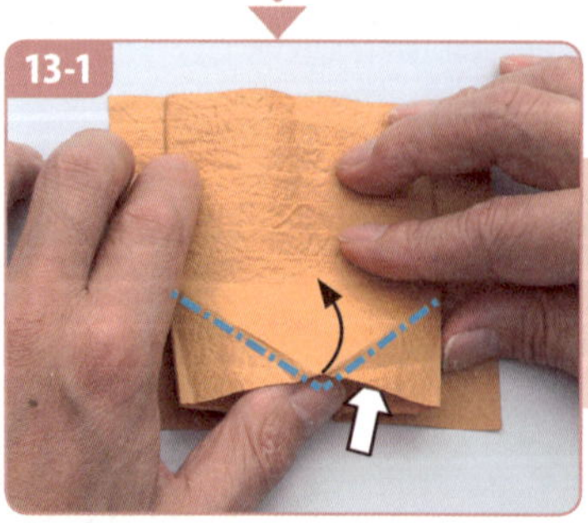

⇧를 벌린다.

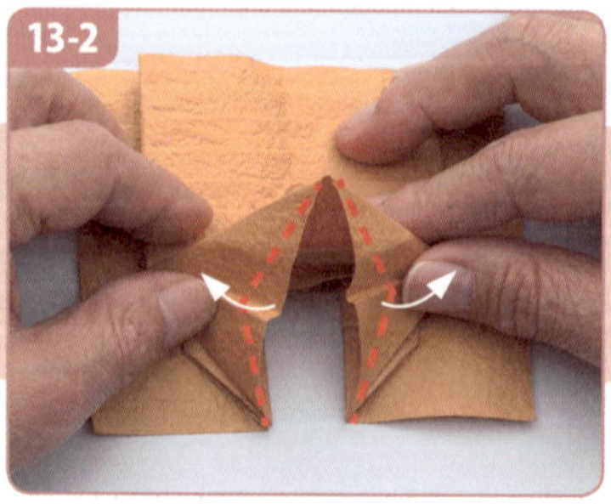

다시 안쪽으로 접기를 한다.

닫는다.

14

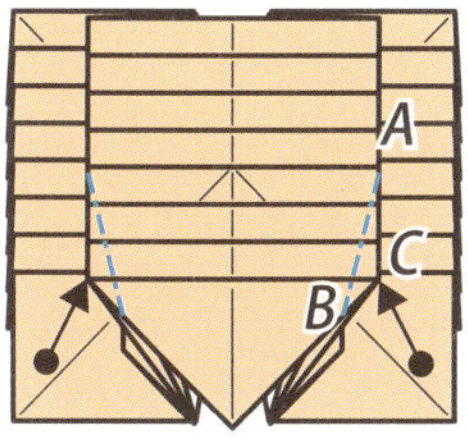

△*ABC*를 함몰접기하고
왼쪽도 같은 방법으로 접는다.

15

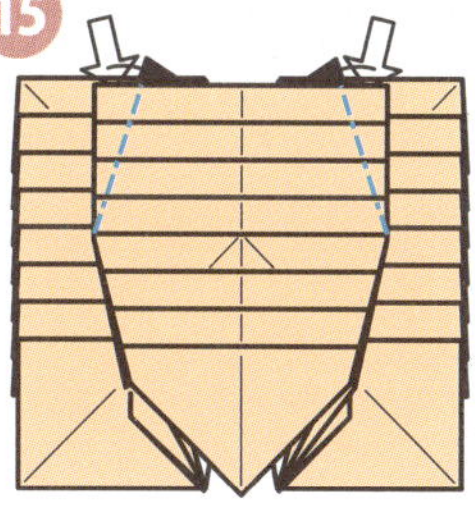

안쪽으로 접기

16

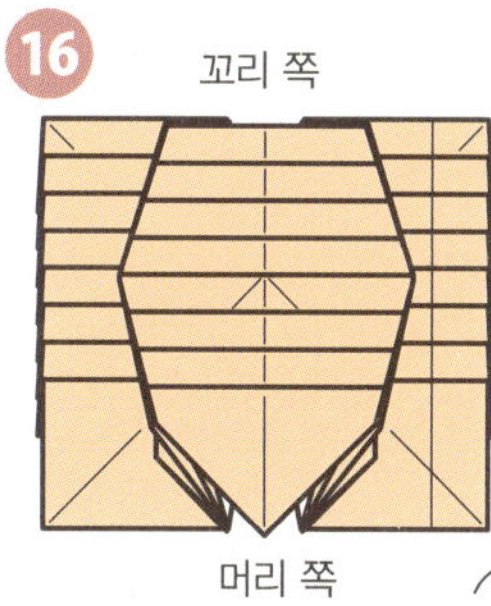

위아래 방향을 바꾼다.

17

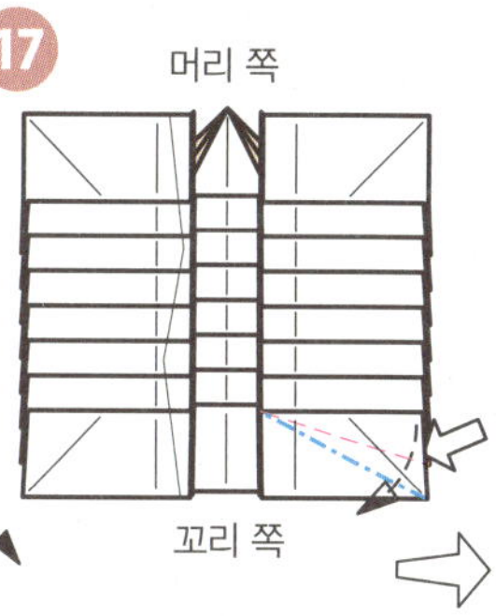

18

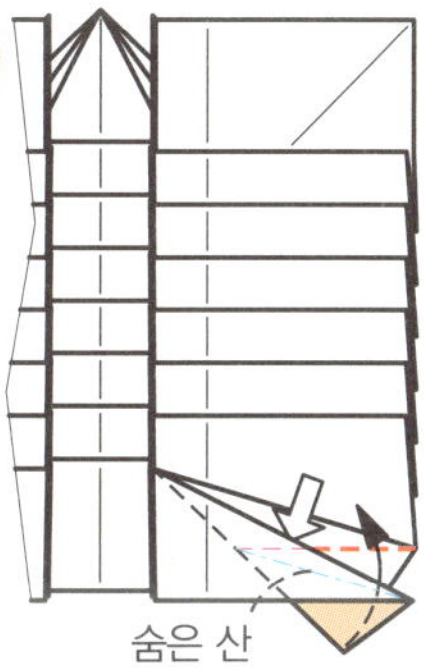

19

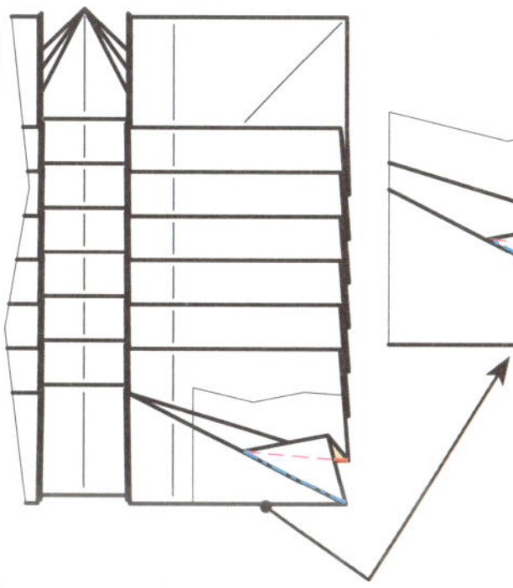

20

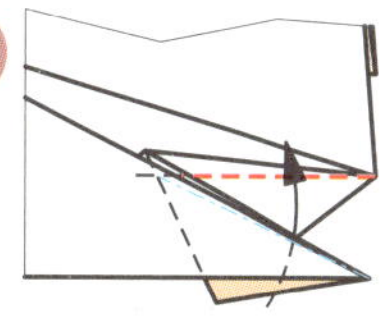

21

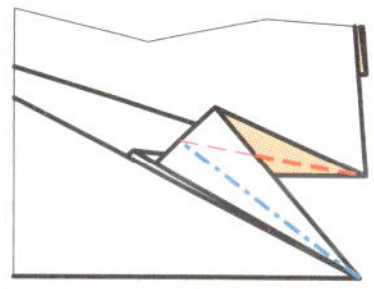

22

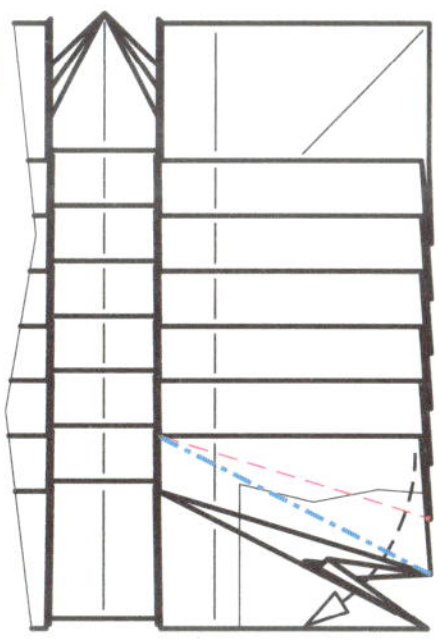

나머지 여섯 곳도
순서 17~21과
같은 방법으로
접는다.

23

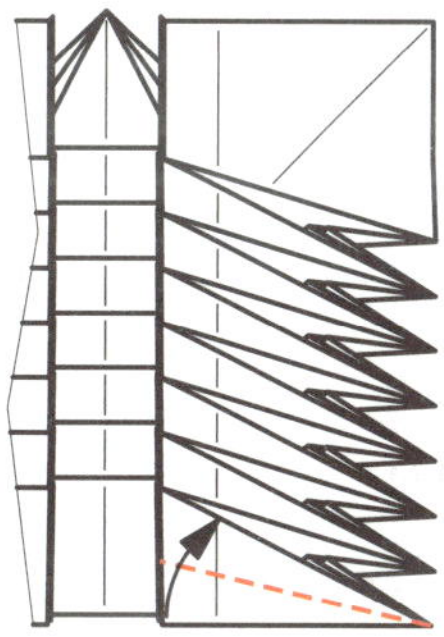

24

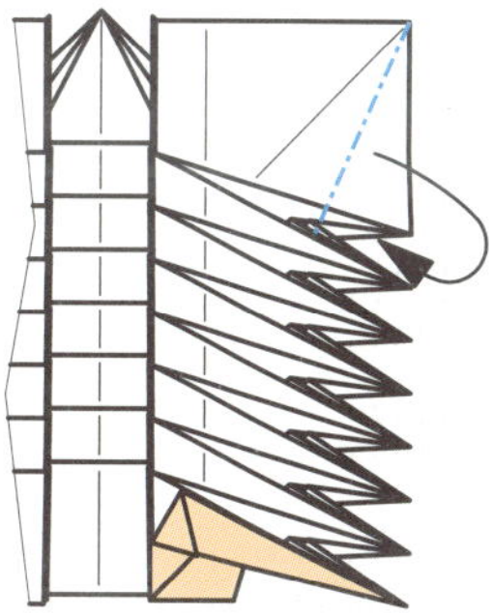

25

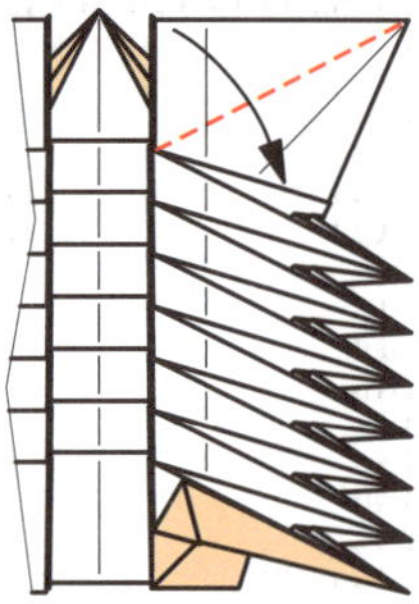

26

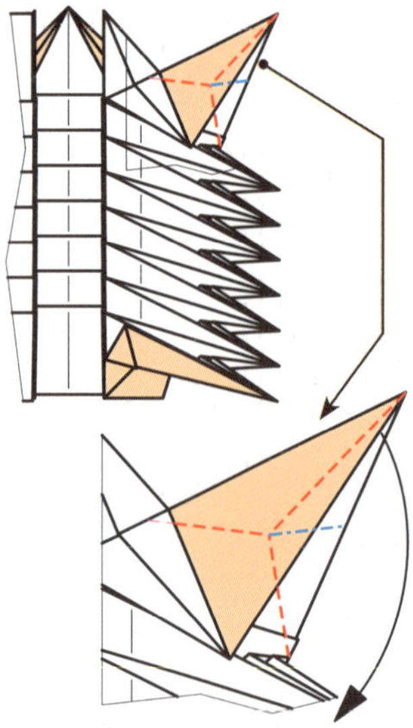

손잡이접기

27

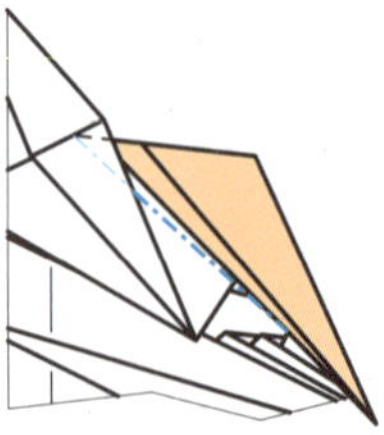

28

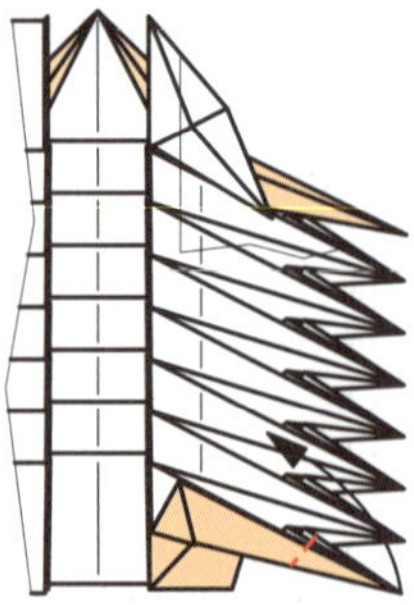

29

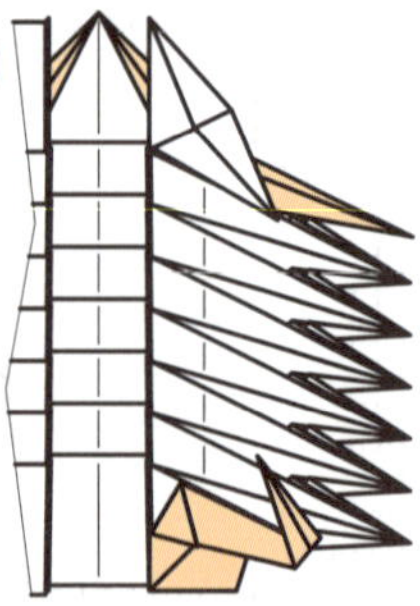

왼쪽도 순서 24~28과
같은 방법으로 접는다.

30

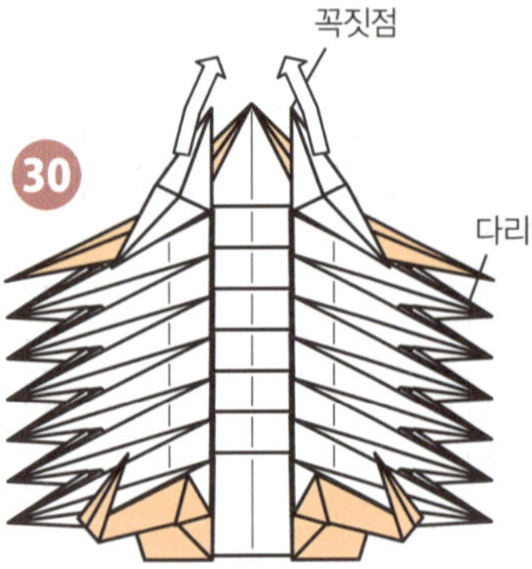

꼭짓점 두 개와 다리 일곱 쌍을
들어올린다.

31

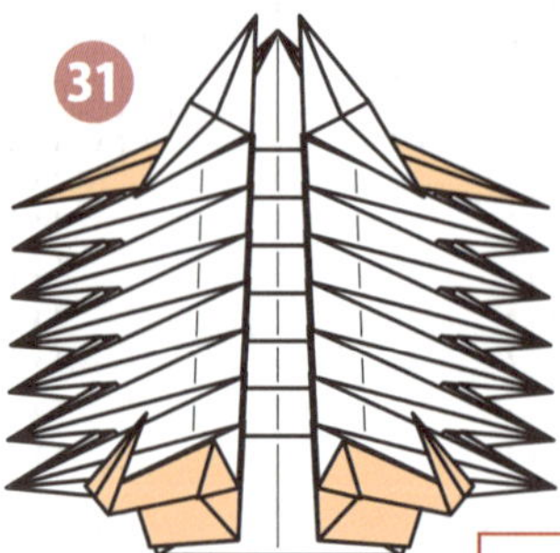

풀먹이기 시작
(순서 40의 계단 부분의
뒤쪽을 끄집어낸 다음
그 곁에 풀먹이기를 한다.)

32

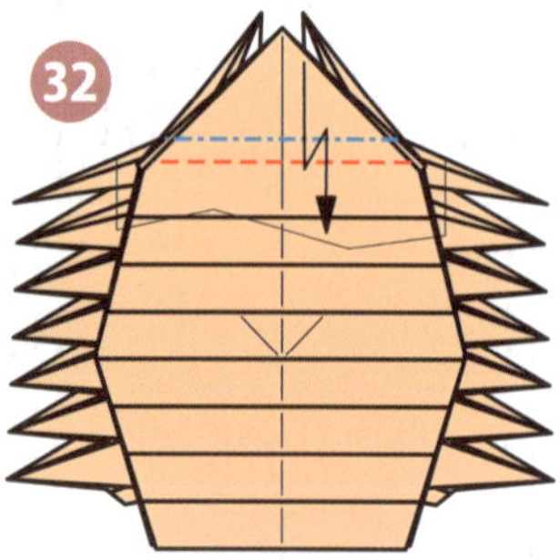

계단접기

33

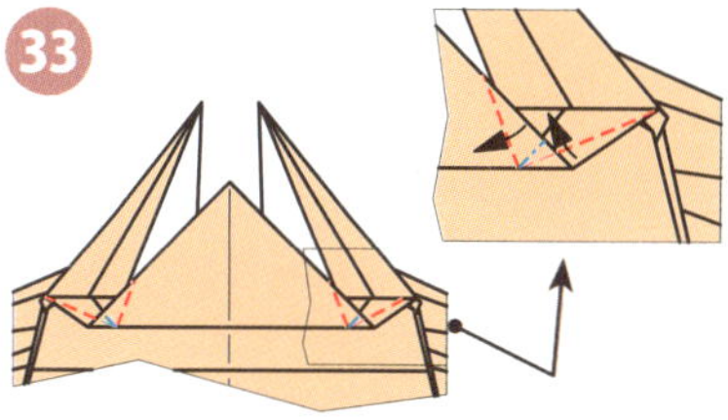

34

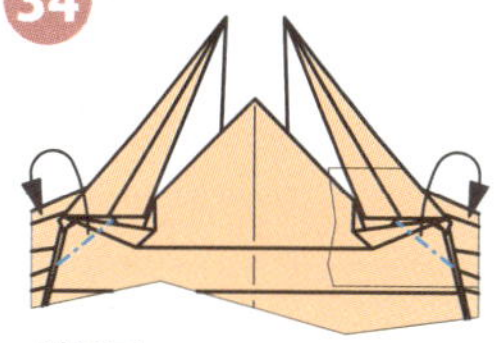

안으로
산접기를 한다.

35

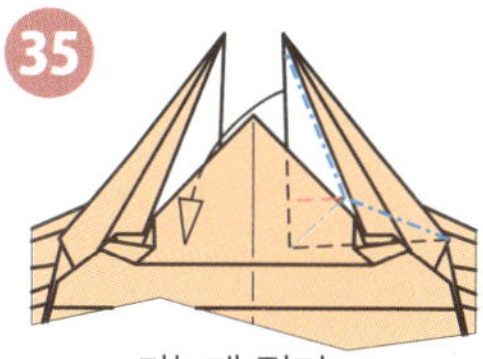

가늘게 접기

36

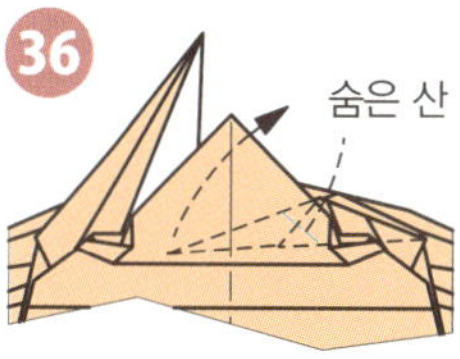

37

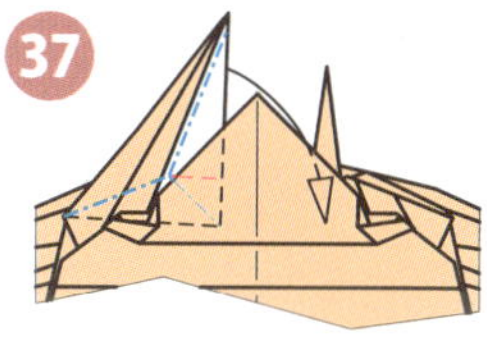

왼쪽도 순서 35~36과
같은 방법으로 접는다.

38

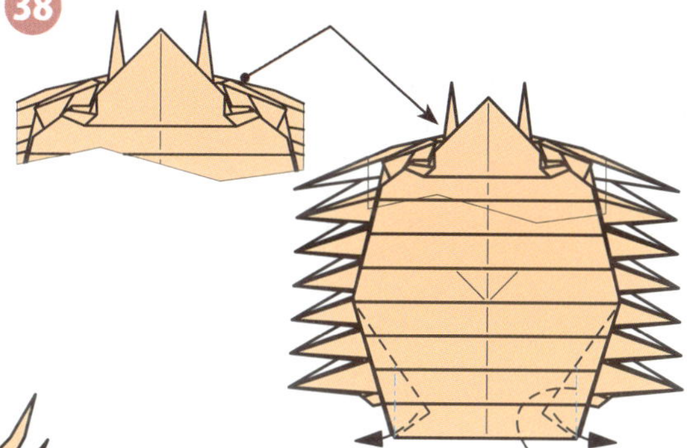

39

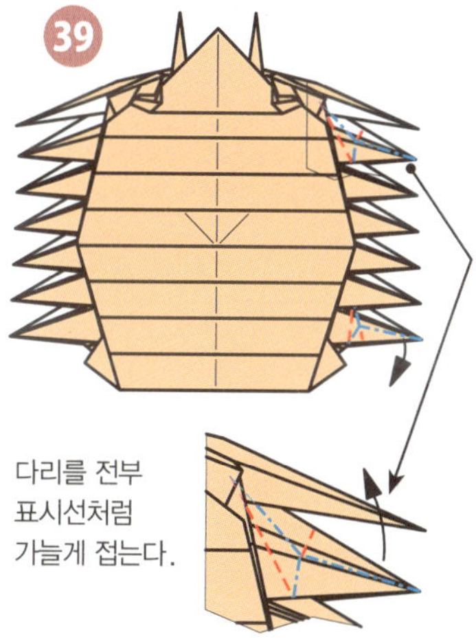

다리를 전부
표시선처럼
가늘게 접는다.

40

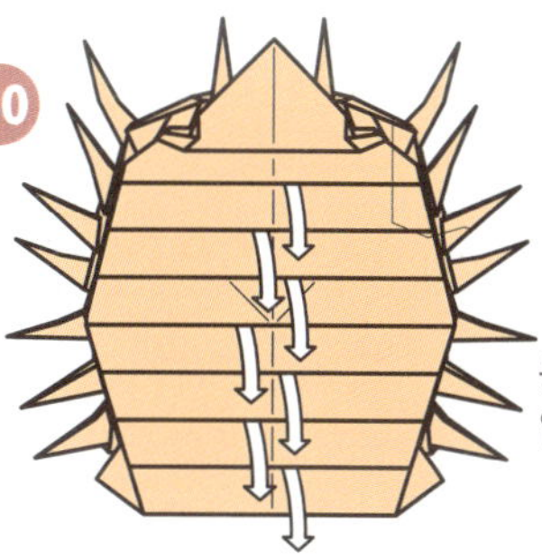

등의 접힌 부분을 꺼내
입체적으로 만든다.

배 안에
솜 등을 넣어
부풀리면 더 실감난다.

41

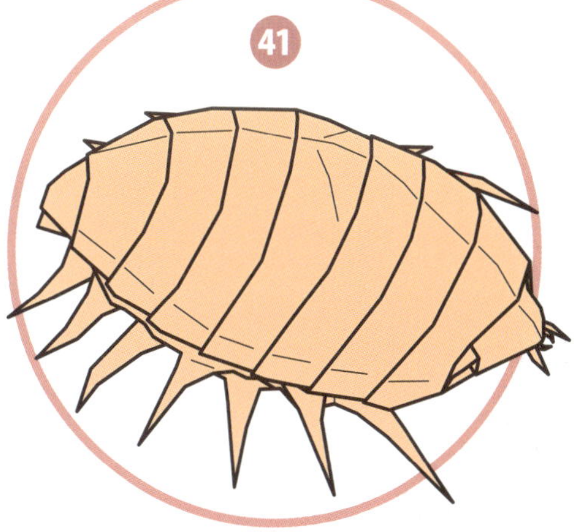

모양을 정리하여 완성한다.

REAL ORIGAMI

연체동물

오징어

▶ 난이도 ★★☆☆☆

★ 사용한 종이

31cm×31cm 1장

POINT

팔등분 아코디언접기를 하면 각 변에 양끝을 포함하여 모서리가 다섯 개가 되므로 마주보는 두 변의 모서리를 열 개 만들 수 있다. 이 모서리를 이용해 다리로 만들면 다리가 열 개 달린 오징어가 만들어질 거라는 발상으로 이 작품을 고안해 냈다. 다리는 악어(62쪽)의 발톱을 접는 방법과 같은데, 접는 과정을 하나 더 추가하여(순서 14) 다리를 가늘게 만든다.

순서 16과 18의 눌러접는 과정이 끝난 다음(순서 20)에 풀먹이기를 하지만, 다리 부분에 뒷면이 나오는 곳이 있으니 이 부분(보이는 뒷면이 된다)에는 풀먹이기를 하지 않는다.

순서 37에서 각각 다리 다섯 개씩 모아 골짜기선으로 접으면 짧은 다리를 길어 보이게 할 수 있다. 모양을 정리하는 단계에서 다리의 빈틈에 꼼꼼하게 풀을 먹여 두면 풀이 말랐을 때 다리 열 개의 위치를 조절하여 세울 수 있다.

1

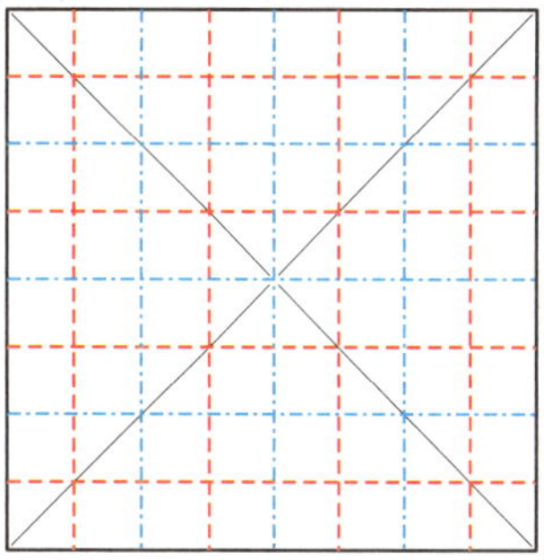

팔등분 아코디언접기로 보조선을 만든다.

2

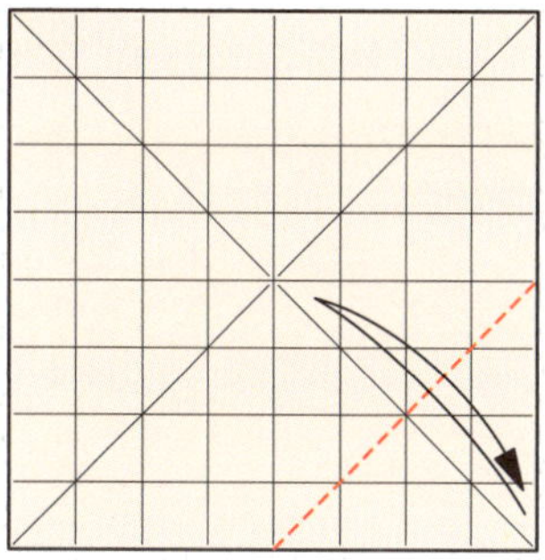

보조선을 만든다.

3

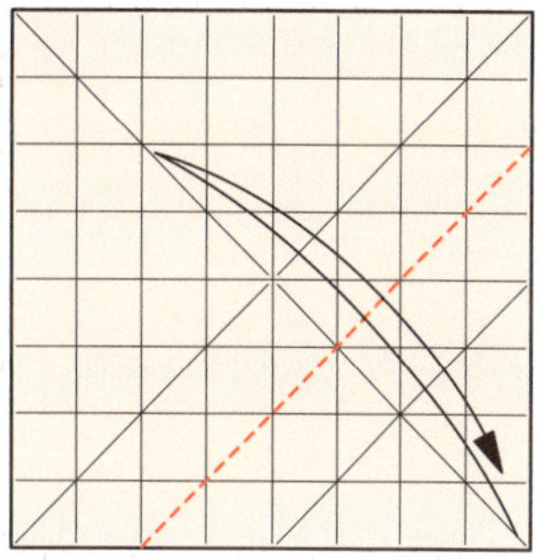

보조선을 만든다.

4

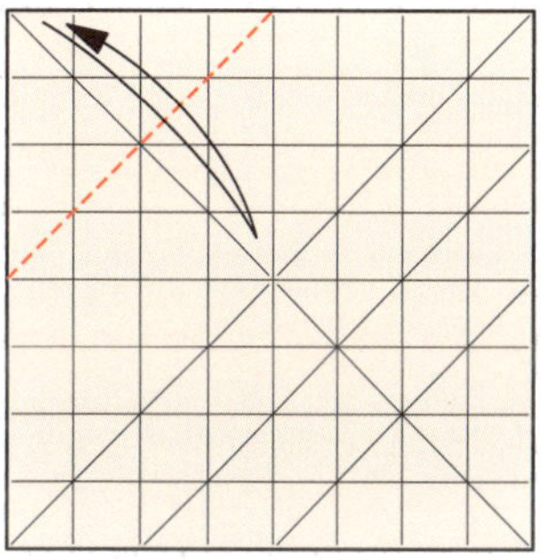

나머지 세 방향도 순서 2~3과 같은 방법으로 접는다.

5

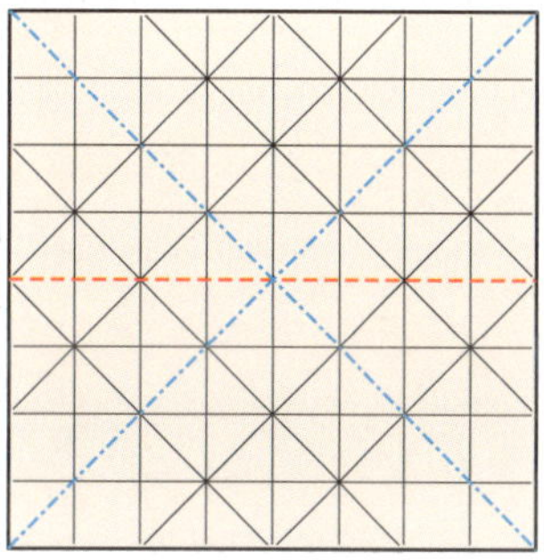

보이는 면을 앞으로 하여 풍선 기본형(15쪽)을 접는다.

6

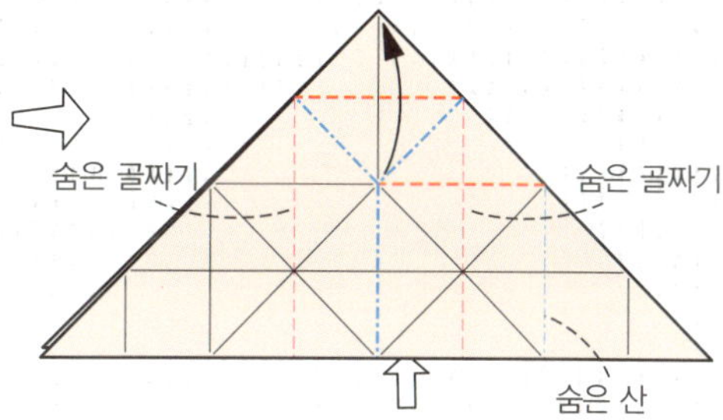

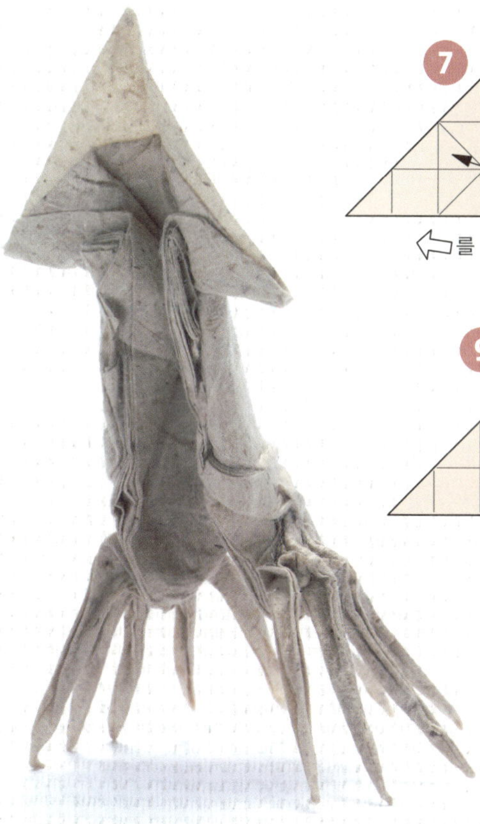

7

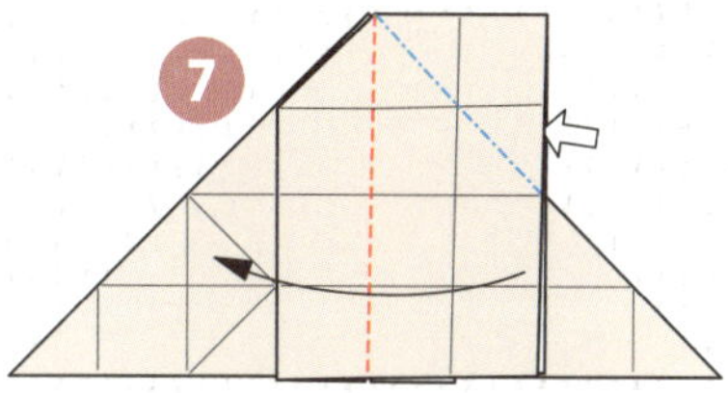

⇦를 벌려 펼쳐 눌러접는다.

8

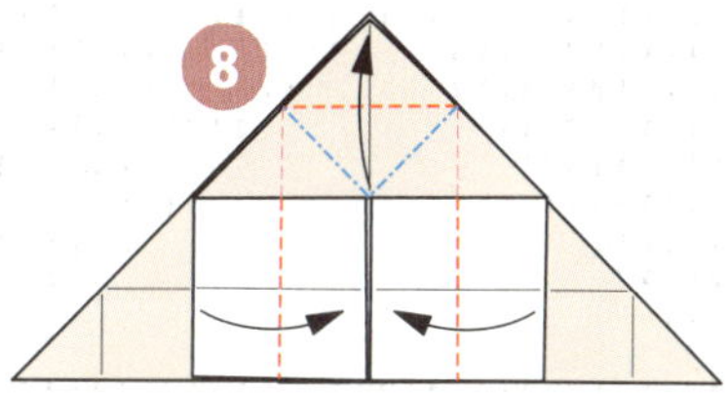

9

뒤쪽도 순서 6~8과 같은 방법으로 접는다.

10

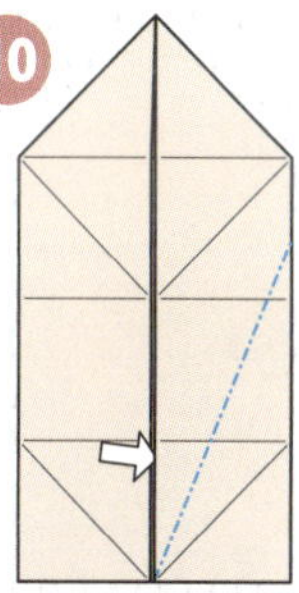

⇨를 벌려 안쪽으로 접기

11

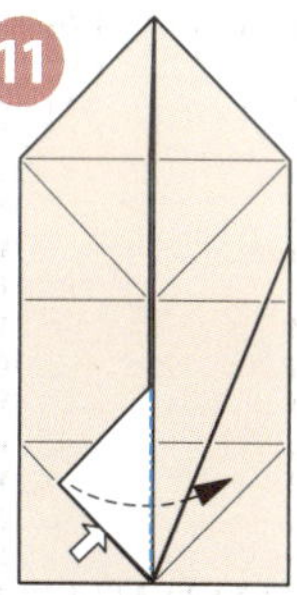

⇗를 벌려 안쪽으로 접기

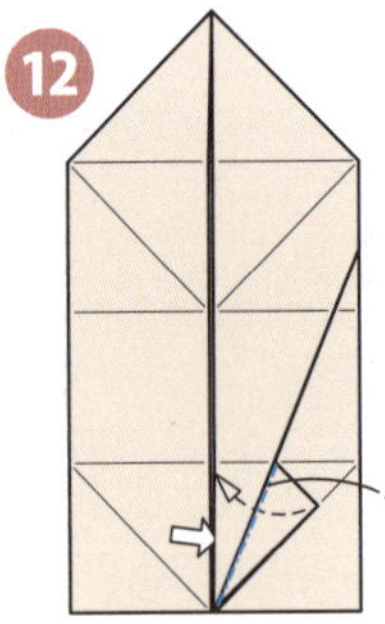

⇨를 벌려
안쪽으로 접기

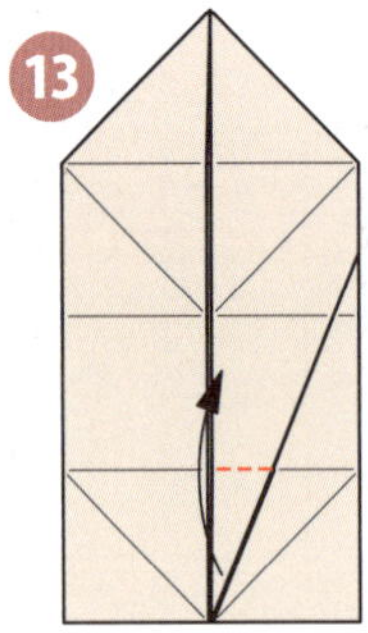

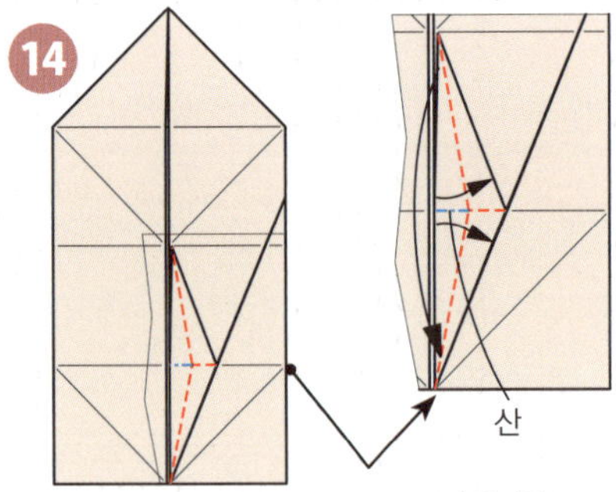

표시선처럼
접으면서 내린다.

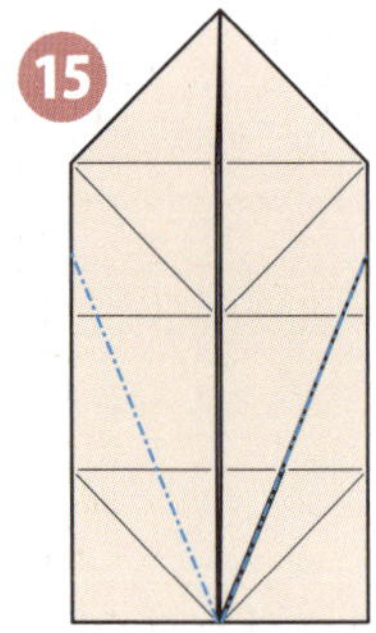

나머지 일곱 곳도
순서 ⑩~⑭와
같은 방법으로 접는다.

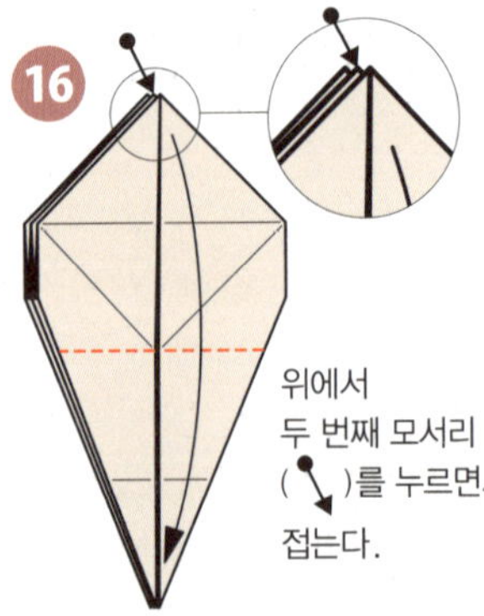

위에서
두 번째 모서리
( )를 누르면서
접는다.

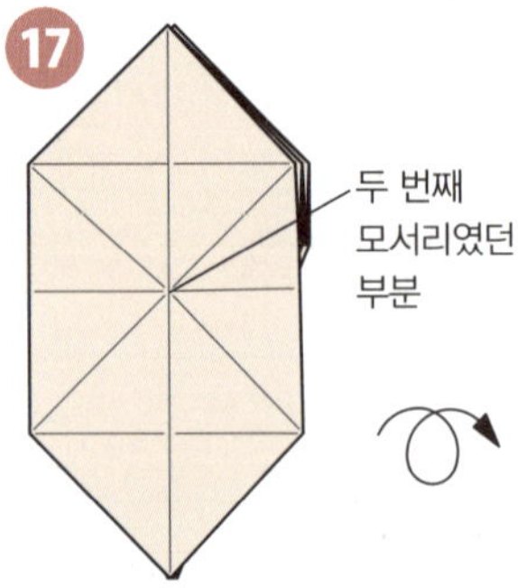

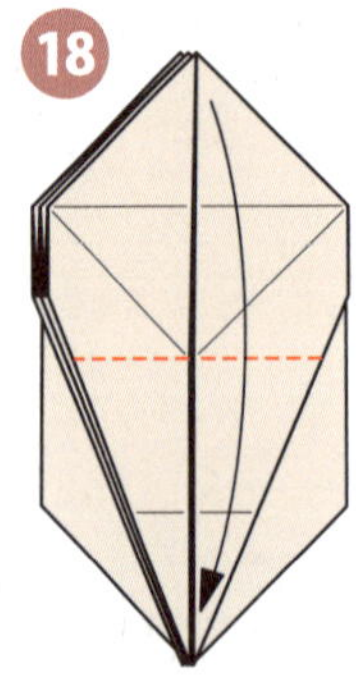

순서 ⑯과 같은
방법으로 접는다.

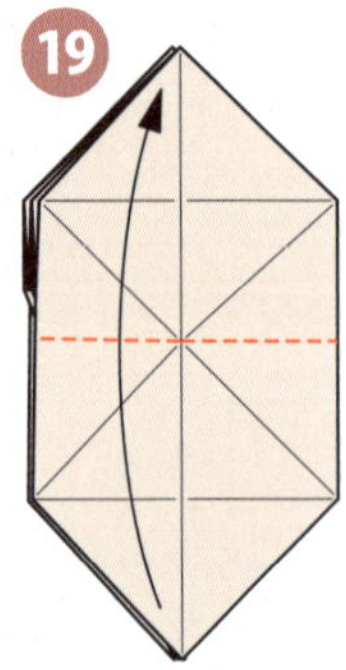

한 장만 위로 넘긴다.

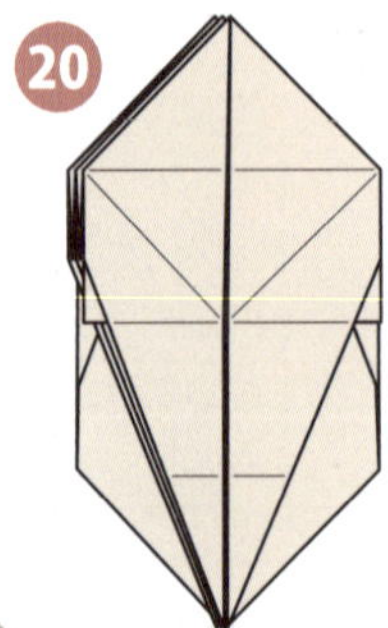

풀먹이기 시작
(보이는 뒷면 이외의
면에 풀먹이기)

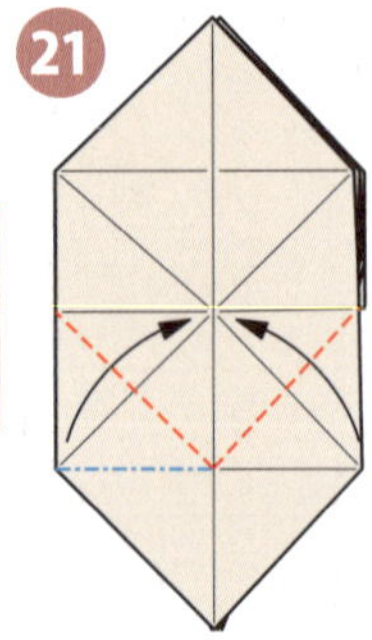

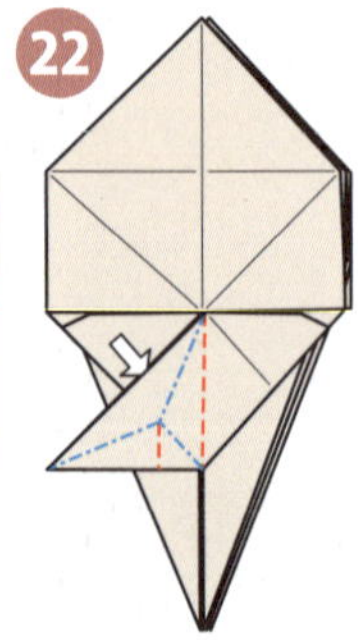

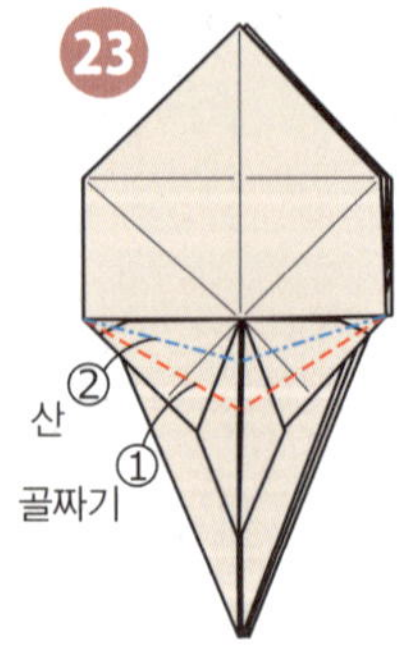

학마름모접기(14쪽)

여기까지
기초접기

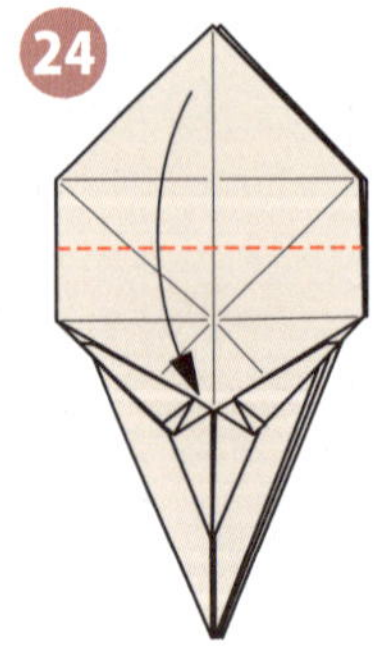

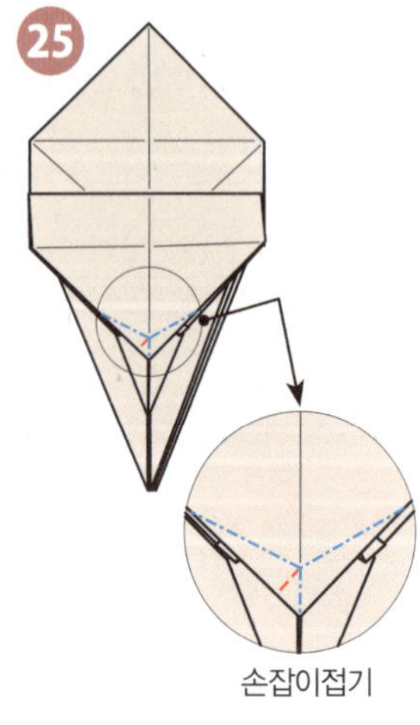

손잡이접기

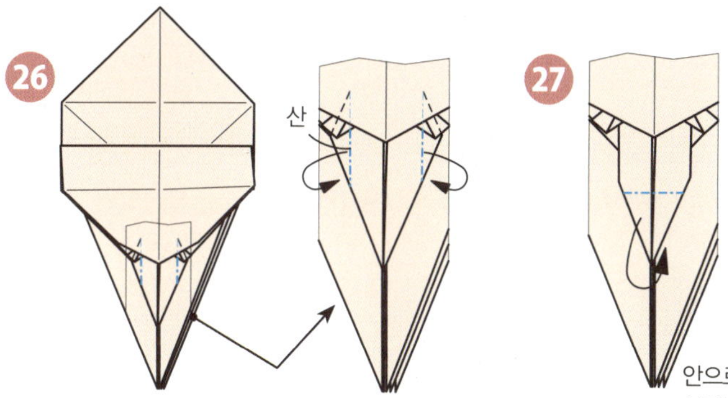
26
산
27
안으로
산접기를 한다.

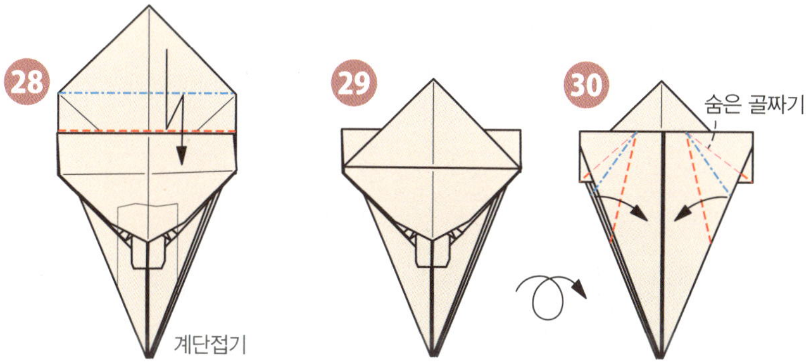
28
계단접기
29
30
숨은 골짜기

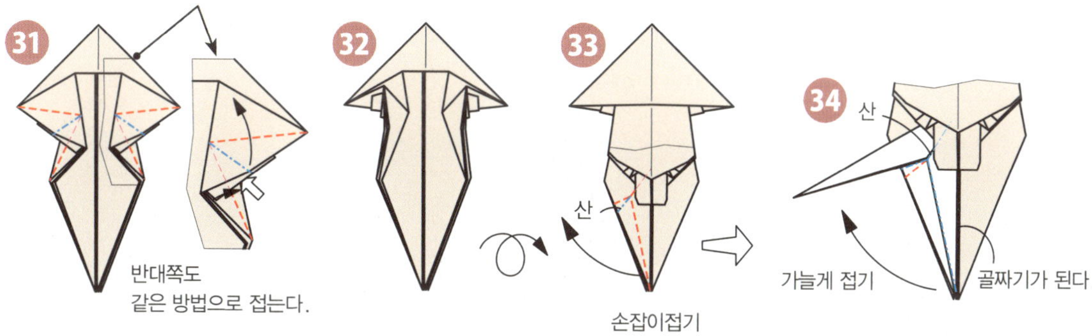
31
반대쪽도
같은 방법으로 접는다.
32
33
산
손잡이접기
34
산
가늘게 접기
골짜기가 된다.

35
나머지 여덟 곳도
순서 33~34와
같은 방법으로
접는다.

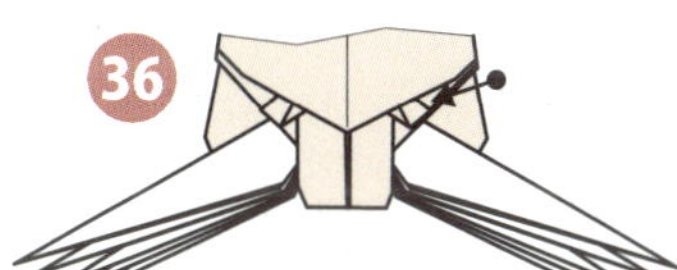
36
눈을 동그랗게 만든다.

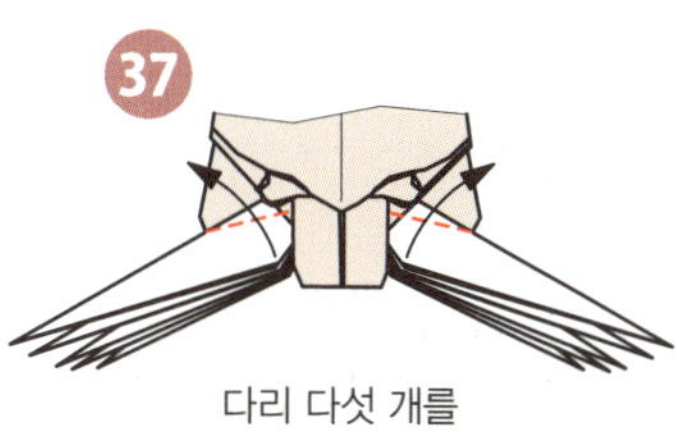
37
다리 다섯 개를
한꺼번에 접는다.

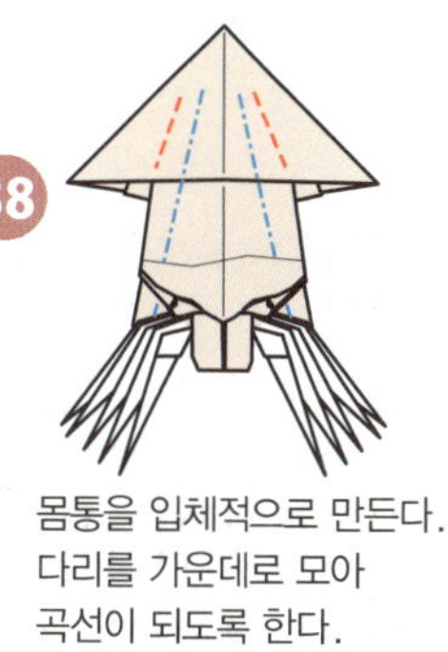
38
몸통을 입체적으로 만든다.
다리를 가운데로 모아
곡선이 되도록 한다.

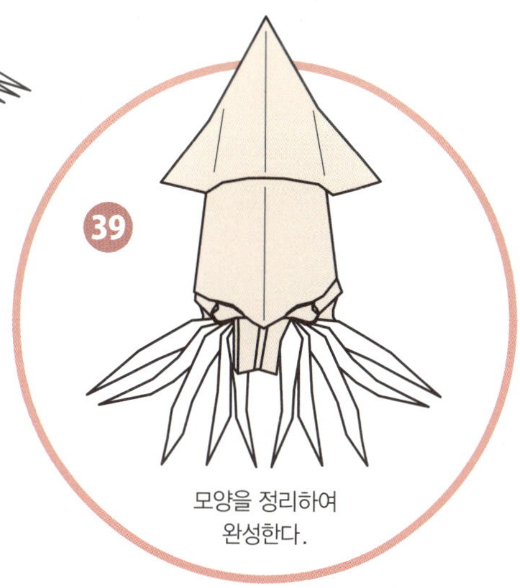
39
모양을 정리하여
완성한다.

REAL ORIGAMI

▶ 난이도 ★★☆☆☆

연체동물

문어

★ 사용한 종이

31cm×31cm 1장

POINT

사진 설명 4-1 ~ 4-3 은 일종의 빼내어접기로, 이 책의 앞에서 설명하고 있는 빼내어접기(13쪽)와는 다르므로 주의하도록 한다.

순서 9의 과정에서 눌러접기를 하는데, 눌러접은 다음에는 순서 10처럼 삼각형이 두 개 만들어져 있어야 한다. 순서 10~12는 조금 억지로 접는 듯하지만, 순서 14에서 다리 여덟 개의 아래쪽 선이 일직선이 되도록 접어 나간다. 이 단계에서 모든 다리의 뒷면에 풀먹이기를 한다. 뒷면이 접혀 있는 부분은 풀먹이기 방법(16쪽)의 순서 2와 3처럼 펼쳐서 풀먹이기를 하고 난 다음 원래의 모양으로 접는다. 순서 16의 모양이 완성되면 다리 앞면에도 풀먹이기를 하여 다리에 곡선이 생기도록 한다.

완성 단계에서 머리와 다리 사이에 잘록한 부분을 남기면서 머리를 약간 뒤로 누이듯이 하면 리얼한 문어가 된다. 머리에 생기는 주름, 즉 다리가 나오는 두 곳을 눈처럼 만들면 한층 실감난다.

★★☆☆☆

1

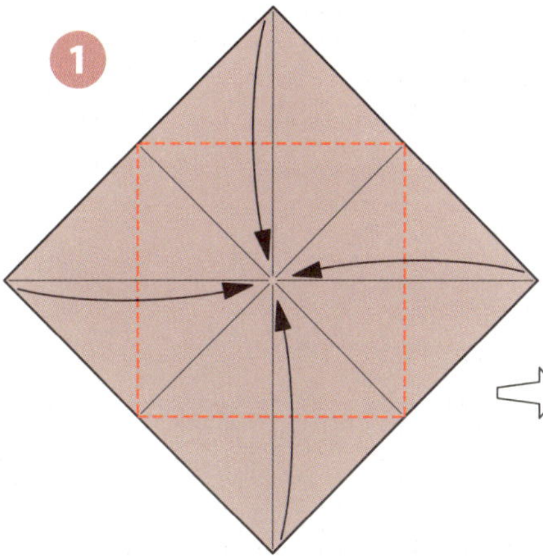

2

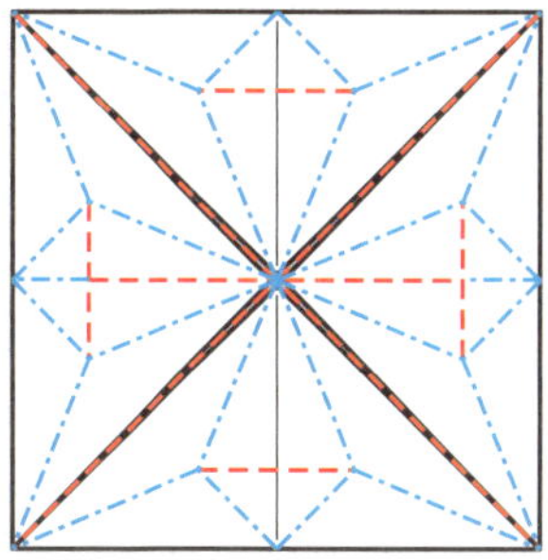

보이는 면을 앞으로 하여
개구리 기본형(14쪽)을 접는다.

3

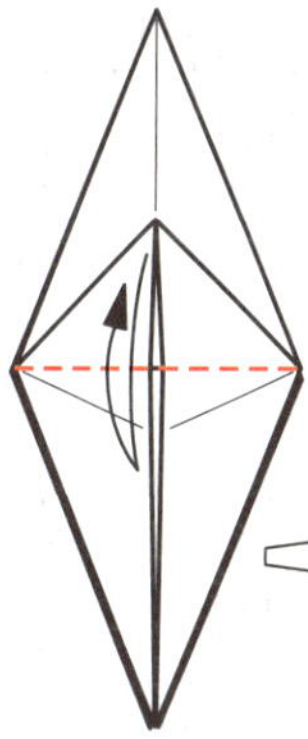

골짜기접기선으로
보조선을 만들고 나서
순서 2로 되돌린다.

4

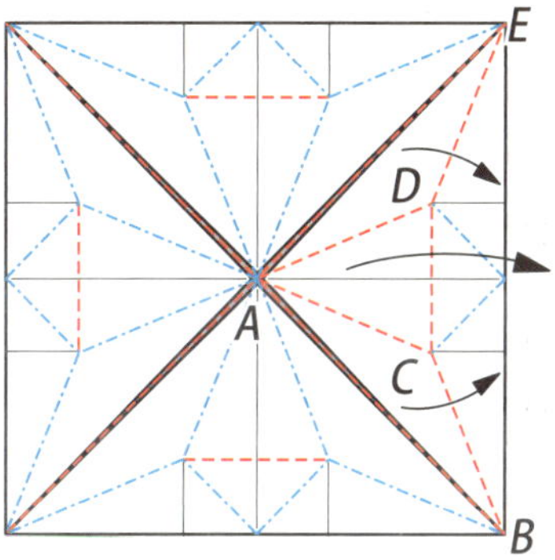

씌워져 있는
오각형 *ABCDE*를
빼내어 다시
개구리 기본형(14쪽)을
접는다.

4-1

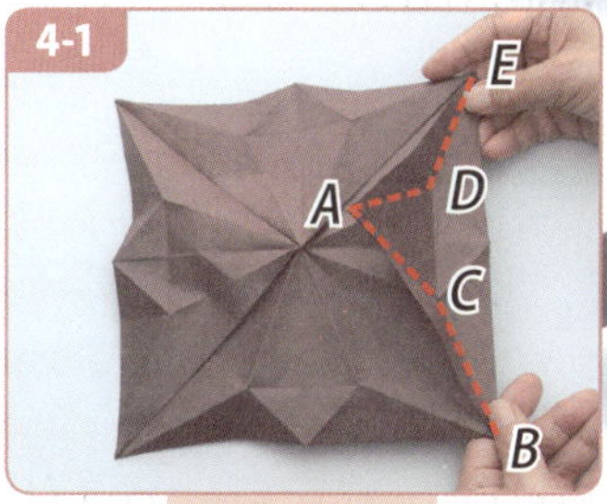

골짜기접기선을 네 개 만들어
정사각형으로 접는다.

4-2

접는 모습

4-3

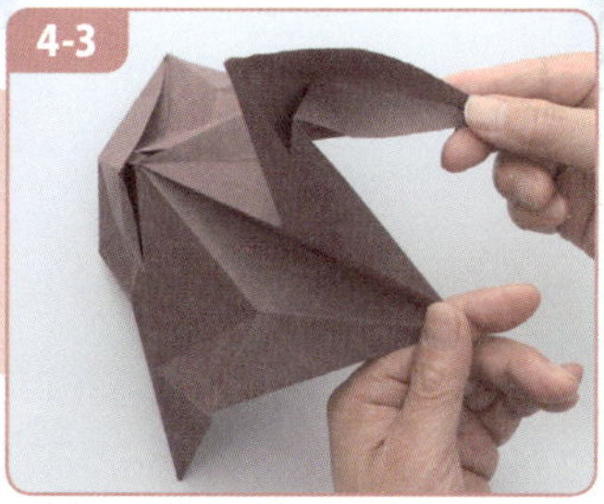

접어 나가는 모습

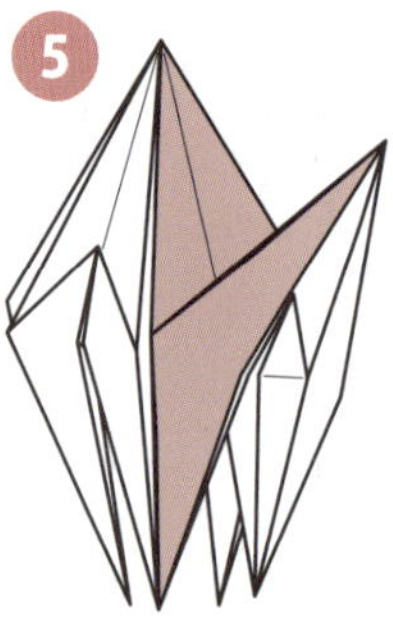

(과정 그림)

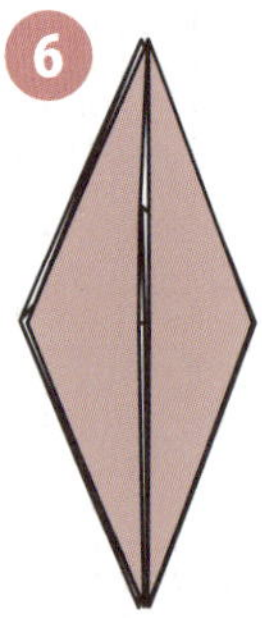

나머지 세 곳도
순서 4~4-3과
같은 방법으로
접는다.

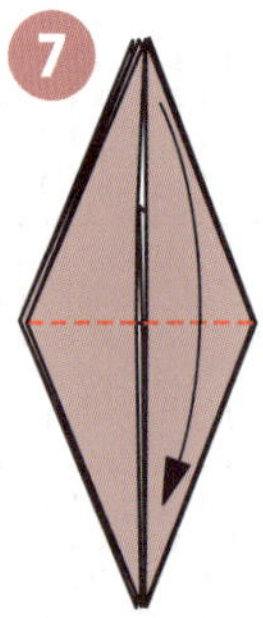

나머지 세 곳도
같은 방법으로
접는다.

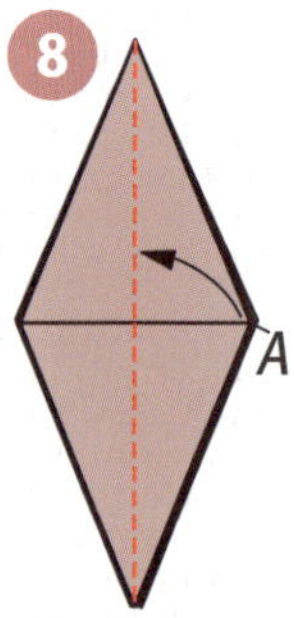

모서리 *A*를
수직으로
세운다.

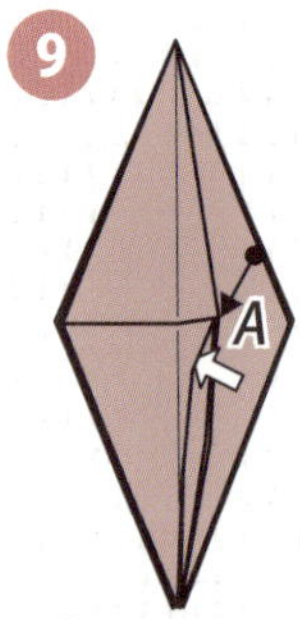

⇦를 벌리면서
↙를 누른다.

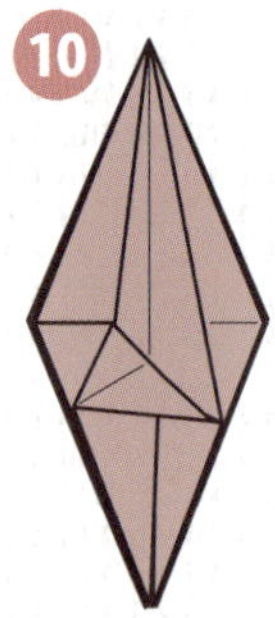

네 방향 모두
좌우 대칭이 되도록
순서 9와
같은 방법으로 접는다.

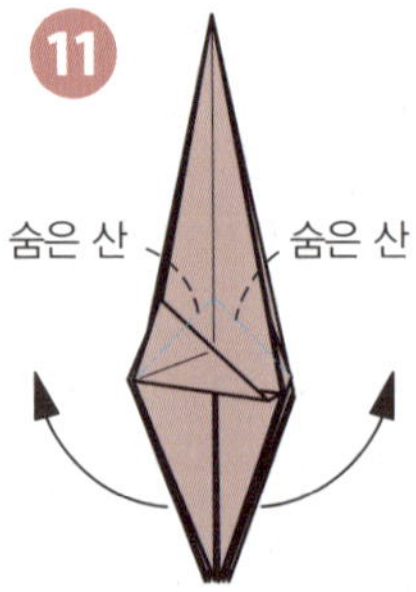

다리 여덟 개를
안쪽으로 접기를 한다.

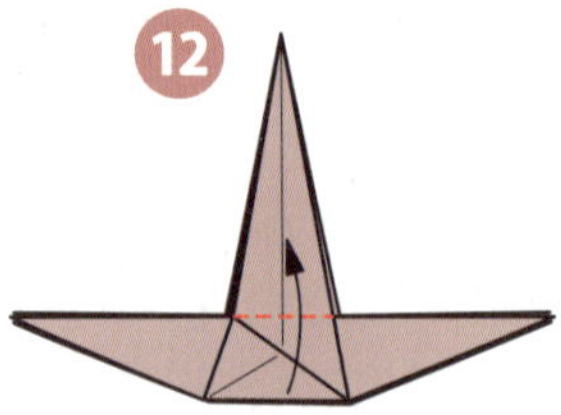

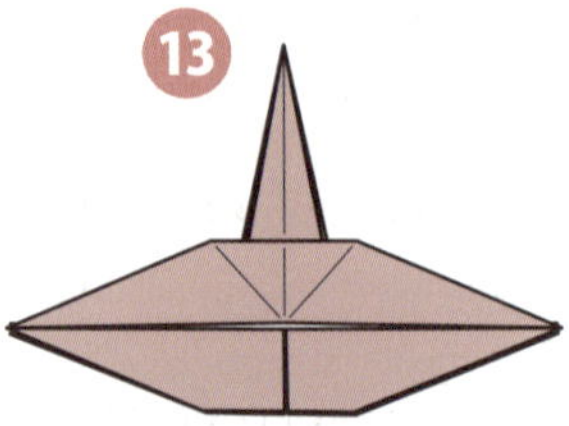

나머지 일곱 곳도
같은 방법으로 접는다.

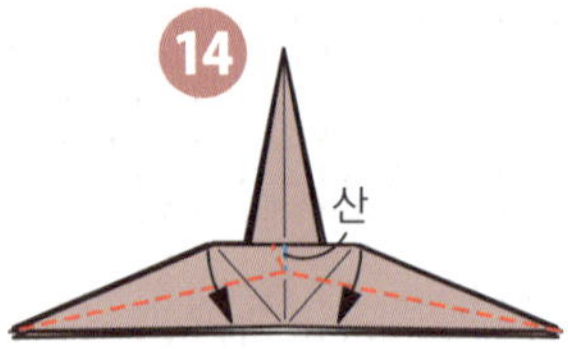

여기까지
기초접기

풀먹이기 시작
(다리 여덟 개의 뒷면에 풀먹이기)

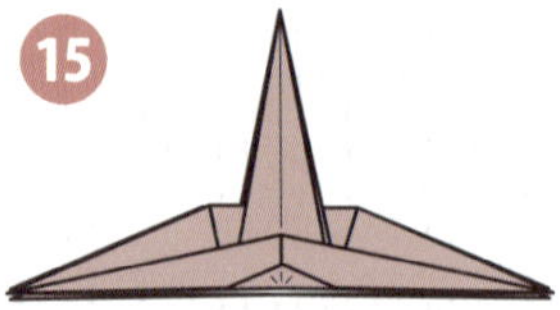

나머지 일곱 곳도
같은 방법으로 접는다.

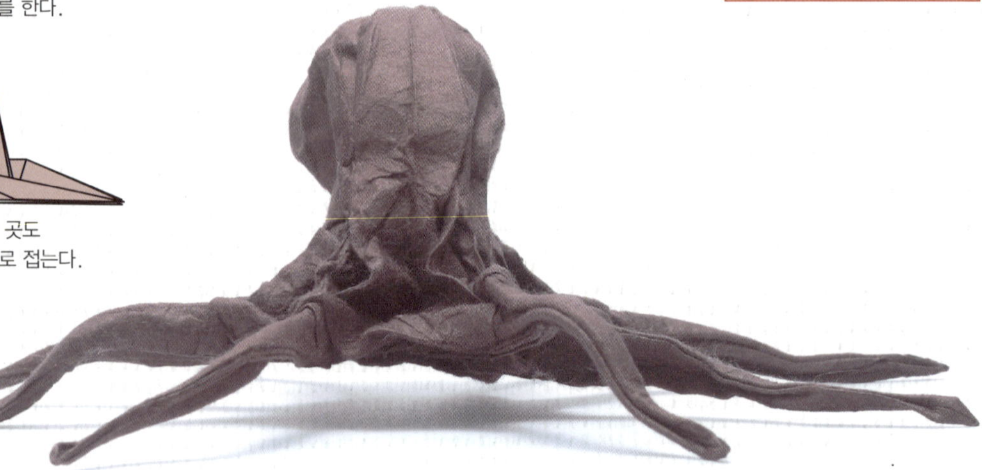

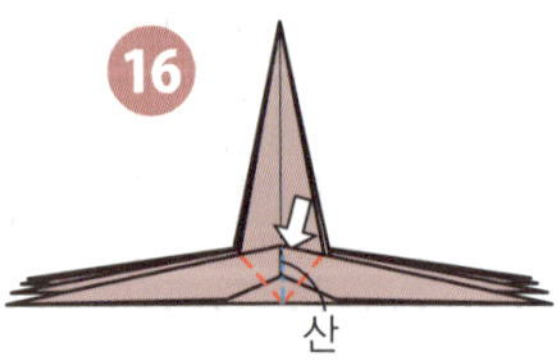

⇩를 벌리면서
입체적으로 만든다.

↙를 풍선처럼 부풀린다.

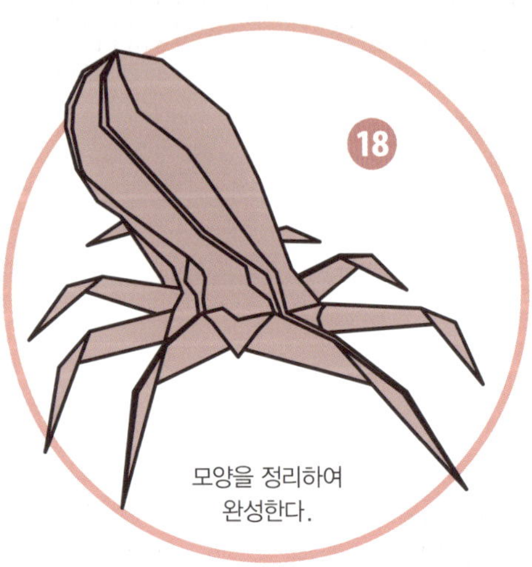

모양을 정리하여
완성한다.

REAL ORIGAMI

▶ 난이도 ★★★☆☆

연체동물

대왕오징어

★ 사용한 종이

40cm×40cm 1장

POINT

같은 오징어라도 98쪽의 오징어와는 기초접기가 전혀 다른 점에 주목해야 한다. 우선 긴 다리 두 개가 되는 부분을 접는다. 그다음 나머지 짧은 다리를 접을 때, 긴 다리가 접혀 있으면 접기 어려울 수도 있으므로 긴 다리를 잠시 펼쳐 둔다. 순서 ㉕의 밖으로 뒤집어접기도 이대로 두면 접기 어려우므로 일단 펼쳐 둔다.

순서 ㊲에서 다리를 전부 접고 나서 모든 뒷면에 풀먹이기를 시작한다. 다리 부분은 나중에 안쪽으로 접기 또는 가늘게 접기를 하므로 그 부분을 남겨 앞면에도 풀먹이기를 하는 것이 좋다. 긴 다리의 끝은『놀라운 리얼 종이접기 3 : 땅을 걷는 생물편』에 수록된 기린(34쪽)의 꼬리 끝을 접을 때처럼 펼쳐 두면 훨씬 보기 좋으므로 뒷면까지 포함해 풀먹이기를 하지 않는다.

정면에서 보았을 때 짧은 다리 여덟 개가 전부 보이게 조절하며 마무리한다.

풍선 기본형(15쪽)부터

1

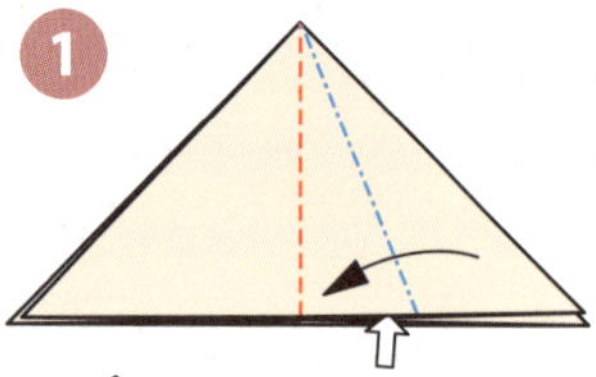

⇧를 벌려 펼쳐 눌러접는다.

2

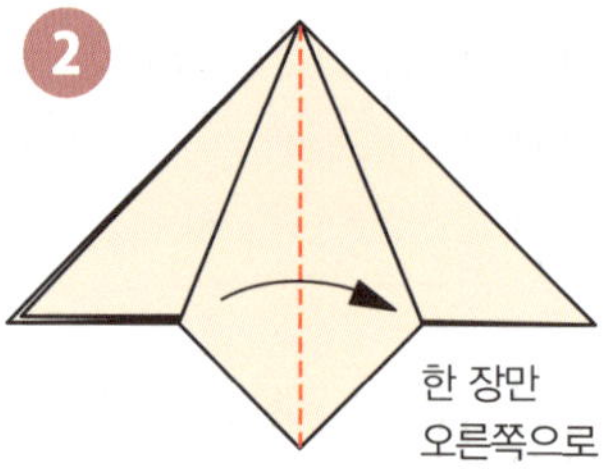

한 장만
오른쪽으로 넘긴다.

3

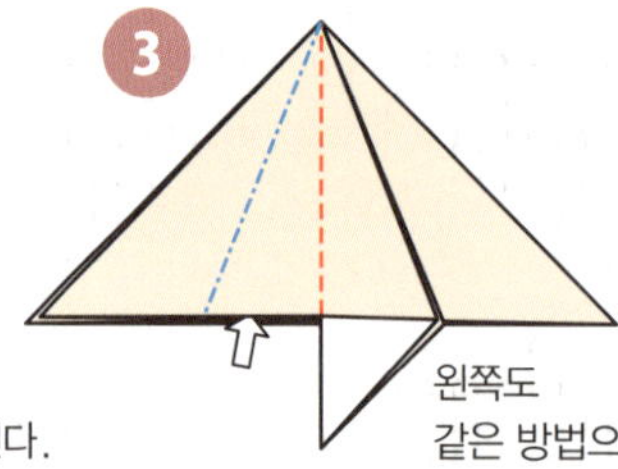

왼쪽도
같은 방법으로 접고
좌우 대칭이 되도록 한다.

4

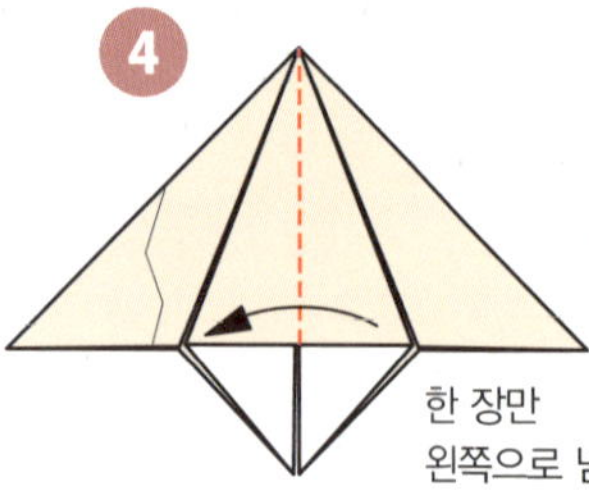

한 장만
왼쪽으로 넘긴다.

5

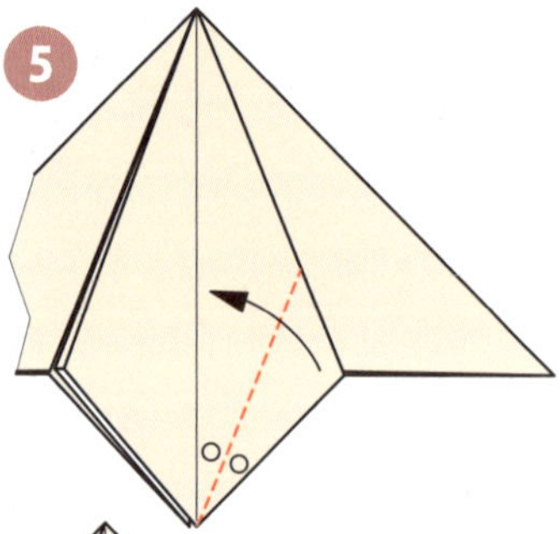

6

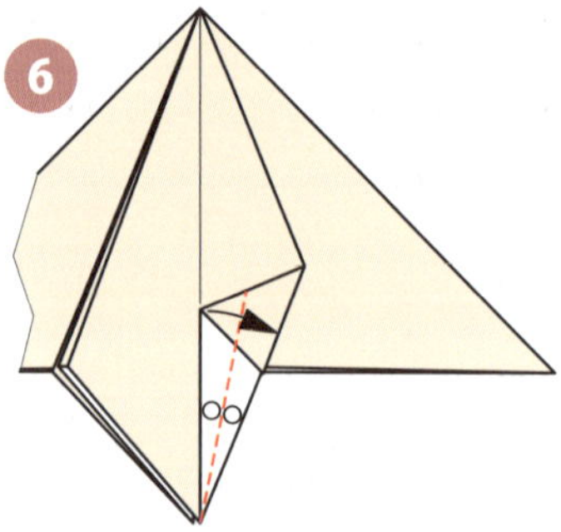

7

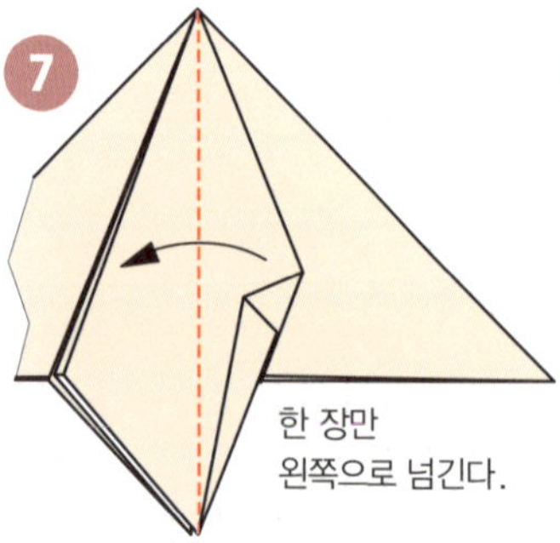

한 장만
왼쪽으로 넘긴다.

8

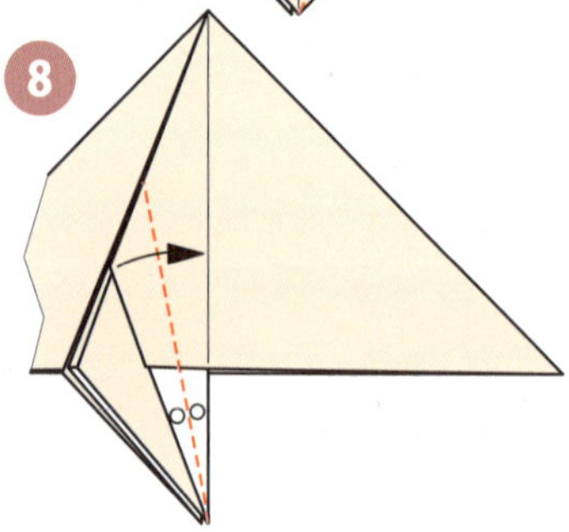

9

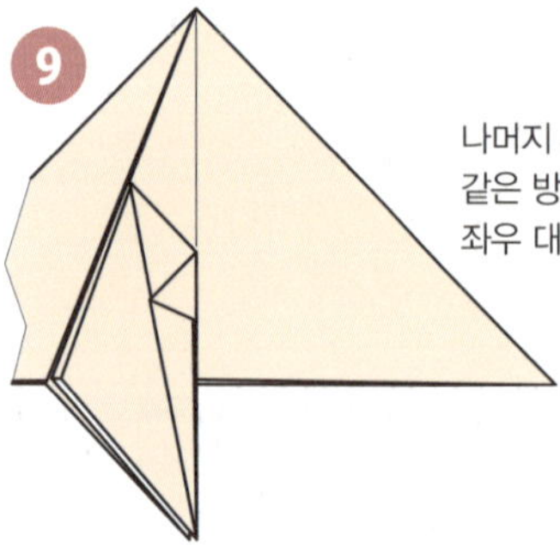

나머지 세 곳도 순서 5~8과
같은 방법으로 접고
좌우 대칭이 되도록 한다.

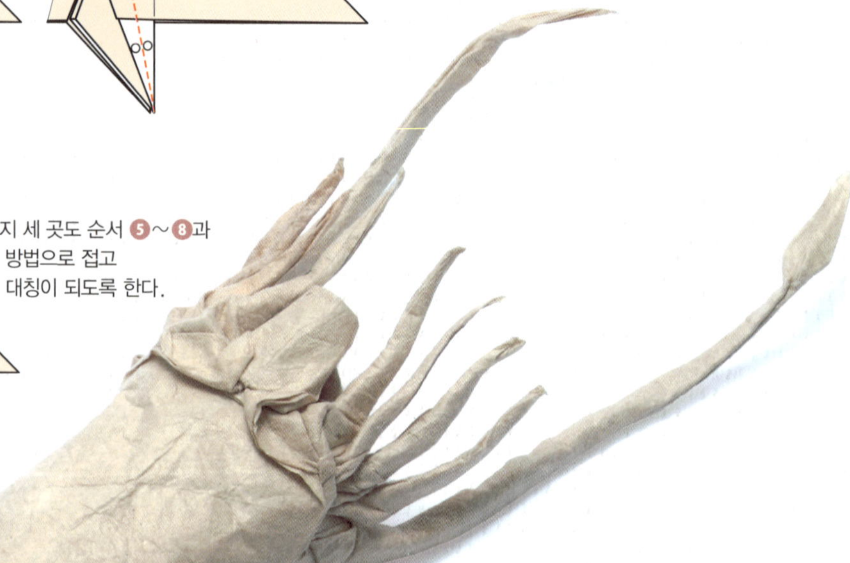

10

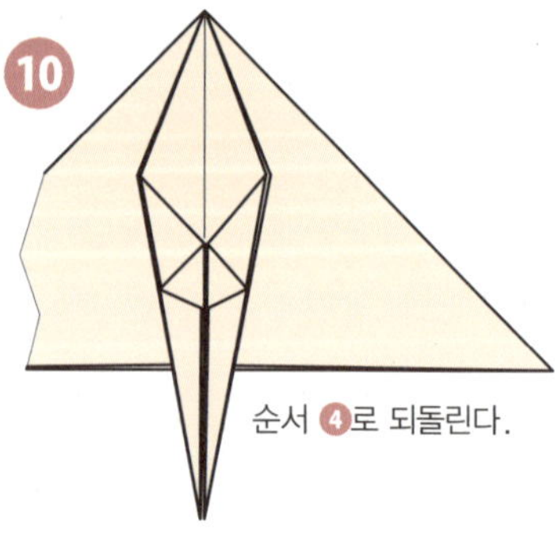

순서 4로 되돌린다.

11

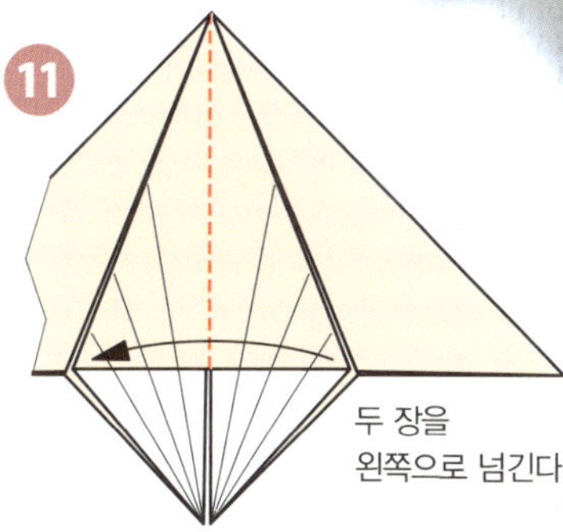

두 장을
왼쪽으로 넘긴다.

12

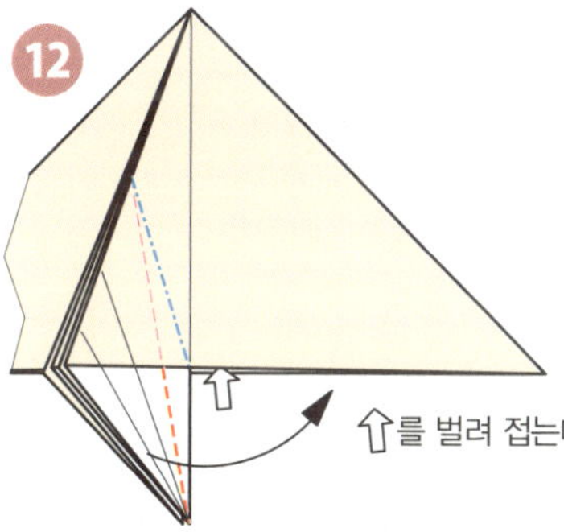

⇧를 벌려 접는다.

13

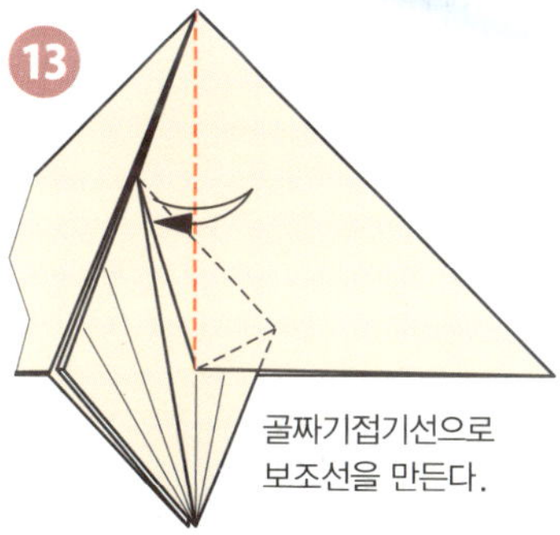

골짜기접기선으로
보조선을 만든다.

14

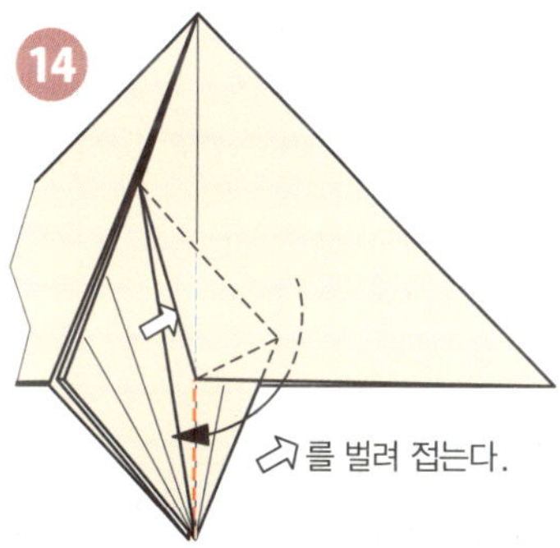

⇗를 벌려 접는다.

15

⇗를 벌려 접는다.

16

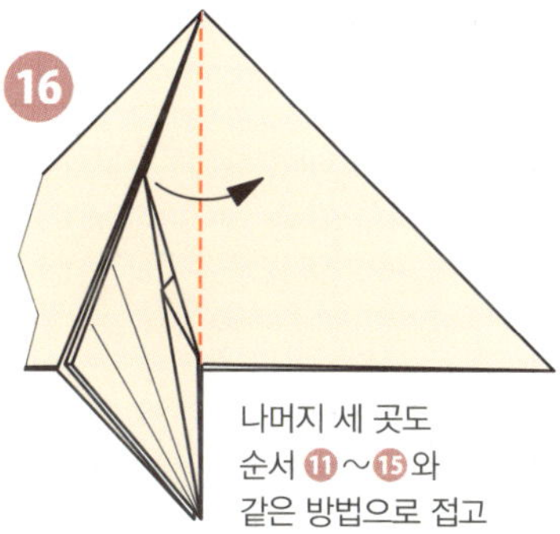

나머지 세 곳도
순서 11~15와
같은 방법으로 접고
좌우 대칭이 되도록 한다.

17

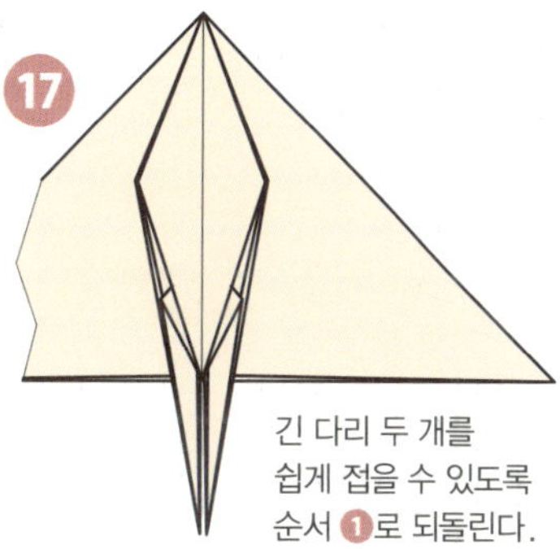

긴 다리 두 개를
쉽게 접을 수 있도록
순서 1로 되돌린다.

18

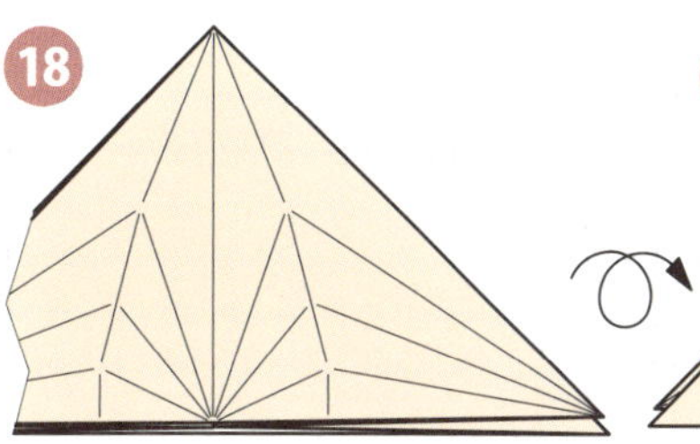

19

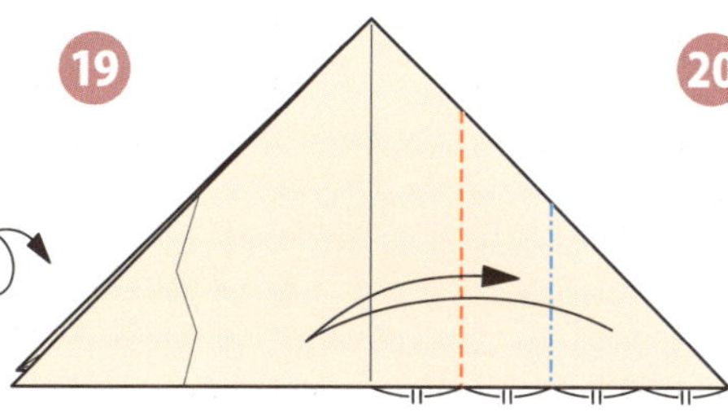

골짜기접기선과
산접기선으로 보조선을 만든다.

20

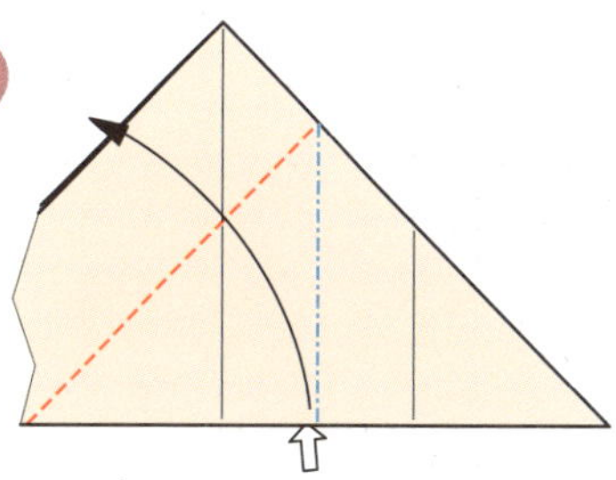

⇧를 벌려 펼쳐 눌러접는다.

21

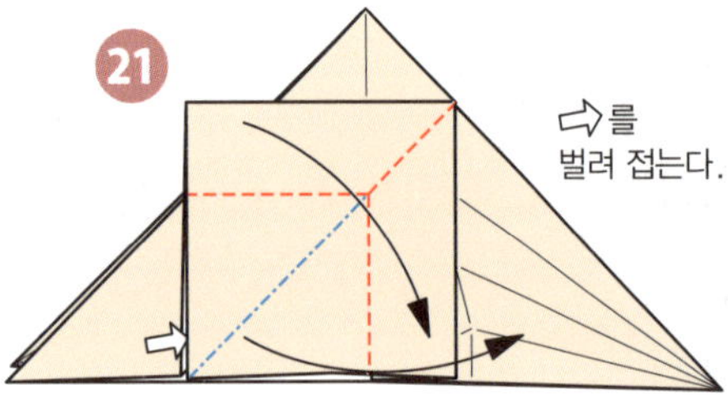

⇨를
벌려 접는다.

22

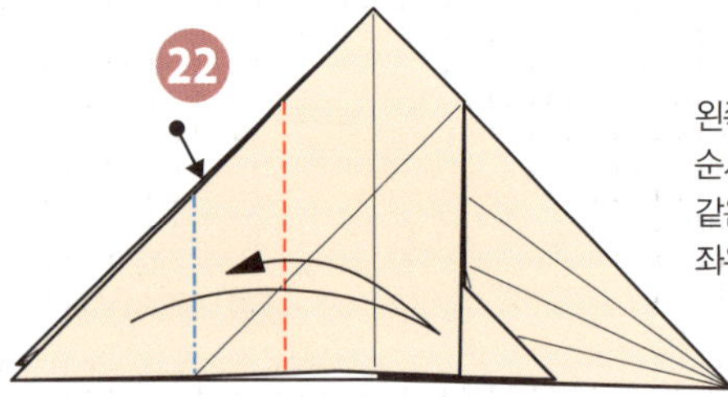

왼쪽( )도
순서 19~21과
같은 방법으로 접고
좌우 대칭이 되도록 한다.

23

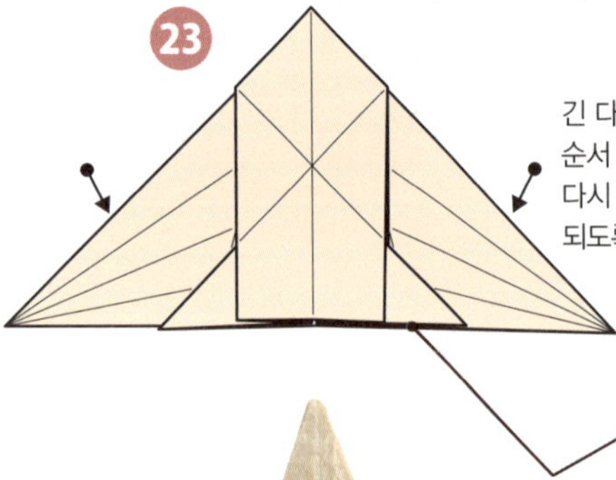

긴 다리 두 개를
순서 17까지
다시 접고 좌우 대칭이
되도록 한다.

24

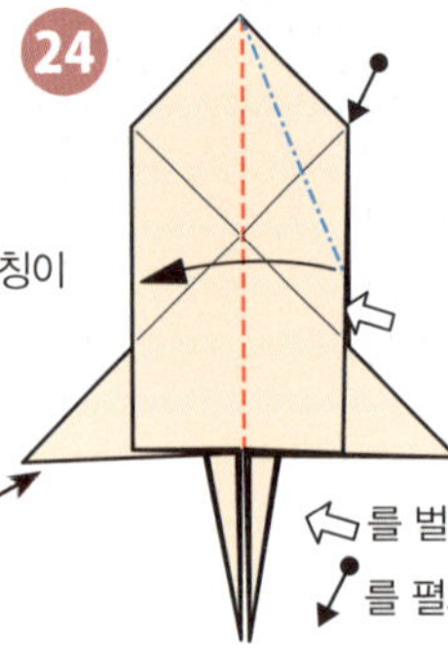

⇦를 벌리고
를 펼쳐 눌러접는다.

25

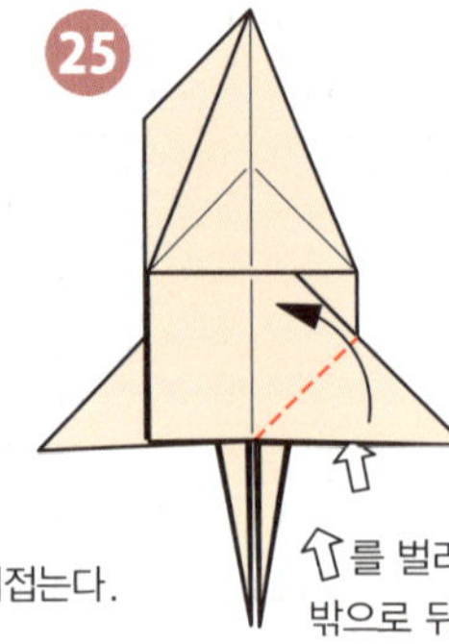

⇧를 벌려
밖으로 뒤집어접기

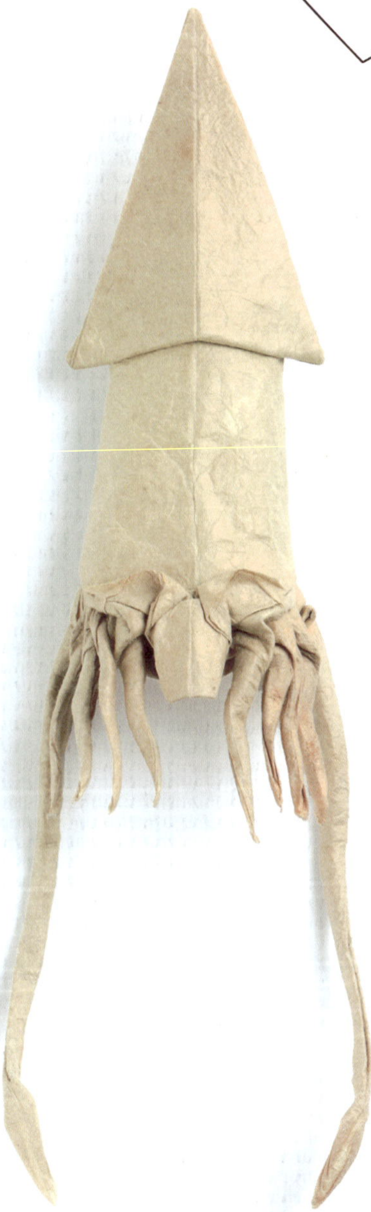

26

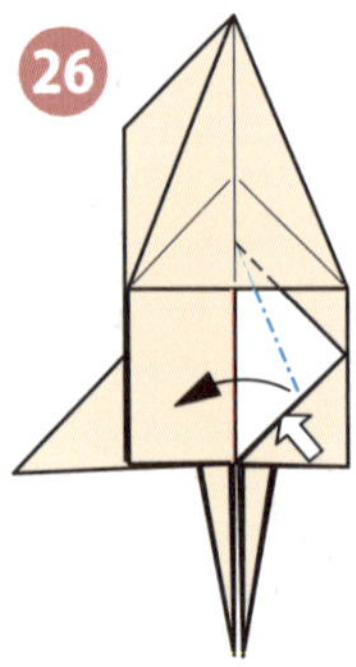

⇖를 벌려 펼쳐 눌러접는다.

27

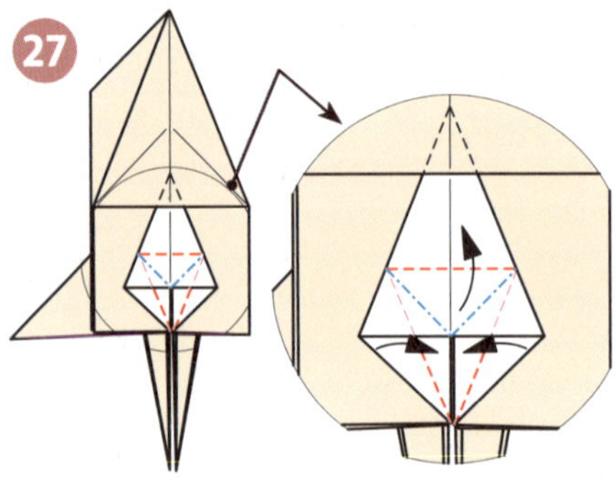

개구리 기본형(14쪽)

28

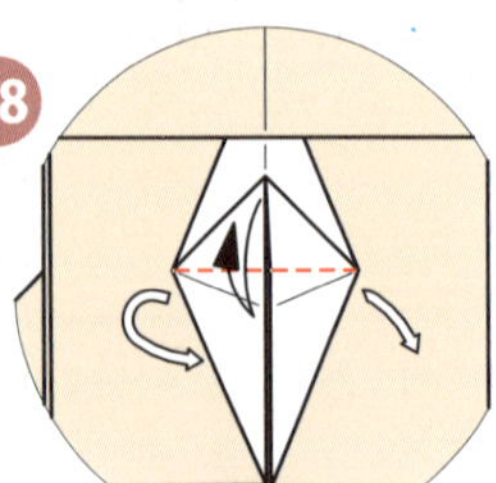

빼내어접기(13쪽)

29

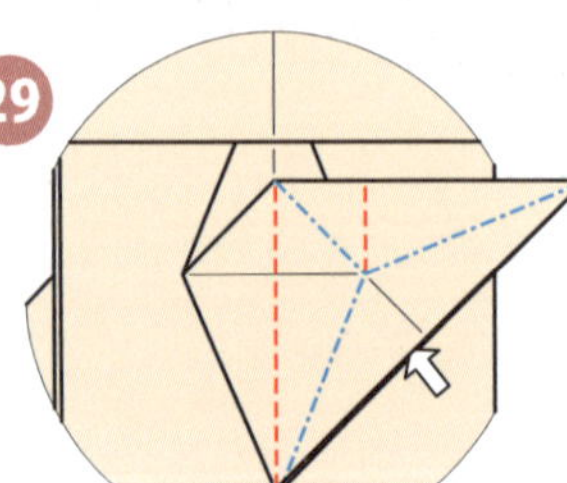

학마름모접기(14쪽)

30

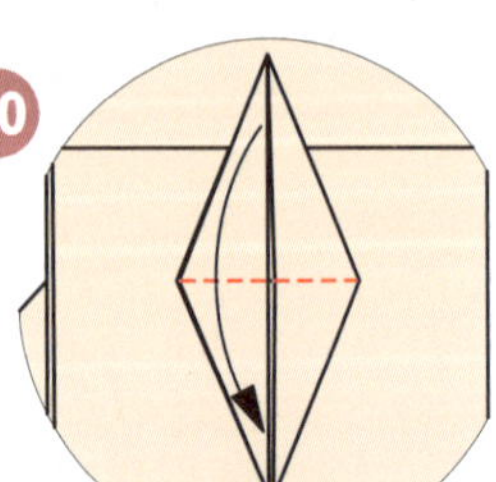

31

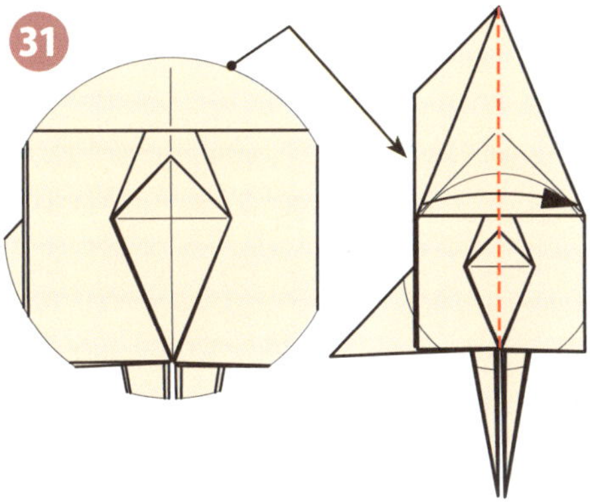

32

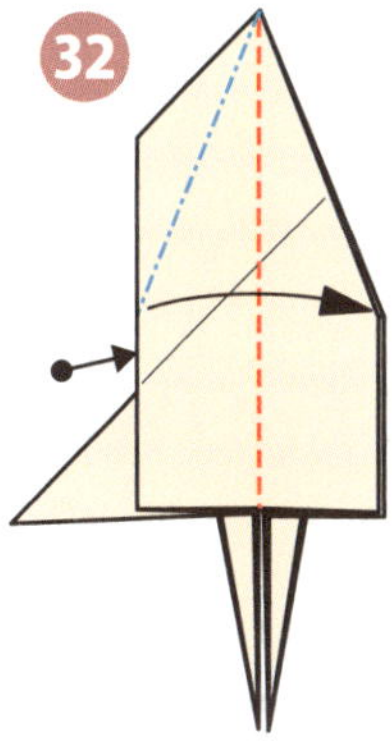

왼쪽도 순서 24~31과
같은 방법으로 접고
좌우 대칭이 되도록 한다.

33

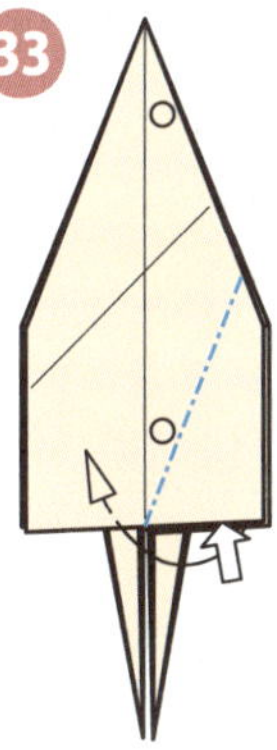

⇧를 벌려
안쪽으로 접기를
한다.

34

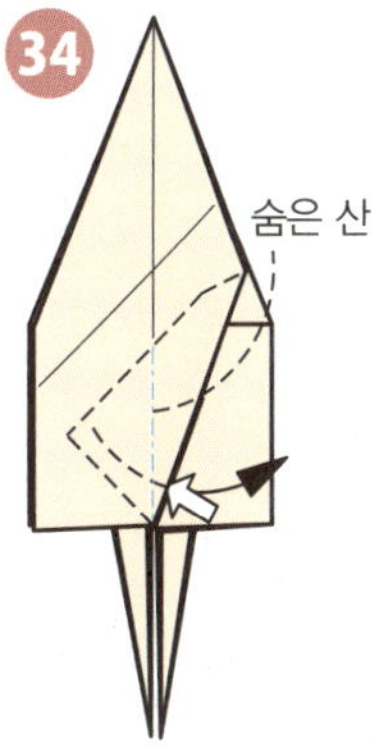

⇖를
벌려 접는다.

35

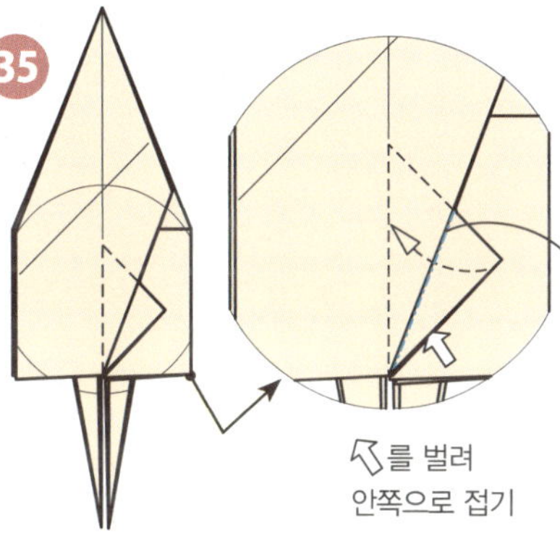

⇖를 벌려
안쪽으로 접기

36

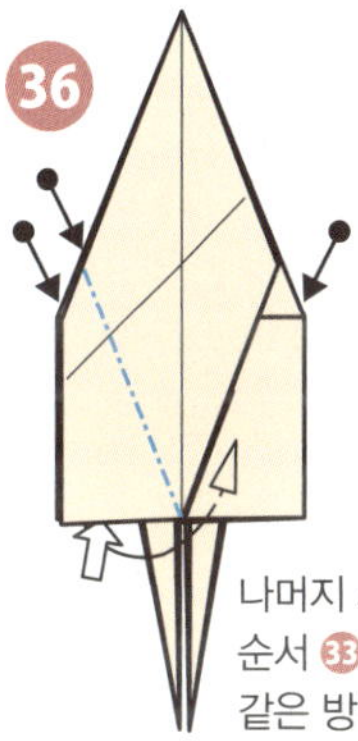

나머지 세 곳도
순서 33~35와
같은 방법으로
접고 좌우 대칭이
되도록 한다.

37

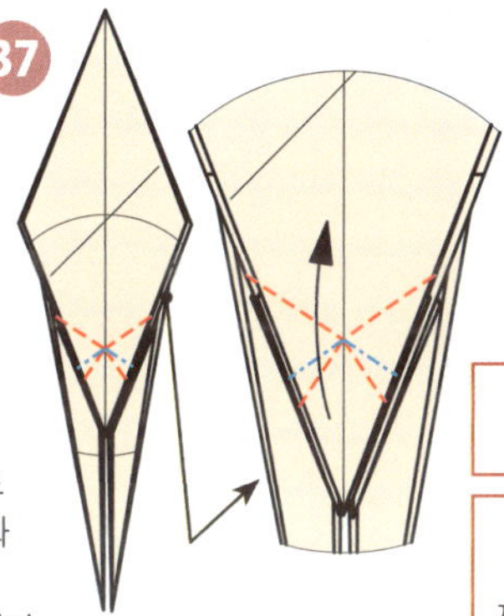

여기까지
기초접기

풀먹이기 시작
(긴 다리의 끝을
제외한 모든 뒷면에
풀먹이기)

38

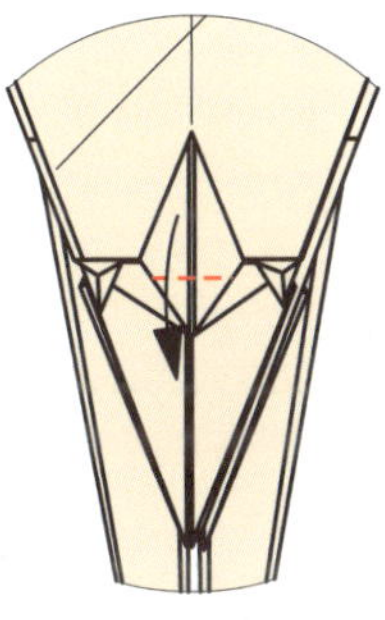

39

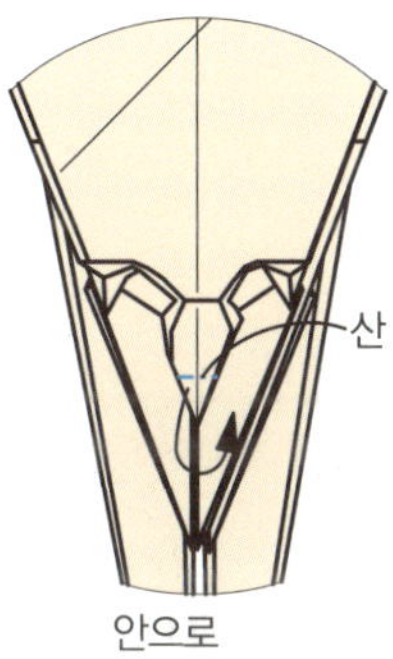

안으로
산접기를 한다.

40

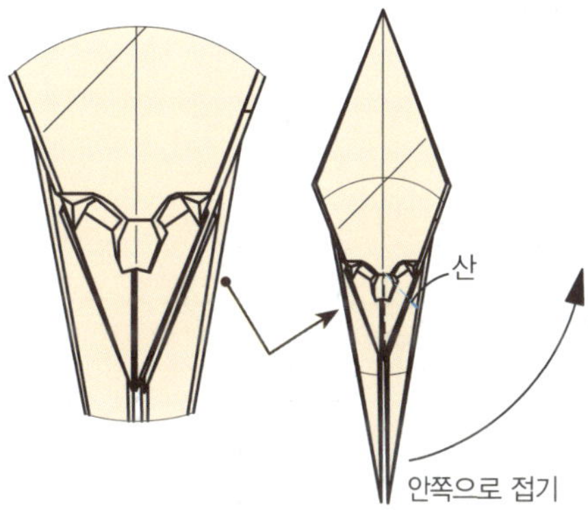

안쪽으로 접기

41

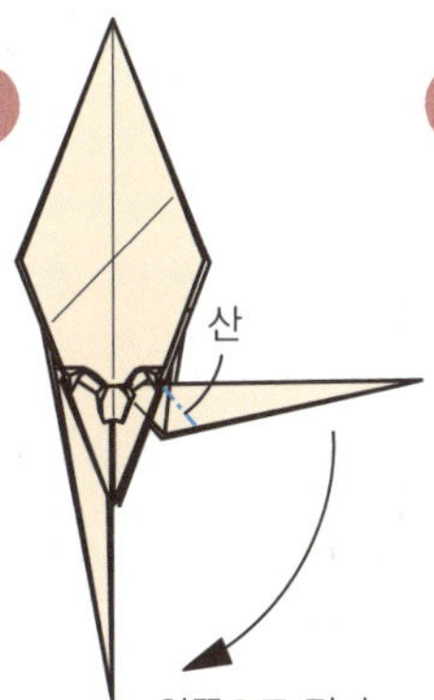

안쪽으로 접기

42

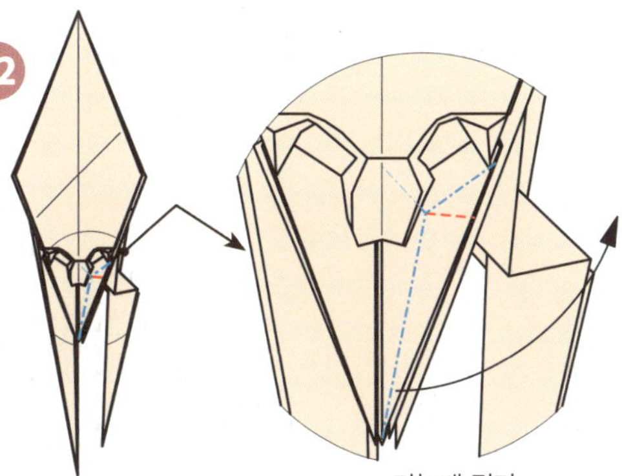

가늘게 접기

43

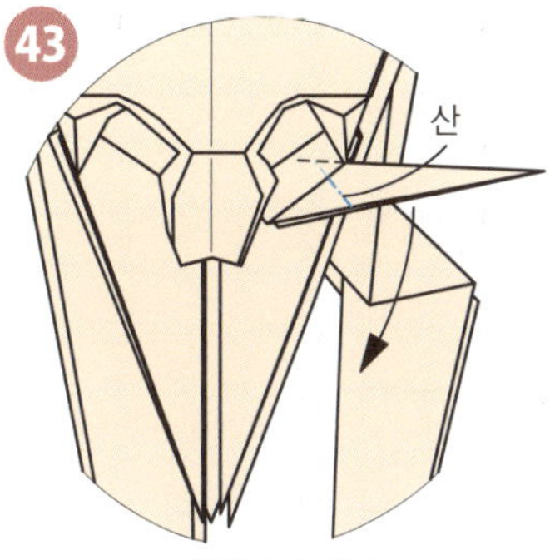

안쪽으로 접기

44

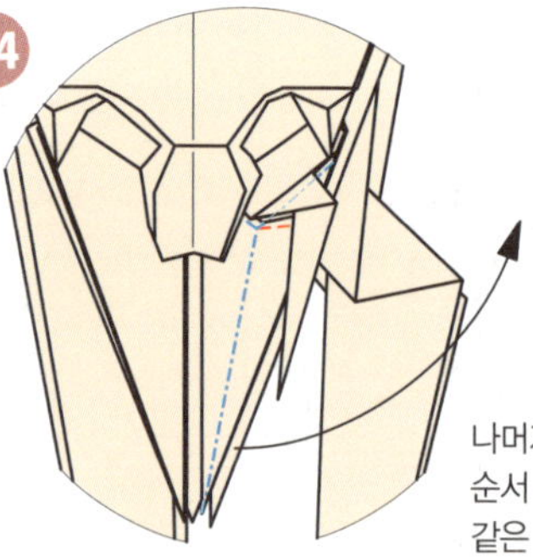

나머지 세 곳도
순서 42~43과
같은 방법으로 접는다.

45

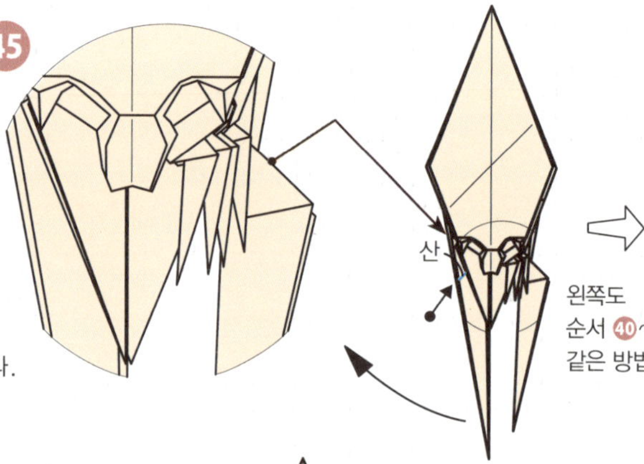

왼쪽도
순서 40~44와
같은 방법으로 접는다.

46

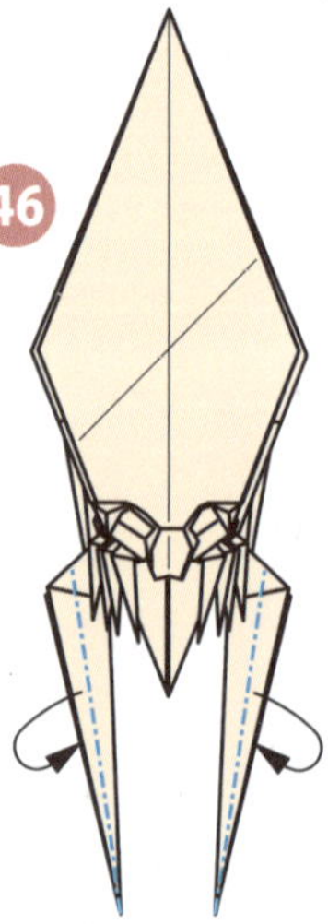

47

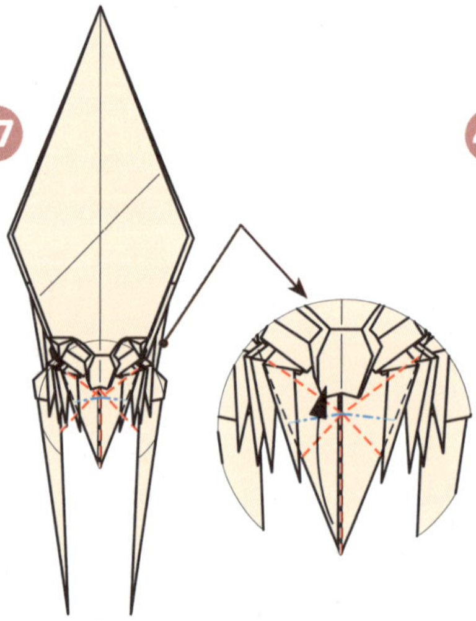

48

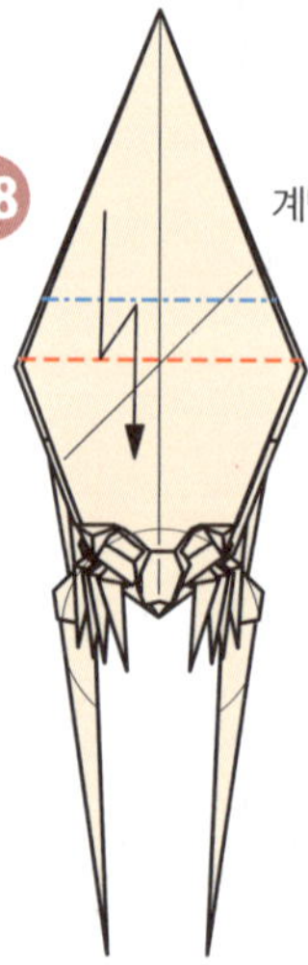

계단접기

49

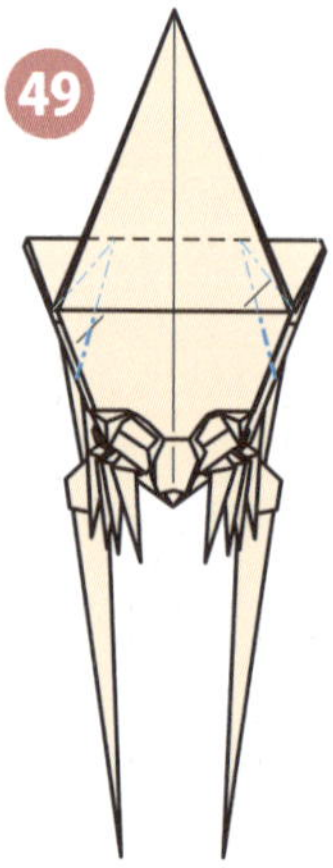

50

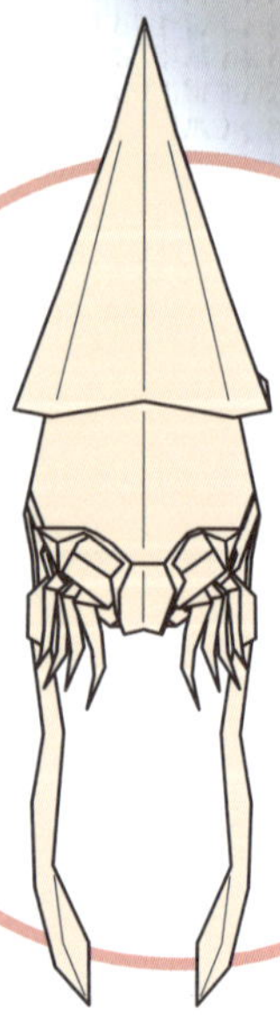

다리를
가늘게 만들고
곡선이 되도록
모양을 정리하여
완성한다.

연체동물

해파리

▶ 난이도 ★★★★★

★ 사용한 종이

40cm×40cm 1장

POINT

먼저 출간된 『놀라운 리얼 종이접기』의 사마귀(82쪽)와 마찬가지로 한 장의 종이에 학마름모 접기가 여덟 개 생긴다. 순서 36까지 접으면 긴 다리 열두 개와 짧은 다리 여덟 개가 만들어진다. 긴 다리 네 개는 종이의 네 모서리에서 만들어지는 모서리(모서리모서리), 네 개는 종이의 변에서 만들어지는 모서리(변모서리), 나머지 네 개는 종이의 안에 만들어지는 모서리(안모서리)가 된다. 그리고 짧은 다리는 전부 변모서리가 된다.

순서 36까지 접고 나서 다리의 뒷면에 풀먹이기를 한다. 긴 다리를 전부 안쪽으로 접기를 하기에는 어려움이 있으니 그다음의 설명은 사진으로 확인하자(순서 36~42). 갓이 되는 부분을 부풀리기 위해 화학솜을 적당히 넣어 모양을 잡는다. 가능하면 짧은 다리 여덟 개도 가늘게 접기로 모양을 잡으면 한결 해파리 같아진다.

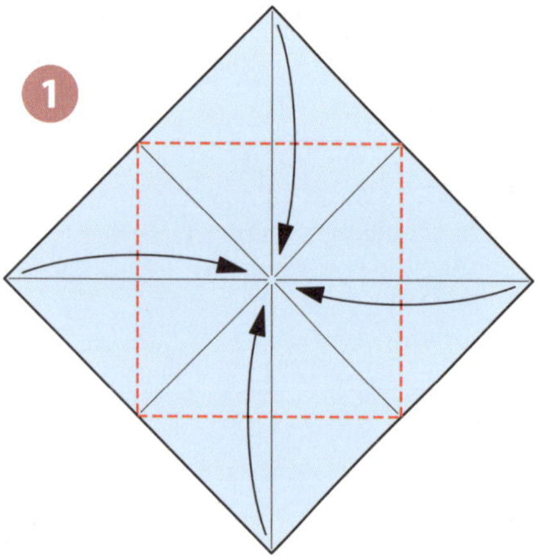

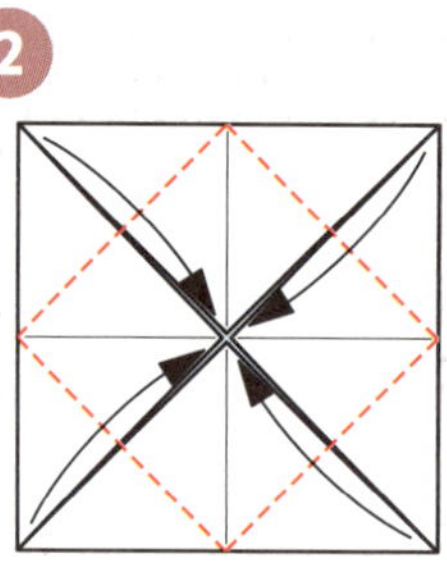

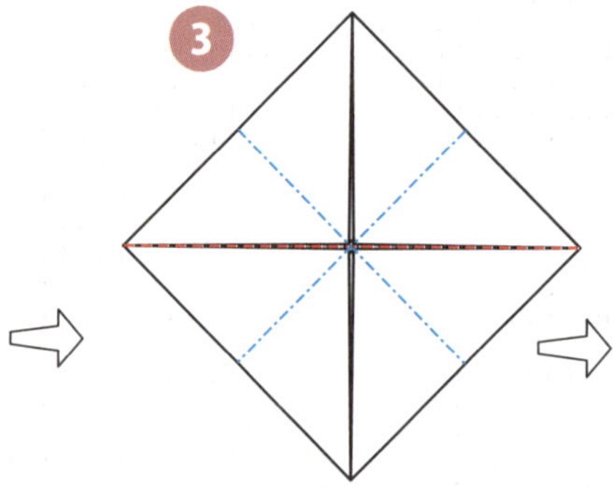

보이는 면을 앞으로 하여
사각주머니(14쪽)를 접는다.

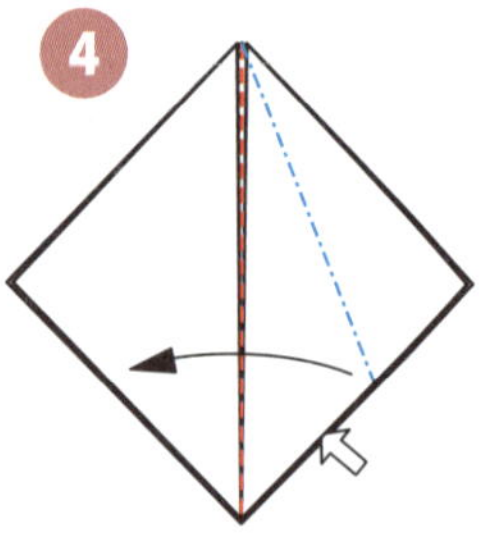

⇖를 벌려 펼쳐 눌러접는다.

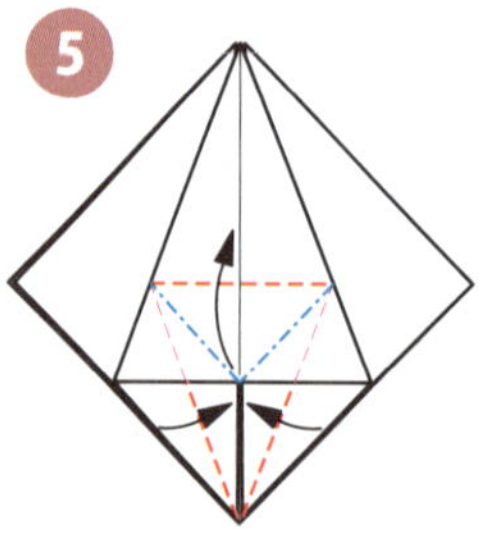

개구리 기본형(14쪽)

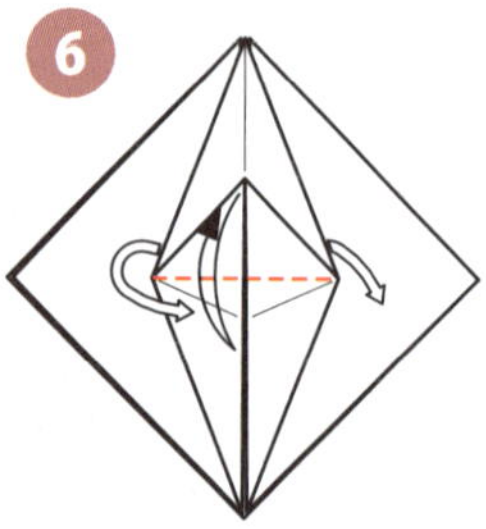

빼내어접기(13쪽)

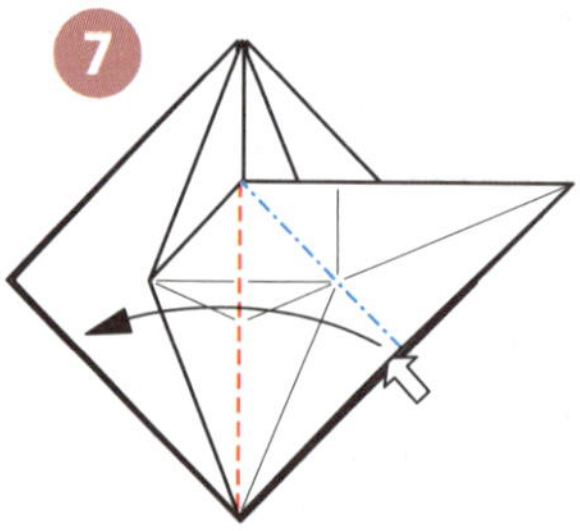

⇖를 벌려 펼쳐 눌러접는다.

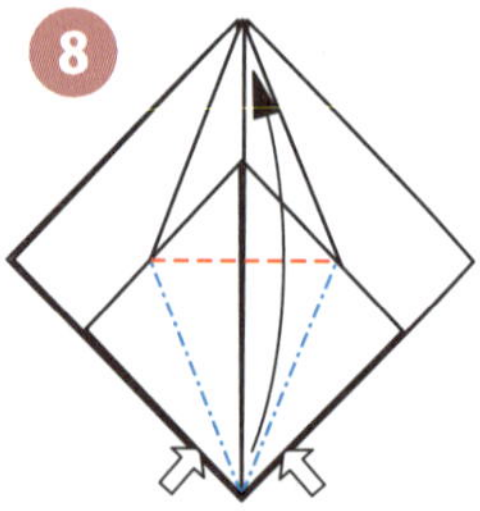

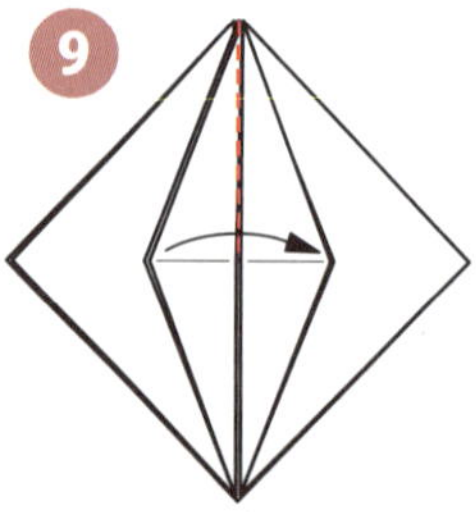

두 장을 오른쪽으로
넘긴다.

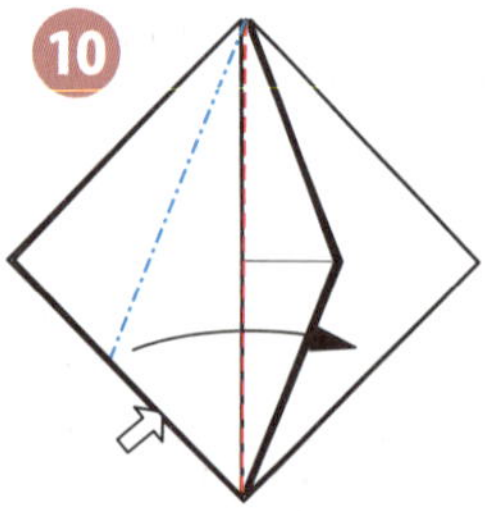

나머지 세 곳도
순서 4~8과
같은 방법으로 접는다.

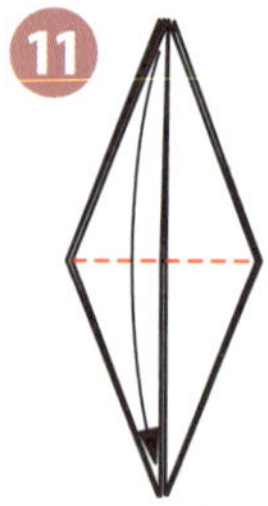

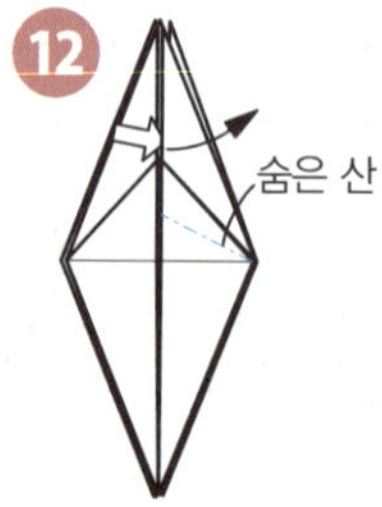

한 장만 펼친다.

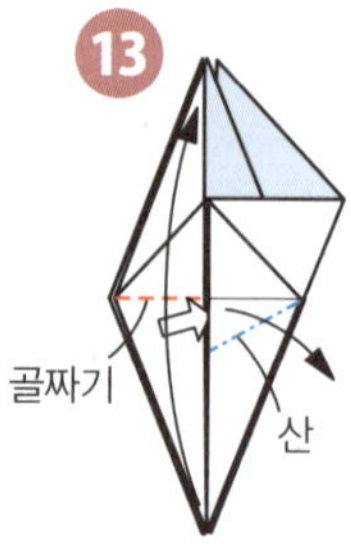

아래쪽을
벌리면서
올린다.

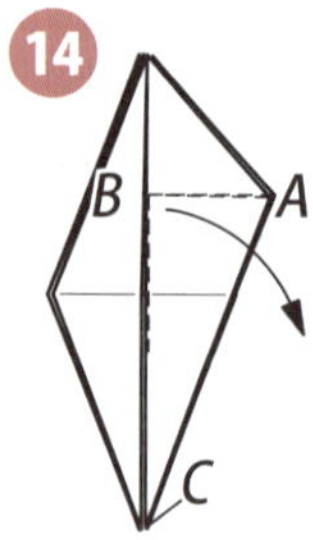

안에 있는
△*ABC*를
펼친다.

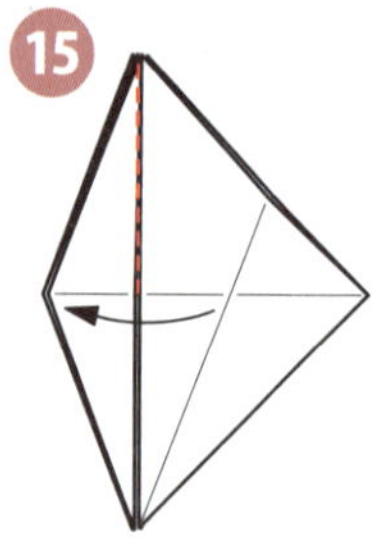

세 장을
왼쪽으로
넘긴다.

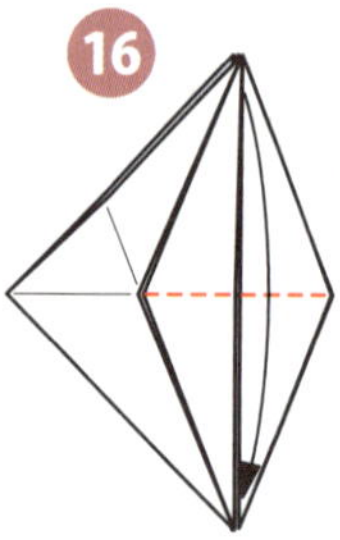

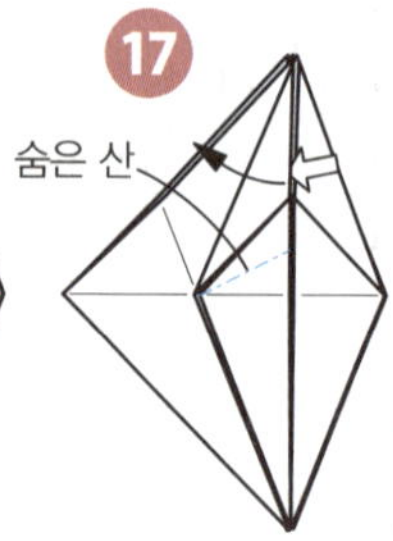

순서 12~14와
같은 방법으로
접는다.

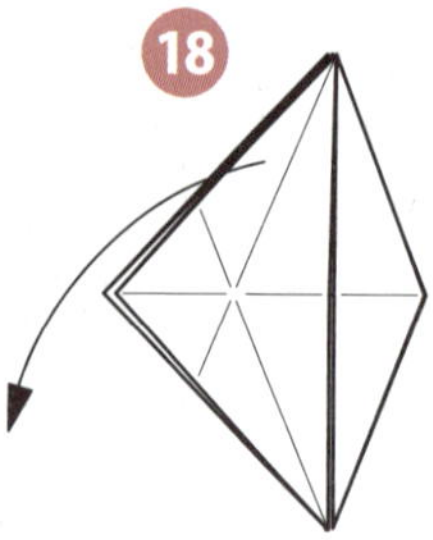

더 펼친다.

19
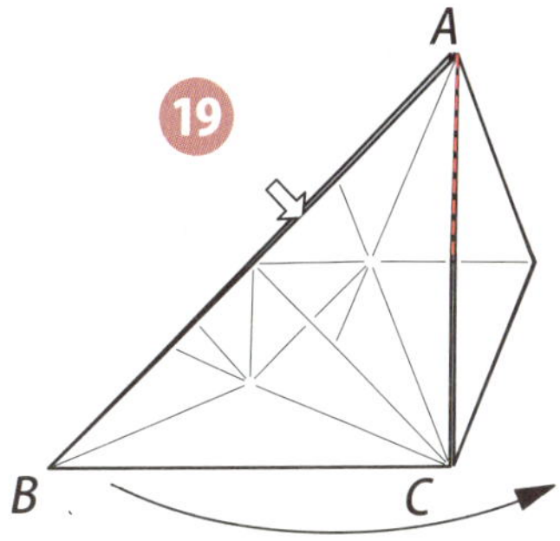

△*ABC*를 뒤집는다.

20
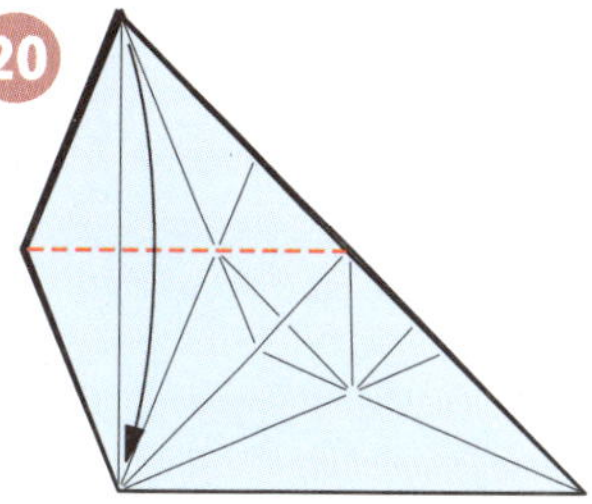
뒷면도 같은 방법으로 접는다.

21
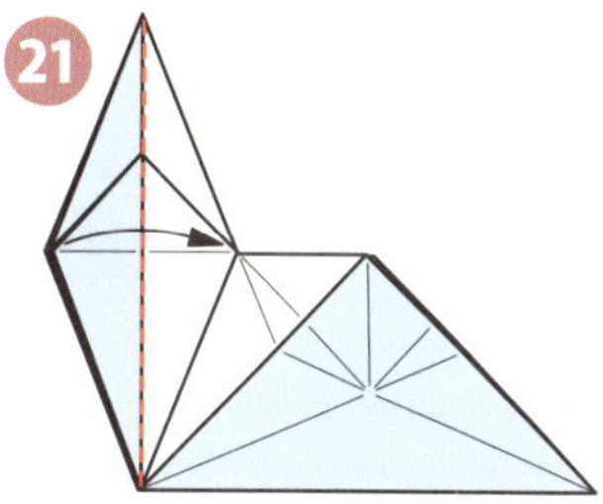
두 장을 오른쪽으로 넘긴다.

22
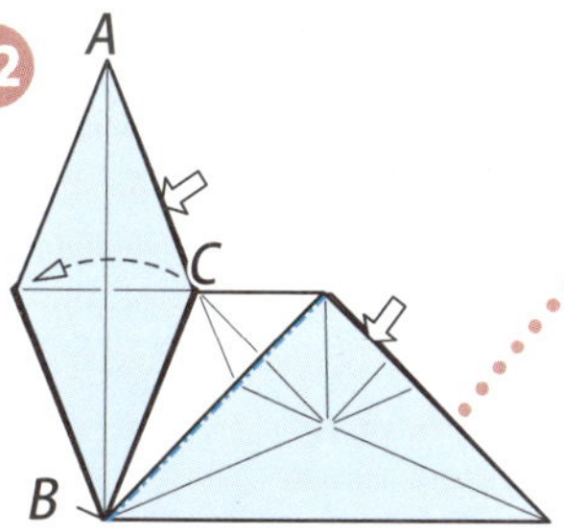

△*ABC*가
좌우 대칭이 되도록 만든다.

22-1
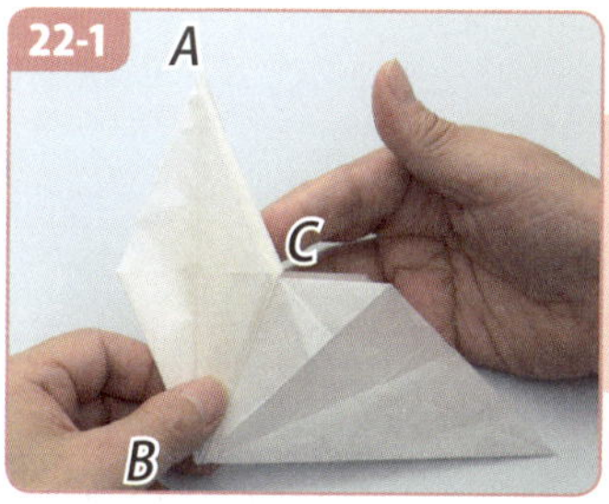

△*ABC*의 두께가 같아지는 부분에
손가락을 넣는다.

22-2

뒤도 두께가 같다.
뒤로 돌린다.

22-3

돌리는 모습

22-4

돌리고 난 모습

23
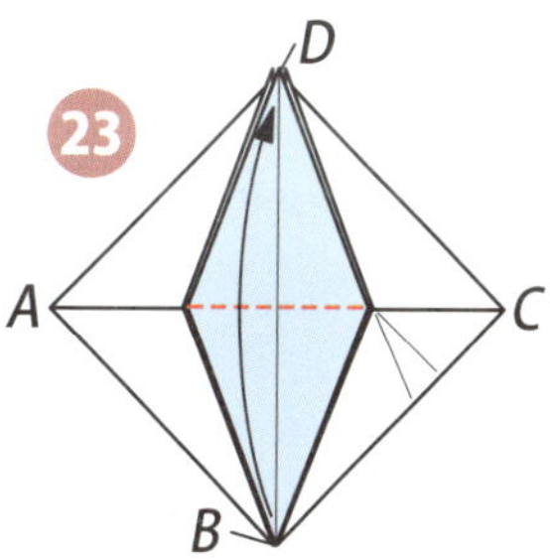

씌워져 있는 △*ABC*만
위로 접는다.
모서리 *B*는 모서리 *D*의
위치에 온다.

24
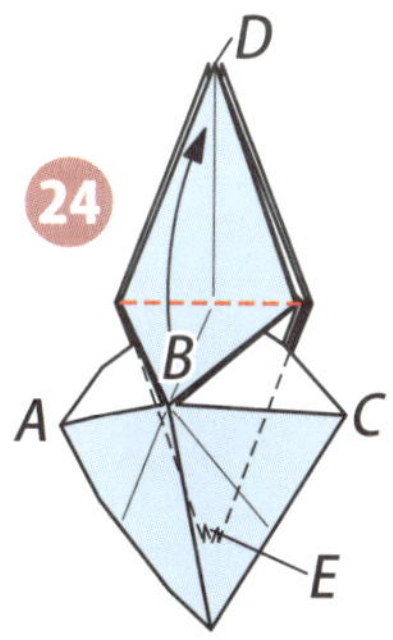

(과정 그림)
모서리 *B*를
모서리 *D*에 포갠다.
*E*에 모서리 세 개가
남는다.

25
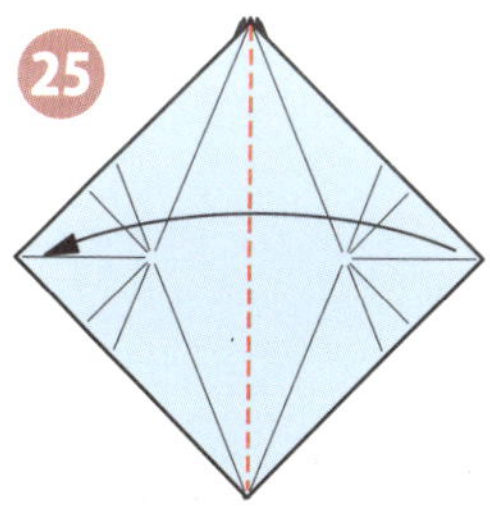
한 장만
왼쪽으로 넘긴다.

26
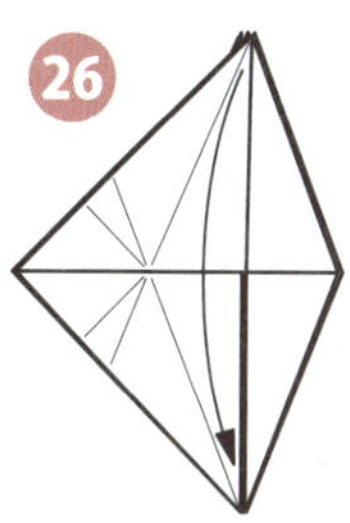

27
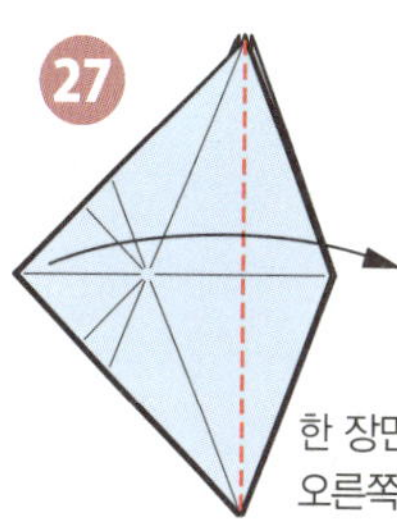
한 장만
오른쪽으로
넘긴다.

28

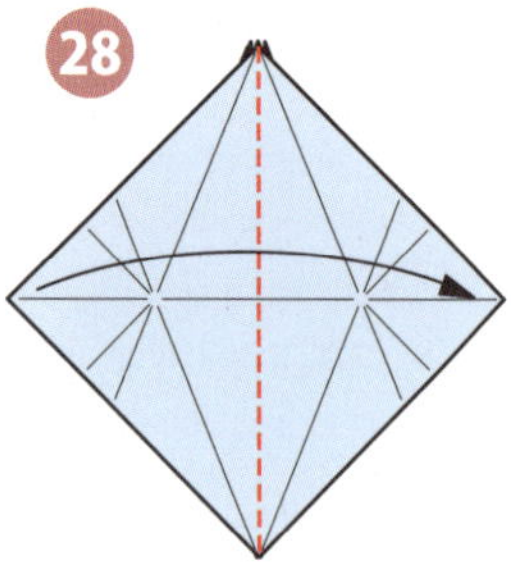

왼쪽도 순서 25~27과
같은 방법으로 접고
좌우 대칭이 되도록 한다.

29

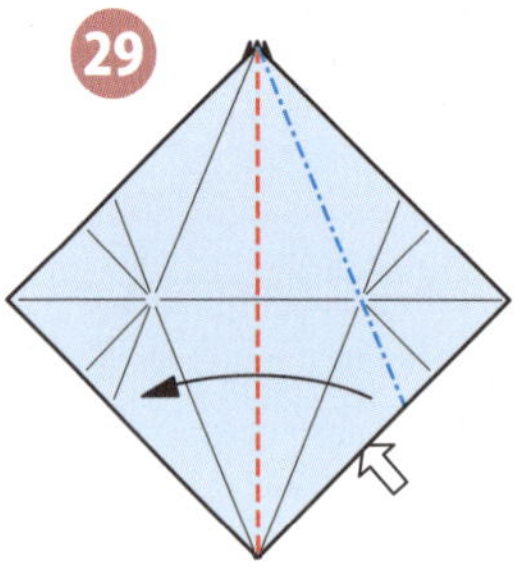

30

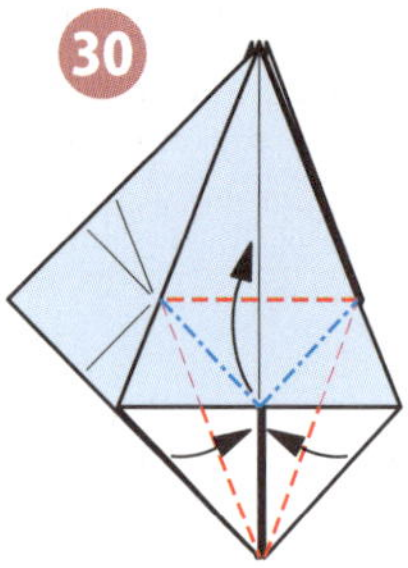

개구리 기본형(14쪽)

31

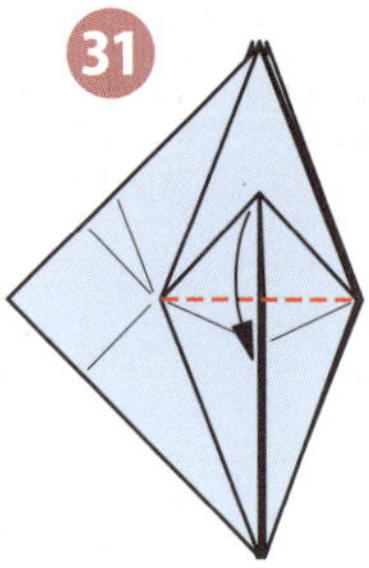

32

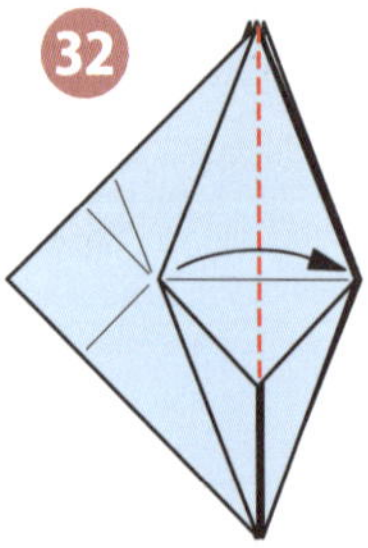

한 장만
오른쪽으로 넘긴다.

33

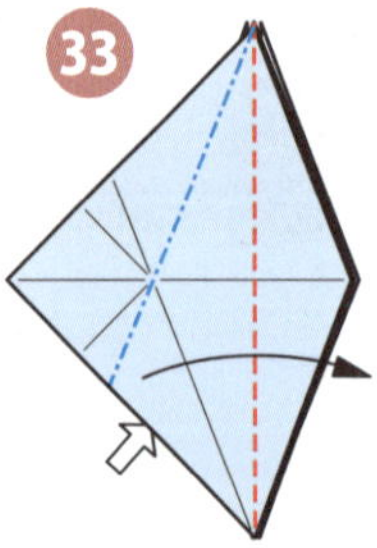

왼쪽도
순서 29~32와
같은 방법으로
접는다.

34

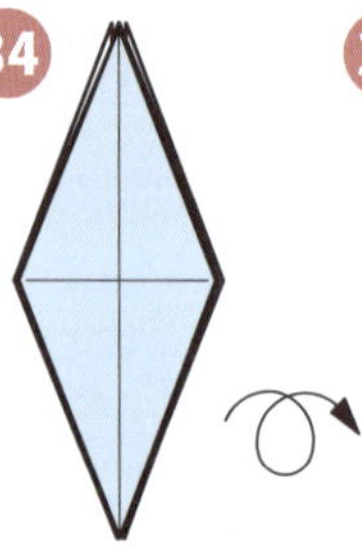

왼쪽에 있는
두 장을 오른쪽으로
넘기고 뒤집는다.

35

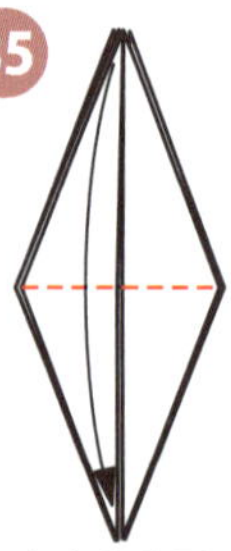

나머지 세 곳도
순서 11~33과
같은 방법으로 접고
좌우 대칭이
되도록 한다.

36

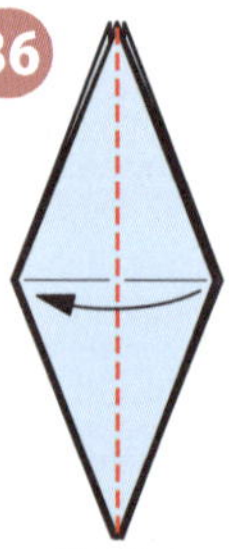

한 장만
왼쪽으로
넘긴다.

여기까지
기초접기

풀먹이기 시작
(모든 다리의 뒷면에
풀먹이기)

37

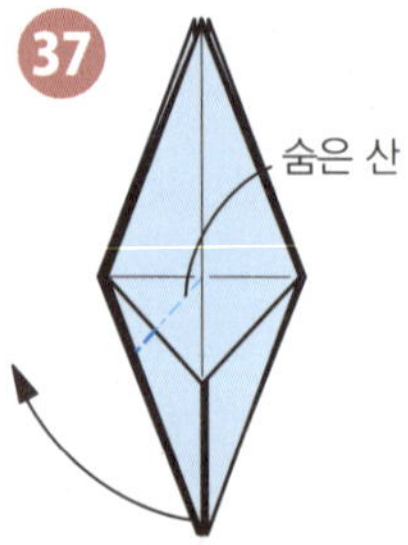

맨 윗장을
안쪽으로 접는다.

38

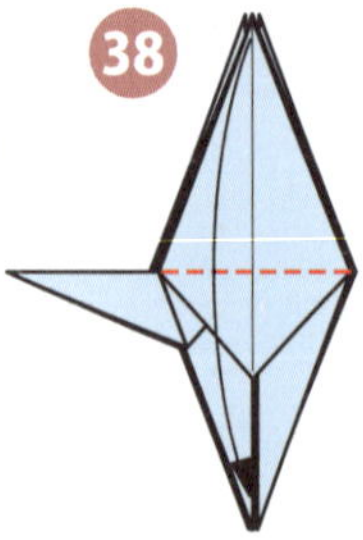

39

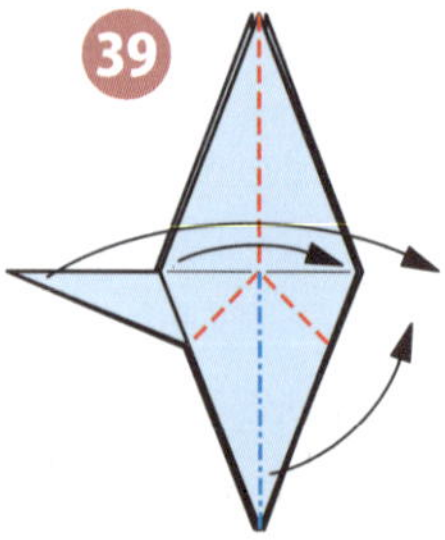

안쪽으로 접기

40

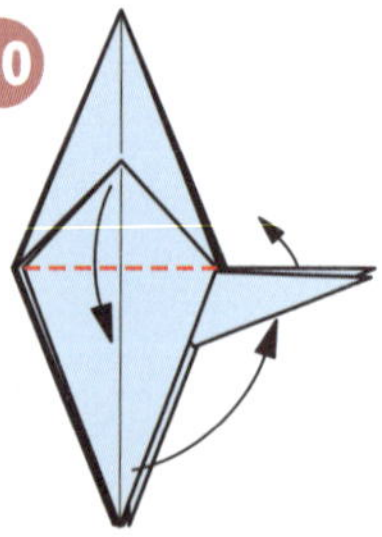

한 장을 내린다.

41

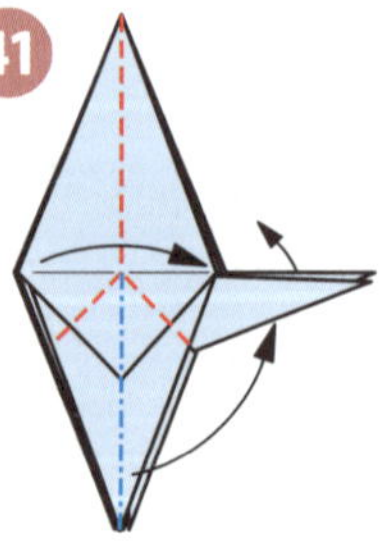

안쪽으로 접기

42

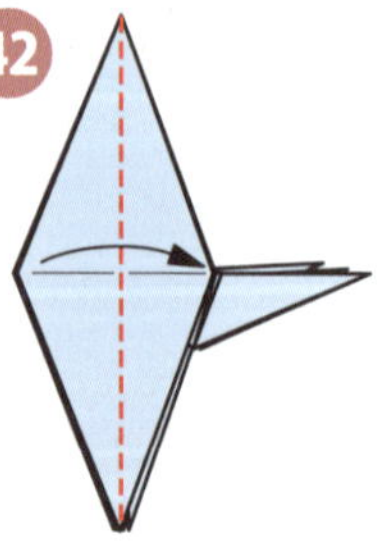

나머지 모서리도
순서 36~41과
같은 방법으로 접는다.
입체적이 된다.

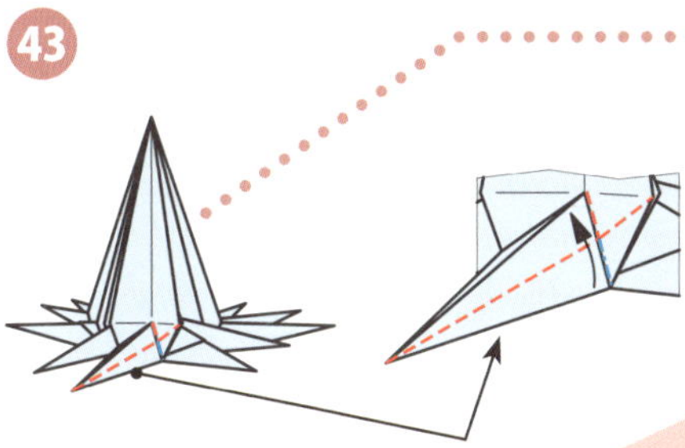

모든 모서리(촉수)를
골짜기접기선으로 가늘게 만든다.
뒤쪽도 같은 방법으로 접는다.

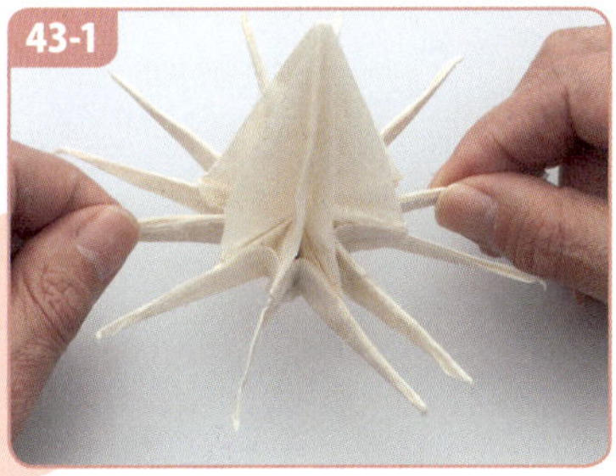

촉수 열두 개를 가늘게 접은 모습

43-1 을 뒤에서 본 모습.
가운데의 모서리 여덟 개를 다리로 만든다.

꼭대기를 누른다.

누르는 모습

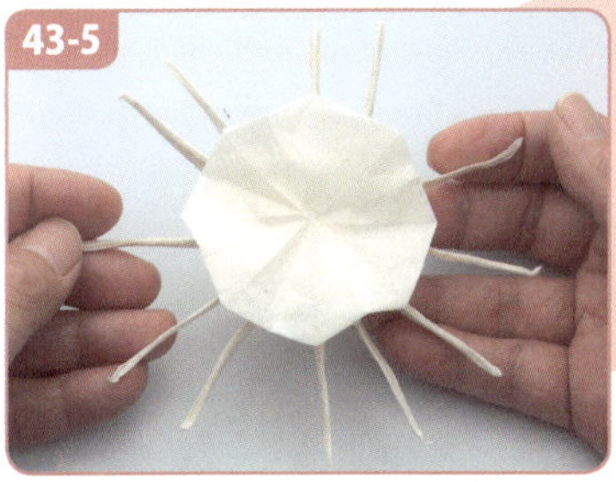

누른 것을 위에서 본 모습

43-5 를 사선에서 본 모습

촉수 열두 개가 직각이 되도록
가늘게 접는다.

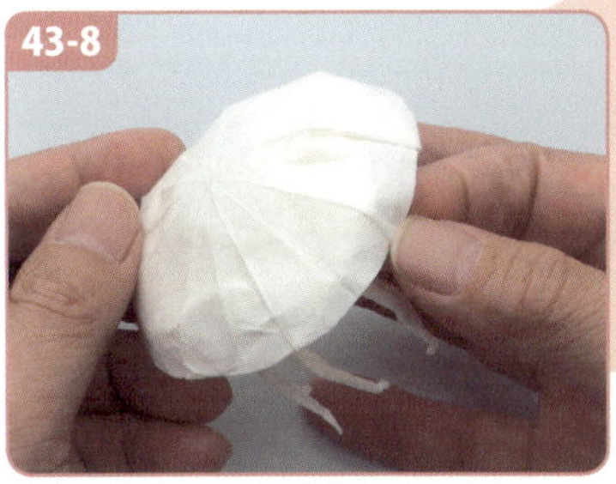

갓에 주름을 만들어 입체적으로 만든다.

가운데 다리 여덟 개를 가늘게 접어
짧아지게 한다.

갓 안쪽에 화학솜을 넣어 부풀린다.

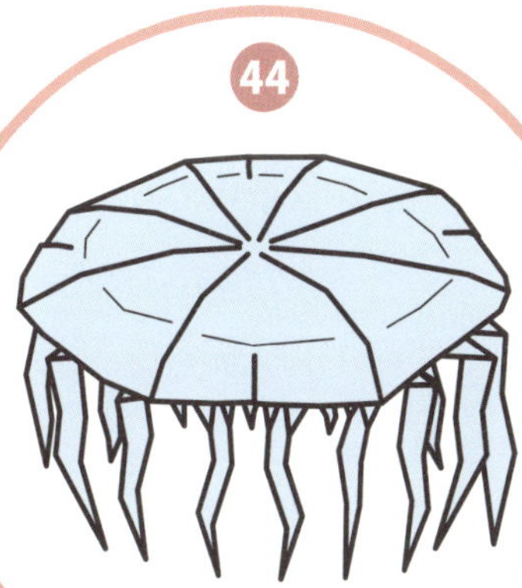

모양을 정리하여
완성한다.

놀라운 리얼 종이접기 4

초판 1쇄 발행 | 2018년 7월 12일
초판11쇄 발행 | 2026년 1월 2일

지은이 | 후쿠이 히사오
옮긴이 | 민성원
감수자 | 오경란

발행인 | 김기중
주간 | 신선영
편집 | 민성원, 백수연
경영지원 | 홍운선

펴낸곳 | 도서출판 에밀
주소 | 서울특별시 영등포구 당산로41길 11, E동 1410호 (07217)
전화 | 02-3141-8301
팩스 | 02-3141-8303
이메일 | info@theforestbook.co.kr
페이스북 | @forestbookwithu
인스타그램 | @theforest_book
출판등록 | 2012년 10월 10일 제2025-000115호

ISBN | 979-11-86706-08-4 (13630)